Choisir son prénom, choisir son destin

Choisir son prénom,
choisir son destin

**MARTINE BARBAULT
BERNARD DUBOY**

Choisir son prénom, choisir son destin

Bien-être

MARTINE BARBAULT
BERNARD DUBOY

Choisir son prénom,
choisir son destin

Pour Betty et Hubert,
   Jeanne et Édouard,
   nos parents

   Claire,
   Daniel,
   Danièle,
   Elizabeth,
   Jean-Louis,
   Jean-Pierre,
   Marie-France,
   Patrick,
   Robert,
   Thérèse,
   Véronique,
   nos amis et êtres chers

Et pour Jean-Robert,
   mari et ami, qui nous a
   aidés à l'élaboration
   de logiciels de numérologie

SOMMAIRE

AVANT-PROPOS 9

PREMIÈRE PARTIE

Les nombres et les lettres, premières clés d'un destin 13

1. La symbolique des neuf premiers nombres et des maîtres nombres 15
2. Correspondance entre les lettres et les nombres 21
3. Le jour de naissance 25
4. Le chemin de vie 46

DEUXIÈME PARTIE

Le B. A.-Ba de l'analyse du prénom 57

Avertissement 60
1. Initiale et première voyelle du prénom 63
2. Les nombres manquants ou « nombres karmiques » 97

TROISIÈME PARTIE

D'Adam à Zoé, mon prénom, ton prénom, son prénom... 105

CONCLUSION 607
Index des trois mille prénoms répertoriés 609

AVANT-PROPOS

Vous l'avez rencontré dans un cocktail ou lors d'un vernissage. Il s'appelle Charles. Il vous paraît charmant, sympathique, boute-en-train, et courtois de surcroît. Génial, en un mot ! Est-ce une apparence, se force-t-il, en fait-il trop ? Quel Mr. Hyde se cache derrière ce Dr. Jekyll ?

On vous l'a présentée au cours d'un brunch au Plazza, pour parler affaires. Elle est souriante, aimable, discrète et pourtant ferme, à l'écoute d'autrui : la perle rare. Vous n'avez retenu que son prénom : Véronique. Quelle véritable personnalité se cache derrière ce joli minois ?

Votre accouchement approche. L'appellerez-vous Sophie ou Claire ? À moins que ce ne soit Balthazar ou Raoul ! Vous hésitez, cherchant à prononcer ces prénoms suivis du nom qu'il ou elle portera, afin de tester si cela « sonne bien ».

Vous avez pris un rendez-vous téléphonique avec ce « chasseur de têtes » connu. De cet entretien dépend votre avenir, ou du moins en avez-vous l'impression. Il s'appelle Charles-Henry. C'est tout ce que vous savez de lui. Et si ce simple indice vous permettait de savoir comment il « fonctionne », cela vous éviterait sans nul doute de commettre des erreurs...

Dans tous ces cas, et bien d'autres, votre intuition s'avère bien défaillante ! Des impressions, presque des certitudes d'un côté, bien vite balayées par des craintes et des doutes immédiatement après. Vous possédez bien peu d'éléments sur lesquels vous appuyer pour vous faire une conviction. Votre affectivité entrant en jeu, vos sentiments étant présents, il vous est bien difficile d'acquérir des certitudes.

Ce livre s'adresse à tous ceux ou à toutes celles qui veulent mieux se connaître et connaître les autres, enfants, parents, êtres chers, amis, relations... Il vous permettra de vérifier sur votre propre cas et le leur qu'il existe des liens très étroits entre le prénom que nous portons et notre caractère, notre personnalité. Vous pourrez constater qu'un prénom est aussi merveilleux qu'une symphonie, composée pourtant à partir des sept notes de la gamme. Les vingt-six lettres de notre alphabet nous suffisent en effet à décrire et à dépeindre le monde.

Ce livre est destiné aussi à tous ceux qui n'ont que de faibles données leur permettant de connaître quelqu'un : le plus souvent un prénom, parfois suivi d'une date de naissance. Comment obtenir les renseignements de base sur la personnalité, comment s'en faire une idée immédiate, sinon en priorité à partir de l'étude de ce prénom ?

Cet ouvrage s'adresse à tous ceux qui s'apprêtent à déterminer le prénom de leur enfant, hésitant entre plusieurs ; certains choisiront celui du héros ou de l'héroïne de la dernière série télévisée américaine. Est-il judicieux de choisir entre Sue-Ellen et Krystle, entre Bobby et Blake, parce qu'on fête le centième épisode de *Santa Monica* ? Ou de l'appeler Fêtnat parce qu'il est né un 14 juillet, Muguet parce que nous sommes le 1er mai ou Pâquerette parce que vous êtes d'humeur bucolique ? La liberté est totale, certes. Mais cet ouvrage est destiné à tous les parents qui, conscients de leur rôle, veulent aider leur enfant à bien effectuer ses premiers pas dans l'existence, et à lui donner son premier bagage essentiel, un prénom qui lui convienne, parfois pour le pire, mais surtout pour le meilleur.

Votre fille a six ans. Claire est enjouée, extravertie, bavarde, refuse de se coucher à neuf heures chaque soir, vous emprunte régulièrement votre robe de chambre en cachemire et vos escarpins noirs, et affirme à qui veut l'entendre qu'elle veut chanter et devenir actrice. Ne vous moquez pas, Claire possède peut-être un véritable talent, et vous assistez à la naissance d'une vocation... Son frère Paul, lui, vous harcèle pour que vous lui offriez un ordinateur pour son prochain Noël. Il est déjà plutôt solitaire, et vous craignez qu'un tel cadeau ne le rende encore plus renfermé, ne l'isole davantage. À moins que ce ne soit qu'un simple caprice d'enfant trop gâté. Et si Paul, justement parce qu'il s'appelle Paul, avait, bien plus qu'un autre, des prédispositions pour devenir un informaticien de génie ? Si ce jeu d'adulte préparait dès aujourd'hui une future passion professionnelle ?

Ce livre peut vous aider à comprendre la différence, leur différence. À ne pas vouloir faire entrer systématiquement deux êtres dans le même moule. À accepter et à comprendre l'exubérance de l'un et la réserve ou l'intériorisation de l'autre. Vous leur donnerez ainsi toutes leurs chances et leur permettrez d'avancer dans la voie du plein épanouissement, faite surtout de compréhension, d'écoute, d'attention et d'amour, avec la rigueur et la fermeté nécessaires.

Deux personnes sont toujours différentes, nous sommes tous des êtres uniques, chacun d'entre nous, individuellement, est exceptionnel. Comment cela peut-il s'expliquer ? Prenons un exemple extrêmement parlant, celui de jumeaux : ils sont nés le même jour, immédiatement l'un après l'autre, et l'astrologue pourrait avoir des difficultés à expliquer le pourquoi de leur différence. Ils portent le même nom de famille. Mais une distinction essentielle existe, leur prénom. De par cette singularité, ils n'ont ni le même caractère, ni la même personnalité, ni les mêmes comportements. C'est en cela que la combinaison éminemment individuelle du nom de famille et du prénom donné à la naissance modèlent l'individu. Dans cet ensemble, le prénom est important car il donne la facette, la partie active, de la personnalité.

Vous pourrez constater dans cet ouvrage la véracité de ce postulat de départ, et serez libre de soumettre les prénoms de votre choix à l'épreuve de vos propres vérifications. Nous progresserons ensemble sur le chemin de la connaissance de soi et des autres en allant du plus immédiat au plus profond. Tout élément a son importance, l'initiale de notre prénom, la première voyelle, les composantes numérologiques qui y sont contenues. Même les lettres absentes ont leur signification...

Cette nouvelle conception vous aidera dans l'éducation de vos enfants car ils sont fondamentalement différents, et vous comprendrez ainsi comment vous devez agir individuellement avec eux. Cette approche, très certainement nouvelle pour vous, facilitera votre vie, vous aidera à atténuer des conflits, à éviter des crises, car elle développera chez vous une qualité humaine essentielle, fondamentale : la tolérance. Vous vivrez ainsi avec ceux et celles qui vous entourent, vos enfants, votre conjoint, vos parents, vos amis, vos relations, des rapports harmonieux, stables et équilibrés.

PREMIERE PARTIE

Les nombres et les lettres, premières clés d'un destin

Notre base de réflexion est la numérologie, ou science des nombres. Neuf nombres premiers nous servent à compter et nous permettent de tout exprimer. Derrière ces apparences se cachent des significations plus profondes, symboliques et ésotériques. Pythagore, le père de nos mathématiques, fut aussi un initié qui sut faire comprendre à ses disciples la face cachée des nombres, et leurs significations occultes. La tradition pythagoricienne, issue de l'école qu'il fonda en Grèce au VIe siècle avant notre ère, nous en a transmis les connaissances.

Aussi ancienne que l'astrologie, la numérologie nous indique que tout est cycles, périodicité et vibrations. On retrouve cette approche dans toutes les traditions, orales ou écrites. Les textes sacrés y font référence. La tradition hébraïque rattache les vingt-deux lettres de l'alphabet aux vingt-deux sons correspondants, et aux vingt-deux sentiers de l'arbre de vie. La Bible, autre langage codé, nous permet, dans l'Apocalypse de saint Jean, de nous poser des questions quant aux rapports existant entre la symbolique des nombres et le contenu des vingt-deux chapitres de ce texte. Plus près de nous, Jung, père de la psychologie moderne, a rattaché cette symbolique des nombres à la notion d'inconscient collectif : nous gardons au fond de nous-mêmes le souvenir des symboles, des archétypes et des mythes qui ont construit l'humanité.

Notre but n'est pas d'écrire un livre théorique sur la science des nombres. Ainsi nos références et notre approche historique en resteront-elles là ; il est cependant nécessaire d'en rappeler les fondements, que vous pourrez retrouver plus en détail dans l'introduction de notre ouvrage intitulé *Votre guide numérologique jusqu'à l'an 2000*.

La tradition chrétienne établit la liste de tous les saints. Nous connaissons par des écrits leurs vies, leurs actes, leurs comportements. Déjà, les prénoms qu'ils portaient se rattachaient à ces mythes, à ces symboles, inscrits dans l'inconscient collectif, et ont, de par leurs vibrations, contribué à façonner leurs personnalités. De nombreux siècles nous séparent de leur époque et les modes de vie ont changé, cependant nous portons en nous l'histoire du monde et nous conformons à certains comportements sans même nous en rendre compte.

Les neuf premiers nombres, au-delà de leur signification primaire, quantitative, ont un contenu symbolique, ésotérique, qualitatif, d'une portée et d'une richesse extrêmes.

1

La symbolique des neuf premiers nombres et des maîtres nombres

1. Le 1 est le symbole de l'unité, il est à l'origine de toute chose, il est le souffle créateur. Impair et masculin, il représente le moi, la personnalité marquée de l'être, son individualité, son ambition, sa force, sa volonté, son énergie. Il est en rapport avec l'élément feu et en analogie avec le Soleil, le signe du Lion, la Maison I en astrologie, et le tempérament bilieux.

Le sujet marqué par le 1 devra progresser sur la voie de l'indépendance et de la réalisation personnelle. Sous l'influence du nombre 1, on vivra une période de démarrage, d'avancement, de progression, où la promotion personnelle sera favorisée, cela allant parfois de pair avec un certain isolement.

2. Le 2 est symbole de dualité, de diversification. C'est chaque chose et son contraire, le yin et le yang, le chaud et le froid, le jour et la nuit, le bien et le mal... Pair et féminin, il représente l'autre, le conjoint, le partenaire, l'associé. Il est en rapport avec l'élément eau et en analogie avec la Lune, le signe du Cancer, les Maisons VII et parfois XI en astrologie, et le tempérament lymphatique.

Le sujet marqué par le 2 devra faire preuve de conciliation, d'adaptation, de coopération. Sous l'influence du nombre 2, on pourra vivre une période d'union ou d'association, mais également de dualité, d'émotivité, d'incertitude, parfois de séparation.

3. Le 3 symbolise la création, issue de l'union du 1 et du 2, alliant les forces positives et les forces négatives. Il est synonyme d'expression, de communication, de succès, de vie sociale, de créations, littéraires et artistiques notamment. Il est en rapport avec l'élément air, et en analogie avec les planètes Jupiter et Mercure, le signe des Gémeaux, la Maison III en astrologie et le tempérament nerveux-sanguin.

Le sujet marqué par le 3 devra chercher à s'exprimer, à communiquer et à convaincre par la voix, l'écriture ou toute autre forme créative ou artistique. Sous l'influence du nombre 3, on vivra une période harmonieuse et créative, avec cependant des risques d'éparpillement d'activité et d'énergie.

4. Le 4 symbolise l'esprit entrant dans la matière. C'est le carré, image de stabilité, de pouvoir, de construction. Il représente le travail, le labeur, le service, parfois une certaine rigidité ou étroitesse d'esprit. Il est en rapport avec l'élément terre, la planète Saturne, les signes du Taureau et du Capricorne, les Maisons IV et X en astrologie et le tempérament nerveux.

Le sujet marqué par le 4 doit apprendre la signification des mots travail, ordre, organisation, service. Sous l'influence du nombre 4, on apprend la lutte pour l'existence, à peiner pour croître et se développer. Ce nombre apporte la stabilité, la sécurité, à moins qu'il ne débouche sur des sentiments de limitation ou de restriction.

5. Le 5 symbolise l'évolution, l'expansion, la liberté et les changements, le et les plaisirs. Il est synonyme de sensualité, d'adaptabilité, de sexualité. Il est en rapport avec l'élément air, les planètes Mars et Mercure, et en analogie avec le signe du Verseau, parfois du Bélier, la Maison V en astrologie et le tempérament bilieux-sanguin.

Le sujet marqué par le 5 devra faire l'expérience de la liberté et des changements, et faire preuve d'adaptation et de souplesse. Sous l'influence du nombre 5, on cherche à développer ses cinq sens, à vivre son indépendance. Le 5 est associé aux voyages, aux déplacements, au commerce, à l'aventure ou aux aventures, à la croissance, à l'expansion, avec tous les risques qui vont de pair : instabilité, versatilité, inquiétude, infidélité.

6. Le 6 symbolise la lutte du bien et du mal, l'harmonie de l'homme qui cherche à s'élever et à dépasser ses instincts primaires. Il est synonyme de foyer, d'amour, de mariage, de vie domestique, ainsi que des responsabilités qui en découlent. Il est en rapport avec les éléments air et terre, et en analogie avec la planète Vénus, les signes de la Balance et de la Vierge, de manière très caractéristique avec la Maison VI en astrologie, et le tempérament sanguin.

Le sujet marqué par le 6 devra apprendre à assumer les responsabilités qui lui échoient, et apporter paix et équilibre à son entourage. Sous l'influence du nombre 6, on recherche la vie familiale stable, l'affection, l'harmonie, la beauté. On doit aussi assumer les responsabilités qui vont de pair, se montrer conciliant, sous peine de connaître conflits affectifs, litiges, voire séparation ou divorce.

7. Le 7 symbolise l'analyse intérieure et la recherche de la perfection. C'est un nombre sacré et éminemment spirituel. Il est synonyme de repos, de méditation, d'études, de spiritualité, de philosophie, de religion, de foi. Il est en rapport avec les éléments eau et terre et en analogie avec la planète Uranus, les signes du Cancer et des Poissons, la Maison XII en astrologie et le tempérament lymphatique et nerveux.

Le sujet marqué par le 7 devra trouver une satisfaction personnelle à rechercher par l'étude, la réflexion et la méditation les réponses aux questions essentielles de l'existence. Sous l'influence du nombre 7, on recherche la perfection intérieure, la sagesse, la connaissance et le savoir. Il faudra veiller à ne pas négliger les aspects matériels de la vie, ni le domaine des sentiments.

8. Le 8 symbolise l'équilibre, la vérité et la justice. Deux fois 4, c'est un nombre concret et matériel. Il est synonyme d'avoir, de pouvoir, de matérialité. Il est en rapport avec l'élément air, et en analogie avec les planètes Mars et Pluton, les signes du Bélier et du Scorpion, les Maisons II, VIII et XII en astrologie et le tempérament bilieux.

Le sujet marqué par le 8 devra apprendre à assumer ses fonctions par l'exercice d'un pouvoir juste et équilibré, et à gérer judicieusement ses biens matériels ou ceux d'autrui. Sous l'influence du nombre 8, on règle ses dettes karmiques, liées aux incarnations passées. En fonction de nos actes antérieurs, ce nombre nous apporte les conséquences de ce que nous avons semé : croissance et développement, succès, réalisations, ou, au contraire, pertes, faillites, avec parfois des répercussions sur la santé. C'est aussi ce que l'on nomme l'effet boomerang.

9. Le 9 symbolise l'accomplissement, la réalisation ultime, le dépassement, la finalité. Il est synonyme d'humanité, de don de soi, d'altruisme. Il est en rapport avec les éléments eau et feu, et en analogie avec la planète Neptune, les signes du Sagittaire et des Poissons, la Maison IX en astrologie et les tempéraments bilieux et lymphatique.

Le sujet marqué par le 9 doit apprendre l'oubli de soi, par la satisfaction des besoins des autres avant les siens propres. C'est une leçon difficile dans notre société matérialiste. Sous l'influence du nombre 9, on parvient à se dépasser et à ne plus penser à soi. On apprend à donner et à se donner. On peut être en contact avec des domaines publics ou de pointe, l'étranger ou l'étrange, la philosophie, l'occulte. Il faudra veiller aussi à tous les risques d'égarement, aux rêves, à l'utopie, ou à la fuite des réalités dans les paradis artificiels.

Les maîtres nombres

Au-delà de la gamme des neuf premiers nombres, la numérologie attribue des significations particulières aux nombres composés de deux chiffres identiques : 11, 22, 33, 44...

Les deux premiers, le ONZE et le VINGT-DEUX, seront régulièrement utilisés dans le corps de cet ouvrage. Il est utile que nous donnions les indications essentielles qui les caractérisent.

11. Le 11 symbolise le dépassement, les révélations, l'intuition, l'inspiration et les dons de clairvoyance. Il est synonyme d'une intelligence supérieure et d'idéaux très élevés sur un plan abstrait. Il est en rapport avec l'élément air surtout, le signe du

Verseau, onzième signe du zodiaque, et la Maison XI en astrologie.

Le sujet marqué par le 11 se révèle particulièrement intuitif, clairvoyant, et doit utiliser de manière positive son ascendant sur autrui, jouer en quelque sorte son rôle de guide spirituel. Sous l'influence du nombre 11, on connaît l'inspiration, on obtient des révélations et des succès, tant qu'il ne s'agit pas de la recherche effrénée des biens matériels ou des richesses. La leçon de ce nombre est claire : ne pas vouloir utiliser pour la satisfaction exclusive de ses propres besoins les possibilités de réalisations importantes qu'il apporte.

22. Le 22 comporte les implications du 11, mais permet en outre de les traduire dans des réalisations tangibles. Il symbolise la construction, la création, au plus haut niveau. Il est synonyme d'énergie, de pouvoir et de puissance, de rayonnement et de concrétisation. Il est essentiellement en rapport avec l'élément terre, avec les planètes transaturniennes (Saturne et Pluton), les signes de terre (Taureau, Vierge, Capricorne), et l'axe des Maisons IV et X en astrologie.

Le sujet marqué par le 22 doit construire, sur un quelconque plan, et laisser une marque de son action à l'humanité. Sous l'influence du nombre 22, on crée, on élabore, on réalise, à un haut niveau, pour le bien des autres et de la communauté. Il faudra veiller à ne pas utiliser la puissance des vibrations présentes pour la satisfaction exclusive de ses propres besoins, et maîtriser la tension nerveuse extrême qui accompagne la présence de ce nombre.

2

Correspondance entre les lettres et les nombres

Parallèlement aux neuf premiers nombres, notre alphabet comporte vingt-six lettres. Chacune d'entre elles est en définitive rattachée à un nombre premier par le principe de l'ADDITION THÉOSOPHIQUE, et ainsi la simplicité de la méthode pythagoricienne apparaît.

Tout nombre, quel qu'il soit, se réduit, par ce principe de l'addition théosophique, à un nombre premier compris entre 1 et 9. Par exemple :

10 fait 1 + 0 = 1
16 fait 1 + 6 = 7
29 fait 2 + 9 = 11 qui fait 1 + 1 = 2
93 fait 9 + 3 = 12 qui fait 1 + 2 = 3
1990 fait 1 + 9 + 9 + 0 = 19 qui fait 1 + 9 = 10
    et 10 = 1 + 0 = 1

Ainsi :

A, première lettre de l'alphabet, a une valeur de pur 1,

B, deuxième lettre de l'alphabet, a une valeur de pur 2,

C, troisième lettre de l'alphabet, a une valeur de pur 3,

D, quatrième lettre de l'alphabet, a une valeur de pur 4,

E, cinquième lettre de l'alphabet, a une valeur de pur 5,

F, sixième lettre de l'alphabet, a une valeur de pur 6,

G, septième lettre de l'alphabet, a une valeur de pur 7,

H, huitième lettre de l'alphabet, a une valeur de pur 8,

I, neuvième lettre de l'alphabet, a une valeur de pur 9,

J, dixième lettre de l'alphabet, commence déjà la deuxième octave des nombres et possède les valeurs du 1 pur (car 10 fait 1 + 0 = 1), mais amplifiées, avec une vibration supérieure,

K, onzième lettre de l'alphabet, poursuit cette deuxième octave, comporte les significations du nombre 2 (car 11 fait 1 + 1 = 2), mais particulièrement teintées de la symbolique du nombre 1, puisque répété deux fois. Par ailleurs, le 11 est, en numérologie, un maître nombre qui possède des vibrations élevées, qui seront attachées à la signification de la lettre K,

L, douzième lettre, comporte les significations du nombre 3 (car 12 fait 1 + 2 = 3), teintées des nombres 1 et 2,

M, treizième lettre, comporte les significations du nombre 4 (car 13 fait 1 + 3 = 4), teintées des influences du 1 et du 3,

N, quatorzième lettre, comporte les significations du nombre 5 (car 14 fait 1 + 4 = 5), teintées des influences des nombres 1 et 4,

O, quinzième lettre, comporte les significations du nombre 6 (car 15 fait 1 + 5 = 6), teintées des influences des nombres 1 et 5,

P, seizième lettre, comporte les significations du nombre 7 (car 16 fait 1 + 6 = 7), teintées des influences des nombres 1 et 6,

Q, dix-septième lettre, comporte les significations du nombre 8 (car 17 fait 1 + 7 = 8), teintées des influences des nombres 1 et 7,

R, dix-huitième lettre, comporte les significations du nombre 9 (car 18 fait 1 + 8 = 9), teintées des nombres 1 et 8,

S, dix-neuvième lettre, comporte les significations du nombre 1 (car 19 fait 1 + 9 = 10 = 1), teintées des nombres 1 et 9, et termine cette deuxième octave,

T, vingtième lettre, comporte les significations du nombre 2 (car 20 fait 2 + 0 = 2), mais amplifiées, une octave au-dessus,

U, vingt et unième lettre, comporte les significations du nombre 3 (car 21 fait 2 + 1 = 3), teintées des nombres 2 et 1,

V, vingt-deuxième lettre, comporte les significations du nombre 4 (car 22 fait 2 + 2 = 4), mais, notons que, deuxième maître nombre de la gamme, 22 possède des vibrations intenses et élevées,

W, vingt-troisième lettre, comporte les significations du nombre 5 (car 23 fait 2 + 3 = 5), teintées des nombres 2 et 3,

X, vingt-quatrième lettre, comporte les significations du nombre 6 (car 24 fait 2 + 4 = 6), teintées des nombres 2 et 4,

Y, vingt-cinquième lettre, comporte les significations du nombre 7 (car 25 fait 2 + 5 = 7), teintées des nombres 2 et 5,

Z, vingt-sixième lettre, comporte les significations du nombre 8 (car 26 fait 2 + 6 = 8), teintées des nombres 2 et 6.

Voici en résumé le tableau de la correspondance entre les vingt-six lettres et les neuf nombres premiers. C'est la base de la méthode pythagoricienne ainsi que le principe de l'addition théosophique qui nous ont permis de réduire tout nombre à l'un des neuf nombres premiers en additionnant les nombres entre eux.

1	2	3	4	5	6	7	8	9
A	B	C	D	E	F	G	H	I
J	K	L	M	N	O	P	Q	R
S	T	U	V	W	X	Y	Z	

Notre ouvrage a l'ambition de vous aider à vous déchiffrer par l'analyse numérologique de votre prénom. Pour aller beaucoup plus loin dans l'exploration de la personnalité, nous avons tenu à prendre en compte, toujours à la lumière de la numérologie, d'autres éléments essentiels : le jour de naissance et le chemin de vie. Nous y ferons référence dans la plupart des prénoms répertoriés et vous en livrons donc les bases d'interprétation.

3

Le jour de naissance

L'étude de la date de naissance à elle seule constituerait l'objet d'un ouvrage. Beaucoup d'indications relatives à la destinée sont contenues dans ce tout formé par le jour, le mois et l'année de naissance. Ne pouvant, dans le cadre de ce livre, développer l'ensemble de ces éléments en détail, nous allons cependant en aborder les éléments essentiels, ceux qui permettent d'affiner l'analyse obtenue à partir du prénom seul.

Le jour de naissance est très important, car si étrange que cela semble, nous l'avons choisi, consciemment ou inconsciemment. Nous sommes arrivés sur Terre un jour J et nous avons été baignés dès notre premier cri par les vibrations universelles de ce jour de naissance. Si vous adhérez à un certain déterminisme, vous penserez que vous avez choisi ce jour afin d'en vivre les implications. Dans le cas contraire, il vous paraîtra plausible ou même logique que, né dans les vibrations universelles d'un jour donné, vous en ayez été imbibé, imprégné, et qu'elles auront eu sur vous un rôle formateur, dès votre premier cri. Directement rattaché à la symbolique des neuf premiers nombres, ce jour de naissance est compris entre 1, pour ceux nés un premier, et 31, pour ceux nés le 31 d'un mois quelconque. Il comporte des indications fort précieuses sur votre nature, ainsi que sur les éléments de votre destinée.

Il est utile de le prendre en compte car l'on passe toute sa vie active, productive, sous l'influence de son jour de naissance. Plus exactement, cette influence commence à se mettre en place, selon les sujets, plus ou moins près du vingt-huitième anniversaire, et joue jusqu'à cinquante-sept ans environ.

Le *1*. Confère des aptitudes au commandement et à l'organisation plutôt qu'à l'exécution. Un caractère indépendant, un solide sens pratique, la volonté et la confiance en soi permettent au sujet de prendre en main les rênes de son destin, notamment dans l'exercice d'une profession où l'on a tendance à être son propre maître, ou à assumer un poste de direction.

La vitalité, l'énergie, le dynamisme sont présents, ce qui permet de décupler les capacités d'action personnelle. Fier et sensible à la flatterie, le sujet a néanmoins besoin d'être stimulé et encouragé pour aller jusqu'au bout de ses actes.

Les travers possibles :

L'égocentrisme, la domination, la jalousie, l'orgueil, l'hypertrophie du moi.

Le *2*. Confère des aptitudes à travailler en collaboration avec les autres, poussant aux activités associatives ou d'équipe plus qu'aux actions solitaires et individuelles. Diplomate, le sujet préfère utiliser l'art de la persuasion plutôt que la force. Coopératif et adaptable, il est extrêmement sensible aux sentiments des autres et a besoin de preuves d'affection et de tendresse. Il est doué pour faire régner l'harmonie, arbitrer les situations délicates et recherche le calme et la douceur, tant dans son activité professionnelle que dans son foyer qu'il aime douillet et confortable.

Les travers possibles :

Hypersensibilité, tendances cyclothymiques ou dépressives, manque de confiance en soi, volonté défaillante, absence de combativité, craintes injustifiées et inhibitions.

Le **3**. Confère des aptitudes à tous les types de communication, d'expression, de création, comme la parole et le chant, l'écriture, la peinture ou la sculpture. Le sujet doit développer un tempérament amical et sociable, utiliser l'optimisme et la joie de vivre qui le caractérisent, miser sur son sens de la conversation, sur son charme et sa séduction. Ses capacités d'action personnelle sont décuplées par sa vitalité et son énergie qui lui permettent de multiplier ses centres d'intérêt ; un violon d'Ingres ou une vocation artistique ou créative ne sont pas à négliger, mais bien au contraire à cultiver.

Les travers possibles :

Éparpillement d'activités et d'énergie, versatilité, tendance aux bavardages stériles ou aux commérages, excentricité, jalousie.

Le **4**. Confère des aptitudes au travail, à l'organisation et à la gestion. Très travailleur, consciencieux, responsable, sérieux, patient, persévérant, déterminé, le sujet est digne de confiance et sait avancer progressivement malgré les limitations apparentes. Pratique et rationnel, il peut faire preuve d'une certaine rigidité et parfois même d'étroitesse d'esprit. Le domaine des sentiments et des émotions n'est pas son fort, sa réserve naturelle et sa difficulté à manifester ses sentiments lui font parfois du tort. Il peut souffrir que cela apparaisse comme de l'indifférence. Très attaché aux détails, il devra veiller à ne pas perdre de vue l'essentiel. Amoureux de la nature, concerné par la famille et le foyer, il est plutôt conservateur et traditionaliste.

Les travers possibles :

Rigidité, tendance à la routine, difficulté d'adaptation, inhibitions, besoin d'accumuler et de se rassurer, manque de sociabilité, mesquinerie.

Le **5**. Rend le sujet extraverti et apte à réussir en travaillant au sein de groupes. Talentueux, amusant, gai, enthousiaste, sociable, imaginatif, amoureux du changement, il sait parfaitement s'adapter à toute situation nouvelle et apprécie tout particulièrement les voyages, l'aventure ou les aventures. Intelligent, doué d'un esprit vif et analytique, il a le plus souvent une approche originale des choses. Il est sensible au raffinement, au luxe, à la perfection et adore vivre vite, très vite. Sur le plan affectif, il n'aime pas les contraintes et désire avant tout préserver sa liberté, recherchant un partenaire conciliant dont il exigera beaucoup, et en qui il lui faudra avoir confiance.

Les travers possibles :

Versatilité, instabilité, fuite des responsabilités, égoïsme, abus des plaisirs, papillonnage, excitabilité, nervosité, manque de suite dans les idées.

Le **6**. Confère le goût des responsabilités et l'aptitude à vivre et à travailler en harmonie avec les autres. Compréhensif et généreux, secourable, consciencieux, sympathique et agréable, le sujet recherche tout particulièrement la paix, la tranquillité et l'harmonie, tant dans le domaine professionnel que personnel. Les responsabilités ne lui font pas peur, notamment dans le contexte familial où il se montre le plus souvent un conjoint ou un parent idéal, particulièrement concerné par ses proches. À la recherche de la perfection dans beaucoup de domaines, et très esthète, il est sensible à la beauté sous toutes ses formes et possède une âme d'artiste : il serait intéressant et épanouissant de s'intéresser à un violon d'Ingres artistique. La sécurité, tant financière qu'affective, est nécessaire à son équilibre, et il aura aussi besoin qu'on lui témoigne considération et affection.

Les travers possibles :

Perfectionnisme exacerbé, maniaquerie, insatisfaction, entêtement, besoin d'interférer dans les affaires d'autrui, risque d'être trop envahissant sur le plan affectif…

Le **7**. Confère des aptitudes aux activités spécialisées : scientifiques, techniques ou philosophiques. Introspectif, le sujet est aussi déterminé, opiniâtre et peu adaptable, préférant le plus souvent faire cavalier seul, tout en regrettant parfois d'être isolé. Sa façon d'aborder les choses est quelque peu particulière : plutôt rationnel et intellectuel, il possède toutefois une forte intuition qui lui permet d'affiner son jugement, d'où une perspicacité certaine. Il peut être attiré par tous les domaines se rapportant aux travaux de l'esprit : psychologie, métaphysique, voire parapsychologie. La vie affective ne lui est pas indifférente, bien qu'elle ne soit pas toujours un domaine facile : sa discrétion naturelle, sa réserve, sa timidité, son manque d'ouverture aux autres ne lui facilitent pas la tâche. Il aime la nature, recherche le calme et le repos. En règle générale, les événements viennent à lui sans qu'il ait besoin de les rechercher ou de les provoquer.

Les travers possibles :

Inadaptation, pointillisme, hypersensibilité, inhibition, manque d'ouverture aux autres, tendance à demeurer dans l'abstrait, à se contenter de penser et de réfléchir.

Le **8**. Confère des aptitudes dans tout ce qui concerne le domaine du concret et des affaires, et porte le sujet à se réaliser dans le monde matériel. Doué d'un solide sens de l'organisation, apte à la gestion et à l'administration, il est efficace, ambitieux, matérialiste, responsable et digne de confiance. Concret, pratique et réaliste, il cherche à assumer une forme de pouvoir. Il aime le faste, le luxe, l'éclat et peut être enclin à l'ostentation. Lorsqu'il en a les moyens, il se montre généreux, possédant l'âme d'un mécène. Il aime l'ordre et la stabilité, et sa confiance en lui-même lui assure un certain magnétisme ; par ailleurs ce dernier élément, qui correspond à une certaine forme de pouvoir, peut l'amener à exercer une profession en liaison avec les soins, le magnétisme curatif par exemple.

Les travers possibles :

Autoritarisme, prétention, arrivisme, parfois malhonnêteté, et tous les abus liés à l'exercice d'un pouvoir.

Le **9**. Confère des aptitudes en matière d'art, d'écriture, et porte le sujet à s'intéresser à l'audiovisuel, à la publicité, au domaine du social au sens large, qui lui permet d'exprimer ses tendances philanthropiques, au mysticisme, ou à l'ésotérisme. Il est attiré par toutes les formes de contact avec le public, et se veut de la race des hommes sans frontières. Doux, sensible, émotif, large d'esprit, humain, altruiste, idéaliste, il peut être détaché, parfois trop, des contingences matérielles. C'est le type parfait du rêveur, quelque peu utopiste, ses tendances le portent à faire partie de mouvements sociaux ou humanitaires, ou à se consacrer à une grande cause touchant les plus malheureux ou les plus déshérités. Cet amour universel n'est par ailleurs pas toujours du goût du conjoint ou du partenaire qui apprécierait peut-être plus d'exclusivité.

Les travers possibles :
Oubli de soi, émotivité envahissante, fuite de la réalité, angoisses et états dépressifs.

Le **10**. Confère des aptitudes pour commander, diriger et exécuter. Possédant l'esprit d'un chef, le sujet est un excellent meneur d'hommes. Il est indépendant, ambitieux, réaliste, volontaire, et a confiance en lui-même. Son pouvoir de réalisation est grand et va de pair avec le bien-être matériel, le plus souvent en liaison avec une activité professionnelle où il aura tendance à être son propre maître. Vitalité, énergie, dynamisme, force et clarté d'esprit le caractérisent. Il est également doué d'un bon sens pratique et préfère être l'initiateur, celui qui lance les idées, plutôt que celui qui les mène à leur terme. Créatif et original, il est cependant susceptible et sensible, même s'il sait très bien masquer ses sentiments.

Les travers possibles :
Orgueil, autoritarisme, jalousie, domination, nervosité, agressivité, excentricité, hypertrophie du moi.

Le **11**. Confère des aptitudes à vivre et à travailler en étroite relation avec les autres, dans des cadres associatifs ou au sein d'équipes, en utilisant la douceur et la gentillesse plutôt que la force. Le sujet possède des capacités mentales et intellectuelles puissantes, un esprit d'analyse, un fort pouvoir de compréhension, le plus souvent une puissante intuition, parfois des dons de visionnaire. Particulièrement sensible, il est sujet aux émotions fortes. Idéaliste, rêveur, utopiste, il est détaché des contingences matérielles et le monde de l'économie ou des affaires n'est pas son domaine de prédilection. Hypernerveux, perméable, réceptif à l'extrême, très à l'écoute des autres, impressionnable, son moral est souvent fluctuant, ses réactions démesurées, et il peut vivre des crises existentielles.

Les travers possibles :
Tendance chimérique et cyclothymique, fragilité affective et émotionnelle parfois dramatique, ou laisser-aller, passivité, inhibition.

Le **12**. Confère des aptitudes pour tous les types de communication, d'expression, de création. Aidé en cela par une grande imagination, le sujet n'est pas sans talent artistique, littéraire ou vocal. Brillant, magnétique, attirant, il possède une approche originale des choses. Gai, optimiste, amusant, il sait exprimer le bonheur et la joie de vivre, et faire preuve d'enthousiasme et de sens social. Amical, il recherche toutes les voies de communication. Pratique et rationnel, il est, dans le domaine de la vie sentimentale, affectueux, tendre, sensible, et tend à rechercher l'idéal, l'absolu. Empli d'une grande vitalité et débordant d'énergie, souvent impatient, bouillonnant, il a un besoin permanent d'activité.

Les travers possibles :
Esprit critique et acerbe, éparpillement d'activités et d'énergies, recherche de la facilité, manque de stabilité sur le plan affectif, trop grande extraversion, dilettantisme.

Le **13**. Confère des aptitudes au travail, à l'organisation, à l'exécution, alliant paradoxalement des conceptions créatrices, novatrices, artistiques, mais aussi conservatrices. Consciencieux, responsable, sérieux, persévérant, déterminé, le sujet est digne de confiance. Il a du mal à supporter les limitations, ce qui peut le conduire à des états paroxystiques, ou à des crises de dépression. Il est strict, obstiné, acharné au travail, tout aussi exigeant avec lui-même qu'avec les autres, ce qui est susceptible de le rendre incompris et mal aimé. Il est attaché à la maison, à l'univers des formes et des couleurs, et le cadre dans lequel il vit ne le laisse pas indifférent, le domaine de la décoration pouvant être un violon d'Ingres, ou devenir sa profession.
Les travers possibles :
Crises d'autorité, sentiments de frustration, comportement caractériel, dogmatisme, étroitesse d'esprit, parcimonie, ou, au contraire, laisser-aller, manque d'endurance et négligence.

Le **14**. Confère une nature extravertie, le goût de la diversité, une très grande adaptabilité, et un aspect sociable et charmant, éclectique et léger, qui met le sujet parfaitement à son aise dans les activités de groupe. Des qualités d'ordre et d'organisation sont cependant présentes, alliant rigueur, méthode et art de se faire valoir. Épris de liberté, il cherche avant tout les expériences nouvelles, les changements et les voyages, particulièrement attiré par tout ce qui bouge et évolue. Sociable, gai, enthousiaste, il possède un tempérament de joueur. Les risques ne lui font pas peur, d'autant qu'il a une certaine chance. Oscillant entre le monde objectif et le monde subjectif, il n'est pas sans posséder certaines capacités médiumniques. La vie sentimentale n'est pas forcément stable, et il pourra vivre jeune une première union susceptible de ne pas durer.

Les travers possibles :

Un trop grand goût du risque et un amour immodéré de l'aventure ou des aventures, instabilité et impatience, fuite des responsabilités et abus de tous les plaisirs...

Le *15*. Confère le goût des responsabilités, et l'aptitude à vivre et à travailler en harmonie avec les autres. Le sujet est double, responsable d'un côté, indépendant de l'autre, et il recherche l'équilibre en toute chose. Secourable, consciencieux, compréhensif, aimant, démonstratif, il attire la sympathie et obtient des remerciements et des gratifications de son entourage. Le foyer et la famille ont une importance extrême : c'est un bon partenaire, un bon parent. Il peut vivre une union stable, tranquille et durable. Néanmoins il est perfectionniste, élitiste, même, et rejette tous ceux qu'il ne juge pas dignes d'intérêt. Épris de paix et d'harmonie, il est particulièrement sensible à l'esthétique et aux différentes formes d'art, y compris la décoration. Ce souci de la beauté s'exprime aussi dans le soin qu'il apporte à son physique et à son apparence.

Les travers possibles :

Hypersensibilité, abus des responsabilités au point d'interférer dans les affaires d'autrui, trop d'exigence, trop grand perfectionnisme ou pointillisme.

Le **16**. Confère des aptitudes pour les activités intellectuelles, techniques, scientifiques ou spécialisées. Rationnel, logique et fortement introspectif, le sujet est un véritable roseau pensant, cela allant de pair avec une certaine nervosité et irritabilité. Son indépendance est telle qu'il arrive parfois qu'elle l'isole : il lui faudra veiller à ne pas mettre une trop grande distance entre lui et les autres. Il est vrai qu'il apprécie tout particulièrement la vie douce et tranquille, loin du bruit et de l'agitation de la ville, le calme, le repos, la campagne et la proximité de l'eau lui étant nécessaires. Sa réserve et une grande emprise sur lui-même peuvent être perçues par les autres comme des signes de froideur et d'indifférence, alors que fondamentalement il est très sensible, même s'il ne sait pas le montrer. En général, les événements auront tendance à survenir sans qu'il ait besoin de les provoquer : il lui suffit de cultiver la patience et de développer son optimisme.

Les travers possibles :

Perfectionnisme exacerbé, inadaptation pouvant aller jusqu'au sentiment de persécution, crainte de l'échec, agressivité ou inhibition, tendance schizoïde pouvant entraîner loin de la réalité.

Le **17**. Confère des aptitudes au commandement, à la direction des hommes, à l'administration, à la gestion, et un intérêt pour le monde des affaires. Efficace, ambitieux, énergique, le sujet aime se fixer des buts concrets à atteindre ; les satisfactions matérielles ne le laissent pas indifférent, et il passera par des périodes alternatives de prodigalité et de grande rigueur financière. Les grands projets ne lui font pas peur, car il a une grande confiance en lui-même : globalement, il est né sous une bonne étoile. Son jugement sûr s'accompagne d'une intuition certaine lui permettant des prises de décision énergiques. Les grandes entreprises et les opérations d'envergure lui conviennent, alors qu'il préférera confier à d'autres l'exécution et l'intendance. La raison guide ses sentiments, et bien que sensible, il aura tendance à ne pas dévoiler ces derniers.

Les travers possibles :

Égocentrisme, caractère dominateur, arrivisme, mesquinerie, ainsi que tous les abus de pouvoir.

Le **18**. Confère des aptitudes à l'organisation, à l'ordre et à l'ordonnancement, à l'administration, allant de pair avec des dispositions pour tout ce qui concerne le public, le social, l'étranger, le lointain. Large d'esprit, altruiste, généreux, le sujet est ouvert et sympathique, attirant. Il peut, par son exemple, être une source d'inspiration pour les autres, un modèle à suivre. Actif, créatif et doué d'imagination, il est attiré par les voyages, terrestres ou de l'âme. Il peut être concerné de près ou de loin par les milieux financiers et d'affaires, et tout particulièrement ceux liés aux domaines philanthropiques ou de l'aide humanitaire. L'ouverture spirituelle est importante, ainsi que le don de soi, et plus l'ouverture désintéressée sur le monde sera large, plus le sujet en obtiendra des récompenses personnelles.

Les travers possibles :

Chicanerie, colère, égoïsme, déstabilisation, ou tentatives de détourner les influences à la satisfaction exclusive de ses propres besoins.

Le **19**. Confère des aptitudes au commandement et à la direction, un grand besoin d'indépendance, et le plus souvent la possibilité de réussir dans un quelconque domaine d'activité. Il y aura cependant des obstacles à franchir avant d'acquérir une parfaite autonomie.

Le sujet est ambitieux, volontaire, doué d'un solide sens pratique et a le plus souvent une approche particulière et originale des choses. Il alterne entre de fortes préoccupations personnelles et une ouverture sur les autres importante et désintéressée. On trouve de l'hypersensibilité accompagnée d'une grande susceptibilité, une tendance à intérioriser ses sentiments et à ne pas les dévoiler. Des intérêts pourront le pousser vers l'enseignement ou des sujets plus métaphysiques, mystiques, ésotériques, ou touchant au magnétisme.

Les travers possibles :

Manque de pondération, contradiction intérieure, égocentrisme, narcissisme, versatilité, manque de confiance en soi.

Le **20**. Confère des aptitudes à œuvrer et à collaborer avec les autres. Le sujet est plus fait pour s'associer et s'unir que pour envisager des actions ou des expériences individuelles. Sociable, amical et diplomate, c'est un doux et un tendre, un sensible et un intuitif. Courtois, malléable et à l'écoute des autres, il prend ceux-ci en compte au point parfois d'oublier ses propres envies. C'est un bon exécutant qui ira au bout des choses en ne négligeant aucun aspect. Ces aptitudes seront idéalement utilisées dans des professions où l'écoute et le conseil sont importants : psychologie, parapsychologie, à moins qu'il ne s'agisse d'être l'éminence grise d'un personnage connu.

Les travers possibles :

Apathie, manque de volonté, manque de confiance en soi, hypersensibilité, mélancolie susceptible de conduire à des états dépressifs, oubli de soi.

Le **21**. Confère des aptitudes dans tous les types de communication, d'expression écrite ou orale, la voix pouvant constituer un atout essentiel. Le sujet peut posséder des talents artistiques, littéraires ou de création. Son magnétisme personnel est important : c'est quelqu'un qu'on remarque. Sa manière de voir la vie est toute particulière, pleine d'optimisme, de sens social, de convivialité, assortie d'une certaine légèreté : le sujet n'est pas de ceux qui se posent des problèmes métaphysiques. Il est sensible et le choix est chez lui souvent problématique : il oscille entre deux orientations, deux amours, et ses sentiments l'amènent à passer par des hauts et des bas, des crises et des remises en cause. Ainsi, les nerfs sont fréquemment mis à rude épreuve.

Les travers possibles :

Esprit de séduction, autosatisfaction, tendance à l'impatience et à la dispersion, aux bavardages vains et stériles, aux commérages ; imagination délirante, parfois morbide.

Le **22**. Ce maître nombre confère des aptitudes à l'organisation à un haut niveau qui permettent au sujet de mener à bien des entreprises de grande dimension pouvant toucher au bien-être de l'humanité. Il est responsable, sérieux, travailleur, idéaliste, altruiste et doit faire en permanence le lien entre le concret et l'abstrait. Il est doué d'une grande force intérieure qui va de pair avec une importante tension nerveuse. Intuitif et inspiré, il doit aller dans le sens de ses idéaux, canaliser ses énergies pour le bien de tous et développer une recherche intérieure afin de se réaliser pleinement. Il lui faudra s'entourer de personnes compétentes qui seront à même de mettre en application ses idées et ses projets. Enfin, il devra veiller à protéger sa vie affective, la tendance étant de la faire passer au deuxième plan.

Les travers possibles :

Risque de confondre le rêve et la réalité, utopie, mégalomanie, recherche exclusive des richesses matérielles, dogmatisme, recherche du pouvoir, hyperémotivité.

Le **23**. Confère une adaptabilité remarquable permettant de se mouvoir dans n'importe quel milieu professionnel ou social. Le sujet est amoureux du changement, enthousiaste, extraverti et sociable, possède un don certain pour les contacts humains : il sait vendre et se vendre. Sensible, éclectique, il est doué d'un tempérament créatif où l'imagination s'accompagne d'une grande intuition. Sa vitalité et son goût pour tout ce qui bouge et évolue le poussent au mouvement et lui procurent un intérêt certain pour les voyages, les déplacements, l'aventure ou les aventures. Doué d'un esprit rapide et d'à-propos, il comprend vite, agit tout aussi vite, et sait travailler, bien que par à-coups. Sur le plan affectif, la tendance est aux coups de foudre nombreux et renouvelés qui ne donnent pas toujours la stabilité qui conviendrait au partenaire...

Les travers possibles :

Impatience et instabilité chroniques, fuite des responsabilités, sous prétexte de liberté, instabilité sentimentale et sexuelle avec les risques de maladies qui l'accompagnent.

Le **24**. Confère le goût des responsabilités et l'aptitude à faire régner la paix et l'harmonie. Le sujet est énergique, actif, consciencieux, généreux, gentil, et est très sensibilisé par l'environnement familial, le foyer, les amis, cadre dans lequel il assume des responsabilités. Doué d'une forte imagination, il allie le sens pratique, un côté terre à terre et des talents créatifs et artistiques certains. Des goûts pour la musique, le théâtre, ou la décoration peuvent être présents. Sur le plan sentimental, la sécurité et l'équilibre affectif viendront, c'est certain, mais parfois plus tard que pour les autres. Auparavant il faudra penser aux autres, à leur bonheur, à leur équilibre, et leur prodiguer tout l'amour et toutes les attentions nécessaires.

Les travers possibles :

Manque de sens pratique, agitation, tendance à amplifier les émotions, hypersensibilité envahissante, anxiété, angoisses ou états dépressifs liés au besoin de trop en faire.

Le **25**. Confère des aptitudes aux activités spécialisées : techniques, scientifiques, à moins que ce ne soit dans le domaine de la philosophie, de la psychologie, parfois même de la parapsychologie. Très attiré par les travaux de l'esprit, le sujet a tendance à vivre dans son monde intérieur et à ne pas extérioriser ses sentiments. Très imaginatif et rêveur, parfois inquiet, incertain et hésitant, il a un besoin fondamental de se raccrocher aux réalités concrètes. Il aura du mal, au début de sa vie, à faire la part des choses et à trouver une voie et des orientations définitives. Sa grande réserve, sa pudeur ainsi que sa méfiance le poussent à adopter une attitude volontiers cynique ou critique : un moyen de défense auquel peut se méprendre l'entourage. L'hypersensibilité pourra apporter des difficultés dans le cadre de la vie affective où un partage d'intérêts intellectuels ou spirituels sera nécessaire à l'équilibre.

Les travers possibles :
Inhibition, tendance à se mésestimer, difficultés de communication et d'adaptation, tendances à l'illusion, au pessimisme, à la mélancolie, asocialité.

Le 26. Confère à la fois un besoin de puissance et de sécurité. Faisant preuve d'une ambition certaine, le sujet se révèle diplomate, coopératif, sociable, consciencieux, mais aussi responsable et concerné tant par son environnement familial et affectif que professionnel. Ses aptitudes l'amènent à s'intéresser d'une manière ou d'une autre au domaine matériel et au monde des affaires. Il est fait pour toutes sortes de transactions et de négociations, et a besoin d'aisance financière et de sécurité. La réussite est probable, venant par l'intermédiaire du succès professionnel mais peut-être aussi par le biais d'un riche mariage ou d'une union profitable sur le plan concret. Doué d'un solide sens pratique, il a besoin d'un environnement affectif stable, harmonieux et sécurisant, et attache beaucoup d'importance aux valeurs traditionnelles et sociales. Enfin, l'optimisme est présent, permettant d'accepter les divers aléas de la vie.

Les travers possibles :
Excès de toutes sortes, orgueil, recherche du pouvoir, tendance à privilégier l'argent au détriment des valeurs humaines, prétention, suffisance.

Le 27. Confère un tempérament passionné, susceptible de conduire vers tous les domaines de la connaissance : sciences, arts, religion, philosophie, psychologie, parapsychologie. Ouvert, humain, généreux, altruiste, le sujet est réceptif et sensible aux besoins et aux sentiments des autres, ce qui le rend attirant. Déterminé et passionné, tout à l'écoute d'autrui, il a aussi besoin de calme, de temps et de repos pour réfléchir, étudier, méditer. Le domaine du rêve et de l'imagination est important, et tous ses actes iront dans le sens de la non-violence, de la paix et de la tranquillité. Il peut avoir un rôle de pasteur, de modèle, qui ouvre la voie et qui donne l'exemple. Le domaine sentimental lié au monde des émotions est important, mais la recherche de l'idéal pourra l'amener à vivre un certain nombre d'expériences avant de connaître la stabilité.

Les travers possibles :

Instabilité, inconstance, utopie, fuite des réalités, utilisation de tous les moyens marginaux, ou fanatisme, besoin de domination.

Le **28**. Confère des aptitudes au commandement, à un tempérament de chef, doublées de celles permettant de travailler et de réussir dans des optiques associatives ou en collaboration avec autrui. Le sujet est volontaire, ambitieux, opiniâtre, mais sait également utiliser ses qualités de diplomate. Le potentiel de réussite se situe dans la sphère des réalisations concrètes. Il est susceptible de s'intéresser de près ou de loin au domaine des affaires et de la finance, possédant des dons d'organisation et de gestion certains. Doué d'un grand sens pratique, ce qui l'intéresse, cependant, c'est de lancer le mouvement, et il pourra laisser aux autres le soin de le mener à bien. Les entreprises de grande envergure lui plaisent davantage que les actions individuelles limitées, le besoin d'être reconnu prévaut. Le domaine sentimental est important, il recherchera l'affection et l'amour, à condition de garder la maîtrise de la situation.

Les travers possibles :
Paresse, rêve ou insouciance, prodigalité, ou au contraire entêtement, besoin de domination ou recherche du pouvoir.

Le **29**. Confère des aptitudes à vivre et à travailler en collaboration ou en association avec autrui, tout allant dans le sens des autres en général, au détriment parfois de soi-même. Très intuitif, doué de fortes capacités psychiques ou médiumniques, le sujet peut avoir à jouer un rôle de modèle, de phare, de guide, tout particulièrement dans des domaines spirituels, intellectuels ou occultes. Il saura utiliser sa sensibilité, son sens de la conciliation et de la coopération pour assumer sa tâche de médiateur. La sphère matérielle et celle des affaires ne sont pas ses domaines de prédilection, il est plus à son aise dans les concepts et le monde des idées et des idéaux. Il peut être impressionné ou submergé par ses émotions, qu'il devra absolument garder en équilibre, sous peine que son moral n'en soit affecté. Sujet à tant d'émotions, il est à craindre que le plan affectif soit quelque peu critique, que les rêves et la recherche de la perfection ne se heurtent à l'imparfaite réalité.

Les travers possibles :
Tendance à confondre rêve et réalité, illusions, utopie, manque de mesure, paresse, fuite, colère, aspects dépressifs.

Le **30**. Confère des aptitudes verbales et liées à tous les types de création, d'expression et de communication, au plus haut niveau. Le sujet pourra réussir dans des voies artistiques ou celles lui permettant d'utiliser ses talents d'orateur, de pratiquer l'art de la persuasion, car il y excelle. Sa sociabilité, son charme, son côté séducteur et démonstratif sont des atouts supplémentaires qu'il devra veiller à utiliser judicieusement. Il est clair qu'avec de tels atouts la vie affective n'aura comme difficultés que celles qu'il éprouvera à choisir et à se fixer. Car le revers de la médaille est le risque très net de ne pas savoir utiliser ce potentiel tout à fait exceptionnel. Les possibilités d'erreurs, de légèreté, de superficialité d'une vie facile et faite de mondanités le guettent, plus gravement pour lui que pour quiconque.

Les travers possibles :

L'éparpillement d'activités et d'énergie, le libertinage, une vie affective stérile, tous les risques de médisance, de commérage, et de mauvaise utilisation de ses talents verbaux.

Le **31**. Confère des aptitudes au travail et à l'organisation ainsi qu'un potentiel important de réalisations permettant la réussite tant professionnelle que financière. Le sujet sait se donner les moyens de ce succès : travailleur, consciencieux, énergique, sérieux, solide, c'est un être responsable et digne de confiance. Il peut cependant avoir un petit côté déraisonnable qui lui fait rechercher une certaine animation, la diversité, la sociabilité. Néanmoins, c'est la stabilité qui lui convient le mieux et qui lui permettra de s'équilibrer et de s'épanouir, tant sur le plan sentimental que professionnel. Supportant relativement mal la solitude, il recherche la compagnie et possède le sens de l'amitié. Par ailleurs, il aime plaire et séduire, apportant l'impression sécurisante d'une certaine force tranquille.

Les travers possibles :
Manque de tolérance, esprit rigide ou limité, dogmatisme, accès dépressifs, ou au contraire instabilité, paresse, irréalisme, manque d'organisation.

4

Le chemin de vie

C'est le total réduit de la date de naissance et donc une donnée fondamentale et immuable : elle est là, elle est fixe et définitive, il faut impérativement l'accepter et s'y adapter.

Le total de la date de naissance, jour, mois et année, donne un nombre réduit compris entre 1 et 9.

Écrivez :
– Le jour de naissance, par exemple :   24
– Le mois de naissance, par exemple :   12
– L'année de naissance, par exemple :   1932
Additionnez :   1968
Réduisez : 1 + 9 + 6 + 8 = 24 = 6
Le chemin de vie d'un sujet né le 24 décembre 1932 est marqué par le 6.

Vous pouvez, au cours de cette addition, trouver deux nombres qui se nomment en numérologie des maîtres nombres. Ce sont les nombres 11 et 22, dont le total donne respectivement 2 et 4, mais qui possèdent des vibrations plus hautes et puissantes que les neuf nombres premiers. Ils peuvent désigner des personnalités ou des destins sortant de l'ordinaire.

Ainsi un sujet né le 5 février 1950	05
aura un chemin de vie gouverné	02
par le maître nombre 22	<u>1950</u>
	1957 = 22/4

Alors qu'un sujet né le 15 février 1984	15
aura un chemin de vie gouverné	10
par le maître nombre 11	<u>1984</u>
	2009 = 11/2

Le chemin de vie, c'est en quelque sorte notre voie de destinée, notre voie royale. Il décrit l'ensemble des potentialités et des opportunités que la vie nous réserve.

C'est un fleuve, ou une autoroute, celle de la vie. Suivre son cours, aller dans le sens du nombre correspondant, donnera une existence équilibrée, saine et harmonieuse. Aller à contre-courant serait la source de difficultés de toute nature, de retards, d'obstacles, d'ennuis ou d'échecs.

CHEMIN DE VIE 1

Tout tourne autour des notions d'individualité et d'indépendance, de créativité et d'originalité. Il faut prendre conscience des aptitudes présentes qui permettent d'aller de l'avant, de diriger ou d'assumer un commandement. Le 1 est celui qui ouvre la piste, qui est à l'avant-garde, qui doit y demeurer. Il possède les capacités d'un chef et la vie le met dans des situations où il devra exprimer son esprit d'entreprise et son individualité. Il faut être fort, avoir de l'ambition et de la confiance en soi, apprendre à être efficace et s'organiser.

Attention à l'égoïsme, à l'excentricité, à la domination, à la suffisance, à la prétention.

Professions liées au 1 : les situations indépendantes, créatives ou les postes de direction : pionnier ou explorateur dans un quelconque domaine, inventeur, designer, styliste, décorateur, architecte, promoteur, ingénieur, avocat.

CHEMIN DE VIE 2

Cette voie est celle de la coopération, de la collaboration et de toutes les formes de conseil. Le 2 est un diplomate ou une éminence grise, celui qui tire les ficelles dans l'ombre. Il doit être sensible, amical, patient, persuasif : le partenaire, l'associé, le compagnon idéal. Il lui faudra accepter que d'autres obtiennent les récompenses liées aux activités qu'il aura effectuées. C'est une leçon parfois assez difficile à vivre et à accepter… Le sujet doit développer sa sensibilité ou sa capacité à travailler avec les autres au plus haut niveau, il bénéficiera ainsi indirectement de leur succès.

Attention à une hypersensibilité latente, à la timidité, aux angoisses, aux incertitudes, à l'indécision ou à un trop grand oubli de soi.

Professions liées au 2 : intermédiaire, conseil, assistant, courtier, vendeur, secrétaire, politicien, diplomate, psychologue ou parapsychologue, et toutes les activités d'écoute et de conseil.

CHEMIN DE VIE 3

Cette voie est celle de l'expérience de la joie de vivre et de son expression. L'aisance verbale du 3 est certaine et il peut posséder un talent vocal, être acteur, orateur, chanteur, conteur, comédien, à moins que ces dons d'expression ne s'expriment par l'écriture. Il doit apprendre à s'extérioriser, à être ouvert, dynamique et plein de vie : c'est ce que les autres attendent de lui… Il doit devenir conscient de ses talents personnels et de son imagination et développer ses talents artistiques ou créatifs : tout ce qui se rattache de près ou de loin à la peinture, à la sculpture, au chant, à la musique, à la communication lui est destiné.

Attention à la superficialité, à la frivolité, aux commérages, à la vantardise, à l'éparpillement d'activités et d'énergie. Il faudra bien sûr veiller à n'être ni taciturne ni maussade ou renfermé.

Professions liées au 3 : l'écriture (écrivain, journaliste), la musique (artiste, musicien), l'expression verbale (orateur, conférencier, avocat, enseignant, négociateur, activités commerciales), l'art et toutes les formes de création.

CHEMIN DE VIE 4

C'est une voie de travail, de labeur acharné, menant à une réussite lente et progressive, mais sûre et solide. Le 4 doit développer ses dons d'organisation, ses qualités d'ordre et de méthode. Il y a chez lui beaucoup de sens pratique, il est la clé de voûte de la communauté. Il doit, comme un maçon, construire son mur pierre après pierre, avec constance et endurance, sans se décourager devant l'immensité et parfois la pénibilité de la tâche. Sa capacité de travail est importante, et il doit aller au fond des choses, allier le sérieux à la loyauté, la persévérance à la ténacité.

Attention aux sentiments de limitation ou de restriction, à l'étroitesse d'esprit, à une trop grande rigidité, à un pointillisme excessif, à la susceptibilité, à l'inquiétude ou à la lenteur.

Professions liées au 4 : le travail de la terre, la construction, l'immobilier, l'administration, la comptabilité, la gestion, les sciences exactes, ou tout ce qui exige de l'ordre et de la précision, la banque, la finance ; toutes activités où le souci du détail est fondamental.

CHEMIN DE VIE 5

Cette voie est celle de la liberté, des mutations, de l'adaptabilité et des changements, de l'aventure ou des aventures. L'habileté du 5 à accomplir ce qu'il veut est innée, ainsi que son agilité d'esprit et son aptitude à analyser les données et à résoudre les problèmes présents. Une structure très organisée le rend malheureux et il préfère les changements, le mouvement, les voyages, les lieux inhabituels hors des sentiers battus. Il doit développer son enthousiasme et son adaptabilité, apprendre aussi à effectuer des choix judicieux entre le profitable et l'inutile.

Attention aux pertes de temps et d'énergie, à la superficialité, à la frivolité, aux divers plaisirs, de la chair notamment, à l'inconstance... Il pourrait se fatiguer et lasser les autres par ses changements incessants.

Professions liées au 5 : celles où tout bouge et évolue sans cesse, la communication, l'édition, la publicité, la vente, les négociations. Les carrières linguistiques ou celles liées aux déplacements et aux voyages. Toutes les activités en rapport avec les jeux, les loisirs et les plaisirs de toutes sortes.

CHEMIN DE VIE 6

Sous cette influence, les notions de responsabilité, d'harmonie, d'affection, de vie affective et de foyer sont importantes. C'est une voie où le 6 est amené à assumer les problèmes des autres, de son environnement proche en particulier. Il est fait pour apporter la paix dans les situations conflictuelles, pour juger et équilibrer. Il doit apprendre à prodiguer soin et amour, compréhension et affection. Il bénéficiera en retour d'estime et de reconnaissance. Il recherche aussi cette harmonie dans le couple, et c'est peut-être dans ce domaine que son souci d'apporter paix et conciliation sera mis à plus rude épreuve ! Enfin il pourra exprimer ses préoccupations d'esthète dans les activités artistiques ou la création.

Attention à ne pas trop en faire, ni à vouloir porter absolument le fardeau d'autrui. Il faudra veiller à ce qu'un trop grand perfectionnisme, une trop grande exigence ne le rendent pas critique, cynique ou désabusé. Il pourrait enfin éprouver un sentiment de culpabilité s'il n'assumait pas les responsabilités qui lui sont dévolues.

Professions liées au 6 : celles relatives à la prise en charge des autres : mère de famille, carrières médicales ou médico-sociales, conseiller pédagogique ; celles en liaison avec l'art ou l'esthétique, la décoration, l'immobilier ou la maison, la restauration, l'hôtellerie, le commerce, ou la politique.

CHEMIN DE VIE 7

Cette voie est celle de la recherche intérieure, de l'analyse et de l'introspection, dans le but d'acquérir sagesse et compréhension. C'est souvent une route solitaire, celle des philosophes, des chercheurs, des rêveurs. Apparemment calme, distant et quelque peu froid, le 7 peut éprouver quelques difficultés d'adaptation aux autres ou à la réalité. Il est fait pour l'étude, la recherche, scientifique, culturelle ou occulte, et ne doit pas vouloir avant tout l'accumulation des richesses : les opportunités viendront à lui sans qu'il ait à les provoquer. Il faudra veiller à ne devenir ni trop introverti ni trop intériorisé en se repliant sur soi, tel un ermite.

Attention à ne pas adopter d'attitudes cyniques ou désabusées, sarcastiques. Il faudra garder l'équilibre intérieur, car les risques de neurasthénie ou de dépression sont présents si l'on ne vit pas bien ce nombre.

Professions liées au 7 : celles de la recherche et des travaux de l'esprit ; bibliothécaire, documentaliste ; carrières liées aux techniques de pointe ou à l'avant-garde, informatique, électronique, mode... Toutes activités se rapportant à la religion, la philosophie, la psychologie, la parapsychologie, l'astrologie, l'astronomie ; toutes les carrières scientifiques ou médicales spécialisées où l'art du diagnostic est fondamental, ainsi que toutes les professions marginales ou inhabituelles.

CHEMIN DE VIE 8

Cette voie est liée aux notions de pouvoir, de puissance, d'avoir et de matérialité. Ce sont les domaines fondamentalement concrets qui sont destinés au 8, allant de pair avec d'importantes possibilités de réussite, dans la mesure où il saura les manier judicieusement et s'en rendre maître. Une voie de succès, mais avec, comme revers de la médaille, tout autant de possibilités d'échec. Il faudra développer les dons d'organisation et d'administration, l'ambition et l'autorité, tout en allant dans le sens du travail et de l'équité car rien ne sera gratuit. Ce chemin de vie s'accompagne de vibrations très puissantes, d'où de nombreux travers : la soif du pouvoir et la volonté de posséder sont à craindre, mais aussi l'arrivisme, une certaine rigidité, l'intolérance, voire la tyrannie, ainsi que tous les abus de pouvoir ou d'autorité.

Professions liées au 8 : les affaires, l'industrie, la finance, la banque, le courtage, l'administration, les professions libérales, le commerce. Toutes les activités à responsabilités ou demandant des qualités d'organisation, de gestion ou de direction.

CHEMIN DE VIE 9

Cette voie cultive le don de soi, les orientations humanitaires ou philanthropiques, sociales ou publiques. La sensibilité va de pair avec des vues larges sur l'existence, une grande imagination ainsi que des talents créatifs et artistiques certains. Les voyages, terrestres ou de l'esprit, sont présents et souhaitables. Les horizons doivent être universels, les frontières, quelles qu'elles soient, ne demandant qu'à être franchies. Il faut cultiver le sens de l'abnégation, du sacrifice, l'amour de l'humanité, sans en attendre de contrepartie. Donner, c'est aussi savoir enseigner et transmettre, par l'écriture, la poésie, la peinture, le théâtre ou tout autre moyen d'expression.

Il faudra veiller à ne pas se contenter de rêver, à ne pas vivre dans l'utopie ou rechercher des paradis artificiels. Ces risques découlent de la grande capacité à éprouver des émotions, des sensations et de l'attirance pour le merveilleux.

Professions liées au 9 : enseignant, soignant, conférencier, diplomate, politicien, psychologue, ainsi que toutes les professions sociales. Toutes activités mettant en jeu la notion de public, artiste, acteur, écrivain, publicitaire, commerçant, hôtelier, restaurateur ; ou comportant la notion d'universalité, philosophe, globe-trotter, médecin sans frontières.

CHEMIN DE VIE *11*

Ce maître nombre est en rapport avec une intelligence supérieure, intuitive, visionnaire et capable de révélations. Les perceptions sont accrues, pouvant aller jusqu'à l'illumination. Il lui faudra révéler une certaine inspiration. Il faut développer l'intuition et chercher à s'élever sur des plans philosophiques, religieux ou spirituels, se lancer dans des études ou des recherches et assumer la fonction de guide qui est dévolue à ce maître nombre. Les vibrations ambiantes sont extrêmement fortes et élevées et il sera parfois plus facile de vivre une octave au-dessous, suivant alors les caractéristiques du chemin de vie 2.

Il faudra veiller tout particulièrement à une très forte tension nerveuse, source d'angoisse. La tendance pouvant être aussi de canaliser toutes ces énergies pour la satisfaction exclusive de ses propres besoins, or le 11 est fait pour donner, éloignant tout égoïsme personnel.

Professions liées au 11 : toutes celles qui vont de pair avec l'expression des idéaux, le dévouement et les valeurs humaines ; enseignant ou initiateur de mouvements philosophiques, culturels, spirituels ou sociaux. Toutes les activités d'écoute et de conseil, ainsi que toutes celles de l'esprit demandant beaucoup d'intuition, psychologue, parapsychologue, astrologue.

CHEMIN DE VIE 22

Cette voie est peu fréquentée, car elle touche un point de vue universel qui vise d'immenses projets profitant à l'humanité. Le 22 forme un lien entre les forces cosmiques et la vie matérielle et concrète, alliant les connaissances universelles aux réalisations pratiques. Il faut, sous cette influence, prendre en charge des opérations de grande envergure, en utilisant l'habileté et les idéaux dans une optique large et universelle. Il faut fonder de nouveaux mouvements, bâtir à grande échelle en dépassant les obstacles et en visant à améliorer le bien-être des autres. Tout cela ne peut être atteint avant la maturité.

Un 22 pourra être tenté d'utiliser ces grandes forces à la satisfaction exclusive de ses propres besoins, ou d'abuser du pouvoir qui lui est conféré. À moins qu'en fonction de la grande tension nerveuse présente il ne préfère se réfugier au moins partiellement dans la douce sécurité d'une routine confortable, beaucoup plus en accord avec les vibrations du chemin de vie 4 qu'il suivra alors.

Professions liées au 22 : celles relatives à des réalisations de haut niveau ; architecte, constructeur d'autoroutes... Homme d'affaires d'envergure internationale. Certains grands hommes : écrivains, ambassadeurs, grands gestionnaires, politiciens peuvent avoir un chemin de vie 22. De même que les créateurs de mouvements spirituels, philosophiques, culturels ou scientifiques.

DEUXIÈME PARTIE

Le B.A.-Ba de l'analyse du prénom

Choisir son prénom, choisir son destin...

Cet intitulé peut sembler choquant. Et pourtant!... Notre but est de vous démontrer que rien n'est vraiment gratuit ni le fruit du simple hasard. Mais comment est-il possible qu'un prénom comporte aussi les éléments du destin de celui qui le porte ?

Ceux qui adhèrent à la notion de réincarnation ne seront pas surpris. Pour ces derniers, le principe, résumé à l'extrême, est le suivant : notre esprit, notre âme, choisit de se réincarner, de revivre un parcours terrestre, et cela un certain nombre de fois, dans le but, à chaque passage sur Terre, de s'améliorer et de résoudre les problèmes non résolus ou aggravés dans les vies antérieures, les existences précédentes. Liée à cette philosophie, à cette vision de la vie, à cette foi, correspond la notion de « karma ». Le karma, c'est l'effet boomerang, qui correspond à l'adage : « On récolte ce que l'on a semé. » Oui, pour les tenants de la réincarnation, nous récoltons dans notre vie actuelle les conséquences, bonnes ou moins bonnes, les joies ou les peines, de nos actes et de nos comportements vécus dans nos vies passées. Ceux qui y croient ne seront donc pas choqués de lire que nous décidons, inconsciemment, des divers éléments de notre vie. Cette vie que nous choisissons, avec ses méandres, ses cycles, ses bonheurs ou ses problèmes, dans le but d'arriver enfin à la perfection, qui nous permettra de ne plus nous réincarner dans ce purgatoire ou cet enfer terrestres, et d'atteindre alors le Nirvâna, le Paradis.

Ainsi, dans cette optique, nous avons choisi le contexte familial dans lequel nous nous incarnons : notre foyer de naissance, nos parents, notre hérédité, tous éléments contenus et symbolisés par notre nom de famille, porteur d'atouts ou de handicaps. Au lieu de reprocher au destin et à la fatalité les difficultés que nous rencontrons, nous pouvons ainsi essayer de comprendre, nous en prendre avant tout à nous-mêmes et accepter que nous subissions les effets et les conséquences de nos actes, de nos bienfaits ou de nos erreurs, de nos comportements passés.

Toujours selon le point de vue des tenants de la réincarnation, nous insufflons à nos parents, d'inconscient à inconscient, le prénom que nous voulons porter ! Par leur intermédiaire, c'est nous-mêmes qui le choisissons. Et nous constituons ainsi le dernier élément de notre « bagage de départ », ce bagage complet qui nous permettra de parcourir notre chemin de vie, tout au long de notre existence. Nous en fixons les étapes, les progressions, les bonheurs et les peines... N'oublions pas que ceux qui croient en la réincarnation constituent plus d'un tiers de la population mondiale, soit au moins une personne sur trois ! Si pour beaucoup d'esprits cartésiens ou « de peu de foi », adhérer à une telle croyance semble bizarre, voire aberrant, pensons qu'il doit bien y avoir des raisons qui poussent tous ces êtres à y croire : il n'y a pas de fumée sans feu !

Pour tous ceux, esprits logiques, plus terre à terre, qui ne croient en aucune manière à cette philosophie de vie, nous pouvons donner une explication *a posteriori* qui leur conviendra davantage et qui sera cependant en adéquation avec les faits. Car des liens vérifiables existent entre le choix d'un prénom et le destin correspondant. Nous allons constater, dans le contenu de cet ouvrage, que le prénom, constitué d'un ensemble de lettres émettant des vibrations, influence notre caractère et notre personnalité.

Les points de vue philosophique et rationnel se rejoignent dans les faits, au quotidien, comme nous le vérifierons dans les pages suivantes... Mais commençons donc par le commencement, et par les éléments essentiels qui nous caractérisent lors de notre venue au monde. Il s'agit, outre notre jour de naissance et notre chemin de vie, issu directement de notre date de naissance, de notre prénom.

AVERTISSEMENT

Quel prénom utiliser ?

C'est dans quatre-vingt-quinze cas sur cent le prénom usuel, celui qui figure comme premier prénom sur un extrait de naissance. Ce cas est le plus fréquent et le plus simple. Vous vous appelez Jean, c'est le premier prénom de votre fiche d'état civil, et tout le monde vous connaît ainsi : dans ce livre, vous chercherez tout ce qui concerne Jean. Vous portez un prénom composé, et c'est ainsi qu'il figure sur vos papiers officiels : Jean-Louis, Marie-Isabelle. Vérifiez bien l'existence du trait d'union, et qu'il ne s'agit pas simplement de deux prénoms qui se suivent, auquel cas on ne prend que le premier prénom. Nous avons étudié dans cet ouvrage un grand nombre de prénoms composés, qui seront donc directement analysés. Veuillez noter cependant que le sujet qui porte un prénom composé est influencé globalement par le tout qu'il représente, mais qu'il y a en sous-jacence deux vibrations différentes, qui parfois se complètent et vont dans le même sens, mais peuvent aussi s'opposer. Il sera alors judicieux de vérifier que, dans la majorité des cas, le contenu du prénom composé correspond bien à la personnalité du sujet qui le porte. Dans certains cas individuels, le porteur d'un prénom composé sera davantage influencé par l'un des deux prénoms, le plus souvent d'ailleurs le premier : il vous appartiendra alors de juger lequel des deux s'adapte le mieux à votre propre cas.

D'autres cas marginaux existent, liés parfois à des traditions familiales : le sujet, à sa naissance, est déclaré sous un prénom officiel, qu'il ne portera jamais, alors que tout le monde le connaîtra sous une autre appellation.

Étudiez alors les deux éventualités, mais le plus souvent vous constaterez que c'est le premier prénom donné à la naissance qui s'adapte le mieux, même s'il n'est jamais utilisé ensuite : ce n'est certainement pas un hasard si ce prénom existe.

Vous pouvez aussi avoir choisi volontairement un autre prénom : Berthe ne vous plaisant pas, vous vous faites appeler Stéphanie. Ce nouveau prénom vous influencera bien entendu légèrement, mais recherchez plutôt les significations du véritable, car c'est vraisemblablement sous ses vibrations que se déroulera votre vie.

Enfin, un sujet peut avoir vécu une partie de sa vie dans un pays étranger, en Extrême-Orient par exemple, et lors de son arrivée en Occident, il a adopté une nouvelle identité, et donc un prénom. Dans ce cas, le fait d'arriver dans un nouveau pays, une nouvelle culture, d'adopter de nouvelles conditions d'existence peut être symbolisé par l'adoption d'un prénom. C'est ce dernier qui devra être étudié. Si Ryoth a changé de prénom après son exil du Cambodge, si en arrivant en France elle a choisi de s'appeler Diane, ce choix correspondra à celui, inconscient, de vivre sous l'influence des vibrations émises par ce nouveau prénom. Diane sera alors étudié.

Nous avons, dans ce paragraphe, évoqué la grande majorité des cas possibles. Si votre cas ne correspond à aucune des hypothèses ci-dessus, s'il est encore plus inhabituel, prenez les deux prénoms entre lesquels vous hésitez, vérifiez par vous-même ou, pour une analyse plus objective, faites vérifier par quelqu'un d'autre, et vous vous retrouverez, sans nul doute, bien mieux dans un cas que dans l'autre

L'orthographe exacte du prénom

Le dernier point que nous devons aborder avant de poursuivre concerne celui de l'ORTHOGRAPHE EXACTE DU PRÉNOM.

Vous trouverez en fin d'ouvrage la liste des trois mille prénoms, français et étrangers, courants ou insolites, que nous avons référencés. Quelques détails pourront vous surprendre :

– Certains prénoms possèdent des orthographes différentes. Danielle peut s'écrire aussi Danièle ; Michelle peut aussi s'orthographier Michèle ; Eric ou Erick existent tous deux. À chacun de ces cas extrêmement précis correspond une interprétation particulière car, en numérologie, chaque détail compte, chaque lettre joue. Vérifiez précisément la bonne orthographe avant de lire le portrait correspondant. En cas d'hésitation, consultez un document officiel, le plus sûr étant l'extrait de naissance, éventuellement le livret de famille.

– Certains prénoms sont mixtes. Dominique, Charlie ou Camille peuvent concerner aussi bien un homme qu'une femme. Pour ces prénoms mixtes, deux chiffres vous renvoient à deux pages, selon le sexe, et donc à deux interprétations différentes sur la forme, mais non pas sur le fond.

Après avoir lu, et éventuellement relu, l'ensemble de ce livre, vous ne pourrez pas vous tromper, et vous apprécierez toutes les subtilités de la numérologie, base de rédaction de l'ouvrage que vous tenez entre les mains.

1

Initiale et première voyelle du prénom

1. La première lettre du prénom, l'initiale

C'est la première lettre du premier prénom qui a un impact immédiat sur autrui lorsque nous nous nommons. Et cet impact est double : presque physique d'abord, puisque c'est la première lettre qui entre en contact avec notre interlocuteur, et bien entendu un impact d'ordre psychologique, irrationnel. Lorsqu'un ami vous présente une nouvelle relation, Sophie, S est la première lettre qui – le mot n'est pas trop fort – frappe votre inconscient. Et votre inconscient va retirer déjà un certain nombre d'informations de cette première lettre, avant d'aller plus avant et de décortiquer le contenu des renseignements complets contenus dans le prénom.

La première lettre, l'initiale du premier prénom, se nomme, en numérologie, la **Pierre angulaire.** C'est la première pierre de notre édifice, et c'est sur elle que se bâtissent non seulement nos premières années d'existence, mais toute notre vie, ainsi que notre caractère et notre personnalité. C'est donc une information fondamentale, que nous devons prendre en compte. L'initiale de notre prénom indique nos aptitudes et nos attitudes face à l'existence, aux éléments extérieurs, aux diverses expériences de la vie. En ce domaine, visuellement, le graphisme des lettres est déjà caractéristique, et ce n'est pas pur hasard. **A**, première lettre de l'alphabet, a une valeur de pur 1, nous l'avons vu dans les pages précédentes. La symbolique du 1 lui est donc rattachée. Physiquement, cette lettre est bien campée sur ses deux jambes, elle est stable, bien ancrée sur la terre, sur le monde matériel. La pointe dirigée vers le haut, vers le ciel, dénote une volonté d'évolution, d'élévation, et une recherche, une avancée vers le cosmos, ou vers Dieu. La barre horizontale est aussi signe de stabilité et d'équilibre entre le monde matériel et les valeurs spirituelles. Alexandre, dont **A** est à la fois la première lettre, l'initiale, mais aussi la première voyelle, détient, de manière très significative, ces caractéristiques.

Regardez la lettre **C**, lettre ronde, toute en courbes et en douceur, lettre ouverte, ouverte à la communication, ouverte à toutes les formes d'expression, artistique, créative, et liée à la symbolique du nombre 3. Claire, dont l'initiale est **C**, aura ainsi toutes les chances d'être une personne charmante et charmeuse, ouverte et spontanée, pour qui la voix pourra se révéler un outil merveilleux : chanter, parler ou convaincre, si Claire est avocate, ou l'avocate des bonnes causes.

Amusez-vous à écrire, à dessiner les vingt-six lettres de notre alphabet et à trouver derrière ces signes, en apparence anodins, leurs significations profondes, vivantes, si naturelles et dont si peu d'entre nous ont conscience.

2. La première voyelle du prénom

Notre deuxième outil d'analyse, second dans l'ordre d'importance, mais en aucun cas négligeable, est la première voyelle de notre prénom (lettres : A, E, I, O, U, Y). Il est difficile de mesurer la part d'impact des deux éléments, première lettre et première voyelle, sur notre inconscient. Il faut les considérer l'une et l'autre, ne pas en privilégier l'une au détriment de l'autre car elles forment un tout. La première voyelle du prénom correspond aux motivations intérieures et immédiates du sujet, le plus souvent invisibles et en tout cas profondément enfouies, à son émotivité, à son affect. Elle est donc plus profonde, moins brute, que l'initiale, car elle implique déjà les notions d'intériorité, de réflexion, de secondarité ; elle touche le « moi » profond, alors que l'initiale est plus instinctive, plus primaire, plus physique aussi.

Essayez, la prochaine fois que l'on vous présentera quelqu'un, de faire un premier test et de tenter de saisir immédiatement les premières informations fondamentales inscrites dans l'initiale et la première voyelle du prénom usuel. Vous serez surpris de constater la quantité d'indices intéressants qu'elles renferment !

Bien entendu, vous ne devez pas vous contenter de ces brèves et premières informations, il serait dangereux de vous limiter à leur interprétation en pensant obtenir la totalité des renseignements recherchés. Considérez ces deux éléments comme une première approche, en quelque sorte une première ébauche dessinée au fusain, sans couleurs, ni relief, ni profondeur, un tout premier abord...

Pour les prénoms dont la première voyelle est aussi l'initiale, comme le **A** de Alexandre, le **É** de Émile, le **I** d'Isabelle, le **O** d'Oscar, l'importance des renseignements que renferme cette lettre est multipliée. Si l'on considère que la première lettre et la première voyelle forment un tout, dans ce cas, une seule lettre coïncidera avec la signification de ce tout.

Vous trouverez dans les pages suivantes la signification des vingt-six lettres de notre alphabet, correspondant au cas où elles apparaissent comme **première lettre**, ou **initiale**, et **première voyelle** (lettres : **A**, **E**, **I**, **O**, **U**, **Y**) du prénom : il vous restera ensuite à faire la synthèse de ces diverses informations.

A Il y a beaucoup d'autorité, d'ambition, de force, d'assurance dans cette lettre qui combine la confiance en soi, l'énergie et la volonté. Le Moi est très affirmé, les opinions sont nettes, claires, tranchées, mais peuvent être parfois exprimées de manière quelque peu abrupte, à l'emporte-pièce. L'intellect est puissant, et les approches très créatives. **A** est un phare qui éclaire, et la personne qui possède cette lettre rayonne, ou doit chercher à émettre un grand rayonnement. Beaucoup d'originalité est présente, l'esprit est novateur, pionnier. Assez entêté, le sujet défendra ses opinions ou sa manière de concevoir les choses, envers et contre tout. Un côté aventurier donne du piquant à ce caractère affirmé qui ne craint pas d'avancer tête baissée dans des lieux ou des domaines inconnus. La stabilité n'est pas son fort et la recherche permanente de nouveauté lui donne un grand dynamisme. **A** est également synonyme d'activité, tant physique qu'intellectuelle. Mais attention, **A** peut être parfois un feu de paille, et toute cette énergie mise en action retombera alors très vite, ou n'ira pas aussi loin qu'elle le pourrait. Le goût du pouvoir est présent, ainsi que celui du commandement, et il faudra veiller à ce qu'ils soient bien dirigés et employés. Les aspects négatifs et excès possibles sont un certain sentiment de supériorité, une volonté de domination, l'agressivité, l'égoïsme, pouvant se traduire par de l'étroitesse d'esprit, ou le risque d'avancer droit vers son but avec des œillères, envers et contre tout.

Ces influences sont présentes lorsque **A** est la première voyelle comme dans Catherine ou Claire par exemple; elles sont accentuées lorsque **A** est à la fois l'initiale et la première voyelle, comme dans **A**dam, **A**lexandra ou **A**lbert.

B Tout en courbes, divisée en deux, **B** est une lettre qui dénote une dualité et une grande sensibilité. Cette lettre contient beaucoup de douceur, de calme, de pondération, de diplomatie et de modération. Elle permet à celui qui la porte d'allier le sens de la conciliation à celui de la coopération. Le sujet travaille mieux en équipe réduite, ou en association étroite, que de manière indépendante ou au sein de groupes plus importants. Pour bien se réaliser dans l'existence, **B** a besoin autour de lui de calme, de douceur et d'harmonie, de conditions paisibles faites d'entente et d'amitié, plutôt que de situations conflictuelles chargées d'animosité ou d'esprit de compétition. **B** peut être timide, restant en arrière, parfois indécis, ou soumis. **A** lance les choses, les initie, et **B** les exécute, les mène à leur terme, sachant s'occuper des moindres détails, possédant le don de minutie nécessaire; d'autre part son esprit analytique est développé. **B** a besoin de preuves d'amour et de compréhension. Lettre en relation avec l'astre lunaire, **B** est cyclothymique, passe par des hauts et des bas, vit de manière intense sur ses émotions, et traverse des périodes de crise. **B** est très émotif et très intuitif. Sa sensibilité lui sert à comprendre les autres, parfois par l'oubli de soi. Montrez-lui que vous appréciez ce qu'il fait, rassurez-le, flattez-le quelque peu, et **B** ira très loin, avec le souci de la perfection et l'amour du travail bien fait qui le caractérisent.

B devra veiller à n'être ni trop timide ni trop réservé, trop sensible ou émotif, et à ne pas trop se replier sur lui-même. Il lui faudra s'affirmer, en préservant toutes ses qualités de douceur et de compréhension.

Ces significations sont très caractéristiques lorsque **B** est l'initiale du prénom, comme dans **B**éatrice ou **B**ertrand. Dans ces divers cas, l'influence de la première voyelle complétera les implications de **B**.

C Beaucoup de créativité est présente dans la lettre **C**. Ouverte, **C** l'est autant que le graphisme qui la représente. Tout ce qui est en relation avec la voix et les cordes vocales est important : l'art de parler ou de convaincre, la facilité d'expression, à moins que ce ne soit un véritable talent, comme chanter par exemple. Toutes les formes d'art sont liées à **C** : outre le chant, c'est aussi la musique, la danse, le théâtre, la peinture ou la sculpture. **C** est vibrante de créativité, de création, de communication. Le sujet influencé par **C** allie le charme à la sociabilité et à l'extraversion. Il a le sens de l'amitié, aime les contacts, les activités sociales, sait exprimer les joies et les beautés de l'existence. **C** est sensible et peut parfois être profondément blessé par un mot ou une remarque. **C** est original, créatif et sera souvent inspiré, spontanément. Cette lettre est en analogie avec la Trinité : l'union du Père et de la Mère, du 1 avec le 2, crée l'enfant, et ainsi **C** est symbole de création. Beaucoup d'atouts pour cette lettre, beaucoup de légèreté et de facilité, qui contiennent autant d'éléments de risque. **C** pourrait être trop bavard, trop exubérant, et pourquoi pas cancanier ou médisant... Pour **C** la vie est facile, et **C** peut être léger, volage, éparpillé, avec peu de sens des mesures ou de la modération.

C peut être vantard, prétentieux, hâbleur, se montrant en spectacle. De celui qu'on invite toujours pour donner le sens de la fête pour une soirée réussie, **C** risque de devenir celui que l'on fuit, parce qu'il parle, il parle trop, sans cesse, et surtout de lui. C'est toujours la rançon, et chaque lettre comporte dans son domaine tout autant d'atouts fabuleux que de risques de négativité.

Ces interprétations sont très significatives si **C** est la première lettre, comme dans **C**hristian ou **C**lara et, dans l'un ou l'autre cas, les significations de la première voyelle en compléteront les implications.

D Première lettre de valeur 4, **D** est signe de labeur, de travail, de persévérance, d'opiniâtreté. **D** est en quelque sorte le travailleur de force de l'alphabet, qui possède le sens de l'autodiscipline, qui sait avancer lentement et calmement, avec toute la rigueur nécessaire, sans se décourager, appliquant l'adage : « Travaillez, prenez de la peine, c'est le fonds qui manque le moins. » **D** se suffit à lui-même, n'est pas exubérant ni extraverti, exige peu des autres mais n'en attend pas beaucoup non plus. **D** est pointilleux et méticuleux, c'est un gestionnaire ou un excellent comptable, qui a l'esprit strict et méthodique et sait ne laisser passer aucun détail, ne rien abandonner au hasard. C'est un esprit pratique et matériel, un rationnel qui se sent parfaitement à son aise dans les aspects concrets de l'existence. Très efficace, **D** est un travailleur de la trempe des coureurs de fond ; son caractère n'est pas explosif, c'est au contraire l'opiniâtreté qui domine, et il accepte implicitement que la vie soit faite de travail, de labeur, de peine et d'efforts. Très attaché aux valeurs traditionnelles, **D** tranche nettement entre « ce qui se fait » et « ce qui ne se fait pas ». La présence d'un **D** dans son entourage, c'est l'assurance d'une vie stable, sûre et bien organisée, mais qui pourra manquer souvent des petits coups de folie qui lui donnent du piquant et de l'originalité.

C'est en cela qu'interviennent les limites de **D**. Limites est bien le mot, car **D** peut se restreindre ou se sentir limité. Une trop grande stabilité peut cacher de l'ennui, de la monotonie et de la routine. Une trop grande rigueur peut entraîner l'étroitesse d'esprit ; son trop grand attachement aux valeurs et aux traditions peut lui mettre des œillères, le rendre sectaire. Enfin, son côté terrien et terre à terre peut lui faire trop aimer son petit confort et le rendre mesquin, étriqué.

Ces interprétations sont très significatives lorsque **D** est l'initiale, comme dans **D**avid, **D**aniel ou **D**enise. Dans tous les cas, la prise en compte de la première voyelle permettra d'effectuer une juste synthèse.

E A le sens de l'aventure, et le goût du changement, c'est en quelque sorte le mercenaire et sans nul doute l'aventurier de l'alphabet. **E** est adaptable, aime changer de lieu, d'occupation, de profession, d'amis, de relations. **E** se remet en cause, aime remettre les autres en cause, car rien n'est établi ou définitif pour lui. **E** est impulsif, malléable, souple, et possède un côté caméléon. Il faut laisser à **E** sa liberté et lui donner par ses expériences renouvelées la possibilité de croître et de se développer. **E** est énergique et se donne les moyens de vivre son besoin de changement et de nouveauté. **E** est mental, intuitif, et son agilité intellectuelle est grande : il comprend vite, interprète vite, et tire très rapidement et presque instinctivement ses conclusions, tant sur les autres que sur les événements. Car **E** est instinctif, possède un côté animal, il lui faut expérimenter pour tirer ses propres conclusions, **E** ne se contentant pas de l'expérience d'autrui. Il est clair qu'avec ces tendances **E** aura certainement quelques problèmes sur le plan affectif, car il est très physique, la stabilité n'est pas sa qualité première ; il pourra vivre des périodes orageuses avec ses partenaires, les expériences multiples ne convenant pas à tous et à toutes !

Il faudra veiller à ce que toute cette énergie et cette activité débordantes ne se révèlent pas autant de feux de paille. **E** risque de passer d'une activité à l'autre, d'un amour à un autre, en véritable papillon. Il lui faudra s'appliquer à aller au fond des choses, éviter la superficialité ; quant aux aspects matériels, les fluctuations financières pourraient se révéler causes de réels soucis...

Ces influences sont particulièrement accentuées si **E** est l'initiale du prénom, comme dans Éric ou Ève. Si **E** est simplement la première voyelle, comme dans Léa ou Bernard, elles seront complétées par les significations de la première lettre.

F Est avant tout responsable, sensé, réfléchi et dévoué. Son sens des responsabilités est intense, poussant celui ou celle qui le porte à rechercher la perfection, personnellement comme chez les autres. **F** possède le sens du devoir, du dévouement, parfois du sacrifice, et cela jouera beaucoup dans le cadre de son environnement familial et affectif. **F** est un diplomate, un médiateur, un conciliateur. Ses notions de la justice et de l'injustice, du bien et du mal, de l'honnêteté et de la malhonnêteté sont là, et bien là. **F** recherche l'équilibre et l'harmonie autour de lui, et fait tout son possible pour apporter ces éléments à son entourage : **F** sait créer des situations harmonieuses là où la discorde règne. **F** est très intuitif et très émotif. S'impliquant dans toute situation, **F** aura du mal à le faire en toute objectivité, toutes ses émotions, tous ses sentiments étant présents. **F**, lettre affective, a besoin aussi de preuves d'estime et de reconnaissance, et fera beaucoup, énormément, pour répondre aux marques et témoignages d'affection. Enfin, **F** est très esthète, et possède de manière innée le sens des formes et des couleurs, tant dans le choix de ses vêtements que dans les éléments de son décor quotidien, à moins qu'il n'utilise ces aptitudes dans l'exercice d'une profession.

Ces qualités peuvent aussi se révéler des défauts, et il faudra veiller à ce que **F** ne cherche pas à porter le fardeau d'autrui sur ses épaules : ce n'est bon pour personne. **F** pourrait se sentir responsable de tout et de tous, poussant trop loin son esprit de sacrifice. À moins que, excédé, **F** ne cherche à son tour à se décharger de toute responsabilité, évitant tout ce qui pourrait nuire à son confort et à son équilibre personnels.

Ces influences sont bien sûr très fortes lorsque **F** est l'initiale, comme dans France ou François. Il faudra aussi étudier l'influence de la première voyelle afin de faire la synthèse de l'ensemble des significations.

G N'est pas facile à comprendre : **G** est réservé, parfois secret, son attitude et son comportement peuvent être mal perçus par les autres, ceux-ci pouvant le qualifier d'indifférent, de prétentieux ou de snob. **G** est un penseur, un rêveur. La cérébralité est chez lui puissante, et il a besoin de comprendre les êtres et les faits. Il pourra se sentir détaché du monde et de ses contraintes matérielles. Les relations avec son environnement ne sont pas des plus faciles. **G** est un chercheur, et un chercheur solitaire. Les activités de groupe ne sont pas faites pour lui, il préférera bien davantage la compagnie de son ordinateur, de ses livres ou de son magnétoscope. **G** n'est pas exubérant, il n'est ni très expressif, ni boute-en-train. Il a plutôt tendance à intérioriser ses émotions, plus qu'à les exprimer, alors que sous cette carapace il possède un cœur d'or, ce dont il n'est même pas conscient lui-même ! **G** peut être inquiet, anxieux, et manquer de confiance en lui. Aussi il agira et mettra beaucoup de volonté et de détermination dans la réalisation de ses projets. Son domaine de prédilection est davantage celui de la pensée, de l'étude, de la recherche, parfois de la méditation ou de la religion. Rêveur, philosophe et solitaire, il ne sera pas le premier à prendre des initiatives sur un plan sentimental. Un doux et un tendre qu'il faut absolument chercher à connaître !

G devra veiller à ne pas devenir trop marginal, à ne pas se couper du monde, ni à prendre les attitudes d'un ours mal léché ; à moins qu'il ne se réfugie dans les moqueries, les sarcasmes ou les critiques, autre manière de se protéger… Il pourrait aussi chercher à acquérir l'amitié, l'estime ou l'affection de son entourage par des cadeaux multiples et dispendieux.

Ces influences sont très importantes lorsque **G** est l'initiale du prénom, comme dans **G**aston ou **G**ermaine, il faudra alors tenir compte de la première voyelle afin d'en effectuer une synthèse objective.

H Est solide, concret et matériel. C'est une lettre qui donne le sens des réalités et des affaires, de l'efficacité, de la force, de l'ambition. **H** possède toutes les aptitudes d'un gestionnaire, d'un organisateur, d'un dirigeant. Cette lettre est très puissante, elle est forte, représente graphiquement un carré posé sur un autre carré, chacun étant un symbole de stabilité et d'endurance. Intellectuel et concret en même temps, **H** apporte une bonne compréhension et d'excellents rapports avec le monde matériel. L'esprit est pour cette lettre au service du succès financier, permettant ainsi des réalisations importantes dans les domaines du pouvoir, de l'avoir, de l'argent et du statut social. Lucide et bien équilibré, **H** perçoit clairement toutes les situations, les êtres, les événements. Mais **H** peut parfois faire trois pas en avant et deux en arrière, n'étant pas toujours définitivement sûr de ses atouts ou de ses décisions. **H** peut être abrupt, tranchant, cassant, dans sa manière de s'exprimer. La douceur et la sensibilité ne sont pas son fort, et **H** ne sera pas, en retour, affecté par les paroles ou les comportements d'autrui. **H** possède un fort esprit cartésien, analytique et de raisonnement. Il s'appuiera bien davantage sur ces atouts que sur son intuition qui lui apparaîtra bien impalpable, peu sûre, bien abstraite. La loyauté et la générosité sont des qualités que l'on reconnaît volontiers à **H**, ainsi que son honnêteté et son sens de la justice. Ce que l'on pourra lui reprocher, c'est de ne pas toujours y mettre les formes, car ce qui compte pour lui, c'est avant tout l'efficacité. **H** n'est pas éminemment sentimental, et se gardera bien de se faire influencer ou de se laisser submerger par ses sentiments ou ses émotions. **H** devra veiller à tous les travers liés aux excès de pouvoir et à la recherche effrénée des biens matériels : on pourrait alors l'accuser d'arrivisme, il lui faudra prendre conscience qu'il n'y a pas, dans l'existence, que des valeurs relatives aux biens et à l'avoir...

Ces influences sont très importantes lorsque **H** est l'initiale du prénom, comme dans **H**enri ou **H**ortense. Il faudra alors tenir compte de l'influence de la première voyelle afin d'en effectuer une synthèse objective.

I Cette lettre ressemble à une corde de violon, tendue à l'extrême et vibrante de sensibilité. **I** est tout émotivité et émotions. **I** est sensible, très, souvent trop, sensible, idéaliste aussi, et **I** sera souvent déçu du manque de sensibilité des autres, de leur froideur et de leur imperfection. Son sens de l'humain est présent et très important. Les tendances humanitaires et philanthropiques sont là, et **I** sait donner, se dévouer, se mettre au service des autres. **I** possède des aptitudes artistiques et créatives qui, dans le meilleur des cas, seront autant de soupapes de sécurité à la canalisation des trop grandes émotions : la sensibilité artistique n'est pas donnée à tous... Il y a beaucoup d'intensité et beaucoup de profondeur dans cette lettre. Chez **I**, les sentiments sont extrêmes, intenses et régissent le comportement, l'action, le quotidien. **I** ne réfléchit pas fondamentalement, mais éprouve, ressent, et l'intellect, bien que puissant, ne se met pas au service des sentiments, ce sont ceux-ci qui prévalent, ainsi que les émotions. **I** va du haut au bas de la gamme, passant de la joie la plus exubérante à l'abattement le plus profond, connaissant peu les situations intermédiaires. **I** est à son aise face au public ou dans des activités lui permettant par ce type de contacts d'utiliser et de maîtriser ces énergies. **I** devra chercher à équilibrer le domaine de ses émotions, ne pas se laisser faucher par ses sentiments, ne pas tout remettre en cause dès que le moindre détail ne va plus. **I** devra chercher dans le domaine du lointain, de l'étranger ou de l'étrange, de la philosophie, de la religion ou de l'occulte la réponse à ses questions et trouvera ainsi des ouvertures à ses flux intérieurs puissants qui ne peuvent se contenter de situations moyennes ou médiocres.

Ces influences sont présentes lorsque **I** est la première voyelle, comme dans Aimé ou dans Christian. Elles seront d'autant plus fortes et intenses lorsque **I** est à la fois l'initiale et la première voyelle, comme dans Isabelle ou Isidore.

J Cette lettre est synonyme d'indépendance, d'individualité, et possède de solides aptitudes à conduire et à diriger. Dixième dans l'ordre de l'alphabet, **J** a vécu toute la gamme des nombres de 1 à 9, et il ne faut pas lui en conter ! Lettre intellectuelle, **J** pourra cependant donner, au sujet qui la porte, tendance à se contenter de créer dans son imagination plutôt que de traduire dans la réalité. De par sa forme, **J** hésite, vacille, et peut mettre du temps à se décider et à agir. À ce moment-là, **J** prendra toute l'assurance et la détermination nécessaires à la réalisation de ses fins. **J** est ambitieux mais non arriviste. Sa vision est le plus souvent originale et novatrice, et sa vivacité lui permet de voir le déroulement futur de chacune des décisions qu'il est susceptible de prendre. **J** est également posé et tranquille et ne foncera pas tête baissée sans réfléchir. Il faut fondamentalement à **J** son indépendance, qui lui permettra de se réaliser pleinement. N'essayez pas de l'enfermer ou de lui imposer des limites, c'est le meilleur moyen de le faire fuir. Les situations de subordonné se présentent comme un handicap, et il n'y donnera pas le meilleur de lui-même. C'est surtout son indécision qu'il devra surmonter, qui le pousse souvent à remettre au lendemain et à agir à son rythme. **J** trouvera sa voie dans le monde de la création, de la créativité, de la culture, parfois même de la religion ou des sciences occultes. Relié à la roue de Fortune des tarots, **J** pourra faire passer le sujet qui le porte par des hauts vertigineux et des bas extrêmes, mais avec la quasi-certitude de progresser très nettement dans l'existence. Les gains matériels seront le plus souvent présents pour les porteurs de la lettre.

J devra veiller enfin à bien comprendre la leçon qui lui est dévolue, à ne pas prendre les voies de la facilité, celles de l'incertitude, ou celles de tous les excès, excès d'ego, autoritarisme, prétention, dogmatisme, ou au contraire, apathie, doutes, craintes.

Cette influence est très forte lorsque **J** est l'initiale du prénom, comme dans **J**ean ou **J**osiane, et il faudra alors tenir compte de la première voyelle afin d'effectuer la synthèse des implications des deux lettres.

K Cette lettre synthétise les notions d'association, de coopération, de conciliation, à un degré important, dans une acception large, et elle permet d'aller vers les autres, de les aider, de les guider, de manière extrêmement heureuse et salutaire. Onzième lettre de l'alphabet, **K** possède des vibrations de maître nombre, et est synonyme d'idéaux, d'idéalisme, d'intuitions, voire de révélations. **K** possède un important potentiel de réalisation, et une grande force d'attraction, du magnétisme. Celui qui porte **K** peut se révéler une source d'inspiration pour les autres, il peut être un guide, surtout dans des domaines culturels, intellectuels ou spirituels. **K** peut ouvrir la voie, montrer aux autres l'exemple, et être ainsi reconnu à sa juste valeur. Une forte tension nerveuse est présente, allant de pair avec ces vibrations intenses et élevées. **K** rassemblera la réceptivité aux sentiments d'autrui, la douceur, la gentillesse, l'écoute, ainsi que l'aptitude à les stimuler et à leur montrer la voie à suivre. **K** possède un fort potentiel de réalisations et de succès dans les domaines matériel et concret, et peut atteindre les objectifs qu'il s'est fixés, détenant l'inspiration et la force nécessaires. **K** est créatif, détient une grande intensité magnétique, excellera dans tous les contacts publics demandant imagination, originalité et ascendant sur autrui, sachant parfaitement se faire remarquer et apprécier.

Le grand danger qui guette **K**, c'est que l'intensité nerveuse, l'hyperémotivité soient mal orientées et canalisées. **K** risque alors de vivre des phases cyclothymiques, des hauts et des bas, des remises en cause, des doutes, des craintes et des angoisses. Plus **K** se tournera vers les autres, plus ses actions seront désintéressées, et plus il en obtiendra des récompenses personnelles de tous ordres, tant morales que matérielles.

Cette influence est très forte lorsque **K** est l'initiale du prénom comme dans **K**arine, **K**arim ou **K**arl et il faudra alors tenir compte de la signification de la première voyelle afin d'effectuer la synthèse des implications des deux lettres.

L C'est une lettre artistique, de création et de communication, ouverte, gaie et équilibrée. **L** donne à celui ou à celle qui le porte une grande joie de vivre, de l'optimisme, de la sociabilité, du charme, de la séduction, et un grand sens de l'amitié. **L** aime les activités sociales, sait prendre plaisir aux joies de l'existence en tirant parti du bon côté des choses. Ses aptitudes verbales et parfois écrites sont importantes. **L** tend à prendre facilement la parole, à parler, à convaincre, aura le sens du contact humain et sera un excellent orateur, un avocat des bonnes causes. **L** est aussi une lettre mentale qui donne de bonnes facultés de raisonnement. Les aptitudes créatives sont donc raisonnées, mesurées, et **L** ne foncera pas tête baissée. L'originalité est présente, valorisant le potentiel artistique et créatif. **L** recherche la société, les contacts, les activités sociales, culturelles ou intellectuelles. La spontanéité n'est pas aussi présente que dans la lettre C, car c'est par le raisonnement que **L** progressera et agira. **L** est aussi quelque peu inquiet, a besoin d'être rassuré et reconnu. **L** est une lettre très favorable sur le plan de l'amitié et de l'environnement. **L** est plus prédisposé que d'autres à toutes les affections touchant la voix, la gorge et les cordes vocales.

Les points négatifs susceptibles d'être développés sont la jalousie, les commérages, une certaine superficialité. Il faudra faire attention aux mondanités, aux aspects vains et inutiles de l'existence, ou à une attitude trop exubérante. **L** pourrait avoir tendance à se mettre en avant, et parler, souvent, pour ne rien dire. Au lieu de l'inviter pour une soirée amusante et réussie, on cherchera alors à éviter ses péroraisons, sa suffisance et sa prétention.

Cette influence est très forte lorsque **L** est l'initiale du prénom, comme dans **L**aurence ou **L**ouis, et il faudra alors tenir compte de la première voyelle afin d'effectuer une synthèse objective des implications des deux lettres.

M Cette lettre symbolise le travail, le labeur, l'effort, l'organisation. **M** aime travailler, le plus souvent avec beaucoup d'ordre et dans une certaine routine sécurisante, soutenu en cela par une forte volonté. **M** se donne toute la rigueur nécessaire à la réalisation de sa tâche. Le sérieux, la stabilité le caractérisent, ce n'est pas un expansif, et il n'est pas toujours drôle. Son aspect un peu trop fermé peut rendre son abord difficile, car **M** a tendance à s'enfermer dans des limites qui l'éloignent d'autrui.

M constate de nombreuses contraintes ou difficultés, mais aura du mal à les faire disparaître, le dynamisme et les actions instinctives ou non réfléchies n'étant pas son fort. **M** possède de grandes capacités d'organisation et excelle dans tous les domaines concrets, pratiques et matériels de l'existence. Son esprit est extrêmement rationnel et cartésien, son efficacité est grande, et **M** avancera avec le flegme et la force tranquille d'un rouleau compresseur que rien ne peut arrêter. **M** se révélera très efficace pour mener à bien un projet mais manquera parfois d'originalité.

Sa grande rigueur risque cependant d'aller jusqu'à la rigidité ou l'étroitesse d'esprit. **M** peut parfois se mettre des œillères, ou se renfermer, devenir taciturne ou maussade. **M** aurait aussi intérêt à s'ouvrir davantage aux autres, à être plus accessible, plus souriant, plus boute-en-train, afin de leur donner envie de s'approcher, et de mieux le connaître. **M** peut enfin être très ou trop attaché aux conventions, ses critères du bien et du mal, de ce qui se fait et ce qui ne se fait pas peuvent être parfois extrêmement rigides. Quant à son portefeuille, **M** devrait plus souvent l'ouvrir pour en faire profiter les autres, leur offrir des petits cadeaux par exemple : l'avarice ou la mesquinerie sont très proches du sens de l'économie !

Ces influences sont très importantes quand **M** est l'initiale du prénom, comme **M**arc ou **M**arie-Isabelle, et il faudra alors prendre en compte les indications relatives à la première voyelle afin d'effectuer la synthèse de ces deux significations.

N Cette lettre possède le sens de l'aventure et des aventures, de grandes facultés d'adaptation et une intelligence vive. **N** renferme beaucoup d'intensité psychique et rend attractifs et magnétiques ceux et celles qui le portent dans leur prénom. **N** fait ses expériences au quotidien, toutes étant bonnes à vivre, à essayer. La stabilité n'est pas fondamentalement son fort. **N** a besoin de changements, de variété, parfois d'excitation, est parfaitement adaptable, tel un caméléon. Sa proximité n'est signe ni de calme ni de tranquillité. C'est cependant une lettre mentale et ses facultés d'analyse des situations et des êtres sont bonnes. **N** établit ses critères de vie, qui lui appartiennent en propre, et qu'il change fréquemment, ce qui est vrai aujourd'hui ne l'étant plus systématiquement demain, et vice versa… Il ne faut pas lui en tenir rigueur, c'est la rançon de son aspect éclectique et électrique. **N** sait parfaitement se mettre en avant, vendre et « se vendre », c'est un vendeur, un commercial-né. Il sait argumenter et convaincre, et toutes les situations qui le mettent en contact avec un public lui conviennent particulièrement. **N** a l'art d'utiliser ceux qui l'entourent à son profit, sachant plaire et séduire et les amener à faire ce qu'il a décidé. Sur le plan affectif, **N** est aussi éclectique que dans les autres domaines de l'existence, et la stabilité ne le caractérise pas.

N devra se méfier, car son adaptabilité extrême, son sens des mutations pourraient aller jusqu'à la versatilité, ou une trop grande instabilité. **N** peut hésiter souvent entre deux situations, deux êtres, et les décisions prises ne seront pas toujours définitives ni à long terme. Son entourage aura parfois du mal à le comprendre, à le suivre ou à s'adapter, **N** étant déjà parti ailleurs ! Enfin, une trop grande légèreté dans son comportement pourra le faire assimiler à un papillon qui vole de fleur en fleur, ne prenant que ce qui l'intéresse, en dehors de toutes valeurs morales ou sociales.

Ces influences sont très fortes lorsque **N** est l'initiale du prénom, comme dans **Nicole** ou dans **Nicolas**. Il faudra également tenir compte de la première voyelle afin de parfaire l'analyse et d'en effectuer la synthèse.

O Lettre ronde, parfaitement fermée, **O** symbolise le cocon, le foyer, avec toute la sécurité et la protection que ces éléments renferment. **O** est signe de responsabilité, d'équilibre et d'harmonie. **O** recherche avant tout des conditions paisibles d'existence, et n'a pas le sens de l'aventure. **O** assume de nombreuses responsabilités, bien souvent plus qu'il n'est raisonnable pour une seule et même personne, met en avant inconsciemment son côté protecteur. Les autres le savent ou le sentent, et il est probable qu'ils chercheront à utiliser ces dispositions, ou à en abuser. **O** est sensible et dévoué, possède de manière innée le don de soi et l'esprit communautaire. La notion de service rendu est importante, et s'oriente essentiellement vers la famille, les amis, l'environnement proche, ainsi que la communauté, dans un sens plus large. Comme il n'y a pas de hasard, **O** attire ceux qui ont besoin de son aide, de sa protection, afin qu'il joue son rôle de soutien, de médiateur, car **O** sait dédramatiser les conflits et apporter l'équilibre dans les situations orageuses. Assez conservateur et attaché aux traditions, **O** possède l'esprit de famille et ne sera pas un risque-tout. Les choses bien ordonnancées et bien établies lui conviennent, et c'est dans un cadre confortable où il se sent en sécurité qu'il pourra donner le meilleur de lui-même. **O** possède le sens des réalités et ne fera rien qui puisse le mettre en péril, tant sur un plan matériel que personnel. Avec **O**, la charité bien ordonnée commence par soi-même. **O** sait se protéger, et donnera dans la mesure où cela ne gêne pas trop son confort personnel. **O** sait contrôler ses émotions, et préférera les cacher, même s'il en éprouve, car il cherche avant tout à se protéger. Enfin **O** est synonyme de talents créatifs et artistiques, tout particulièrement ceux se rapportant à son intérieur et à son cadre de vie.

O devra veiller à donner vraiment, sa trop grande prudence pouvant l'entraîner vers un certain égoïsme, sous des apparences chaleureuses. Il sera bon aussi que **O** ne prenne pas en charge tous les problèmes des autres, par un oubli total de lui-même.

Ces influences sont importantes lorsque **O** est la première voyelle, comme dans N**o**é ou C**o**rinne par exemple. Ces significations seront particulièrement accentuées lorsque **O** est à la fois l'initiale et la première voyelle, comme dans **O**scar ou **O**phélie.

P Seizième lettre de l'alphabet, **P** a des implications doubles et parfois contradictoires. **P** est signe de secret et de réserve, d'intériorisation. **P** est en quelque sorte un ermite qui a tendance à se retirer du monde, et à se mettre dans des situations ou à prendre des attitudes provoquant l'incompréhension des autres. **P** est souvent distant, d'un abord froid ou pour le moins réservé. Cela ne veut pas dire que **P** ne ressent rien ou n'agit pas, bien au contraire. Car il progresse dans l'existence, mais il prend souvent celle-ci au deuxième degré. Et l'on se demande parfois en le regardant se comporter si pour lui rien ni personne n'est vraiment important. **P** se protège en étant moqueur ou sarcastique et il cultive l'humour froid, parfois l'humour noir, une manière de s'esquiver, et de ne pas rencontrer d'obstacles, car ceux-ci le désarçonnent. **P** est un solitaire qui préférera lire, travailler et étudier seul que dans un environnement bruyant. Il se fabrique son monde intérieur qui le satisfait pleinement et il regarde d'un mauvais œil quiconque cherche à pénétrer dans son jardin secret. **P** ressemble parfois aussi à un ours mal léché, car il n'est pas toujours très sûr de ce qu'il éprouve et a du mal à exprimer et à partager ses sentiments. Tout le pousse vers les voies de la pensée et de l'esprit, il pourra se découvrir une passion pour la recherche, les études, la philosophie, les activités de pointe comme l'informatique à moins que ce ne soit la méditation ou la religion. **P** est un penseur dont la caractéristique majeure est l'intériorisation. Il lui faudra davantage s'ouvrir s'il veut acquérir une vie sentimentale stable et équilibrée. Il devra aussi se donner les moyens de sa réussite, et aguerrir une volonté parfois chancelante.

Les travers à éviter sont ceux liés à une trop grande marginalité ; à trop chercher à s'isoler et à se protéger, **P** pourrait s'exclure totalement de la compagnie de ses semblables, et peut-être risquerait-il ainsi de vivre des périodes dépressives ou d'incompréhension.

Ces influences sont très importantes lorsque **P** est l'initiale du prénom, comme dans **P**ascale ou **P**atrick. Il faudra bien sûr tenir compte de la première voyelle et en effectuer une synthèse objective.

Q C'est une lettre de force, et relativement peu de personnes portent un prénom commençant par la lettre **Q**. Dix-septième lettre de l'alphabet, elle détient au-dessus d'elle une certaine protection, que nous qualifierons de divine, cosmique ou occulte. **Q** est une lettre de matérialité, d'avoir et de puissance. **Q** donne un pouvoir important et il faudra veiller à l'exercer de façon juste et équilibrée, car les risques de travers sont présents. **Q** est aussi fait pour posséder, pour mener, conduire, diriger, pour gérer et administrer. **Q** possède un grand pouvoir d'attraction, est très magnétique, et son ascendant sur autrui est fort. **Q** s'en servira à bon ou à mauvais escient, selon ses propres valeurs morales. **Q** a tout pour réussir, et sait mettre dans la réalisation de ses projets toute l'énergie et la combativité nécessaires. **Q** peut être comparé à un preux chevalier, ou à un mercenaire, capable d'aller au bout de ses actes, pour le meilleur ou pour le pire. **Q** cherchera en outre à sortir des sentiers battus et à se réaliser dans des voies professionnelles marginales ou inhabituelles, quelles que soient les oppositions, les difficultés ou les problèmes qu'il rencontrera. **Q** en impose. Sa structure, son physique parfois, les vêtements qu'il revêt vont dans le sens d'attirer le respect et la considération : c'est inné, et les autres s'en rendent compte. **Q**, sous la protection des ondes cosmiques, a souvent de hautes valeurs spirituelles, même si sa démarche ou sa nature vont dans le sens des réalisations matérielles.

Q devra donc veiller à tous les risques d'abus de pouvoir, de domination ou d'arrivisme. Les vibrations qui entourent cette lettre sont tellement fortes qu'il faudra les canaliser dans le bon sens, en évitant de prendre la voie de la mégalomanie ou de tous les excès.

Ces influences sont très fortes quand **Q** est l'initiale du prénom comme dans **Q**uentin ou **Q**ueennie. Il faudra tenir compte bien entendu de la première voyelle afin d'en effectuer une juste synthèse.

R Est double, à la fois rugueux et très sensible, très émotif. Sa rugosité apparente est une manière de ne pas se laisser submerger par les sentiments ou les émotions qu'il éprouve. **R** est altruiste, possède d'immenses qualités humaines et de don de soi. Sa nature le poussera à aller vers ses semblables, à les prendre en compte, et à développer la compassion et l'amour universel. En retour, il lui faudra maintenir l'équilibre et veiller à ce qu'il donne et à qui il le donne, les autres pouvant chercher à abuser de ses bontés. **R** est un idéaliste qui cherche à réaliser de grandes choses, sur une échelle importante. **R** sait prendre les choses en main, agir et faire agir les autres, pour leur bien propre. **R** est un exemple, il peut être un guide, ou un apôtre. Il lui faudra veiller à son équilibre nerveux, car **R** ressent intensément ses émotions et vit tout aussi fortement les critiques, les attaques ou l'incompréhension des autres. **R** devra veiller à s'ouvrir le plus possible à autrui et au monde. Les carrières de haut niveau lui sont ouvertes, celles qui peuvent le mettre en contact avec un public, auprès duquel il pourra obtenir une certaine notoriété, activités touchant le domaine international, ou celles liées à la communication. Les grandes fonctions, les grandes réalisations lui sont accessibles, les carrières publiques ou administratives, les postes ou la vie à l'étranger. **R** sort des sentiers battus, a besoin de grands espaces, de vie hors des normes, dans un monde sans frontières.

R devra veiller à ses émotions et à tous les risques liés à l'exagération ou à l'utopie, et se donner les moyens de transformer ses rêves et ses grands projets en réalisations concrètes et tangibles : vivre ses rêves et ne pas se contenter de rêver sa vie.

Ces influences sont très fortes lorsque **R** est l'initiale du prénom, comme dans **R**eine ou **R**oger. L'étude parallèle de la première voyelle permettra d'effectuer une synthèse objective de ces diverses vibrations.

S Graphiquement, **S** est instable sur sa base, vacillante. **S** oscille et, très émotif, peut vivre ses sentiments et ses émotions comme autant de vagues qui le submergent et le désarçonnent. **S** allie toutes les valeurs du 1 et du 9, étant la dix-neuvième lettre de l'alphabet. **S** contient donc toutes les qualités d'indépendance, d'autonomie, de volonté, de sens de la direction et du commandement. **S** est ambitieux et préoccupé par l'impact de ses actes et de ses comportements sur autrui. Devant trouver le juste équilibre entre la prise en compte des autres et lui-même, **S** est une vague qui passe par des hauts et des bas, des creux et des crêtes. **S** aura parfois besoin d'exprimer son indépendance et son individualité de façon abrupte ou cassante, se révoltera, puis se laissera envahir par ses émotions, par ses sentiments, et n'existera plus pour lui-même. Ces changements d'attitude peuvent lui donner un comportement bizarre ou illogique, avec des démarrages foudroyants suivis de retours en arrière, d'hésitations, de doutes, car ses facultés d'analyser clairement et objectivement les situations sont souvent handicapées par ses réactions affectives ou sentimentales. **S** possède l'esprit d'un chef mais éprouvera une certaine retenue ou culpabilité à l'utiliser. **S** doit développer son originalité et sa créativité, et choisir des situations indépendantes afin de les exercer. Les activités de création lui permettant de canaliser ce trop-plein d'imagination et de sensibilité : **S** pourrait se diriger vers la mode ou le stylisme, possédant le plus souvent un don, un talent certain en ces domaines. **S** devra veiller sur un plan affectif ou relationnel à ne pas trop donner ou se donner, ou en tout cas à ne pas attendre d'autrui un retour systématique : **S** pourrait être déçu, dépité, meurtri, parfois très profondément, des réactions des autres.

S serait alors extrêmement malheureux, irrévocablement.

Ces influences sont très importantes lorsque **S** est l'initiale du prénom, comme dans **S**onia ou **S**imon, par exemple. L'étude conjointe de la première voyelle permettra d'effectuer une juste synthèse de ces diverses significations.

T C'est une lettre assez complexe, comportant toutes les caractéristiques de conciliation, de coopération, les qualités de douceur et de compréhension, d'écoute, mais le plus souvent aussi l'esprit de sacrifice. **T** représente une croix, et souvent **T** a tendance à se donner toutes les raisons d'en porter une. Le monde des émotions est très fort chez **T**, vingtième lettre de l'alphabet, 2 suivi de 0 donc 2 pur, à une octave supérieure. La nervosité est présente, **T** est facilement tendu, inquiet, nerveux, provoquant inconsciemment chez les autres des attitudes semblant donner raison à ses craintes. **T** possède toutes les facultés de coopération et de douceur nécessaires au travail en groupe ou en équipe, et préfère le plus souvent suivre, rester en retrait, plutôt que d'assumer la place et les prérogatives du chef. **T** sait prodiguer son aide et ses conseils, permet aux autres de progresser, s'implique, mais pas tout à fait gratuitement, car **T** attend beaucoup des autres en retour, aimant bien qu'on le prenne aussi en charge. **T** redoute les difficultés et les problèmes, les conflits, et ses réactions face à ceux-ci peuvent être extrêmes : comme un escargot, **T** se retranche bien vite dans sa coquille, cherchant à se protéger, refusant d'affronter davantage la méchanceté du monde. Déçu ou dépité, parfois par un détail, **T** devient agressif, cynique ou désabusé, remettant tout en cause, du jour au lendemain. **T** aime s'entourer d'amis et son esprit de famille est très développé. Le cadre familial est très important, tant dans le couple au sens strict que dans une signification plus large. **T** comporte aussi des valeurs mystiques et idéalistes, et tend à rechercher parfois dans les élans spirituels des réponses à ses questions. Essentiellement intuitif, **T** peut vivre des révélations ou des illuminations et mêler le monde du rêve ou de l'étrange à la réalité.

T devra veiller à ce que son côté sacrificiel ne le mette en état d'infériorité ; il lui faudra prendre garde à ce que ses sentiments et ses émotions intenses ne soient pas à l'origine de maladies psychosomatiques ou de désordres nerveux.

Ces influences sont très fortes lorsque **T** est l'initiale du prénom, comme dans **T**homas ou **T**atiana. Il faudra bien sûr tenir compte en parallèle de la première voyelle afin d'effectuer une synthèse de ces diverses significations.

U Vingt et unième lettre de l'alphabet, **U** est relié à la communication et à l'expression de soi. **U** est créatif et artistique, et en même temps assez traditionaliste et conservateur. Ses aptitudes vocales et verbales sont importantes : **U** peut être un excellent orateur, chanteur, et possède l'art de la persuasion. **U** est sensible, vit et ressent fortement ses émotions et ses sentiments, et c'est dans ce domaine qu'il aura le plus de mal à s'exprimer. Moins le plan émotionnel et affectif sera concerné et mieux **U** communiquera de façon équilibrée et heureuse. **U** choisira alors le côté léger de l'existence, la joie de vivre, les relations, les activités sociales, les sorties amicales ou les invitations mondaines. Moins **U** aura besoin de s'impliquer vraiment et plus il sera à son aise, heureux et vrai. L'utilisation idéale de ses atouts le poussera vers toutes les carrières artistiques, de création et de communication. **U** devra se tourner dans l'idéal vers l'écriture, le journalisme, le chant, la danse ou le théâtre, ainsi toutes ces énergies potentielles seront-elles judicieusement exploitées. Enfin l'intuition et l'imagination de **U** devront-elles être développées, constituant ainsi un apport fantastique.

U devra veiller à ce que ses aptitudes verbales ne deviennent pas du verbiage, à ce que son côté boute-en-train et charmant ne devienne pas trop pesant, et à ce que ses énergies ne partent pas dans toutes les directions. Les excès devront être atténués, excès liés aux abus de charme et de séduction, excès de plaisirs, avec les risques de maladies qu'ils comportent. **U** devra veiller, sur un plan sentimental, aux expériences affectives difficiles ou compliquées, qu'il est susceptible de rechercher consciemment ou inconsciemment. Il lui faudra aussi lutter contre sa faiblesse initiale, contre ses hésitations et sa superficialité.

Ces influences sont fortes lorsque **U** est la première voyelle du prénom, comme dans E**u**génie ou L**u**dovic. Elles seront amplifiées lorsque **U** est l'initiale du prénom, et donc implicitement la première voyelle aussi, comme dans **U**rsula ou **U**rbain.

V Vingt-deuxième lettre de l'alphabet, **V** renferme des vibrations de maître nombre, fortes et élevées. **V** est une lettre extrêmement belle, sorte de récipient ou d'entonnoir aux ondes cosmiques. Elle donne à celui ou à celle qui la porte un grand potentiel de réalisation, tout particulièrement sur un plan concret et matériel. **V** est au confluent des valeurs matérielles et spirituelles, **V** est un maître bâtisseur, un constructeur ou un architecte au plus haut niveau. **V** canalise ses intuitions, en obtient le plus souvent des révélations ou des illuminations et saura les traduire en éléments concrets et les appliquer au quotidien. **V** se donne aussi les chances de sa réussite en étant travailleur, laborieux, endurant, opiniâtre. **V** allie une grande intensité psychique et intellectuelle à un solide sens pratique et judicieusement terre à terre. **V** peut et doit donner l'exemple, il est celui que l'on suit parce que ses valeurs morales sont profondes, vraies et inébranlables. **V** sait diriger, organiser et gérer, c'est un phare, qui sait rallier ses semblables à ses idées, et s'occuper parfaitement des aspects matériels qui lui importeront. **V** est une lettre de pouvoir absolu, qui devra être exercé judicieusement et de façon positive, pour le bien des autres et de l'humanité. Plus **V** œuvrera pour une cause noble et commune qui ne sert pas ses intérêts en priorité, plus sa loyauté et son altruisme seront récompensés par des gains tangibles. **V** gagne à viser très haut et à regarder très loin. Il lui faudra veiller surtout à l'importante tension nerveuse qui accompagne ses grandes réalisations. Il devra s'accorder fréquemment des temps de repos et de décompression qui seront autant de soupapes de sécurité à ses tensions intérieures. Enfin, **V** pourrait ne pas comprendre la leçon qui le concerne, et chercher avant tout sa réussite personnelle ; il passerait ainsi à côté d'une réalisation de bien plus haute portée.

Ces influences sont très fortes lorsque **V** est l'initiale du prénom, comme dans **V**ictor ou **V**éronique. L'analyse parallèle de la première voyelle permettra d'effectuer la synthèse de ces diverses significations.

W Cette lettre traite des aptitudes à l'adaptation, à la mobilité et aux changements. **W** bouge et change sans cesse. Versatile et mouvant, **W** s'adapte facilement à toute situation nouvelle, qu'il provoque ou favorise. **W** est un touche-à-tout pour qui toutes les nouvelles expériences, si bizarres, inhabituelles ou marginales soient-elles, sont bonnes à vivre et à connaître. C'est un aventurier, un tant soit peu mercenaire, car il n'a pas l'obsession du pouvoir. **W** est plutôt un opportuniste qui sait merveilleusement vendre et se vendre, se montrer sous son meilleur jour, toujours à son avantage. **W** est brillant, étincelant, charmant, très doué pour argumenter et convaincre, mais il n'aura pas tendance à pousser à leur maximum ses capacités, ni à chercher à les dépasser, car il se contente le plus souvent d'une certaine facilité, relative selon lui à un certain art de bien vivre. La concurrence, l'opposition, les difficultés ne sont pas faites pour lui, il préfère s'esquiver par une pirouette ou chercher la voie d'une plus grande facilité. Après tout, mieux vaut pour lui aller voir ailleurs ce qui se passe que perdre son temps et son énergie à vouloir obtenir à toute force quelque chose ou quelqu'un. Graphiquement, **W** ne ressemble-t-il pas à un papillon qui volette, allant d'une fleur à l'autre pour son plus grand plaisir... **W** aura ainsi souvent du mal à se fixer et éprouvera une certaine difficulté à trouver sa voie définitive ou sa vocation. Rien ne doit trop durer pour **W** et cette instabilité se retrouve dans ses choix ou ses décisions : ce qui est vrai aujourd'hui ne le sera plus demain... **W** hésite souvent, vacille, remet les êtres et les événements en cause, mais oublie bien souvent de se remettre en cause lui-même !

Il lui faudra veiller à ce que ces aptitudes ne l'entraînent pas trop loin, sur la voie de l'instabilité, ou des actes inutiles et futiles. Il serait dommage qu'en s'adaptant trop aux situations possibles, aux uns ou aux autres, **W** perde sa véritable identité.

Cette influence est très importante lorsque **W** est l'initiale du prénom, comme dans **W**alter ou **W**ilhelmine par exemple. Dans tous les cas il faudra procéder à l'analyse de la première voyelle afin d'effectuer la synthèse de ces diverses significations.

X Cette lettre possède l'esprit de sacrifice poussé au plus haut point. **X** accepte les responsabilités, les assume, porte et supporte les siennes et celles des autres. Ce poids est souvent très lourd, et **X** plie sous ce fardeau, mais continue cependant à assumer, si pesante cette charge soit-elle. C'est en quelque sorte une autocrucifixion qu'il s'impose et, dans une certaine mesure, cela le satisfait, même s'il pense le contraire. **X** est extrêmement protecteur, veut prendre en charge son environnement familial et affectif en priorité. Et **X** s'implique, prend à cœur les affaires et les problèmes des autres et en souffre comme s'ils étaient siens. Le domaine émotif est donc à équilibrer car ce flot émotionnel est un grand handicap qui souvent préoccupe **X**, le submerge. **X** crée parfois les conditions sacrificielles qu'il vit, c'est dans sa nature. Bien entendu, les tensions et les crises, les révoltes sont fréquentes, intenses, profondes. Les cicatrices sont douloureuses aussi, mais elles sont quelque peu voulues, inconsciemment. Dans les cas de souffrance extrême, **X** se révoltera, se sentira incompris, brimé, exploité, le plus pitoyable de tous, et une chaude larme glissera de ses yeux lorsqu'il pensera à tous ses malheurs, et au manque de considération et de bonté de ceux qui l'entourent. Mais **X** aime bien se plaindre, c'est une certaine façon d'exister, de se faire valoir et reconnaître. **X** doit relever la tête, secouer de ses épaules les fardeaux inutiles et avancer sur la voie des responsabilités bien comprises et librement assumées. Tout le monde y gagnera, lui d'abord, ainsi que les autres.

X devra veiller à établir ce juste équilibre, à ne pas trop en faire, ni à chercher, dans les cas extrêmes de dépit, à fuir toute responsabilité, car **X** est extrémiste en tout, et pourrait démissionner, baisser les bras définitivement.

Cette influence est très importante lorsque **X** est l'initiale du prénom, comme dans **X**avier ou **X**aviera ; dans tous les cas, il faudra analyser les significations de la première voyelle afin d'effectuer une juste synthèse de ces diverses implications.

Y Cette lettre représente une croisée des chemins, et est hautement spirituelle. **Y** est symbole de réflexion, d'intériorisation, de recherche, de spiritualité. **Y** est indépendant et réservé, préfère l'isolement qui le sécurise. Le domaine des émotions est important, **Y** a tendance à ressentir profondément les êtres et les événements mais exprime peu ses sentiments. Cet aspect particulier peut le rendre difficile à comprendre par son entourage. Extrêmement réfléchi, **Y** est un penseur, intéressé par toutes les formes d'étude et de spiritualité. La philosophie, les sciences, la psychologie ou la parapsychologie sont ses domaines de prédilection, et il recherche avant tout les réponses aux questions essentielles de l'existence. **Y** peut être un excellent professeur et possède des talents d'écriture. Il n'est pas fondamentalement un boute-en-train et il se fera au mieux traiter d'original, de marginal, parfois de misanthrope, au pire d'hurluberlu ou de personnage louche. Son intuition est excellente, et il doit chercher à l'utiliser et à la développer. Il est extrêmement perceptif, même s'il ne semble parfois pas le réaliser. **Y** doit apprendre à croire en ses puissants pouvoirs psychiques. Car **Y** doute, n'est pas sûr de lui, et surtout hésite, vacille. Graphiquement, **Y** représente une croisée des chemins, et se trouve fréquemment face à des choix, devant des alternatives, et les bonnes décisions sont difficiles à déterminer. **Y** doit toujours envisager le développement futur de ses divers choix alternatifs, et prendre la voie qui lui apportera le plus de croissance personnelle et spirituelle, en se fiant à son intuition. Sur un plan affectif, **Y** devra trouver l'*alter ego* qui le comprendra et l'acceptera tel qu'il est, avec ses qualités et ses défauts. Des vues similaires sur l'existence, une communauté de pensée quant à la valeur des spéculations supérieures de l'esprit seront alors les bases d'une vie sentimentale riche, harmonieuse et durable.

Y devra veiller à tous les risques de marginalité et aux tentatives de fuite des réalités dans les divers paradis artificiels.

Ces influences sont importantes lorsque **Y** est la première voyelle du prénom, comme dans Lydie ou Hyacinthe par exemple.

Lorsque **Y** est l'initiale et donc aussi implicitement la première voyelle, comme dans **Y**vette ou **Y**ann, les implications seront alors accentuées.

Z Vingt-sixième et dernière lettre de l'alphabet, **Z** apporte une combinaison d'aptitudes liées au domaine matériel d'une part et celles touchant au plan spirituel et psychique d'autre part. **Z** est extrêmement énergique, fort et dynamique. **Z** allie la force de sa volonté à la confiance en soi. Tout ce qui touche au domaine palpable de l'existence lui est favorable, et il excelle à diriger, gérer, organiser ou administrer. **Z** obtiendra ainsi le pouvoir que donne la réussite et gravira de nombreux échelons dans la hiérarchie sociale. **Z** peut être un dirigeant, un phare, celui que l'on suit ou que l'on cherche à imiter, car **Z** en impose et son aura et son magnétisme personnel sont importants. Parallèlement, **Z** vit une vie intérieure riche et effectue de fortes prises de conscience, de véritables inspirations parfois, qui lui donneront une puissance accrue. **Z** parvient à garder son équilibre nerveux, traversant les crises émotionnelles avec une facilité apparente. Cependant, derrière ce masque, toujours égal à lui-même, **Z** ressent profondément ces émotions et ces prises de conscience, il les vit, les assume, parfois dans la douleur intérieure, ne laissant rien transparaître. **Z** sera un intermédiaire ou un médiateur actif, sa diplomatie lui permettra de rallier à ses opinions des personnalités différentes, et il en obtiendra presque ce qu'il voudra, pour le mieux de ses propres intérêts.

Car ce qui guette **Z**, c'est de mal utiliser les pouvoirs qu'il détient et d'en faire un usage uniquement personnel. L'avidité, la cupidité, l'appât du gain, la soif de l'accumulation des biens matériels peuvent faire totalement dévier ces influences. **Z** se tournera alors vers tous les abus, abus de pouvoir, excès d'autorité, domination, tyrannie. À moins qu'il ne s'agisse tout simplement de malhonnêteté ou d'actions illégales. Mal vécues, ces vibrations peuvent pousser **Z** vers des actes répréhensibles pouvant même être punis par la loi.

Ces influences sont très fortes lorsque **Z** est l'initiale du prénom, comme dans **Z**oé ou **Z**acharie par exemple. L'étude conjointe de la première voyelle permettra d'effectuer une synthèse de ces diverses significations.

2

Les nombres manquants ou « nombres karmiques »

Les lettres qui composent notre prénom nous modèlent, nous structurent. Elles représentent en quelque sorte notre « bagage-départ », les atouts et les handicaps qui nous permettront de progresser au long de notre chemin de vie.

Posséder ou non des lettres d'une valeur donnée dans notre prénom nous permet de vivre ou au contraire de ne pas vivre l'influence des nombres qui leur sont liés. Certains ont ainsi des expériences de vie que d'autres ne font pas.

Les nombres absents dans le prénom se nomment, en numérologie, « nombres manquants » ou « karmiques ». Ils sont significatifs de comportements, d'aspects psychologiques, de handicaps à dépasser. Ces derniers ne sont en aucun cas définitifs, et l'on peut les améliorer, à partir du moment où l'on en est conscient, afin de progresser et de devenir des êtres équilibrés, humains et sociables.

Dans tous les cas, le nom de famille atténuera bien entendu les lacunes de notre prénom. Chacun d'entre nous possède des points forts et des points faibles qui représentent notre intérêt individuel. Ne pensez surtout pas qu'un prénom et un nom de famille comportant des lettres de chacune des neuf valeurs soit synonyme d'équilibre parfait et de vie facile. Le sujet aura dans ce cas à vivre chacune des leçons liées à tous les nombres, aucune avec une intensité particulière, mais toutes devront être vécues.

Sachez que ce qui fait l'intérêt de chacun d'entre nous, ce sont aussi nos défauts, nos manques et nos faiblesses, contre lesquels nous luttons au quotidien dans le but de progresser et d'améliorer nos rapports avec les autres et le monde. En numérologie comme en astrologie, un thème trop équilibré, signe parfois d'une trop grande facilité, peut être aussi synonyme de manque de personnalité ou de caractère, de linéarité et d'une existence monotone, morne et sans piquant.

Les leçons liées à nos nombres manquants ne sont pas inéluctables, soyez-en bien persuadé : il est possible de les combler dès que nous en prenons conscience. Il est bon de les connaître chez un enfant afin de les lui faire travailler le plus tôt possible, idéalement dès l'âge de raison. Les parents en feront ainsi un être plus équilibré, sociable, et en mesure d'avancer la tête haute dans l'existence.

Prenez tout d'abord votre prénom usuel, puis dans un deuxième temps l'ensemble formé par votre prénom usuel et votre nom de famille (le nom de jeune fille pour une femme mariée), et constituez votre grille des nombres manquants ou karmiques, toujours à partir de la correspondance déjà expliquée entre les lettres et les nombres, que nous vous rappelons, ce qui donne la grille suivante :

VALEURS DES LETTRES		
1	2	3
4	5	6
7	8	9

LETTRES CORRESPONDANTES		
AJS	BKT	CLU
DMV	ENW	FOX
GPY	HQZ	IR

Ainsi, **ALEXANDRA** : 135615491
Vivra : 3 fois l'expérience de la lettre A (valeur 1),
1 fois celle de la lettre L (valeur 3),
1 fois celle de la lettre E et de la lettre N,
soit 2 fois l'expérience du 5,
1 fois celle de la lettre X (valeur 6),
1 fois celle de la lettre R (valeur 9).

ALEXANDRA ne vivra donc pas les influences ni les expériences des nombres suivants :
– Le 2 (pas de lettres B, ni K, ni T),
– Le 7 (pas de lettres G, ni P, ni Y),
– Le 8 (pas de lettres H, ni Q, ni Z).

En résumé, le prénom **ALEXANDRA** donne la grille suivante :

Lettres 1 3 fois	Lettres 2 **MANQUENT**	Lettres 3 1 fois
Lettres 4 1 fois	Lettres 5 2 fois	Lettres 6 1 fois
Lettres 7 **MANQUENT**	Lettres 8 **MANQUENT**	Lettres 9 1 fois

De la même façon, établissez votre propre grille :

VOTRE   ENSEMBLE
PRÉNOM USUEL   PRÉNOM + NOM

Rassemblez, comme dans l'exemple précédent concernant le prénom **ALEXANDRA**, les lettres selon leurs valeurs, dans les cases correspondantes de la grille, et vérifiez dans les paragraphes ci-dessous vos manques, vos « nombres manquants » ou « karmiques », les vôtres ou ceux de vos proches. Analysez-les, cela vous aidera à la fois à mieux vous connaître ou les connaître, à mieux vous comprendre ou les comprendre, et développera chez vous la tolérance, qualité humaine essentielle entre toutes.

Le 1 se rapporte au moi, à l'ego, à l'individualité, à l'autonomie, à l'indépendance, à l'aptitude à s'assumer, à commander, à conduire et à diriger.
– Si le 1 est manquant (absence des lettres A, J, S), un effort supplémentaire est demandé pour affirmer son individualité et sa personnalité. La difficulté à être sûr de soi est présente et devra être dépassée. Cela sera réalisé le plus souvent en se dirigeant vers les voies d'autonomie ou d'indépendance, ou des activités de direction ou de commandement.
– Si le 1 est dominant, l'ego sera très fort, et il faudra veiller à l'égoïsme et à la suffisance, aux excès d'autorité, voire à la domination ou à la tyrannie.

Le 2 se rapporte au sens de la conciliation et de la coopération, à l'union, au couple, à la relation à deux, avec l'autre, le partenaire, le conjoint ou l'associé...
– Si le 2 est manquant (pas de lettres B, K et T), une forte sensibilité est présente, allant jusqu'à l'hyperémotivité. Il faut s'assouplir, ne pas chercher à se protéger en érigeant un rempart ou une tour d'ivoire. Les activités liées à l'écoute d'autrui, au conseil, sont à privilégier.

– Un 2 dominant peut entraîner une grande timidité et un sentiment de dépendance, une certaine passivité et des qualités féminines et intuitives très fortes : il faudra veiller à équilibrer le tout.

Le 3 représente toutes les aptitudes liées à la créativité et à l'expression, à la communication, au charme, à la séduction, aux expressions écrites et verbales.
– Si le 3 est manquant (pas de lettres C, L, U), des difficultés interviennent dans ces divers domaines : problèmes pour s'exprimer, communiquer, convaincre. Il faudra prendre des voies où ces talents pourront être développés, toutes activités liées à la parole, à l'écriture, à l'art…
– Quand le nombre 3 est dominant, il y aura tendance à trop se mettre en avant ; il faudra veiller à la vantardise, aux excès de superficialité, aux commérages, et apprendre à garder un secret !

Le 4 représente toutes les notions liées à l'ordre, à l'organisation, au travail : rigueur, assiduité, application, souci du détail…
– Si le 4 est manquant (pas de lettres D, M, V), une certaine paresse peut être présente, de façon latente. Le sujet se révèle négligent, brouillon, ou refuse tout effort. Des voies poussant fondamentalement à ne rien laisser au hasard, comme la comptabilité, la gestion, l'édition, toutes activités où le souci du détail est essentiel, seront très favorables.
– Quand le 4 est dominant, les défauts peuvent pécher par excès : maniaquerie, esprit routinier, mesquinerie, rigidité, étroitesse d'esprit… Il faut apprendre à arrondir les angles, et ne pas s'attarder sur le détail au détriment de l'ensemble.

Le 5 se rapporte à l'aptitude à accepter, à provoquer et à bien vivre les changements. Il est signe de liberté et d'adaptabilité.

– Si le 5 est manquant (pas de lettres E, N, W), ce qui est assez rare, le sujet peut avoir du mal à s'adapter aux situations nouvelles, à accepter ou à provoquer les changements, préférant la routine et l'ordre établi. Les voies de réalisation sont toutes les activités où tout bouge et évolue vite, comme la communication, la publicité, les déplacements et les voyages.

– Si le 5 est dominant, l'on peut pécher par excès, avec tous les risques correspondants : trop grande tendance à changer de profession, de domicile, de partenaire, d'amis. La versatilité et l'instabilité sont latentes ; il faut apprendre à aller au fond des choses et de ses engagements, terminer une tâche avant d'en commencer une autre. Attention à la superficialité, au donjuanisme et aux risques d'abus.

Le 6 représente l'aptitude à assumer les responsabilités et concerne tout ce qui se rapporte au foyer et à l'environnement affectif et familial.

– Si le 6 est manquant (pas de lettres F, O, X), le sujet peut avoir tendance à éviter les responsabilités, éprouve des difficultés à effectuer des choix, et cherche la perfection en permanence, au risque d'être dépité de ne la trouver ni chez les autres ni chez lui. Il lui faudra prendre une voie qui lui permette d'assumer le bien-être d'autrui, dans des professions médicales, paramédicales ou de soutien par exemple.

– Lorsque le 6 est dominant, l'on peut avoir tendance à vouloir tout assumer, trop en faire, et chercher à porter le fardeau d'autrui sur ses épaules. Il faut équilibrer cette situation qui n'est bonne ni pour soi ni pour les autres.

Le 7 se rapporte à l'esprit, à la vie intérieure, aux facultés d'analyse et d'autoanalyse, d'introspection, de réflexion, d'étude et de recherche, ainsi qu'à la foi.
– Si le 7 est manquant (pas de lettres G, P, Y), il peut y avoir une certaine difficulté à se retrouver seul face à soi-même : la crainte de la solitude, le manque de confiance en soi sont présents, ainsi que des tendances dépressives ou des risques de malaise intérieur. Il faut développer une foi quelconque, ou une recherche, culturelle, intellectuelle, spirituelle, afin de dépasser ce handicap.
– Lorsque le 7 est dominant, l'on peut avoir tendance à s'isoler, à se détacher des autres et parfois de la réalité. Attention aux critiques, à la moquerie, aux attitudes méprisantes ou dédaigneuses, et parfois à un certain laisser-aller physique.

Le 8 se rapporte au pouvoir, à l'avoir, aux biens matériels. C'est en lui-même le nombre du karma, sous l'influence duquel chacun récolte les résultats, bons ou moins bons, de ses actes passés lors de vies antérieures.
– Si le 8 est manquant (pas de lettres H, Q, Z), ce qui est d'ailleurs assez fréquent, le rapport à l'avoir, au pouvoir, n'est pas équilibré. L'on peut ainsi passer d'une période de négligence et de dilapidation à une phase d'avarice ou de mesquinerie. Il faut prendre conscience qu'un coffre-fort n'a jamais suivi un cercueil, et apprendre à gérer, à administrer sainement ses biens propres ainsi que ceux des autres, idéalement par le biais d'une activité professionnelle.

– Lorsque le 8 est dominant, attention à tous les excès liés à l'arrivisme, aux tricheries, aux excès de pouvoir et à la domination. L'on peut être un jeune loup aux dents longues, à moins que l'honnêteté ne soit qu'une notion toute relative...

Le 9 se rapporte à nos aptitudes altruistes et humanitaires, à notre sens de l'humain. Il concerne le don de soi, les aspects sociaux et publics, l'ouverture sur le monde et l'univers de l'étranger ou de l'étrange.
– Si le 9 est manquant (pas de lettres I et R), la compassion et la prise en compte des autres ne sont pas des qualités premières. L'ego est dominant et l'on peut risquer de passer sa vie entière sans faire l'expérience des valeurs humaines. Il faut apprendre à partager, à donner et à se donner, à se dévouer à une cause, dans le sens de l'altruisme ou à participer à des œuvres à caractère humanitaire ou philanthropique. Enfin, trouver une voie professionnelle orientée vers les domaines du public ou l'étranger.
– Si le 9 est dominant, les autres sont importants, très importants, parfois trop importants. Il faut trouver le juste équilibre entre leurs besoins et les siens propres, le risque étant de ne pas assez tenir compte de soi, et pécher par excès : toute situation doit rester équilibrée pour être profitable.

TROISIÈME PARTIE

D'Adam à Zoé, mon prénom, ton prénom, son prénom...

Il est né ce matin, 2 janvier 1999, et vous hésitez à l'appeler Anatole ou Bertrand. Son jour de naissance est immuable, et il sera toute sa vie influencé par le nombre 2, avec la symbolique qui lui est attachée : il sera donc sensible, sensitif, intuitif, aura du tact ainsi que le sens de la conciliation et de la coopération. Si vous le nommez Bertrand, vous allez multiplier l'influence du nombre 2, puisque son initiale sera B, deuxième lettre de l'alphabet, qui contient toutes les significations décrites dans le chapitre précédent, concernant l'initiale du prénom. Né un 2, un 11, un 20 ou un 29 (tous ces jours de naissance se réduisant par addition théosophique au nombre 2), Bertrand pourra se révéler très sensible, hypersensible, voire craintif, dépendant ou timoré. Très marqué par le nombre 2, il pourra avoir du mal à affirmer sa personnalité. Si en revanche vous le nommez Anatole, la force, la vigueur, l'affirmation du A, première lettre de l'alphabet rattachée à la symbolique du nombre 1, initiale de Anatole et première voyelle en même temps, affirmeront la personnalité et équilibreront la sensibilité du 2. Anatole aura ainsi un caractère plus équilibré, plus contrasté, alliant le dynamisme et la volonté du 1 (la lettre A) à la douceur et à la sensibilité du 2 (son jour de naissance), et vous lui préparerez certainement une vie différente : vous agirez ainsi en toute connaissance de cause !

Prenons un autre exemple. Si Claire est née un 3, un 12, un 21 ou un 30, tous ces nombres se réduisant par addition théosophique à 3, ses aptitudes à la communication et à la création seront fortement amplifiées, puisque C, troisième lettre de l'alphabet, est directement rattachée à la symbolique du nombre 3. Vous lui donnerez ainsi beaucoup d'atouts dans ces domaines. Mais il ne faudra pas vous plaindre si, pendant son enfance, Claire est extravertie, bavarde, épuisante même ! Elle prépare ainsi, sans le savoir, sa personnalité future et développe ses capacités professionnelles à venir. Chaque nombre, chaque lettre comporte en lui-même ses points positifs et sa « rançon ». En agissant judicieusement, dans le cadre de l'éducation, pendant toute l'enfance et lors de l'adolescence, vous permettrez la formation d'un caractère équilibré et saurez transformer ces risques de défauts en qualités.

Elle s'appelle France, elle vient de se présenter au téléphone, et vous devez la rencontrer pour lui expliquer vos projets professionnels. Qui est-elle vraiment ? Déjà, F, initiale du prénom, que vous avez pu étudier dans les pages précédentes, dénote le sens des responsabilités et du devoir, un sens de l'esthétique certain, et le souci de la perfection. Il vous faudra ainsi être très clair avec elle, et ne pas faire de détours. A, première voyelle, première lettre de valeur 1, dénote aussi le sens de l'autorité et du commandement, le besoin d'autonomie, l'originalité ainsi qu'une grande créativité : il vous faudra vous affirmer tout en respectant son Moi, son ego. Cela vous confirme que vous devrez agir avec une grande précision, mais qu'il faudra aussi mettre votre propre ego au deuxième plan, et ne pas vous imposer. Ce n'est ni par la force ni par une quelconque manœuvre que vous obtiendrez son aval ou son accord. Elle sait ce qu'elle fait, ce qu'elle veut, elle sait qu'elle défend sa cause avec une honnêteté foncière, un grand souci des valeurs traditionnelles. Il serait de très mauvais goût de chercher à utiliser votre charme et vos atouts de séducteur, elle pourrait vous adresser un sourire glacial !

Voici les premières conclusions parmi toutes celles que vous pouvez tirer du contenu des deux premières parties de notre ouvrage. Mais nous pouvons aller bien plus avant dans l'analyse et, à cette fin, nous allons prendre en compte le prénom dans son intégralité. Vous souvenez-vous de la table de correspondance entre les nombres et les lettres ?

1	2	3	4	5	6	7	8	9
A	B	C	D	E	F	G	H	I
J	K	L	M	N	O	P	Q	R
S	T	U	V	W	X	Y	Z	

Pour cette partie extrêmement importante de l'analyse, nous avons utilisé la technique classique de la numérologie pythagoricienne et déterminé trois nombres fondamentaux contenus dans le prénom. Ne vous inquiétez pas, vous n'aurez aucun calcul à effectuer, car nous les avons réalisés pour vous. Vous n'aurez aucune interprétation à faire, nous les avons accomplies pour vous. Mais il est intéressant que vous compreniez la méthodologie de notre analyse qui procède à notre rédaction. Ces trois nombres analysés sont les suivants :

– Le premier nombre est le total de la valeur de toutes les lettres, voyelles et consonnes confondues, contenues dans le prénom. C'est le **NOMBRE ACTIF**. Il est porteur de symboles et de vibrations. Il correspond aux aptitudes fondamentales ainsi qu'à l'impact profond qu'un prénom fait sur autrui. Il renferme aussi des renseignements sur le comportement, la manière d'être, ainsi que des indications sur les atouts et le potentiel professionnels du sujet qui le porte. Pour être fidèles à la tradition, nous l'avons inscrit dans un triangle.

– Le deuxième nombre est le total de la valeur des voyelles du prénom, et nous l'avons dénommé **NOMBRE D'INTÉRIORITÉ**. Il correspond au « moi » profond, à l'affect, à l'émotivité, au comportement affectif, à ce qui est important. Le plus souvent le sujet n'est pas conscient de ce nombre, mais c'est pourtant lui qui préside à ce qui sous-tend l'action, aux choix ou aux décisions. C'est ce que l'on pourrait qualifier de valeurs intérieures. Nous avons symboliquement entouré ce nombre d'un cercle.

– Le troisième nombre est le total de la valeur des consonnes du prénom et correspond à la structure physique qui va permettre l'action souhaitée par le nombre d'intériorité; il se rapporte aussi à l'apparence extérieure du sujet, et à la façon superficielle dont il sera perçu par autrui lors d'une première prise de contact. Nous l'avons dénommé le **NOMBRE D'EXTÉRIORITÉ** et l'avons inclus graphiquement dans un carré.

Prenons l'exemple de **CÉCILE** et écrivons sous chaque lettre le nombre correspondant à sa valeur :

C É C I L E
3 5 3 9 3 5 = 3 + 5 + 3 + 9 + 3 + 5 = 2 + 8 = 10 = 1
total de toutes les lettres
ou **nombre actif** = △ 1

C É C I L E
   5   9   5 = 5 + 9 + 5 = 19 = 1 + 9 = 10 = 1
total de la valeur des voyelles
ou **nombre d'intériorité** = (1)

C É C I L E
3   3   3 = 3 + 3 + 3 = 9
total de la valeur des consonnes
ou **nombre d'extériorité** = ☐ 9

Avec les matériaux constitués par ces trois nombres principaux, vous pourriez analyser vous-même tous les prénoms. Mais cela nécessite une grande pratique, l'esprit d'analyse et celui de synthèse. Vous pourriez, en effectuant ce travail vous-même, y mettre de l'affectivité, des craintes, des doutes ou des espoirs, en un mot de la subjectivité. Nous avons analysé pour vous, pour un nombre important de prénoms référencés à la fin de l'ouvrage, toutes les combinaisons possibles de ces nombres, avec toute l'objectivité nécessaire. Ainsi, chaque prénom, quel qu'il soit, se retrouve dans l'une de ces combinaisons spécifiques. Vous trouverez à la fin de ce livre, dans les pages réservées à cet effet, celle à laquelle vous renvoie tel ou tel prénom qui vous intéresse.

– S'il s'agit d'un prénom très courant, vous en trouverez les caractéristiques spécifiques, et l'étude sera complète.

– Il peut s'agir d'un prénom moins courant, mais comportant la combinaison des trois nombres fondamentaux que nous venons de décrire. À ce moment-là, vous retrouverez ce prénom dans la classe des prénoms similaires à celui qui sera analysé en détail.

Cette classe de prénoms aux vibrations similaires sera visible immédiatement au-dessous du prénom de référence.

Dans ce cas précis, vous pourrez ajouter les informations spécifiques contenues dans le chapitre précédent, relatives à l'analyse de l'initiale et de la première voyelle. Vous aurez ainsi toutes les données vous permettant de faire votre propre synthèse.

Vous ne pouvez pas vous tromper : cherchez en fin d'ouvrage le prénom choisi, qui vous renvoie à la page que vous devez consulter ; soit ce prénom est analysé en détail, et vous en obtenez toutes les nuances, soit il figure dans le cadre regroupant tous les prénoms aux vibrations similaires, et en analysant l'influence particulière de l'initiale et de la première voyelle, vous en obtiendrez une synthèse précise, surtout si vous mettez de côté tout sentiment, toute sentimentalité, tout élément subjectif. Essayez d'être objectif et d'analyser sans passion, froidement et avec lucidité.

Rappel des mots clés

Dans l'étude individuelle de chaque prénom vont apparaître régulièrement des mots ou des abréviations dont une bonne compréhension est nécessaire, afin de percevoir toutes les subtilités de l'interprétation.

Il nous semble utile de vous en rappeler l'essentiel et de vous indiquer les parties de l'ouvrage auxquelles vous devez vous reporter.

– **LE JOUR DE NAISSANCE :** c'est le jour civil de naissance du sujet : 1 pour une personne née un premier, 25 pour quelqu'un né un 25, ou 31 pour un sujet né un 31, et cela quel que soit le mois de l'année **(PREMIÈRE PARTIE, CHAPITRE 3 : LE JOUR DE NAISSANCE)**.

– **LE CHEMIN DE VIE :** c'est le total réduit de la date de naissance **(PREMIÈRE PARTIE, CHAPITRE 4 : LE CHEMIN DE VIE)**.

– **NOMBRE ACTIF :** c'est le total de la valeur de toutes les lettres qui composent le prénom. Il est inscrit dans un triangle auprès de chaque prénom correspondant.

– **NOMBRE D'INTÉRIORITÉ :** c'est le total de la valeur de toutes les voyelles qui composent le prénom. Il est inscrit dans un cercle auprès de chaque prénom correspondant.

– **NOMBRE D'EXTÉRIORITÉ :** c'est le total de la valeur de toutes les consonnes qui composent le prénom. Il est inscrit dans un carré auprès de chaque prénom correspondant.

Pour une bonne compréhension de la signification de ces trois derniers éléments, **NOMBRE ACTIF, NOMBRE D'INTÉRIORITÉ, NOMBRE D'EXTÉRIORITÉ,** veuillez lire les pages qui précèdent immédiatement ce glossaire, dans cette même partie de l'ouvrage.

– **MAÎTRES NOMBRES :** il s'agit des deux maîtres nombres 11 et 22, que l'on retrouve dans un ou plusieurs nombres clés de la personnalité (nombre actif, nombre d'intériorité ou nombre d'extériorité), et qui ont une signification particulière. Vous les verrez écrits sous la double forme 11/2 et 22/4. Cela signife qu'ils peuvent être vécus avec l'intensité la plus élevée, 11 ou 22, ou sous leur forme réduite, respectivement 2 ou 4, c'est-à-dire une octave au-dessous (voir le **CHAPITRE 1 DE LA PREMIÈRE PARTIE : LA SYMBOLIQUE DES NEUF PREMIERS NOMBRES ET DES MAÎTRES NOMBRES**).

– **NOMBRES MANQUANTS OU NOMBRES KARMIQUES,** ou leur abréviation, K : dans les pages qui vont suivre, cela veut dire que l'un ou l'autre des trois nombres clés de la personnalité (le nombre actif, le nombre d'intériorité ou le nombre d'extériorité) ne comporte pas de lettres de valeur correspondante dans le prénom concerné. Pour que cela soit clair, prenons deux exemples :

Premier exemple : **ABRAHAM**

Écrivons la valeur numérologique du prénom **ABRAHAM** :
A B R A H A M
1 2 9 1 8 1 4 = 1 + 2 + 9 + 1 + 8 + 1 + 4 = 26 = 2 + 6 = 8

NOMBRE ACTIF = $\boxed{8}$

Ce nombre actif de valeur 8 n'est pas « karmique » car le prénom **ABRAHAM** possède une lettre de valeur 8 (H)

Écrivons la valeur des voyelles :
ABRAHAM
1   1   1   = 1 + 1 + 1 = 3

NOMBRE D'INTÉRIORITÉ = $\boxed{3}$

Ce nombre 3 est « karmique » (K) pour le prénom **ABRAHAM**, qui ne comporte pas de lettres de valeur 3 (qui sont les lettres C, L, U)

Écrivons la valeur des consonnes :
A B R A H A M
  2 9   8   4 = 2 + 9 + 8 + 4 = 23 = 5

NOMBRE D'EXTÉRIORITÉ = $\boxed{5}$

Ce nombre 5 est « karmique » (K) pour le prénom **ABRAHAM,** qui ne comporte pas de lettres de valeur 5 (qui sont les lettres E, N, W)

Prenons un autre exemple : **CLAIRE**

Écrivons la valeur numérologique du prénom **CLAIRE** :
C L A I R E
3 3 1 9 9 5 = 3 + 3 + 1 + 9 + 9 + 5 = 30 = 3 + 0 = 3

NOMBRE ACTIF =

Ce nombre 3 n'est pas « karmique » (K), car le prénom **CLAIRE** comporte deux lettres de valeur 3 (C et L)

Écrivons la valeur des voyelles :
C L A I R E
     1 9   5 = 1 + 9 + 5 = 15 = 1 + 5 = 6

NOMBRE D'INTÉRIORITÉ =

Ce nombre 6 est « karmique » (K), car le prénom **CLAIRE** ne comporte pas de lettres de valeur 6 (F, O, X)

Écrivons la valeur des consonnes :
C L A I R E
3 3   9   = 3 + 3 + 9 = 15 = 1 + 5 = 6

NOMBRE D'EXTÉRIORITÉ = $\boxed{6}$

Ce nombre 6 est « karmique » (K), car le prénom **CLAIRE** ne comporte pas de lettre de valeur 6 (lettres F, O, X)

Pour une meilleure compréhension des notions de « nombres manquants » ou « nombres karmiques », veuillez consulter le **CHAPITRE 2 DE LA DEUXIÈME PARTIE : LES NOMBRES MANQUANTS, OU « NOMBRES KARMIQUES ».**

Enfin, nous vous rappelons que la classe des prénoms aux vibrations similaires est visible immédiatement au-dessous du prénom de référence.

ADAM et ALAN

  8

CHARLÉLIE, ELLIOT, ENRICO, OVIDE, ROGER-CLAUDE, VILFREDO, VITTORE

QUI SONT-ILS ?

Énergiques, fiers et orgueilleux, Adam et Alan sont fortement marqués par le 1. Leurs aptitudes leur permettent d'être ambitieux et leur donnent les moyens de commander, de diriger, d'assumer des rôles de chef, d'accéder à un certain pouvoir, d'exercer une autorité et de prendre la première place. Détestant la flatterie, le mensonge et l'injustice, ils se révèlent courageux, énergiques et entreprenants. Ils ont souvent besoin de se dépenser, sont intrépides et impatients. La vie matérielle est importante pour eux et ils attachent de l'intérêt aux signes extérieurs de richesse, à l'élégance. Ils en imposent, dégagent un magnétisme certain, ont un fort ascendant sur autrui. Indépendants, ils désirent forger eux-mêmes leur destin, selon leur idéal, leurs aspirations ou leur intérêt. Hommes de terrain, capables d'aider, de participer, ils sont également des organisateurs et des gestionnaires. Courageux et volontaires, ils sont efficaces, créatifs, ont de l'énergie à revendre et se montrent rapides d'exécution. Très bouillonnants, actifs et dynamiques, ils ne sont pas toujours réguliers dans leurs actions, et devront faire des efforts afin que leur impulsivité ne se révèle pas un handicap.

Enfants, ils sont narcissiques et ne sont pas d'une docilité exemplaire ! Ils ont facilement l'esprit de contradiction et leur tendance à l'obstination n'arrange rien... Et méfiez-vous de leurs colères !

QU'AIMENT-ILS ?

Ils aspirent à l'union et aux associations. L'esprit de camaraderie les anime, même s'ils désirent sans cesse diriger. Ils aiment briller et être reconnus à leur juste valeur.

En matière de cœur, ils se montrent autoritaires, passionnés, entiers et possessifs. Gare à leurs crises de jalousie ! S'ils ne savent pas toujours manifester leur besoin d'affection, ils n'en demeurent pas moins extrêmement sensibles. Et si on ne les heurte pas, on fait d'eux ce que l'on désire.

QUE FONT-ILS ?

Ambitieux, parfois arrivistes, Adam et Alan, souvent autodidactes, seront tentés par les honneurs. Aussi exerceront-ils les professions suivantes : en rapport avec le domaine des affaires (gestion, finance, banque, Bourse, industrie...), en liaison avec l'exercice d'un certain pouvoir (police, justice, politique, parapsychologie), en rapport avec la mécanique ou les outils en fer (cordonnier, tailleur, chirurgien, boucher...), ou avec le feu (pompier). Ils sont d'ailleurs souvent marqués par les signes de feu (Lion, Bélier) ou par le Scorpion, toutes les professions indépendantes et créatives.

ADOLPHE

△ 7 ◯ 3 ▢ 22/4

CLÉOPHAS, FLODOR, HENRY, LOTHAIRE, MARCELLO, MERRY

QUI EST-IL ?

Sous des airs calmes et une apparence parfois flegmatique, Adolphe est un être nerveux, complexe et insaisissable au premier abord. C'est quelqu'un de froid et d'intériorisé chez qui la cérébralité domine : penseur ou intellectuel. Il est curieux de tout, a l'esprit critique et analytique et tend au scepticisme. Marginal, il peut paraître inadapté, bizarre, rigide, très possessif (tant au plan affectif qu'en matière de finances, car la prodigalité n'est pas son fort !), entêté, parfois en proie à des idées fixes (surtout s'il est né un 4, 7, 13, 16, 22 ou 25). Si, au contraire, son jour de naissance est un 3, un 12, un 21 ou un 30, il montrera plus de sociabilité et de chaleur. L'association des nombres qui composent ce prénom est dualitaire : Adolphe risque de vivre des contradictions entre ses aspirations profondes et ce qu'il peut faire en réalité. Il voudra souvent précipiter les événements mais devra s'armer de patience. Après certaines hésitations, ayant enfin trouvé sa voie, il s'y engouffrera avec une détermination à toute épreuve. Il montrera un véritable acharnement au travail et n'aura de cesse qu'il n'arrive à ses fins même s'il tend à la systématisation. S'il veut vivre son maître nombre 22, il ne devra pas emprunter les chemins les plus faciles, mais au contraire viser les objectifs les plus ambitieux, voire grandioses, car il en possède le potentiel. Bien que ses ambitions soient souvent à sa mesure, la mégalomanie est un risque qui le guette ! Pour bien se réaliser, il lui faudra développer ses atouts de communication qu'il ne demande, au fond de lui-même, qu'à exploiter.

Enfant, il est très nerveux, susceptible et rapidement exaspéré. Les parents veilleront à ce qu'il ne reste pas enfermé dans sa chambre, le nez plongé dans ses livres, et favoriseront sa sociabilité et sa créativité. Sa santé est fragile et nécessite la pratique d'exercices physiques et de la détente, car c'est un grand nerveux.

QU'AIME-T-IL ?

Il aime le calme, la réflexion, la méditation, et se réfugie volontiers dans des spéculations philosophiques ou scientifiques. Bien qu'il reste pragmatique et distant, sa nature profonde le pousserait plutôt à rechercher un environnement affectif ou amical où il puisse s'extérioriser. Il risque fort cependant de laisser prévaloir sa froideur et sa réserve. N'attendez pas qu'il vous séduise et vous charme : la sentimentalité et les démonstrations exubérantes d'affection ne sont pas son fort !

QUE FAIT-IL ?

En rapport avec ses goûts, il recherchera des professions de réflexion (recherche scientifique), les métiers spécialisés demandant le sens de l'analyse ou l'art du diagnostic, que ce soit dans les domaines de la gestion ou de la médecine ; la politique et les postes de pouvoir ou liés aux affaires, internationales notamment, sont également des domaines de prédilection pour lui, surtout s'il est né un 22 ; ces activités à grand rayonnement lui permettront alors d'assumer son besoin de s'exprimer, de communiquer et de convaincre.

ADRIEN

ALBRECHT, ALEX, AXEL, FIACRE, FLAVIEN, LOUIS-STÉPHAN, ROLF, SAFET, WADDECK

QUI EST-IL ?

Quel charme et quelle présence sécurisante ! Assurément, Adrien ne laisse pas indifférent. Calme, posé et équilibré, il est désireux de plaire et de faire plaisir. Pour cela d'ailleurs, il n'hésite pas à user d'armes redoutables : sourire, conciliation, tolérance, tact, diplomatie et même raffinement. Esthète et perfectionniste dans l'âme, il possède une nature scrupuleuse et se sent souvent des obligations familiales. Celles-ci le déterminent fortement, soucieux qu'il est de ne pas faire de peine à ses proches. Il allie sensibilité, émotivité et intuition, et est habituellement courageux et déterminé. Pourtant, il lui arrive, face à l'hostilité ou lorsqu'il se sent incompris, de se replier sur lui-même. Il se réfugie alors dans des rêveries et des chimères. Bien sûr, il préfère les jeux de l'amour à ceux de la guerre.

Il peut réaliser de grandes choses et s'investir dans des associations ou mouvements, à caractère humanitaire le plus souvent, politiques ou artistiques. Mais pour cela, il a besoin d'être stimulé par les autres, ses amis, ses proches. C'est ainsi qu'on peut le voir novateur dans l'âme, sur un fond quelque peu utopiste.

Enfant, il ne faut pas abuser de sa sagesse en lui donnant trop de responsabilités, car entre le dévouement et l'abnégation il y a un pas à ne pas franchir... Mais il ne faut pas non plus le surprotéger car il pourrait dans ce cas prendre le chemin de l'irresponsabilité, de l'indolence et de la nonchalance... Avec le

6 karmique, sa tendance peut osciller d'un cap à un autre... Les parents peuvent avoir une influence sur son choix professionnel futur, aussi évitez de faire parler vos intérêts plutôt que les siens.

QU'AIME-T-IL ?

Apôtre de la paix, il a besoin que règne l'harmonie autour de lui : elle est nécessaire à son équilibre. La vie sentimentale et familiale est donc prépondérante. Pourtant, à l'heure du choix, il peut arriver que son cœur hésite, car, chez Isabelle, il aime la douceur, chez Christine la beauté et chez Cécile la bonne maîtresse de maison... Il est vrai que son exigence et sa soif de perfection deviennent parfois de la maniaquerie. Malgré cela, c'est un homme agréable à vivre, sensuel et gourmet, qui sera sensible au confort douillet de son foyer et se montrera un bon père.

QUE FAIT-IL ?

S'il ne reprend pas une affaire familiale, ce qui est fréquent, les domaines professionnels susceptibles de l'intéresser seront le domaine esthétique (décoration, parfumerie, fleurs, coiffure, menuiserie...), artistique, culinaire ou gastronomique..., les activités à caractère social ou liées à la santé, les activités en rapport avec le confort et la maison (immobilier...), les professions qui exigent précision et minutie.

AGLAÉ, ALBANE et ANNE-CÉCILE

ANANIE, CATERINA, COLETTE, GAËLA, GEORGINE, GLORIA, HUGUETTE, JÉROMINE, KORNILIA, LOUISE-GABRIELLE, NONA, OLGA, OSÉE, PASCALINE, ROSA, VARELLA, XAVIERA

QUI SONT-ELLES ?

Volontaires, efficaces, entreprenantes, actives et courageuses, elles ont une puissante personnalité et tendent à diriger et à commander. Elles aiment briller, impressionner et attirer le regard sur elles. Elles sont originales et leur allure est altière (elles sont souvent marquées par le signe du Lion). Elles méprisent la médiocrité et ne sont pas faites pour les rôles subalternes. Aussi ne supportent-elles pas l'échec qui les rend aigries, envieuses ou amères. Heureusement, elles savent parfaitement saisir les opportunités qui s'offrent à elles et sont rapides d'exécution. Sensibles au standing, elles apprécient les bijoux, les fourrures. Par ailleurs, impatientes et pressées, elles ont tendance à être irritables et manquent de tolérance.

Fillettes, elles se montrent parfois indociles, fières et susceptibles. Elles sont tyranniques et exclusives et ont du mal à partager avec leurs frères et sœurs, d'autant qu'elles aiment cultiver leur jardin secret.

QU'AIMENT-ELLES ?

Si les domaines matériel et concret les intéressent, elles sont aussi, contradictoirement, attirées par le monde de l'esprit. Elles apprécient des périodes d'isolement ou de solitude dans la tranquillité, où elles passent du temps à réfléchir, méditer, s'enrichir intellectuellement. L'étrange, le merveilleux ou l'ésotérisme (surtout si elles sont nées en juillet ou un 7,

16, 25 ou possèdent un chemin de vie 7) les fascinent ; surtout Albane et Anne-Cécile qui sont karmiques en 7 et en 8.

En amour, elles ne laissent pas paraître leurs émotions et leurs sentiments. Elles sont particulièrement mystérieuses et insaisissables. Elles recherchent avant tout une communauté de vues ou d'intérêts, et sont extrêmement sélectives dans le choix de leur partenaire ou de leurs amis. Intuitives, elles sont fines psychologues, et si elles connaissent parfaitement leur conjoint, elles attendent d'être devinées par lui...

QUE FONT-ELLES ?

Peu orientées en priorité sur la vie de couple et de mère, elles voudront en premier lieu réaliser leur vie personnelle et professionnelle. Ainsi seront-elles attirées par des professions libérales, le domaine de la finance ou de l'expertise, les spécialités techniques, l'Administration, les activités liées aux bijoux, à l'orfèvrerie, au luxe ou à la mode.

ALAIN △ 1   □ 8

EDMOND, JORGE, JOSEPH, LÉON, MATTHIAS, NÉALE, NESTOR, NOËL, RUDYARD, VENCESLAS

QUI EST-IL ?

Alain est un homme qui, sous des allures souvent un peu rudes et viriles, dissimule, avec plus ou moins de bonheur, une émotivité particulièrement vive doublée d'une hypersensibilité. Avec le 19 comme nombre actif, Alain n'est pas l'homme des demi-mesures, tant en ce qui concerne son caractère, qu'il aime afficher trempé, viril, courageux, combatif, que son destin, qui peut être une superbe réussite ou un échec cuisant. Ses qualités deviennent vite des défauts : autoritaire, orgueilleux, impatient, impulsif, téméraire, il est capable de foncer sans forcément avoir pris le temps de la réflexion. Par ailleurs, il est souvent tendu, ce qui peut se traduire par des « explosions » dans lesquelles les mots peuvent dépasser sa pensée. Si Alain a un côté « tout » ou « rien », c'est sans doute aussi parce que sa personnalité est un peu écartelée entre la tendance émotive, fragile, craintive sinon peureuse, influençable et inférodée (fortement accentuée s'il est né un 2, 11, 20, 29, en février ou en novembre, ou s'il possède un chemin de vie 2) et l'autre, masculine, confiante, indépendante, téméraire, voire agressive et risque-tout... Il en résulte certainement un caractère cyclothymique... Mais il peut vivre aussi à la hauteur de son maître nombre 11, dont la force est une des caractéristiques, ce qui ne manquera pas de lui conférer un certain ascendant sur autrui.

Enfant, il vivra plus au niveau du 2, facteur de fragilité et de vulnérabilité, d'où la nécessité de le valoriser et de le rendre autonome. Le sport est fortement conseillé et éviterait qu'il ne se transforme en Tartarin de Tarascon...

QU'AIME-T-IL ?

Il aime s'associer, collaborer et s'unir, même si c'est un fervent partisan de la liberté et de l'indépendance. C'est en fait parce que le soutien affectif (amical ou sentimental) est nécessaire à son épanouissement. Avec le 11 karmique, il est très intuitif et aurait intérêt à se diriger vers des domaines d'investigation intellectuelle comme la psychologie, la sociologie, l'astrologie, l'ethnologie, qui combleraient sa soif de connaissances et feraient de lui un esprit éclairé.

Sentimentalement, il a besoin du couple, d'un foyer et d'une famille, et peut tout à la fois se révéler un être conciliant, ouvert et compréhensif qu'un homme brutal et vaniteux, avant tout concerné par lui-même...

QUE FAIT-IL ?

Les professions correspondant à son profil sont le monde des affaires (gestion, comptabilité, banque, économie...), les activités en rapport avec le risque (police, armée) et la compétition (sport), les professions en rapport avec le fer et le feu (boucher, tailleur, cordonnier, chaudronnier, sculpteur, chirurgien...), les professions libérales et les activités de conseil en cabinet de groupe.

ALBAN   1

BERTHOLD, CHARLES-HENRI, ELLIOTT, ENNIO, ESAÏE, ESTEBAN, GASPARD, GEORGIN, HOKE, JEAN-RAYMOND, JOË, JOËVIN, LABAN, MARSHALL, SHELTON, SIDOINE, SIMÉON, THÉO, ZACHÉE

QUI EST-IL ?

Alban est amical et sympathique, chaleureux, communicatif et sociable. Séduisant, concerné par son apparence, il tend à soigner son image de marque, assez soucieux de l'effet qu'il produit sur autrui. Souple et adroit, adaptable, il possède une aisance verbale certaine et s'exprime avec un vocabulaire choisi, tant pour le plaisir de jouer avec les mots que pour ne pas passer inaperçu. S'il se montre parfois autoritaire, arrogant et colérique, c'est pour cacher son manque d'assurance ou sa timidité envahissante. De plus, son hyperémotivité lui joue des tours, et ses humeurs sont irrégulières, ce qui n'est pas sans répercussions sur son activité et son efficacité. En fait, deux tendances peu conciliables s'affrontent au sein de sa personnalité : le 1, masculin, actif, dynamique, indépendant, autoritaire, entreprenant, ambitieux et volontaire (plus développé encore s'il est né un 1, 10, 19, 28, ou en janvier, ou s'il possède un chemin de vie 1) et le 2, féminin, passif, dépendant, influençable, émotif, intuitif et velléitaire (plus développé encore s'il est né un 2, 11, 20, 29, ou en février, ou s'il possède un chemin de vie 2 ou 11).

Enfant, son bien-être et son épanouissement dépendent étroitement de son environnement affectif : il donne le maximum de lui-même lorsqu'il se sent épaulé et encouragé. Des enseignants antipathiques peuvent être responsables d'une mauvaise scolarité. Heureusement, Alban est touche-à-tout, vif et doué, notamment pour les langues étrangères dont il serait judicieux de favoriser l'apprentissage le plus tôt possible. Il faudra surveiller sa curiosité qui le pousse à entreprendre plusieurs choses à la fois et à n'en terminer aucune. En général, sa moralité est bonne. Mais, de temps en temps, une petite touche d'exagération ou de prétention l'aidera à reprendre de l'assurance.

QU'AIME-T-IL ?

Il aime la société, les échanges entre amis (ceux-ci ont d'ailleurs une grande place dans sa vie) et recherche plutôt les activités associatives, de groupe ou d'équipe.

Sentimentalement, c'est un être tendre et affectueux, peu fait pour demeurer seul, son équilibre et son épanouissement requièrent la chaleur et l'intimité du couple. Il se montre coopératif, fin, sensible et assez psychologue dans sa relation affective. Par ailleurs, le cap de la maturité atteint, il se révélera le plus souvent un homme responsable, compréhensif, ainsi qu'un excellent père de famille.

QUE FAIT-IL ?

Plusieurs types de professions sont possibles chez cet être à multiples facettes : les professions commerciales ou de communication où l'expression et l'art de convaincre sont déterminants, les professions indépendantes s'exerçant en association, ou au sein de cabinets de groupe, professions de conseil par exemple, les activités en rapport avec la créativité, la voix, l'expression écrite ou en liaison, de près ou de loin, avec le domaine artistique.

ALBIN

EMMET, JOSHUA, MARX, PHAM, SHAWN

QUI EST-IL ?

Albin est un personnage contradictoire, puisque marqué par deux chiffres opposés et dualitaires, le 1 et le 2. Cela se traduit par des côtés indépendant et dépendant, autoritaire et conciliant, actif et passif. Exacerbé, ce mélange suscite des contradictions internes et certaines incohérences. Son caractère cyclothymique peut s'exprimer au travers de phases d'activité, d'audace, d'enthousiasme, de confiance... suivies de phases de doute, de craintes, de laisser-aller et de paresse. Moins marquées, ces tendances antagonistes peuvent aussi s'harmoniser et lui conférer une grande richesse intérieure. On dira alors de lui qu'il a une main de fer dans un gant de velours. Paradoxalement, Albin oscille entre le don de soi et l'égocentrisme. Il dissimule sa sensibilité derrière une façade de froideur, de distance, que l'on peut aisément prendre pour de la fierté ou de l'orgueil. Son activité est inégale selon son humeur, le moment, ou les personnes qui l'entourent. Albin est en effet profondément réceptif et influençable.

Enfant, il est très émotif et divisé entre son besoin d'autonomie et de liberté (accentué s'il est né en janvier ou en mai, un 1, 5, 10, 14, 19, 23, 28, ou s'il possède un chemin de vie 1 ou 5) et une dépendance extrême vis-à-vis de sa famille et de son foyer (s'il est né en février, en novembre, un 2, 11, 20, 29, ou s'il possède un chemin de vie 2). Il pourrait même avoir quelques difficultés à couper le cordon ombilical. L'éducation idéale devra être souple, et lui conférer tendresse et sécurité affective sans protection excessive. Il faudra développer son sens des responsabilités, notamment au sein de la famille où il pourrait se révéler très protecteur envers ses frères et sœurs. Désireux de faire plaisir, il n'en adore pas moins les compliments.

QU'AIME-T-IL ?

Il aime briller, paraître, être regardé et admiré. De lui émanent séduction et distinction. Perfectionniste, il veut avoir le premier rôle dans la vie : son ambition est certaine.

Sentimentalement, il faudra que sa partenaire le comprenne à demi-mot, car Albin aime être deviné. Très fin psychologue, il est à l'écoute de l'autre, même s'il est aussi essentiellement concerné par lui-même. Il lui faut savoir conserver un juste équilibre entre la dépendance et l'indépendance, dans une situation où chacun possédera la suprématie dans son domaine spécifique.

QUE FAIT-IL ?

Il se tournera vers les professions créatives ou liées à l'esthétique, vers tout ce qui concerne le conseil, l'écoute, vers les carrières où il faut coopérer, collaborer et s'associer (médiateur, enseignant), vers des travaux minutieux requérant du sérieux et de l'attention (comptabilité), vers la psychologie ou la parapsychologie.

ALEXANDRA

ANASTASIE, ANNABELLA, CYNTHIA, CYRIELLE, DANY, GABY, JEANNETON, JUSTINE, LUCILE

QUI EST-ELLE ?

Alexandra est une femme de caractère ! En effet, sa personnalité est très forte et elle n'a rien à envier aux représentants du sexe masculin. Comme eux, elle est ambitieuse, courageuse, impatiente, autoritaire même. Elle a besoin de combattre et de se dépenser physiquement. Dotée de qualités plus fréquemment attribuées aux hommes qu'aux femmes, elle est franche, droite, brusque, orgueilleuse, entêtée et loyale. Elle sait saisir les opportunités lorsqu'elles se présentent. Tact, tolérance, passivité, douceur et faiblesse lui sont inconnus. Malgré tout, elle cache émotivité et sensibilité et, face à l'adversité, notamment lors de crises affectives, elle a tendance à se refermer sur elle-même et à s'affoler. Bien que matérialiste et concernée par l'argent, elle n'en demeure pas moins généreuse et capable de sacrifice, que ce soit pour les êtres qu'elle aime ou pour les causes qui la touchent.

Parents, ne vous fiez pas trop à son côté garçon manqué, et ne vous laissez pas impressionner par son apparente détermination, car, au fond, c'est un cœur tendre, une inquiète, qui recherche surtout la sécurité... Cela ne l'empêchera pas d'être débordante d'énergie, tyrannique, jalouse, entière et possessive. Elle peut même de temps en temps entrer dans de violentes colères : ce sera simplement pour vous montrer qu'elle existe ! C'est une enfant sincère et honnête qui vous aime avec passion. Laissez-la trouver son équilibre et satisfaire son esprit de compétition par la pratique d'un sport... La musique, la peinture ou la sculpture pourraient aussi motiver son intérêt et satisfaire son besoin d'émotions et de sensations fortes...

QU'AIME-T-ELLE ?

Passionnée, Alexandra a besoin de trouver un sens à sa vie : aussi est-elle attirée par les réalisations concrètes, solides et tangibles. Elle cherche à réussir, par elle-même ou par l'intermédiaire de son partenaire, qui devra être à la hauteur ! Personnage double, elle aime aussi s'évader et ce peut être par des voyages lointains, au-delà des frontières, ou par l'imaginaire, qui est chez elle très développé. Fascinée par tout ce qui est étrange, merveilleux, fantastique ou irrationnel, elle peut même avoir quelques dons de médium...

Sa vie sentimentale est tout aussi double : elle sait ce qu'elle veut, a besoin d'admirer son partenaire, et fera passer la sécurité avant tout. Aussi, gare à celle qui s'approchera de trop près de lui ! Possessive et jalouse, exigeante, elle ne sera pas du tout docile, à moins qu'elle ne se soit rendu compte qu'elle est allée trop loin... Par ailleurs, ce n'est pas toujours la maîtresse de maison rêvée : elle dépense parfois sans compter, surtout pour elle, et peut faire des économies de bouts de chandelle lorsqu'il s'agit des autres...

QUE FAIT-ELLE ?

N'ayant pas particulièrement la vocation de femme au foyer, Alexandra sera tentée par les orientations suivantes : les carrières en rapport avec l'argent ou les affaires (banque, comptabilité, gestion...), les carrières en rapport avec un pouvoir (l'armée, la police, le sport...), les carrières en rapport avec les voyages et l'étranger, les activités liées à l'audiovisuel, au journalisme, ou privilégiant le contact avec le public, le domaine social (justice) ou médical, les activités où elle mettra à profit son intuition ou son « inspiration » (activités artistiques, parapsychologie...).

ALEXANDRE

ABAILARD, ALEXANDER, AMLETO, ARMENIO, HONORIN, JACQUES-YVES, JEAN-DANIEL, JEAN-ÉTIENNE, JERZY, JUDD, JUSTIN, MAHOMET

QUI EST-IL ?

Ouvert, confiant, sociable, volontiers jovial, Alexandre a une personnalité attachante : il est sympathique, chaleureux et non dépourvu d'un certain charisme. Adaptable, il se sent vite à l'aise partout et recherche la société. Bavard et communicatif, il possède des facilités d'élocution et de persuasion certaines, et parfois même quelques dons d'imitateur, d'autant qu'il est vif, perspicace et observateur. Épicurien, c'est un sensuel fait pour le bonheur (en astrologie, il est souvent jupitérien). Content de lui-même, il pourrait passer pour vaniteux s'il n'était aussi désarmant de naïveté et de sympathie. Curieux de tout, son principal défaut est de se disperser en n'allant pas toujours au fond des choses. Il se montre parfois superficiel, se fie trop à ses facilités et est l'ennemi des efforts prolongés.

De par la présence importante du nombre 3 et du A, initiale mais aussi première voyelle, Alexandre est un être rayonnant, souriant, que l'on remarque et à qui l'on s'attache. À lui de bien profiter des atouts exceptionnels dont il est doté, et d'en faire une utilisation judicieuse et positive : lorsqu'on possède de telles facilités, les risques d'erreurs et de dispersion sont tout aussi importants, c'est le revers de la médaille...

Enfant, il est hâbleur et a tendance à aimer davantage le rire et les jeux que l'étude. Aussi faut-il se montrer particulièrement présent vis-à-vis de son travail scolaire qu'il reléguerait facilement au second plan. En revanche, il aura le premier prix de camaraderie ! Plutôt désordonné, voire désorganisé, la fantaisie le gouverne. Par ailleurs, il peut facilement être dans les nuages, et faire montre d'autosatisfaction.

QU'AIME-T-IL ?
À part le jeu, l'amusement, les plaisirs, il aime communiquer et a besoin de s'exprimer. Il apprécie les activités de groupe, les desseins humanitaires et est aussi sensible au public.

C'est un sentimental très agréable : tendre, émotif, sensible et généreux, soucieux de faire plaisir. En revanche, il n'est pas toujours d'une exactitude flagrante, est assez désordonné, résiste mal à la tentation, mais pourra se montrer en revanche d'une jalousie maladive...

QUE FAIT-IL ?
Il sera attiré par toutes les professions commerciales, ou privilégiant le contact avec le public, les professions touchant au domaine juridique, social ou médical, les professions liées à l'audiovisuel ou l'expression orale ou écrite, la gastronomie.

ALIX

CÉCILE, CRISTÈLE, DINA, HELGE, INDIRA, IPHIGÉNIE, IRA, KATRIN, PAT, SUZY, TILDA

QUI EST-ELLE ?

La présence importante du nombre 1 dans ce prénom donne à Alix un caractère affirmé, indépendant, énergique et volontaire. Elle est autoritaire et entend gérer sa vie et parfois aussi celle des autres... Sensible à son image de marque, elle est disciplinée, exige beaucoup d'elle-même et aime donner l'exemple. Elle se montre franche, directe et loyale. Mais la modestie n'est pas vraiment son fort, et elle peut tendre à adopter une attitude dédaigneuse, arrogante, prétentieuse, notamment lorsqu'elle rencontre médiocrité et bassesse autour d'elle.

Malgré d'importantes qualités qui lui donnent une personnalité affirmée et autonome, Alix, tout en étant charmante et généreuse, est un peu trop égocentrique. Elle ne supporte pas l'échec et se montre assez susceptible.

Déjà enfant, elle sait qu'« aux âmes bien nées, la valeur n'attend pas le nombre des années »... Fière, orgueilleuse, elle veut diriger son entourage, à commencer par ses parents ! Et si cela ne fonctionne pas comme elle l'entend, elle peut entrer dans de violentes colères, des crises d'autorité. Au sein de la famille, elle s'épanouira plus facilement si elle est l'aînée, car, bien qu'elle soit jalouse et possessive, cette situation lui permettra d'exercer son pouvoir, parfois tyrannique, avec néanmoins le sens des responsabilités. Être enfant unique ne serait pas souhaitable chez cette nature altière qui peut se prendre déjà pour le nombril du monde ! Par ailleurs, les activités de groupe lui seront profitables et atténueront son égoïsme tout en stimulant son sens de la coopération et son intérêt pour les autres. Ainsi, le théâtre est une activité susceptible de lui convenir, d'autant que la vie quotidienne est pour elle une scène sur laquelle elle se donne en spectacle. La danse aussi comblera son sens de l'harmonie et de l'esthétique.

QU'AIME-T-ELLE ?

Diriger, commander et gouverner sont nécessaires à son épanouissement. Plaire, séduire, être admirée et appréciée correspondent à un besoin. Elle aime le public et être en représentation. Charitable quand elle a bien compris la leçon de ses nombres et a dépassé ses défauts, elle peut être attirée par les œuvres philanthropiques qui lui permettent de surcroît de ne pas oublier son ego !

Sur le plan sentimental, sa forte personnalité, autoritaire et dirigiste mais droite, cache une femme affectueuse, tendre et romantique… Son partenaire devra être souple, mais non soumis, car elle a besoin de l'admirer. L'aspect professionnel sera important, et le rôle de maîtresse de maison ne lui est pas fondamentalement destiné. Cependant, c'est une hôtesse parfaite qui a le sens de l'accueil, aimant même le faste, car elle apprécie qu'on lui reconnaisse ses talents, qu'elle juge exemplaires. Mère, elle sera autoritaire, mais juste, et saura ne pas être laxiste.

QUE FAIT-ELLE ?

Elle sera attirée par les professions indépendantes, libérales, ou par les postes à responsabilité, ainsi que par les activités créatives et originales (stylisme, mode, art), elle pourra choisir également une profession privilégiant le contact avec le public (hôtesse, professeur, comédienne…) ou l'expression (l'audiovisuel, le journalisme), les professions en liaison avec les belles choses ou les produits de luxe (bijouterie, prêt-à-porter, parfums, fourrures) pourront aussi lui convenir; à moins que ses conditions de naissance ou un bon mariage ne lui permettent d'être une hôtesse parfaite et reconnue, et une mère de famille exemplaire.

AMANDA

CATALINA, COSTANTE, ELSY, JOSÉPHINA, MARGARETE, ROSALIE, SANTANA

QUI EST-ELLE ?

Sous des dehors calmes, Amanda est nerveuse, complexe et indéfinissable au premier abord. C'est une femme originale chez qui la cérébralité domine, et qui incline vers l'intellectualité. Elle est curieuse de tout, critique et possède un esprit analytique qui tend au scepticisme ou qui lui donne un humour plus ou moins grinçant. Souvent marginale, elle peut paraître inadaptée, bizarre ou excentrique. L'association du 3 et du 4 est dualitaire et suscite quelques contradictions internes. Ainsi est-elle portée vers la stabilité, recherche le confort et la sécurité qui rassurent sa nature inquiète, bien qu'elle soit paradoxalement ennemie de la routine... De même est-elle toujours pressée, alors que son rythme de vie est lent. Elle oscille entre un côté cigale et un côté fourmi. Si le 3 l'emporte (née un 3, 12, 21, 30, ou possédant un chemin de vie 3), elle sera mobile, communicative, et se montrera quelque peu dispersée. Au contraire, si le 4 l'emporte (chemin de vie 4 ou née un 4, 13, 22, 31), elle s'engouffrera dans sa voie de prédilection avec une détermination à toute épreuve.

Enfant, il faudra veiller à ce qu'elle ne reste pas toujours enfermée dans sa chambre, plongée dans ses livres, et qu'elle développe la corde sociale et créative qui existe en elle. Il est vrai qu'elle peut se sentir facilement à part, marginale, de par ses intérêts ou ses préoccupations qui ne sont pas toujours ceux de son âge. Elle se replie fréquemment dans sa tour d'ivoire. Sa santé est parfois un peu fragile, car c'est une grande nerveuse : de l'exercice physique et de la détente lui sont nécessaires.

QU'AIME-T-ELLE ?

Si elle aime le calme, la réflexion et les spéculations de l'esprit, Amanda aime aussi beaucoup s'amuser et se divertir, profiter des plaisirs de ce monde. Il existe chez elle un mélange d'introversion et d'extraversion, un côté sérieux et profond comme un côté ludique. Sa personnalité a besoin des deux pour s'épanouir.

Sentimentalement, rien n'est simple chez cet être énigmatique et secret qui déconcerte. S'il lui arrive d'apparaître légère, badine ou superficielle, il peut paraître déroutant de la trouver, quelque temps plus tard, grave, sérieuse et profonde. Souvent femme varie...

QUE FAIT-ELLE ?

En rapport avec ses goûts et ses motivations, Amanda sera tentée par les professions de réflexion (recherche scientifique) ou en rapport avec l'avant-garde ou la mode. Elle peut aussi se tourner vers l'enseignement, les professions en rapport avec la créativité ou l'expression (orale ou écrite) ou avec la dextérité manuelle, les jeux, la nature, les fleurs...

AMBROISE

△ 1   ☐ 7

ALBERTO, ANTOINE-LOUIS, AURELLUS, BONIFACE, DONATIEN, ÉRALDO, ÉTIENNE-MARIE, ÉVARISTO, GERMANO, GERRY, GORDON, LANCELOT, LOUIS-ANTOINE, RENATO, RIDLEY, TONIO, VALÉRIO

QUI EST-IL ?

Ambroise est un homme qui en impose par son autorité naturelle, son allure sobre et réservée, ainsi que par l'énergie qui émane de lui. Tour à tour extraverti, gai, optimiste, enthousiaste (tendance accentuée s'il est né un 3, 12, 21, 30, ou possède un chemin de vie 3) puis distant, secret, tendant à l'introversion, à l'isolement et au pessimisme (surtout s'il est né un 4, 7, 13, 16, 22, 25 ou 31, ou possède un chemin de vie 4 ou 7). Ambroise possède une excellente vitalité. Il est capable de fournir une grande puissance de travail ou d'action, bien qu'irrégulière en raison de son caractère un peu impulsif. Il est indépendant, orgueilleux, créatif et inspiré, tant dans le domaine artistique que dans les spéculations supérieures de l'esprit. Brillant et vif intellectuellement, il pourra faire de longues études, souvent très spécialisées. En effet, c'est un précurseur, ou un marginal.

Enfant, il est curieux et inquiet, enclin à se poser beaucoup de questions. Ses parents se doivent de lui répondre, afin de ne pas tarir sa soif de connaissances. Sa double personnalité à la fois rieuse, rusée, éclectique (surtout s'il est né en mars) et réservée, posée, réfléchie (surtout s'il est né en juillet) peut déjà être présente et contribuer à l'enrichir. Il sera un créatif.

QU'AIME-T-IL ?

Il est sociable et chaleureux, capable de se montrer intarissable lorsqu'un sujet le passionne. Il peut tout aussi bien rester indifférent lorsqu'il ne se sent pas concerné. Mais il a l'art de la persuasion et sait plaire et séduire s'il le désire réellement. Parfois épicurien, parfois sobre, il aime tout autant recevoir des amis autour d'une bonne table que rester seul…

En amour, il est élitiste : il a besoin d'admirer. Aussi appréciera-t-il tout particulièrement une compagne intelligente, belle, séduisante et raffinée… Son nombre actif 37 le porte à avoir de la chance en amour… et en amitié.

QUE FAIT-IL ?

En général, il est déterminé sur son choix professionnel, qui sort du commun. Il se démarquera de toute façon par la manière dont il pratiquera sa profession.

Ainsi, seront susceptibles de l'intéresser les activités suivantes : celles en rapport avec les dernières techniques nouvelles (informatique, électronique…), celles en rapport avec la mode, la création, l'écriture, l'expression orale (enseignement, interprétariat…), les professions libérales, indépendantes, ou les postes de direction ou de commandement au sein d'une structure organisée.

ANDRÉ   9

ABDEL, ANDRÉI, AUBERTON, BLADE, CAÏPHE, EDMOND-PAUL, JAMME, JAPHET, LOUISON, PAUL-EDMOND, PAUL-JOSEPH

QUI EST-IL ?

André est un homme plaisant et agréable, non dépourvu d'un certain charme. Fait pour prendre des responsabilités et les assumer, que ce soit professionnellement ou familialement. Ce rôle de responsable n'est pas sans lui conférer une apparence douce et sécurisante, et son air protecteur et avenant y est aussi pour quelque chose. Il est l'épaule sur laquelle on aime s'épancher, ce qui n'est pas pour lui déplaire car il sait conseiller, protéger comme personne, et supporte mal une atmosphère de discorde autour de lui. Souvent, André est un esthète raffiné épris de beauté et d'harmonie. Il a le sens de la conciliation, sait faire preuve de tact, de diplomatie, de galanterie, qualités exceptionnelles de nos jours. Sociable, le sentiment tient une place importante dans sa vie et il est très concerné par ses semblables. Il n'est pas conformiste et il tend à avoir une approche originale des choses. Son sens aigu de la justice le fait souvent passer par des crises de colère, de véritables explosions. Intuitif, perspicace, il est observateur et a un esprit analytique, le sens des détails, tout en possédant également l'art de la synthèse. Enfin, André est orgueilleux, perfectionniste et sa volonté dépend principalement de sa motivation.

Enfant, c'est un garçon agréable, serviable et fortement concerné par sa famille. Il peut être un aîné remarquable, affectueux et protecteur. Néanmoins, avec le 6 karmique, il est nécessaire de lui donner des responsabilités de bonne heure, sans quoi, trop gâté ou trop délaissé, il pourrait prendre le chemin inverse, celui du laxisme et de l'irresponsabilité.

QU'AIME-T-IL ?

André aime plaire, séduire et il déteste les conflits et l'agressivité. Perfectionniste jusqu'à la maniaquerie, il a tendance à focaliser sur de petits détails, à « couper les cheveux en quatre ». Il peut avoir un goût prononcé pour l'ordre, la ponctualité, et un souci particulier de l'esthétique. Sensuel, André est un adepte d'Épicure et est sensible à son confort.

Sentimentalement, il est également exigeant et, s'il sait se montrer psychologue, il a l'art de la manipulation, ce qui lui permet d'arriver toujours à ses fins. À l'heure de l'engagement affectif, il arrive fréquemment que son cœur balance, le choix étant souvent épineux, et qui lui pose un réel problème : saura-t-il le résoudre ?

QUE FAIT-IL ?

Plusieurs orientations s'offrent à lui : le domaine médico-social (paramédical, pharmacologie, diététique), celui de la justice (avocat, juriste, greffier), les domaines de la psychologie ou de la parapsychologie, et le domaine artistique ou esthétique. Si la vie ne lui permet pas de choisir, il sera sans doute influencé par sa famille (à moins qu'il ne prenne la suite d'une entreprise familiale) et pourra se tourner vers les métiers exigeant de la précision (horloger, bijoutier, prothésiste...), ou en liaison avec l'immobilier, la décoration, la cuisine, la gastronomie ou les voyages.

ANÉMONE
et ANNE-GAËLLE

 4   8   5

ALESSANDRA, CATY, CONSTANTINA, DAISY, DANNY, ISADORA, MARIE-ROSE, MYRIANN, MUSE, PALOMA, ROSE-MARIE, YANOU

QUI SONT-ELLES ?

Anémone et Anne-Gaëlle ont du tempérament : elles possèdent, en effet, un caractère puissant et affirmé, ce qui ne remet d'ailleurs pas en cause leur féminité... Leur attitude est franche et directe, mélange de réserve, de froideur, de contrôle mais aussi d'impulsion, d'autoritarisme et parfois d'agressivité. Cette dualité entraîne quelques contradictions au sein de leur personnalité. Susceptibles, elles s'emportent de temps à autre, et ce d'autant plus que, fières, elles doutent assez d'elles-mêmes. Ces comportements déroutants, telle cette capacité de passer en un instant d'un extrême à l'autre, peuvent se retrouver dans tous les domaines de leur vie. Par exemple, Anémone et Anne-Gaëlle sont capables de vivre en alternance une période de méticulosité extrême et une autre de laisser-aller total. Un jour timides, on les retrouvera effrontées le lendemain. Suivant les moments, elles seront les « Vierges folles » du zodiaque ou les « Scorpions rangés »... D'un autre côté, ce sont des femmes solides, courageuses et fortement déterminées : quand elles ont décidé quelque chose, inutile d'essayer de les faire changer d'avis, vous n'y parviendrez pas ! Avec elles, tout est possible, chaque chose et son contraire. Ce sont aussi de grandes nerveuses qui ont besoin d'action, voire d'exercices physiques qui présentent, pour elles, un excellent exutoire. Enfants déjà, elles peuvent avoir de nombreuses sautes d'humeur et ont horreur d'être commandées. Elles se montrent souvent jalouses, car très entières dans leurs relations avec autrui. Elles seront plutôt des « garçons manqués », surtout si elles sont nées un 5, 8, 14, 17, 23 ou 26, ou si leur chemin de vie est égal à 5 ou à 8, ou encore si elles sont nées en mai ou en août. En revanche, surtout si elles sont nées un 4, 7, 13, 16, 22, 25, 31, ou au mois d'avril ou de juillet, elles sont susceptibles de vivre davantage de refoulements et d'inhibitions. Ce sont pourtant des êtres droits qu'il faut ménager et à qui il faut faire prendre conscience de leur valeur, afin de pallier leur manque de confiance en elles.

QU'AIMENT-ELLES ?

Elles aiment le pouvoir et sont faites pour combattre. Elles ne dédaignent pas la vie matérielle, loin s'en faut : l'argent a en effet pour elles une valeur certaine. Elles ont d'ailleurs le sens des affaires et possèdent un esprit concret.

Sentimentalement, elles ne sont pas toujours faciles à vivre : intolérance, manque de souplesse, dirigisme, esprit de contradiction, possessivité... Elles entendent gouverner et tenir les cordons de la bourse... mais vous pourrez, messieurs, vous appuyer sans crainte sur elles : ce ne sont pas de faibles femmes mais au contraire des femmes fiables.

QUE FONT-ELLES ?

Anémone et Anne-Gaëlle ne sont pas des maîtresses de maison modèles, bien qu'elles soient, au demeurant, tout à fait capables de faire des confitures ou de cultiver leur jardin. Femmes au foyer, elles vivront leur ambition par personne interposée, par l'intermédiaire de leur conjoint. Dans le cas, le plus fréquent, où elles exerceront une activité professionnelle, elles s'orienteront vers des professions en rapport avec le pouvoir ou le risque (police, sport, armée...), les affaires (comptabilité, économie, finance, banque, gestion), la terre (agriculture, élevage), l'immobilier et la construction.

ANGÉLIQUE

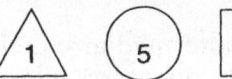

ACQUILA, CLAUDETTE, DES, ÉDITH, GIROLOAMA, MAHAUT, MARJORY, PAULETTE, SIXTINE

QUI EST-ELLE ?

Quel charme, quelle spontanéité, quelle vivacité et quelle impulsivité chez Angélique ! Tout feu tout flamme, elle n'apprécie guère les contraintes et pour elle le mot liberté n'est pas un vain mot ! Adaptable, rapide comme l'éclair, curieuse, détestant les habitudes, elle vit avec aisance et habileté, sans être toujours consciente des dangers. Malgré son pouvoir de séduction, elle n'est pas vraiment féminine dans l'âme. Énergique, directive, assez égocentrique et pressée en tout, elle veut avoir la première place dans la vie. Elle tend à penser que « la valeur n'attend pas le nombre des années »... Effronterie, dynamisme et sens des opportunités sont ses atouts. Elle a les défauts de ses qualités : impatience, instabilité, agressivité, parfois manque de discernement et de nuances. Ainsi, elle refuse l'autorité établie et est extrémiste. Son existence est assez peu linéaire, marquée, de-ci, de-là, d'incidents ou de changements. Elle aime vivre vite, aussi, attention sur la route ! Malgré tout, la chance lui sourit le plus souvent.

Enfant, plutôt qu'un ange, c'est un petit diable sans cesse en mouvement (surtout si née un 3, 5, 12, 14, 21, 23, 30). Son besoin d'action est considérable, aussi faut-il prévoir à son programme sport et activités de plein air. Plutôt garçon manqué, elle préférera jouer au train électrique plutôt qu'à la poupée. L'information sexuelle devra être donnée de très bonne heure, car Angélique est précoce en tout ! Il est nécessaire de l'éduquer fermement, de lui imposer certaines limites, mais agissez avec doigté car, colérique, elle peut très bien se révolter.

QU'AIME-T-ELLE ?

Le mouvement, les voyages, l'aventure ou les aventures, les conquêtes, les risques ont l'heur de lui plaire. Le 46, son nombre actif, la porte aux réalisations professionnelles. Provocante et libertine, elle décourage plus d'un prétendant. Sa vie amoureuse est passionnée, orageuse et ses coups de foudre ont souvent des dénouements brusques ! Elle aime séduire, conquérir, papillonner, souvent tout simplement pour se donner l'impression d'exister et d'être reconnue comme une femme brillante et attirante.

QUE FAIT-ELLE ?

Indépendante dans l'âme, elle est attirée par des professions où elle n'aura pas à subir les ordres d'un supérieur hiérarchique et où elle préservera son autonomie. Il lui faut sans cesse combattre la monotonie, car elle aime le mouvement. Elle s'orientera vers une profession libérale (surtout si née un 1, 10, 19, 28, ou en janvier, en octobre, ou encore si son chemin de vie est 1), vers les activités liées aux voyages, à la vente, à la publicité ou au commerce, vers les métiers liés aux activités physiques ou au sport. Si elle est fonctionnaire, elle changera fréquemment de poste et choisira de préférence le secteur des transports et du tourisme.

ANNE, ANNIE, JACINTHE et SANDIE

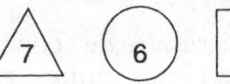

AUDE-CLAIRE, BAPTISTINE, BATHILDE, BÉATRIX, BÉRÉNICE, BLANDINE, CHARLINE, CHRISTIANE, FRANCINE, GRACE, LÉNITA, PEARL, SAVINE, SÉVERINE, TIFFANIE, WILHELMINA, YOANNA

QUI SONT-ELLES ?

Fières et racées, ces femmes en imposent par la distance qu'elles mettent entre elles et les autres. Cela est souvent pris pour de la froideur ou de l'orgueil, mais ne s'agit-il pas plutôt pour elles avant tout de se préserver ? En effet, elles sont inquiètes, méfiantes, introverties et demeurent secrètes et réservées, d'où ce côté énigmatique qui leur sied si bien... Curieuses et intuitives, elles sont particulièrement perspicaces, possèdent une vision fine des êtres et des choses, sont plus habiles à percevoir et à deviner les autres qu'à se faire comprendre par eux. D'ailleurs, ne préfèrent-elles pas tirer les ficelles en étant celles qui manipulent, décident et agissent ? Volontaires, et autoritaires, elles manquent de souplesse et de tolérance, et imposent d'une certaine manière leurs vues et leurs idées, puisque de toute façon elles sont les meilleures... Peu sociables, égocentriques, elles sont sélectives et préfèrent rester seules plutôt que d'être mal accompagnées. Elles se sentent souvent différentes des autres, plus ou moins originales, voire marginales, et ne suivent pas toujours des voies traditionnelles. Elles sont aussi courageuses, actives et dynamiques tout en restant réfléchies et prudentes. Tout passe par le crible de leur raison et sans doute manquent-elles de spontanéité. Leurs choix sont guidés par leurs affinités spirituelles ou intellectuelles. Elles peuvent manifester une tendance au scepticisme et arborer un sourire ironique au coin des lèvres, mais peuvent à l'inverse se passionner pour le mysticisme ou l'irrationnel, domaines d'investigation dans lesquels elles peuvent exceller.

Enfants, ce sont des fillettes sages comme des images, sauvages, craintives et disciplinées. Elles sont fortement déterminées par leur milieu familial qui laisse une empreinte importante sur leur destin. Elles ont besoin d'amour, mais sans trop de manifestations extérieures. Si l'environnement familial n'est pas harmonieux ou sécurisant, elles s'échapperont vite, à moins qu'elles ne se replient complètement dans un certain mutisme. Il serait bon de développer leur sociabilité et de favoriser une activité artistique.

QU'AIMENT-ELLES ?

Elles recherchent l'harmonie, la tranquillité ainsi qu'une certaine authenticité. Éprises de perfection, elles sont souvent méticuleuses ou même maniaques, et supportent mal la médiocrité et la vulgarité. Elles apprécient le travail bien fait et sont les premières à recommencer si le résultat n'est pas parfait. Elles possèdent en outre l'instinct de la qualité. Sensibles à l'esthétique, elles ne sont indifférentes ni à l'art ni au confort.

La vie sentimentale est importante à leurs yeux, trop importante sans doute, car elles ne pardonnent rien à l'élu de leur cœur qui devra être parfait. Voilà pourquoi la solitude leur est un climat familier... mais n'y seraient-elles pas pour quelque chose ?

QUE FONT-ELLES ?

Elles peuvent rejoindre une entreprise familiale. Sinon, elles seront tentées par les professions artistiques ou esthétiques, celles en liaison avec la restauration, la cuisine, les commerces alimentaires, l'hygiène, la précision..., en rapport avec la mode, les activités d'avant-garde ou les dernières techniques nouvelles, des professions libérales en liaison avec la psychologie ou l'ésotérisme, le domaine médical ou paramédical...

ANNE-CATHERINE, SANDY et AUGUSTA

AMARANTHE, ANNY, DULCIE, JAY, JOHANNA, LÉOCADIE, MARIE-ANGÈLE, MARIE-GABRIELLE, PAOLA, PATSY, ROSARIA, SUE, TIFFANY

QUI SONT-ELLES ?

L'association de prénoms chez Anne-Catherine n'est pas des plus heureuses puisque avec Anne (= 16 = 7) nous avons une nature cérébrale se méfiant de la sensibilité et avec Catherine (= 47 = 11 = 2), nous sommes en pleine sentimentalité. Ce mélange de vibrations contraires peut concourir à faire d'Anne-Catherine une femme « double », susceptible d'évoluer parfois brusquement d'une tendance à une autre.

Cette double facette se retrouve aussi chez Sandy et Augusta. Toutes trois ont une allure altière et décidée, due à l'association du 1, du A et du 8. Elles sont actives, profondément indépendantes, volontaires, courageuses et autoritaires. Serait-ce pour se protéger de leur grande sensibilité ? Certainement !... Car sous ce vernis extérieur se cachent des femmes particulièrement humaines et vulnérables. Facilement blessées par la vie, elles se replient sur elles-mêmes, et se réfugient derrière une cuirasse de dureté. Elles sont aussi très concernées par leur propre personne et peuvent se montrer égocentriques, fières, arrogantes. Pourtant, elles seront toujours présentes si vous avez besoin d'elles. Ce mélange d'égocentrisme et d'altruisme, de force et de fragilité, d'individualisme et d'esprit communautaire peut paraître déroutant à première vue et même se traduire par un comportement paradoxal. Ainsi peuvent-elles faire partie d'associations à vocation humanitaire et avoir parallèlement de basses préoccupations matérielles, se montrer généreuses, intuitives, réceptives et fortement concernées par l'autre, puis brusquement fermées, brutales, coléreuses ou agressives.

Voilà pourquoi, lorsqu'elles sont enfants, il est bon de les faire participer à des activités de groupe qui permettent de développer leur sens de la solidarité tout en laissant s'exprimer leurs penchants à l'autonomie et à la prise en charge personnelle. Elles préféreront les jeux de leurs frères, les exercices physiques et l'aventure qui, loin de les effaroucher, les fascine…

QU'AIMENT-ELLES ?

Leur réalisation personnelle, professionnelle et surtout matérielle est importante pour elles, car elles sont sensibles à ce qui est beau, cher et de qualité.

Côté cœur, elles sont droites, honnêtes, franches et autoritaires, mais aussi dévouées et aimantes. Leur compagnon devra être vigilant car, au moindre faux pas, elles montreront leurs griffes et, une fois la méfiance installée, l'admiration et la confiance qu'elles ont pour lui s'envoleront… avec leur amour.

QUE FONT-ELLES ?

Assez individualistes, elles peuvent être tentées par les professions libérales, elles peuvent aussi entrer dans l'Administration où elles seront susceptibles d'occuper un poste de cadre. Le côté lucratif de la profession les sensibilise également. Ainsi nous pourrons noter les inclinations suivantes : professions liées à l'autorité (police, armée, justice…), professions en rapport avec la finance, la gestion, les mathématiques, la physique ou l'industrie…, professions en rapport avec les voyages ou l'étranger, ou en rapport avec l'enseignement, l'audiovisuel, la médecine.

ANNE-CHARLOTTE   1   9   1

MARIE-FRANÇOISE, MATHURINE, SUZANNE

QUI EST-ELLE ?

Anne-Charlotte est une femme altière, racée et raffinée, qui tend à en imposer. Indépendance, volonté, vitalité et énergie lui servent à affirmer ses penchants sans trop de difficultés. Fière, voire orgueilleuse, Anne-Charlotte a besoin d'être admirée et est soucieuse de l'opinion d'autrui. Sa susceptibilité est grande. Idéaliste, elle recherche la perfection. Elle est active, possède du savoir-faire et se révèle capable de prendre des responsabilités et de les assumer. Le sens de l'organisation est d'ailleurs l'un de ses talents. De caractère passionné, elle est extrémiste et ses colères peuvent être violentes. Elle est en fait tout d'une pièce, très marquée par le nombre 1 et la lettre A, ce qui ne donne pas de demi-mesures à cette personnalité. Mais il ne faut pas se fier aux apparences, elle se respecte et se fait respecter, ce qui n'est en aucun cas critiquable. Au fond d'elle-même, elle est extrêmement altruiste, très concernée par les autres, par les valeurs humaines en général. Pour être efficace dans les rapports avec autrui, ne vaut-il pas mieux en imposer par une assurance inébranlable, que de sombrer dans la mièvrerie et la sensibilité maladive ?

Enfant, Anne-Charlotte est charmante, sensible, affectueuse et soucieuse de faire plaisir à ses parents. Possessive, un peu égocentrique, jalouse, elle est aussi capable de dévouement. Elle peut se montrer rêveuse, dans la lune. Aussi aura-t-elle souvent une activité artistique. Les activités de groupe lui sont favorables et développent sa fibre altruiste.

QU'AIME-T-ELLE ?

Sensibilité, émotivité et humanisme la conduisent à apprécier les mouvements sociaux et communautaires. Le contact avec le public l'attire considérablement. Les voyages, l'étranger, les mystères, les arts, la religion et tout le monde de l'étrange l'intéressent.

Côté cœur, c'est une sentimentale, une âme romanesque, dont les idéaux sont élevés et qui, bien que désireuse de vivre une vie professionnelle ou indépendante, ne rêve pas moins « d'une chaumière et d'un cœur ».

QUE FAIT-ELLE ?

Compte tenu de ses nombreux intérêts et de ses capacités, elle peut envisager de multiples activités professionnelles : professions libérales médicales ou paramédicales, ou à caractère social, surtout si elle est née un 1, 10, 19, 28 ou si elle possède un chemin de vie 1, professions liées à l'Administration (la Sécurité sociale par exemple), professions artistiques, surtout si elle née un 6, 15, 24 ou possède un chemin de vie 6, professions liées au droit ou aux voyages, surtout si elle née un 9, 18, 27 ou possède un chemin de vie 9.

ANNE-LAURE   1   22/4

CLÉMENTINE, ERNESTINE, FÉLICIENNE, HEDWINA, LAURE-ANNE, LAURIE-ANNE, TIPHANIE

QUI EST-ELLE ?

Anne-Laure est un prénom double, composé par Anne (= 16 = 7) et Laure (= 21 = 3) qui ont tous deux des vibrations différentes, ce qui peut d'ailleurs entraîner un certain malaise intérieur. En effet, le premier prénom porte à l'introversion, à la solitude, à l'analyse et à la cérébralité, voire à l'intellectualité, et s'exprimera jusqu'à l'âge de 16 ans, alors que le second la portera plus à l'extraversion et à la communication... Après 16 ans, elle pourra connaître une rupture de vie, voire de mentalité. Quoi qu'il en soit, nous sommes en présence d'une personnalité brillante, plutôt introvertie et solitaire, qui vise les premières places dans la vie. Aussi est-elle disciplinée, travailleuse, stable, patiente, volontaire, et originale. Une intelligence parfois au-dessus de la moyenne et un esprit plutôt mathématique lui permettront d'accéder à des réalisations d'envergure (maître nombre 22). Si elle a beaucoup de qualités, elle n'en est pas moins pourvue de défauts : rigidité, entêtement, obstination (parfois même fanatisme), fierté, orgueil, intolérance.

Enfant, elle est attachée à sa famille et à son foyer. Désireuse de bien faire, sérieuse et méticuleuse au point d'en être même maniaque, elle tend à s'occuper un peu trop des affaires des autres, pensant en cela être parfaite. Il est vrai qu'on peut lui faire confiance de bonne heure, car sa maturité est précoce. On peut même se poser la question de savoir si elle a jamais connu l'âge de l'insouciance...

Attention de ne pas pousser cette enfant à devenir prétentieuse en la considérant comme la huitième merveille du monde...

QU'AIME-T-ELLE ?
Éprise d'équilibre et d'harmonie, elle aime la paix et n'est pas indifférente à l'esthétique et à l'art. Elle aime être adulée et admirée, aussi sera-t-elle gentille et serviable. Le 37, son nombre actif, la porte à vivre des amitiés solides et lui donne une certaine chance en amour. Heureusement pour elle car elle est aussi exigeante avec son compagnon qu'avec elle-même : il devra être beau, intelligent, d'un très bon niveau social et conquérir l'approbation de ses parents. En retour, Anne-Laure est fidèle, stable, bonne maîtresse de maison, mais peu démonstrative et communicative.

QUE FAIT-ELLE ?
Elle peut espérer s'élever toujours progressivement dans la vie, aussi n'est-elle pas opposée aux longues études. Elle peut envisager les situations à hautes responsabilités dans l'Administration (cadre, directrice...), ou la carrière politique... si elle vit son maître nombre 22. Elle peut aussi s'orienter vers les professions libérales, celles en liaison avec le domaine médical ou scientifique (mathématiques, gestion, économie, chimie, physique, diététique...), ou avec le domaine artistique, les activités ayant un rapport avec la terre pourront également lui convenir (écologie, archéologie, agroalimentaire).

ANNE-MARIE et ALEXANDRINE

 8   3   5

CASSANDRA, CONSTANTINE, ÉNORA, IRÈNE-ANDRÉE, JUDI, ORIANE, WENDY

QUI SONT-ELLES ?

Anne-Marie et Alexandrine ont un caractère passionné : affirmées et déterminées, non dépourvues de courage, de force, d'énergie et de combativité. Autoritaires et décidées, elles possèdent du magnétisme. Franches, directes, démonstratives, il peut leur arriver parfois de s'emporter lorsqu'elles sont en colère ou estiment que certaines limites ont été dépassées. Elles sont tout à la fois indépendantes, sociables, sympathiques, pétillantes, curieuses de tout, actives, mobiles, et plutôt ennemies de la routine. Souvent excessives, intolérantes et entières, elles peuvent être déroutantes, tout à la fois instables, versatiles ou désordonnées, et en même temps afficher certains principes rigides et stricts.

Enfants, elles sont indisciplinées, bavardes, colériques, intransigeantes, dirigistes, changeantes et plutôt mal organisées. Les exercices de plein air et le sport leur sont vraiment nécessaires pour dépenser leur trop-plein d'énergie. Il faudra donc adopter une attitude ferme tout en étant respectueux de leur indépendance et ne pas encourager leur tendance à tout commencer et à ne rien finir. Enfin, il serait judicieux de leur conférer le sens de l'argent très tôt.

QU'AIMENT-ELLES ?

Anne-Marie et Alexandrine aiment la société, où leur esprit vif et critique, leur art de la conversation et leur enthousiasme sont appréciés. Elles adorent le changement, la nouveauté, les voyages. Elles ne sont pas indifférentes au côté matériel de la vie et se montrent sensibles aux signes extérieurs de richesse, tout en étant elles-mêmes généreuses.

Sur le plan sentimental, elles ne sont ni douces ni souples. Indépendantes, elles sont intransigeantes sur certains points précis, notamment sur la fidélité, et peuvent se transformer en tigresses à la moindre incartade de leur compagnon. Jalouses, possessives, l'homme est un jouet entre leurs griffes…

QUE FONT-ELLES ?

Elles ont besoin d'exercer une activité professionnelle et seront plus particulièrement attirées par les domaines suivants : gestion, finance, banque… le secteur de la santé, des professions commerciales ou en rapport avec l'expression écrite ou orale.

ANNICK 7   6

BÉLISE, BETTE, CHANNING, CUNÉGONDE, HEDWIGE, HILDA, IRMGARD, NANNI, TRINIDAD

QUI EST-ELLE ?

Quelle femme énigmatique et mystérieuse ! D'apparence charmante, bien que réservée, voire distante, Annick ne manque pas de séduction. Raffinée, élégante, elle a l'instinct de la qualité et fera preuve d'un goût certain dans son habillement. Elle se montre particulièrement sélective dans ses choix, et préfère demeurer seule plutôt que d'être en compagnie indésirable. Pas toujours adaptable, Annick est une inquiète, facilement tourmentée voire angoissée, encline à se poser des questions et à se compliquer la vie. Cérébrale, introvertie, Annick ressent le besoin de s'isoler et de faire le point en se retirant dans sa tour d'ivoire. Sa sensibilité est forte bien que souvent refoulée, et elle semble beaucoup plus froide ou indifférente qu'elle ne l'est en réalité. Elle manque un peu de spontanéité et les démonstrations ne sont pas son fort. Mais si elle communique peu et mal, elle a en revanche une écoute fine et attentive : son sens de l'analyse est vif et son esprit critique. Susceptible, elle manie pourtant l'humour, bien que parfois dans un sens unique. Sceptique car méfiante et prudente, elle use fréquemment d'ironie, sinon de sarcasmes, s'appuyant parfois trop sur les démarches sensées de son jugement. Il peut toutefois arriver, avec le 7 karmique, qu'un jour elle se passionne pour l'étrange, le mystère et se tourne vers l'irrationnel ou la spiritualité.

Enfant, Annick est un peu sauvage, trop discrète, trop secrète et craintive. Perspicace et intuitive, elle ressent de bonne heure le tragique de la vie. Très sensible à l'harmonie familiale et à la paix, elle tend à fuir lorsqu'un désaccord surgit. Elle est également allergique à l'injustice, qui la met hors d'elle. Son adolescence est rêveuse, et incommensurable son jardin secret. La musique ou un violon d'Ingres artistique seront d'excellents dérivatifs.

QU'AIME-T-ELLE ?
Malgré sa timidité et sa réserve naturelle, Annick aime être regardée ou admirée et cultive l'originalité. Personnage à part (même si ce n'est pas toujours un choix volontaire), elle aime ce qui sort de l'ordinaire, la psychologie, la mode, l'avant-garde. Elle est aussi très concernée par elle-même et son ego, curieux mélange de narcissisme et de pudeur.

En amour, elle est déconcertante : tantôt elle fait un pas en avant, tantôt deux en arrière et se montre particulièrement difficile dans le choix de l'élu qui doit avoir beaucoup de qualités. Car elle est tout aussi sensible au physique qu'à l'intelligence, voire même au standing...

QUE FAIT-ELLE ?
Plusieurs types de professions auront l'heur de lui plaire. Elle pourra exercer une activité en rapport avec l'art, l'esthétique, la beauté, la mode, ou en rapport avec la justice, ou le domaine médical et paramédical. Le domaine de la psychologie et des sciences occultes pourra également l'intéresser.

ANTHONY 7   5   2

CHÉRI, ERICH, GERD, GLENN, JOSUÉ, WILHEM

QUI EST-IL ?

Froid, distant, secret, Anthony détient une certaine aura de mystère, et, de prime abord, il semble difficile de le comprendre... Il cache en fait sa sensibilité, sa timidité et son inquiétude perpétuelle derrière une cuirasse, qui le fait paraître dur ou même cynique, lui qui, le plus souvent, arbore un petit sourire sarcastique au coin des lèvres. Souvent paresseux (lorsqu'il n'a pas trouvé une motivation), nonchalant et lunatique, il peut pourtant, grâce à ses rêves, développer intuition et imagination. En définitive, il est plutôt contradictoire et deux influences opposées s'affrontent en lui : le 7, qui pourrait nous faire croire que nous sommes en présence d'un garçon cérébral et réfléchi (vibration accentuée s'il est né en juillet, ou un 7, 14, 25 ou possède un chemin de vie 7), et les nombres 2 et 5, facteurs d'instabilité et d'immaturité (surtout si le 2 et le 5 appartiennent à ses jours, mois de naissance ou chemin de vie). Cela se traduit par un caractère cyclothymique, changeant, avec un itinéraire contrasté, sur une toile de fond d'inadaptation et de nervosité intérieure. Il peut d'ailleurs lui arriver d'avoir le sentiment d'être à part. Son originalité sera aussi marginalité, et il sera susceptible de sombrer dans la révolte ou l'agressivité, liées souvent à un certain sentiment de persécution. Le nombre actif 34 nuit plutôt à son épanouissement personnel et serait plus facile à vivre si Anthony se tournait vers la spiritualité.

Enfant, il est difficile à saisir, sa mère l'influence facilement, et il a besoin, pour s'épanouir, d'un environnement affectueux et équilibré. Il vivrait très difficilement dans l'isolement ou un milieu parental désuni, ses réactions au monde deviendraient alors inadaptées. Il doit donc être entouré, stimulé. Vous devrez l'aider à prendre confiance en lui, car il doute de tout et, s'il fait un effort, ce sera pour vous faire plaisir...

QU'AIME-T-IL ?

Attiré par tout ce qui sort de l'ordinaire, ce qui est nouveau, la mode, l'avant-garde, Anthony est aussi quelqu'un qui risque de se disperser en voulant toucher à tout. Il aime trop le changement, l'aventure et les aventures pour ne se contenter que d'une seule direction. Il n'est pas à l'abri des risques, notamment en voiture, car la vitesse le grise.

Dans le domaine des sentiments, il agit en conquérant et ne veut pas trop s'impliquer pour se préserver d'éventuelles souffrances... Bien qu'affectif, il se montre aussi peu démonstratif que communicatif et sa vie sentimentale tend à la marginalité : la liberté lui est tout aussi nécessaire que l'oxygène ! Enfin, sa sexualité est forte mais souvent complexe.

QUE FAIT-IL ?

C'est souvent une voie nouvelle ou originale, et si possible sans contraintes, qu'il sera tenté d'emprunter. Ainsi plusieurs chemins s'ouvrent à lui, assez éloignés du fonctionnariat (sauf s'ils sont liés aux transports) : la mode, ou professions d'avant-garde en rapport avec les dernières techniques nouvelles (informatique...), tout ce qui a trait à la vente, à la publicité, aux voyages, aux sports, à la représentation... (chemin de vie 5 ou né un 5, 14, 23)..., les spécialités techniques (chemin de vie 7 ou né un 7, 16, 25), ou scientifiques et médicales, les professions associatives ou liées au conseil (surtout si né un 2, 11, 20, 29, ou en février ou en novembre, ou chemin de vie 2).

ANTONELLA △4 ◯4 ▢9

BLUETTE, FARLEY, LUCRÈCE

QUI EST-ELLE ?

D'apparence quelque peu flegmatique, Antonella est calme et réservée, parfois hautaine et distante. Assurément, elle est sérieuse et profonde, mais aussi timide, honnête, consciencieuse et pourvue de grandes qualités morales. Patiente, stable, disciplinée, volontaire et pondérée, Antonella est néanmoins inquiète, mal assurée. Elle doute de ses capacités et tend à se replier sur elle-même. Introvertie, elle ne craint pas la solitude et préférera toujours une relation unique privilégiée à plusieurs moins authentiques. Elle est éloignée du superficiel et de la dispersion, et ne s'attache véritablement qu'à ce qui est profond et réel. Si vous faites partie de ses amis, c'est qu'elle vous a jugé digne de l'être. Peu spontanée ni démonstrative, elle est pourtant hypersensible et émotive mais se cache derrière une façade de froideur. Sa grande maîtrise d'elle-même est la plupart du temps prise pour de l'indifférence. Elle a souvent l'impression de n'être pas vraiment comprise. Elle est fière et n'aime pas montrer sa vulnérabilité. Ainsi préférera-t-elle se débrouiller seule plutôt que de demander une aide quelconque aux autres. Rationnelle et pragmatique, Antonella s'appuie sur la raison, la logique et, s'il lui arrive parfois de rêver, elle redescend vite sur terre. Travailleuse, elle se montre perfectionniste, ordonnée, économe et sérieuse.

Enfant, elle est trop sage, responsable, et il peut lui arriver de s'oublier un peu pour se plier aux désirs ou aux volontés des parents. Elle a un grand sens du devoir, aussi n'est-il pas utile d'user d'autorité ou de contraintes qui créeraient des inhibitions chez cette nature déjà suffisamment scrupuleuse. Antonella gardera jalousement son jardin secret qu'il conviendra également de respecter. Si elle se montre une aînée responsable, ne lui demandez pas de se laisser envahir par ses frères et sœurs, elle tient à sa chambre, à ses livres et à ses objets comme à la prunelle de ses yeux.

QU'AIME-T-ELLE ?

Proche de la nature, Antonella aime la simplicité et déteste les artifices. Elle recherchera avant tout la sécurité, peu importe si la routine ou la monotonie s'installent dans son existence. Elle apprécie de vivre à la campagne, loin du monde et du bruit, avec des joies simples. La présence des animaux la réjouit et elle aime flâner dans son jardin ou rester en contemplation devant un bouton de rose...

La vie sentimentale n'est pas toujours facile chez cette femme trop réservée : la spontanéité n'est pas son fort, ni les démonstrations exubérantes. Elle est solide, stable et d'une fidélité à toute épreuve. Elle choisira son compagnon en fonction de ses valeurs morales. Antonella est une femme à principes.

QUE FAIT-ELLE ?

Antonella sera attirée par les professions médicales, paramédicales, ou à caractère social, en rapport avec le droit, la justice, la magistrature... Mais elle a également besoin de sécurité et ne sera pas indifférente aux professions sûres, dans l'Administration par exemple. Elle sera également intéressée par les professions en rapport avec la terre, les fleurs, les animaux, et celles qui exigent de l'ordre, de la minutie ou de la précision.

ANTONIN et SOSTHÈNE

ADÉMAR, AMÉDÉE, ASMAËL, DIOCLÉTIEN, ÉSOPE, FABIO, GASTOLD, HOWARD, MOKTAR, NABOTH, PALTON, PARMÉNAS, PATRIZIO, PLATON, QUASIMODO, SAMAËL, SOMERSET

QUI SONT-ILS ?

Ce sont des hommes agréables qui dégagent une impression de force et un certain magnétisme. Ils apparaissent virils et forts, sûrs d'eux, alors qu'ils ne sont pas toujours à l'aise, mais plutôt d'un naturel inquiet et tourmenté. Beaucoup plus sensibles et vulnérables qu'ils n'en donnent l'air, ils cherchent à faire plaisir et à vivre en harmonie avec les êtres qui leur sont chers. Ils ont tendance à prendre des responsabilités dans la vie, que ce soit sur un plan familial ou professionnel. Courageux et ambitieux, ils sont actifs et entreprenants. Toutefois, avec la double influence du 7 et du 8, ils sont parfois partagés entre une tendance plutôt matérialiste qui les pousse à se réaliser sur un plan purement financier (accentuée s'ils sont nés un 8, 17, 26 ou s'ils possèdent un chemin de vie 8), et une autre tendance plus philosophique, plus scientifique ou plus mystique, qui les pousse à réfléchir, à chercher, à se poser des questions existentielles. Mais ces vibrations associées peuvent aussi les amener à s'intéresser à des sujets abstraits en même temps que concrets, et leur apporter ainsi une grande richesse d'âme. Ils sont bricoleurs, capables de réparer le circuit électrique de leur automobile et de se pencher, quelques heures après, sur un livre d'ésotérisme... Quoi qu'il en soit, Sosthène et Antonin ont à la fois besoin d'action et de réflexion et ils seront particulièrement attachés à leur foyer et à leur famille.

Enfants, ils oscilleront entre le calme et la tempête, entre l'ordinateur et le match de rugby et seront assez déconcertants de par leur caractère secret et introverti. Souvent timides, ils réagiront par un côté bourru et n'apprécieront guère les incursions dans leur jardin secret. Ils sont très réceptifs à leur environnement et sont très ébranlés en cas de mésentente familiale. Il conviendrait de développer leur sociabilité en les faisant participer à des activités de groupe.

QU'AIMENT-ILS ?

Ils apprécient le calme, la solitude, ainsi que la douce sécurité du foyer. Ils sont mal à l'aise dans les atmosphères bruyantes. Ce sont des êtres secrets, souvent énigmatiques, qui s'intéressent particulièrement à tout ce qui est original, bizarre, d'avant-garde. Aussi sont-ils perçus comme des personnages à part.

Peu communicatifs, ni véritablement démonstratifs, ils demeurent souvent incompris dans le domaine sentimental, ayant certaines difficultés à exprimer leurs émotions. Leur timidité et leur pudeur les rendent parfois brusques. Pourtant, lorsqu'ils sont épris, ce sont des hommes tendres et désireux de construire une famille.

QUE FONT-ILS ?

Si le 8 l'emporte (jour de naissance ou chemin de vie), ils seront tentés par les professions en rapport avec le pouvoir ou la finance (police, armée, banque, gestion…), les professions en rapport avec l'industrie, la métallurgie ou la mécanique, la technique. Si le 7 l'emporte, ils seront plus intéressés par les professions en rapport avec les techniques nouvelles (informatique, électronique), les spécialités (dentiste), l'eau (plombier)…, les professions médicales ou en liaison avec l'esthétique.

ARMAND, AMAND et STANISLAS

ACHAB, ANSELME, BATHIAS, CÉSARE, CÉSAIRE, CHARLES-EMMANUEL, CLÉANTE, DEVON, ENZO, FABIAN, GALILÉE, HENRI-VICTOR, ISAAC, JOËL, MAXIMILIAN, MUGUET, OMER, OVE, URSULE, VICTOR-HENRI

QUI SONT-ILS ?

Ils respirent le calme, la tranquillité, l'harmonie. Leurs qualités de sérieux, de conscience quant à leurs responsabilités tant professionnelles que familiales les sécurisent et font qu'ils sont appréciés. Ils sont animés par un souci de plaire et de faire plaisir. Le 6 karmique peut leur donner tendance à se sentir des obligations et des contraintes, notamment sur le plan familial. La plupart du temps ils ont une nature scrupuleuse, à moins qu'ils ne prennent, plus rarement, le chemin inverse, en fuyant leurs responsabilités et en recherchant une prise en charge. En effet, leur nombre d'extériorité 22 les pousse à viser très haut et à vouloir construire à grande échelle, aidés en cela par une grande puissance de travail (surtout s'ils sont nés un 22 ou possèdent un chemin de vie 22). Si ces grandes ambitions ne sont pas envisageables, ils vivront sur les vibrations du 4, plus faciles et tellement plus sécurisantes, comportant stabilité, sérieux, rationalité, fidélité, routine, réflexion, franchise, entêtement, perfectionnisme, voire pointillisme...

Enfants, ils sont en général sages comme des images... lorsqu'ils ont choisi le chemin de la maturité. Aussi donnez-leur très vite des responsabilités importantes ainsi que la conscience du travail, même si, les sachant hypersensibles et inquiets, vous auriez envie de les protéger. S'ils vivent le 22, ils peuvent être extravagants, avec des idées originales, un esprit inventif, créatif ou précurseur... Mais cela peut aussi se traduire par des troubles nerveux importants.

QU'AIMENT-ILS ?

Ils aiment la compagnie, sont partisans de la coopération, de l'association, des échanges et de la collaboration. La sphère affective est importante pour eux : ce sont des tendres, même s'ils extériorisent peu leurs sentiments. Ils possèdent également un sens solide de l'amitié. Intuitifs, imaginatifs, impressionnables, ils ont besoin de rêver, et montrent de temps à autre une certaine nonchalance.

Sentimentalement, ils recherchent l'âme sœur et se montrent conciliants, souples, dépendants, naïfs et influençables.

QUE FONT-ILS ?

Ils peuvent avoir beaucoup de changements dans leur existence, même s'ils sont en quête de stabilité. C'est leur ambition qui les pousse, celle-ci n'étant pas forcément liée au domaine matériel. Ainsi noterons-nous les carrières suivantes : cadre supérieur, agent du gouvernement, médiateur, humaniste, conseiller, politicien, astrologue, directeur d'affaires internationales... si, bien sûr, la vie leur permet de vivre leur maître nombre 22. Ou sinon : professions scientifiques ou liées à la terre, à la nature, aux animaux (écologue, mineur, horticulteur, agriculteur, herboriste, ingénieur, physicien...), professions artistiques, ou en liaison avec le goût (restauration, gastronomie...) ou l'esthétique.

ARTHUR et **ANATOLE** | 1 |

AHTUR, ALEXANDROS, ÉPICURE, EUCLIDE, JOHNNY, SALVATORE, WAYNE, WULFRAN

QUI SONT-ILS ?

Sociables, curieux et indépendants, tels sont leurs caractères épris de liberté. Doués pour les contacts ou les négociations, Arthur et Anatole ont de réelles facultés d'adaptation, ce qui leur donne le goût des voyages, l'envie de prendre parfois des risques ainsi que de se remettre en question fréquemment. Ils sont rétifs aux contraintes et, vifs et pressés, ils apprécient que tout aille très vite. Mais ce sont aussi des inquiets qui ont les nerfs à fleur de peau et ont besoin de canaliser leur trop-plein de nervosité par une importante mobilité ou la diversification de leurs intérêts. Ils sont convaincus que l'ennui naît de l'uniformité... Énergiques et volontaires, ils sont soucieux de leur image de marque et soignent leur apparence, leurs attitudes, leurs gestes, afin d'être regardés et admirés. Distingués et séduisants, ils ne manquent pas de charme (même si parfois ils n'en ont pas toujours conscience) et se révèlent souvent créatifs. Ils possèdent une bonne vitalité. Leur rendement professionnel est important, même si leur rythme d'action est inégal. Ils détiennent des dons d'organisation et sont plus aptes à commander qu'à exécuter. Orgueilleux, il leur arrive de se montrer cassants. Peu patients et intolérants, ils connaissent des accès de colère et d'emportement où ils peuvent dépasser certaines mesures, bien qu'ils sachent de la même manière afficher une grande maîtrise d'eux-mêmes, notamment en public...

Enfants, ils sont un peu trop dispersés (surtout s'ils sont nés un 5, 14, 23, en mai, ou s'ils possèdent un chemin de vie 5). Pourtant, ils sont aussi capables de sérieux et de rigueur (surtout nés un 4, 13, 22, 31, en avril, ou possédant un chemin de vie 4). La sécurité, le calme leur sont tout aussi nécessaires que l'activité, et le sport leur est conseillé. Pas toujours très disciplinés, ils ont besoin de s'affirmer et revendiquent l'autonomie : leur éducation doit néanmoins être ferme car ils seraient plus facilement tentés par le « principe de plaisir » que par celui « de réalité ».

QU'AIMENT-ILS ?

Leur fonds d'inquiétude et d'incertitude les pousse à rechercher la sécurité. Souvent proches de la nature, ils aiment la tranquillité, le calme, l'ordre, la ponctualité, même si leurs actes sont parfois en contradiction avec leurs principes. Ils aiment l'authenticité, le naturel et la simplicité.

En amour, ils privilégient la stabilité. Toutefois, sensuels, ils résistent difficilement aux tentations, et ils sont tellement sollicités !

QUE FONT-ILS ?

Selon que le 4 ou le 5 domine dans leurs nombres clés (jour ou mois de naissance ou chemin de vie), nous noterons deux grands types de professions : les professions demandant de grandes facultés d'adaptation, où l'action et le dynamisme sont importants, en liaison avec la vente, les voyages, la représentation, la vitesse, le sport, la créativité... (le 5), les professions en rapport avec les sciences exactes, la terre, les animaux, la nature, l'écologie, les mines, ainsi que les postes dans l'Administration (le 4). Toutefois, on peut penser aussi aux carrières libérales, à celles en rapport avec l'univers des formes et des couleurs (le luxe, l'art...).

ASTRID

ANOUK, AUBANE, EDWIGE, ELVIRE, ÉMILIE, FIONNUA, GINETTE, GISELINE, GRETCHEN, HELEN, JOSYANE, KARIN, LESLIE, MALAURIE, MARILOU, SAPHIR, VIRGINIA, ZÉLINE

QUI EST-ELLE ?

Astrid est loin d'avoir une personnalité quelconque, bien au contraire ! Dotée de qualités que l'on attribue plus volontiers aux hommes qu'aux femmes, Astrid est une femme énergique, autoritaire, et le courage ne lui fait pas défaut. Assez égocentrique, elle est avant tout concernée par elle-même et sa propre affirmation (deux lettres de valeur 1 débutent son prénom). Néanmoins, une petite note d'inquiétude et de doute subsiste au fond d'elle, qu'elle manifestera de différentes façons, en raison de l'influence du 1 et du 8. Ainsi, si elle se sent prise en défaut, elle peut extérioriser un côté méfiant, distant, un peu hautain, un sourire ironique au coin des lèvres, sur la défensive... Ou elle se renfermera sur elle-même, ou bien encore elle se montrera originale, voire excentrique, compensant cette influence de manière radicale. En fait, une nature apparente intériorisée, réfléchie, cérébrale, analytique (7) coexiste avec une tendance matérialiste, concrète (8), cette dualité pouvant lui conférer un caractère fort ! Cependant, ces deux influences sont karmiques, et Astrid peut être partagée en permanence entre ces deux orientations de vie. Ainsi chez l'une les préoccupations matérielles prédomineront, tandis que l'autre éprouvera un malaise quant à l'argent et s'orientera vers la spiritualité ou les abstractions... Quoi qu'il en soit, il s'agit d'une femme active, déterminée, rapide et impatiente, qui cherchera avant tout le pouvoir.

Enfant, elle peut avoir un caractère ombrageux. Plutôt dure et susceptible, elle est sujette aux colères. Assez jalouse, elle demande l'exclusivité. Néanmoins, elle sait assez ce qu'elle veut et parviendra, par son dynamisme, son sens de l'opportunité et son magnétisme personnel, à ses fins, d'autant que ce ne sont ni la souplesse ni la mollesse qui la caractérisent. Elle doit être éduquée avec fermeté et équité. Elle a besoin d'admirer ses parents, son père notamment, et ne supporte pas leurs faiblesses...

QU'AIME-T-ELLE ?

Son rêve, réalisable, est de rayonner, d'être un exemple pour les autres, de s'élever pour culminer vers les hauts sommets. Elle est prête à fournir les efforts nécessaires.

En amour, elle aura besoin d'admirer son compagnon et sera sensible à son statut social en premier lieu, ou tout au moins à son intelligence. Mais comme sa nature profonde est de dominer, il ne sera pas aisé pour elle d'admirer et de dominer à la fois le même homme !... Son nombre actif 26 va justement dans le sens d'efforts à fournir pour maintenir un équilibre somme toute fragile. Quoi qu'il en soit, elle n'a pas une vocation de femme au foyer : c'est une maîtresse femme !...

QUE FAIT-ELLE ?

Astrid peut être attirée par des professions liées au monde des affaires (gestion, finance, banque...), des activités libérales ou indépendantes, des professions en rapport avec une notion de pouvoir (police...) ou d'action (sport), ou à caractère ésotérique ou parapsychologique, ou encore des professions d'avant-garde ou très spécialisées.

AUDE △4 ◯9 □4

CORYNNE, MARIE-CHARLOTTE

QUI EST-ELLE ?

D'apparence quelque peu flegmatique, Aude est calme et réservée, parfois hautaine et distante. Assurément, elle est sérieuse et profonde, mais aussi timide, honnête et consciencieuse. Elle possède de grandes qualités morales. Patiente, stable, disciplinée, volontaire et pondérée, Aude est néanmoins une femme inquiète, mal assurée. Elle doute de ses capacités et tend à se replier sur elle-même. Introvertie, elle ne craint pas la solitude et préférera toujours une relation unique et privilégiée à plusieurs moins authentiques. Elle est éloignée du superficiel et de la dispersion, et ne s'attache véritablement qu'à ce qui est profond et réel. Si vous faites partie de ses amis, c'est qu'elle vous en a jugé digne. Peu spontanée ni démonstrative, elle est pourtant hypersensible et émotive mais se barricade derrière une façade de froideur. Sa grande maîtrise d'elle-même est souvent prise pour de l'insensibilité. Aussi a-t-elle l'impression de n'être pas vraiment comprise. Elle est fière et n'aime pas montrer sa vulnérabilité. Elle préférera agir seule plutôt que de demander une quelconque aide aux autres. Rationnelle et pragmatique, Aude a les pieds sur terre et s'appuie sur la raison, la logique. Travailleuse, elle se montre perfectionniste, ordonnée, économe et sérieuse.

Enfant, elle est souvent trop sage, responsable, et il peut lui arriver de trop se plier aux désirs ou aux volontés de ses parents. Elle a le sens du devoir, aussi n'est-il pas utile d'user d'autorité ou de contraintes qui auraient un effet inhibiteur chez cette nature déjà suffisamment scrupuleuse. Aude gardera jalousement son jardin secret qu'il conviendra également de respecter. Si elle se montre une aînée responsable, ne lui imposez pas de se laisser envahir par ses frères et sœurs, elle tient à sa chambre, à ses livres et à ses objets comme à la prunelle de ses yeux.

QU'AIME-T-ELLE ?

Proche de la nature, Aude aime la simplicité, le naturel et déteste les artifices. Elle a aussi l'âme romantique, des aspirations humanitaires et un rêve de partage, d'osmose ou de symbiose avec les êtres qu'elle aime. Elle a un esprit charitable et sensitif qui la sensibilise à la religion, à la poésie, à la musique, au merveilleux, au lointain, aux voyages...

Ainsi, sentimentalement, sera-t-elle partagée entre sa tendance idéaliste, romantique et parfois même utopiste, et son réalisme ainsi que sa lucidité qui lui font entrevoir, brutalement parfois, qu'elle était dans l'erreur... Il n'est pas impossible non plus qu'elle connaisse des amours plus platoniques, qui lui permettront de vivre en phantasmes ce qu'elle ne peut réaliser concrètement, la sexualité n'ayant pas une valeur primordiale à ses yeux.

QUE FAIT-ELLE ?

Aude sera comblée si elle a le sentiment que sa vie a un sens. Aussi sera-t-elle particulièrement attirée par les professions médicales, paramédicales, en rapport avec le droit, la justice, la magistrature... Mais elle a également besoin de sécurité et ne sera pas indifférente aux professions sûres, dans l'Administration (par exemple la D.D.A.S.S., la Sécurité sociale ou la S.N.C.F.). Elle sera également intéressée par les professions en rapport avec la terre, les fleurs, les animaux, et celles qui exigent de l'ordre, de la minutie ou de la précision (couture, restauration...).

AUGUSTE 22/4 3 1

CLYDE, JERY, TEDDY

QUI EST-IL ?

Avec un maître nombre à la clé de son nombre actif, tous les espoirs sont permis pour Auguste qui se doit de vivre à la hauteur des vibrations du 22. Il alliera alors maîtrise de soi, créativité intense et une puissance de travail exceptionnelle.

Déjà, Auguste en impose par son apparence digne, qui dégage une impression d'énergie, de volonté et de contrôle de soi. Mais il peut arriver aussi que ses nerfs lâchent et qu'il explose, notamment avec ses intimes auxquels il réserve son mauvais côté, tyrannique et coléreux, alors qu'habituellement il cherche à briller et à en imposer aux autres... S'il arrive à bien exploiter les vibrations du 22, Auguste montrera un esprit constructif et désirera bâtir à grande échelle, qu'il s'inscrive dans une optique artistique ou une perspective politique ou matérielle d'envergure. Il est évident que ces influences ne sont pas de tout repos, induisent un climat de hautes tensions intérieures, et nécessitent efforts, discipline, opiniâtreté, persévérance et confiance en soi. Aussi est-il fréquent, surtout si le milieu familial ou socioculturel ne l'épaule pas, qu'il se contente des influences du 4, octave inférieure au 22, plus facile à vivre. Il fera preuve alors d'un grand besoin de sécurité et de stabilité. Inquiet et empli de doutes, il avancera dans la vie lentement mais sûrement. Discipline et sens du devoir le caractériseront, ainsi que de solides capacités d'ordre et d'organisation. Car il a un esprit pratique et méthodique.

Enfant, c'est un garçon brillant et communicatif qui possède déjà une certaine présence. Ses ambitions sont affirmées, mais il est parfois partagé entre son côté ludique et rieur (qui l'emporte s'il est né un 3, 12, 21, 30, en mars, ou possède un chemin de vie 3) et son côté studieux et travailleur (qui l'emporte s'il est né un 4, 13, 22, 31, en avril, ou s'il possède un chemin de vie 4), les deux tendances s'harmonisant bien au travers d'une créativité.

QU'AIME-T-IL ?

Il aime la société, les plaisirs, le contact avec les autres, rire, s'amuser, communiquer et s'exprimer. Il est réceptif à la beauté, à l'art, et est souvent un esthète. Amoureux des plaisirs, épicurien, Auguste est souvent un séducteur qui possède une grande sensualité.

En amour, il a besoin d'être admiré et il n'est d'ailleurs pas dépourvu de vanité, noblesse oblige. Il a également besoin d'admirer sa partenaire qu'il aimera exhiber à son bras : ne serait-elle pour lui qu'un bel objet le mettant en valeur ?

QUE FAIT-IL ?

S'il vit à la hauteur du maître nombre 22, son destin professionnel peut être exceptionnel et connaître un rayonnement au-delà des frontières de son pays. Auguste est capable de bâtir un empire ! Ainsi observera-t-on les possibilités suivantes : ingénieur, géologue, architecte, peintre, sculpteur, écologue, politicien... Si c'est le 4 qui l'emporte, nous noterons ces mêmes tendances à un niveau plus restreint : professions créatives, professions scientifiques liées à l'enseignement, ou en rapport avec la terre (agriculteur, mineur, potier) ou avec la précision, professions indépendantes ou de cadres dans l'Administration, activités liées aux chiffres : finance, comptabilité, gestion.

BARBARA 7 3 22/4

APPOLINE, ARANTXA, KASSANDRA, PÉNÉLOPE, ROBERTA, ROSALINDE, SIGOURNEY

QUI EST-ELLE ?

Barbara est affective, souvent déconcertante car elle est assez secrète et introvertie (association du 7 et du 22/4). Cela ne l'empêche nullement, lorsqu'elle est en confiance ou dans une atmosphère favorable, de communiquer avec aisance et entrain. Ainsi, tour à tour, pourra-t-on la voir solitaire et sauvage, fuyant le monde et se repliant dans sa tour d'ivoire, puis, poussée par sa curiosité ou stimulée par son environnement, s'ouvrir et rechercher la communication.

Quoi qu'il en soit, c'est une personne à part, mystérieuse et inaccessible, et il est difficile de la comprendre ou même de l'aborder. D'une intelligence éclectique, elle fait montre tout à la fois d'un esprit critique voire cynique, et d'une fascination pour l'irrationnel, l'hétérodoxe, l'étrange... Son originalité la fait se démarquer des autres avec plus ou moins de bonheur, surtout dans l'enfance où elle vivra plutôt sa différence comme une marginalité et risquera de renforcer son inhibition et de développer sa susceptibilité, voire même un certain sentiment d'infériorité.

Le plus souvent, son enfance n'est pas aisée car ses parents peuvent facilement ignorer sa personnalité profonde. Ils devront favoriser son don pour la parole, les langues et la communication, qui ne demande qu'à être exploité. Au vu de la complexité de cette enfant, on pourrait distinguer deux personnages apparemment antinomiques : Barbara dispersée, à la parole facile, bavarde, les nerfs à fleur de peau (surtout si elle est née un 3, 12, 21 et 30) et Barbara repliée, cérébrale, intellectuelle, enfermée dans son mutisme (surtout si elle est née un 4, 7, 13, 16, 22, 25 ou 31)...

Il peut exister ainsi une certaine tendance cyclothymique, avec des périodes de hauts (sociabilité, enthousiasme, communication intense, optimisme, ferveur...) et de bas (misanthropie, scepticisme, mutisme, pessimisme, voire dépression).

QU'AIME-T-ELLE ?

Échanger, communiquer, s'exprimer de différentes manières (artistiques, créatrices ou orales) sont des façons pour elle de s'épanouir. Elle a besoin d'écrire, de parler, de chanter. Par ailleurs, c'est par la curiosité (son pire défaut comme sa plus belle qualité) qu'elle progresse dans la vie, ainsi que par les rencontres et les échanges. Attirée par le merveilleux, elle peut s'intéresser, de près ou de loin, à l'ésotérisme, au mysticisme ou à la parapsychologie.

Sa vie sentimentale n'est pas simple car elle livre peu ses secrets intimes, bien que ce soit une bavarde ! Elle préférera être devinée et aura ainsi des déceptions, se sentant au fond d'elle-même incomprise. Elle sera plus attirée par un compagnon brillant intellectuellement que par son compte en banque, le domaine matériel étant pour elle secondaire, sinon indifférent.

QUE FAIT-ELLE ?

Deux types d'orientations opposées peuvent coexister selon que le 4 et 7 l'emportent par rapport au 3 : professions où la recherche, l'analyse, l'art du diagnostic et les techniques modernes sont demandés, professions où s'exprimer, communiquer, convaincre sont des talents essentiels : vente, représentation, relations publiques…, à moins qu'un véritable talent ne la pousse vers une carrière artistique, comme le chant, la danse ou le théâtre…

BENOÎT

ABGAR, ADAMS, ALAIN-CLAUDE, AMAN, BENITO, CLAUDE-ALAIN, MELCHIOR, OLIVET, PHILÉMON, PIETRO, STELLIO, TOINET

QUI EST-IL ?

Quelle personnalité attachante possède Benoît, tout en délicatesse, sensibilité, émotivité et intuition ! C'est un cœur tendre, doté d'une grande timidité, qui tend à faire disparaître son ego au profit des autres. Imaginatif, ses rêveries sont à la hauteur de son maître nombre 11 et vont dans le sens de l'altruisme, de l'innovation et de l'utopie. Don Quichotte est son père spirituel ! Mais entre les phantasmes et la réalité, il y a un fossé que Benoît n'est pas toujours capable de franchir, et c'est alors le 2, octave inférieure, qui sera vécu sur un mode passif, nonchalant, voire paresseux, certes coopératif, mais relativement dépendant des autres. Attention également que, face aux dures réalités de la vie, il ne se réfugie pas dans les paradis artificiels... Une telle âme généreuse est rare : aussi est-il apprécié pour sa disponibilité, sa serviabilité et son sens de l'amitié.

Enfant, c'est un être délicat qu'il faut entourer d'affection mais également stimuler, encourager. Ses bulletins scolaires seront ponctués de « dans la lune », « distrait »... Il serait bon d'agir en le faisant revenir sur terre. Son pouvoir sensoriel ou émotionnel serait moins abstrait s'il se réalisait au travers d'un violon d'Ingres créatif, comme la musique par exemple. Par ailleurs, il s'épanouirait entièrement dans des activités de groupe qui combleraient ses aspirations fraternitaires et son sens de la solidarité. Il donnerait là le maximum de lui-même. Hors du groupe affectif, il est comme un poisson hors de l'eau... Son signe astrologique est d'ailleurs souvent Poissons, et Neptune est sa planète.

QU'AIME-T-IL ?

Il aime les autres, les amis, le public, la foule, tout en étant paradoxalement timide. Il est sensible à la tranquillité et à la paix, et pour cela est prêt au sacrifice, usant de diplomatie et de souplesse. Toutefois, lorsque le 11 domine (chemin de vie ou jour de naissance ou signe du Verseau), il peut se montrer, sous le coup d'une passion (sociale), impatient, brutal, voire fanatique, un peu comme si tout ce qui mettait obstacle à sa fougue était irrémédiablement proscrit.

Sentimentalement, c'est le chevalier servant qui connaît le langage des fleurs et l'âme féminine, si proche de la sienne. Il recherche la symbiose au sein du couple : l'union, la paternité sont pour lui des valeurs primordiales.

QUE FAIT-IL ?

Le 29 est son nombre actif et, s'il perturbe quelque peu la vie émotionnelle et porte aux excès (situations confuses ou bizarres), l'aspect créatif de ce nombre favorise la réussite. Par ailleurs, son ambition est de trouver un sens à sa vie, sans obtenir forcément des retombées financières. D'où les professions suivantes : artiste, décorateur, coiffeur, fleuriste, animateur, activités en liaison avec l'audiovisuel..., en rapport avec l'humain (médecine, droit, justice, conseil, parapsychologie, religion...), touchant de près ou de loin les voyages ou l'étranger, toutes celles lui permettant d'exercer son esprit novateur.

BERNARD △8 ◯6 ▢11/2

ALCIDES, CHARLES-GUSTAVE, CHRISTOPHORUS, CLOVIS, COLIN, DANTE, DUDLEY, FERNAND, GADE, GÉRARD, LANCE, LÉNAÏC, PAMPHILE, PIERRE-HENRI, ROB, ROSS, THÉSÉE, TIMON, WANDRILLE

QUI EST-IL ?

C'est un homme viril qui dégage une impression de force, d'autorité et n'est pas dépourvu d'un certain magnétisme. Avant tout réaliste et pratique, il a les pieds sur terre et possède une forte énergie lui permettant de concrétiser ses rêves. Peu influençable, il poursuit tranquillement son chemin en cherchant toujours à progresser, et pour cela il s'appuie sur une forte volonté et une puissance d'action importante, bien qu'irrégulière. C'est un être sensible dont le talon d'Achille est sans doute la vie affective malgré son apparence sévère. En rapport avec l'étymologie, Bernard signifiant « fort comme un ours », il apparaît ferme, intransigeant, parfois même brusque ou tranchant, alors qu'il ne fait que dissimuler sa sensibilité et sa tendresse. C'est un homme de devoir, qui n'a qu'une parole et sur lequel on peut compter. Direct, franc et honnête, il a même tendance à être trop scrupuleux et rigoureux (6 karmique) et c'est en cela qu'il n'est pas toujours facile à vivre. Autoritaire, il exige des autres ce qu'il s'impose à lui-même et il est loin d'être tolérant ! D'ailleurs, impatient et coléreux, il ne supporte pas les pertes de temps inutiles. Avec un maître nombre 11, il a souvent une grande inspiration qui le pousse à vivre avec intensité et à s'investir dans une passion réalisatrice. Mais cela le fait vivre dans un climat de tensions qui déchaîne chez lui des « explosions », des brusqueries et des accès de colère.

L'injustice le met hors de lui et le rend capable d'agressivité.

Enfant, c'est un garçon très attaché à sa famille et fortement marqué par elle, désireux de faire plaisir. Il est d'ailleurs très tôt responsable et ses parents savent qu'ils peuvent compter sur lui. Scrupuleux et perfectionniste, il a souvent tendance à trop disséquer les événements. Son esprit est analytique et il possède une très forte intuition. Sa mémoire est en général très bonne, ce qui lui sera utile s'il entreprend des études.

QU'AIME-T-IL ?

Bernard aime plaire et recherche avant tout la paix et l'harmonie. Épris de perfection, il est sensible à la beauté, à l'esthétique ou au confort. Il peut lui arriver d'être indécis ou perfectionniste, tant est développé son souci du détail. Cela peut se traduire tant par une recherche exacerbée de la précision, de la ponctualité, de l'hygiène, que par un certain narcissisme ou encore par une grande conscience professionnelle. Le sentiment est important dans sa vie, aussi est-il profondément attaché à sa famille ou à ses amours, parfois d'une façon possessive. En ce dernier domaine, il est entier, mais peut se montrer volontiers jaloux. En revanche, c'est quelqu'un de fidèle et de loyal.

QUE FAIT-IL ?

Plusieurs orientations sont susceptibles de lui convenir : celles en rapport avec le domaine médico-social, avec la prise en charge des autres ou le conseil…, celles liées au monde des affaires ou de la finance (gestion, comptabilité, activités bancaires…), celles en rapport avec le confort, l'immobilier, la cuisine, la gastronomie, l'esthétique, la précision…, celles en liaison avec le feu et le fer : pompier, emplois dans la métallurgie, boucher, chirurgien.

BRIGITTE 22/4

CHRISSIE, GWENN, LAURENNE

QUI EST-ELLE ?

Humaine, sociable, émotive et sensible, Brigitte est une femme féminine et charmante, désireuse de faire plaisir, sensitive, intuitive et rêveuse. C'est une idéaliste, qui peut être attirée par les grands mouvements sociaux, communautaires ou humanitaires, dans lesquels elle pourrait s'investir. Son besoin d'expériences personnelles est grand et, émue par une cause, elle est capable de mobiliser son courage et son énergie, ainsi que de faire des sacrifices.

En revanche, elle évite autant que possible les affrontements et, face aux coups du sort, se referme sur elle-même dans une sensibilité douloureuse. Bien qu'elle apparaisse parfois réservée ou fière, ce n'est qu'une apparence qui dissimule un manque de confiance en soi, une importante timidité et surtout une émotivité envahissante.

Deux tendances assez contradictoires coexistent au sein de sa personnalité : la première, en rapport avec le 5, peu conformiste, légère, mobile, curieuse, sensuelle, instable, ayant le goût des contacts et des aventures (accentuée si elle est née en mai, un 5, 14, 23, ou possède un chemin de vie 5) et l'autre, plus intériorisée, profonde, sérieuse, travailleuse, recherchant la sécurité et la tranquillité (accentuée si elle est née en avril, ou un 4, 13, 22, 31, ou possède un chemin de vie 4). Ces deux tendances peuvent coexister dans des domaines différents (elle pourra ainsi, par exemple, être très stable dans sa profession et instable dans sa vie affective) ou se succéder dans le temps. Elle peut parfois vivre son 4 en maître nombre 22 et vivre un destin hors du commun (chemin de vie 22 ou née le 22, ou encore année de naissance réduite à 2 chiffres = 22), qui s'accompagnera cependant de renoncements et de nervosité. Par ailleurs, ce sera une militante. Attention au fanatisme, à l'intransigeance, aux extravagances ou à l'aveuglement, souvent inséparables de cette haute vibration !

Enfant, son épanouissement est étroitement lié à son environnement affectif. Trouvez-lui un violon d'Ingres qui lui permette d'exprimer ses rêves, son romantisme et ses chimères. Ne la laissez pas être trop désordonnée et inculquez-lui très tôt ordre, discipline et travail, afin qu'elle puisse développer par la suite son maître nombre plus facilement.

QU'AIME-T-ELLE ?

Elle aime le changement, la diversité, les voyages. Elle est bohème et sa liberté est sacrée.

Éprise de divertissements, c'est aussi une épicurienne qui résiste difficilement à la tentation. Sentimentale, mais parfois ingénue libertine, elle est tout à la fois désireuse de se brûler aux feux de l'amour, mais aussi d'être sécurisée en fondant un foyer stable. Mais le Prince Charmant, viril, valeureux et généreux, n'existe le plus souvent que dans ses rêves, aussi les désillusions sont-elles fréquentes. En revanche, Brigitte allie la générosité à la fantaisie et saura aimer l'élu de son cœur… Mais n'attendez pas d'elle d'être une ménagère accomplie !

QUE FAIT-ELLE ?

Le choix professionnel n'est pas toujours aisé et souvent remis en question à cause du nombre actif 49 qui pousse à de nombreux changements, et est chargé de tensions émotionnelles intenses. Travailler n'est pas une fin en soi, mais s'il le faut, elle ira plutôt vers la vie d'artiste, la publicité, la mode, l'audiovisuel..., les voyages et l'étranger, les emplois temporaires ou en liaison avec les bars, les night-clubs, la nuit, le paramédical (infirmière) ou le médical, les carrières en rapport avec la nature, les animaux et la terre : c'est une écologiste dans l'âme !

BRUCE △22/4 ⬤8 ▢5

AARON, BUSTER, CRÉSUS, TRACY, ULISSE, VIJAY

QUI EST-IL ?

C'est une forte personnalité qui, sous des dehors de virilité, de brusquerie, d'autoritarisme ou de raideur, cache des trésors de sensibilité. On note chez lui un grand besoin d'action et de dépenses physiques : la mobilité et le changement font partie intégrante de sa vie. Chez lui, une tendance à la réflexion, à la pondération, au sens de l'organisation et à l'introversion (surtout s'il est né un 4, 13, 22 ou 31, ou en avril, ou encore si son chemin de vie est égal à 4/22) s'oppose à une tendance primaire d'impulsivité, d'impatience. Son côté « risque-tout » est particulièrement présent s'il est né un 5, 8, 14, 17, 23 ou 26. Bruce engrange des émotions, des sentiments (d'où des rancunes tenaces) pour exploser d'un seul coup au moment où on s'y attend le moins. Sa colère est alors comme la foudre et s'avère brusque et fugitive. De même, en ce qui concerne les finances, le verra-t-on mettre de côté, économiser patiemment pour soudainement dépenser sans compter... En société, il peut être un bavard intarissable lorsque le sujet l'intéresse ou bien quasi muet dans le cas contraire. C'est en fait un grand passionné.

Pour les parents, la vie ne sera pas de tout repos avec cet enfant : il sera bon de lui permettre de se dépenser physiquement, ce qui canalisera son agressivité. De même, incitez-le à parler, la communication n'étant pas, *a priori*, son fort. Plutôt possessif et jaloux de ses frères et sœurs, il faudra lui apprendre les bienfaits du partage. Apprenez-lui à gérer très tôt son argent de poche : il saura le faire fructifier.

QU'AIME-T-IL ?

Il aime le pouvoir, l'argent, l'amour, les possessions ainsi que les voyages, l'aventure et les conquêtes. Ses sentiments ne sont pas toujours raffinés : il ignore la psychologie féminine, et a horreur des complications. Assez tyrannique, il entend être le seigneur et maître, et demande qu'on l'admire, voire qu'on le vénère. La liberté est essentielle pour lui, mais il n'acceptera guère celle de sa compagne.

QUE FAIT-IL ?

S'il vit son maître nombre 22, il désirera s'élever dans les hautes sphères : un destin de bâtisseur s'offrira à lui et une vie de grande envergure, aussi bien matérielle que sociale, n'est pas à écarter. Mais tout cela ne peut se produire sans tension nerveuse excessive, aussi est-il souhaitable qu'il puisse s'accorder du répit de temps à autre. Il sera attiré par les professions suivantes : permettant d'exercer un pouvoir (politique, police, armée...), en rapport avec le domaine des affaires (finance, gestion, banque, comptabilité, économie...), dans le cadre de grandes entreprises nationales ou internationales, en rapport avec les changements et les voyages, en liaison avec les sciences physiques, en rapport avec la terre et la nature...

BRUNO

ARTEMUS, AUBLET, BAUTISTE, BIENVENUE, CHARLES-AUGUSTE, CHICK, FRITZ, GRACIEUX, IORGU, JAUFRE, JÉROBOAM, LOUIS-EUGÈNE, MATTHIEU, MATYAS, MAURICE, MIC, MIKIS, MILOU, PHILIP, SYMPHORIEN, TADÉUS, THIEBAUD, TRINI, TYRONE, UGO

QUI EST-IL ?

C'est un garçon étrange et mystérieux, sans doute est-ce lié au fait qu'il est fortement introverti et secret, mais aussi parce qu'il possède un très grand empire sur lui-même. Timide et peu enclin à communiquer, c'est quelqu'un d'hypersensible et d'émotif qui se dissimule le plus souvent derrière une façade d'insensibilité et de distance. Cette attitude lui est sans doute plus confortable à vivre, mais ne lui permet pas de se sentir véritablement compris de son entourage, qui le qualifie un peu trop souvent d'indifférent. Il recherche la paix et la tranquillité, ce qui a chez lui un effet bénéfique puisque cela lui permet de réfléchir, de méditer et de verser de temps en temps dans l'introspection. En effet, Bruno est un « roseau pensant », plus cérébral ou intellectuel que véritablement actif ou matérialiste. Il a l'esprit critique et une certaine tendance au scepticisme, arborant parfois un petit sourire dubitatif ou ironique au coin des lèvres. Pourtant, s'il a l'esprit de géométrie, s'il est doué pour l'analyse et peut se révéler un scientifique convaincant et convaincu, il possède également l'esprit de finesse. Étant un homme d'écoute plus que de paroles, il peut, s'il va dans le sens de son 7 karmique et de son 9 karmique, s'ouvrir à la psychologie, à la parapsychologie ou à la spiritualité. D'ailleurs, chez lui, pas de demi-mesures : ou il est athée, voire virulent contre toutes formes de foi, ou il est un fervent croyant, parfois même capable de se montrer fanatique ou sectaire... C'est un nerveux, qui développe principalement une activité mentale, qui connaît la solitude et a souvent une approche originale de la vie : il est perçu comme quelqu'un d'à part. En fait, sa personnalité se réalise surtout à l'âge mûr et le plus souvent avec l'acquisition de la sagesse.

Enfant, Bruno est ce que l'on appelle un enfant sage. Trop sage parfois, inhibé et solitaire. Il préférera mille fois se réfugier dans un bon livre de science-fiction ou, mieux encore, derrière son ordinateur, pour ne pas affronter le monde réel, qui l'inquiète. Il serait donc nécessaire de le sociabiliser davantage, d'autant que c'est un tendre et un affectif, qui ne demande qu'à partager avec les autres. En revanche, il est très pudique et manifeste peu ses sentiments et ses émotions et se sent très mal à l'aise face à des démonstrations affectives intempestives... Vous pourriez le faire participer à des groupes de scoutisme ou à l'activité d'une compagnie théâtrale...

QU'AIME-T-IL ?

Tout en étant sauvage, Bruno a le sens de l'humain et c'est justement parce qu'il est si sensible qu'il tend à se protéger. Il est gentil et cherche souvent à aider les autres, même parfois avec maladresse, car ses idéaux sont élevés.

La vie sentimentale est importante pour lui et pourtant il se montre méfiant et prudent, ayant peur de souffrir ou d'être déçu. Il tend donc plutôt à la solitude, étant de ceux qui préfèrent vivre seuls plutôt que d'être mal accompagnés. Sa pudeur, sa réserve, sa froideur parfois sont un bouclier et pourtant Bruno gagne à être connu, car il oscille étrangement entre une apparence de cynisme et un côté romanesque et idéaliste.

QUE FAIT-IL ?

Étant un homme peu commun, il sera plus attiré qu'un autre par les professions d'avant-garde ou liées aux dernières techniques nouvelles (technicien, ingénieur, informaticien). Le domaine des sciences humaines pourra également l'intéresser (psychologie, pédagogie, droit) ainsi que les professions en rapport avec un public (théâtre, cinéma, audiovisuel), ou liées à l'étranger (relations internationales, import-export, tourisme).

CAMILLE et **CATHIE**

AGNÈS, BARBE, ÉLISA, ELSA, EVA, KATE

QUI SONT-ELLES ?

Énergiques, elles possèdent une autorité naturelle et une grande force de persuasion. L'indépendance et le besoin de commander sont caractéristiques de leur nature. Néanmoins, elles demeurent réservées et secrètes et tendent à mettre une certaine distance entre elles et les autres, tout en étant au demeurant sociables. À moins qu'il ne s'agisse, pour qu'elles se déridant, de montrer patte blanche. En fait, elles sont doubles, partagées entre leur désir de plaire, d'être admirées ou respectées, et leur besoin de se replier sur elles-mêmes loin du bruit, afin de réfléchir posément ou pour faire le point. Réfléchies et inquiètes, elles ont conscience que la vie n'est ni un jeu ni un plaisir. C'est sans doute pour cela qu'elles ont besoin du travail pour s'affirmer et se rassurer. Leur puissance d'action est considérable même si elle est parfois irrégulière à cause de leur émotivité. Mais après avoir trouvé leur voie, elles demeurent stables. Fidèles, loyales, directes et franches, elles ont le sens du devoir, mais leurs principes sont souvent trop rigides.

Enfants, elles sont sages et responsables et fortement marquées par leur environnement familial. Elles ont un grand besoin d'être rassurées. Car le 1 les pousse à prendre les premières places et à se démarquer, mais le 4 les fait douter. Le tout constitue un excellent ferment pour leur scolarité. Elles apprécient le travail bien fait, quitte à se noyer parfois dans les détails.

QU'AIMENT-ELLES ?

Elles aiment ce qui est beau, racé, et possèdent une certaine aristocratie naturelle. Elles s'intéressent à l'art et à l'esthétique. Elles possèdent également un sens aigu de la justice et enragent lorsqu'elles rencontrent l'iniquité.

Leur vie sentimentale est importante à leurs yeux, mais pas systématiquement facile pour autant. En effet, Camille et Cathie tendent à se montrer sélectives et idéalistes : l'élu doit être beau, grand, intelligent et digne d'admiration, ni trop dominateur, ni trop dominé... Et quand elles trouvent l'oiseau rare, elles se montrent exclusives, intolérantes et jamais pleinement satisfaites (6 karmique)... Même si le divorce est contre leurs principes, elles risquent de rencontrer cette sorte de désagréments si elles ne prennent pas conscience de leur trop grande exigence...

QUE FONT-ELLES ?

Les professions susceptibles de les intéresser seront celles qui exigent le sens du détail, de la précision, en rapport avec la santé, la diététique, la biologie, en rapport avec l'esthétique, le confort, l'immobilier, l'art, ou avec les sciences exactes (physique, chimie...), toutes les professions libérales ou indépendantes.

CARINE, CLARISSE et **CALLIXTE**

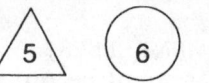

AGRIPPINE, ALINE, BELLA, EDDA, EDMA, EDMÉE, EILEEN, ÉLINA, ÉMILIENNE, EMMA, ÉTELLE, GERSENDE, HENRIETTE, JANET, LÉNA, MAIDER, PRESCILLA, SABINE, SELMA, THELMA, VINCIANE

QUI SONT-ELLES ?

Vives, courageuses et plutôt autoritaires, leur caractère est colérique. On ne peut pas dire qu'elles soient caractérisées par leur discipline ni leur souplesse... Elles tendent à s'imposer dans la vie et apparaissent souvent cassantes, voire hautaines et fières. Confiantes en elles-mêmes, elles auraient volontiers quelques idées de grandeur, d'autant qu'elles sont sensibles aux signes extérieurs de richesse. Ces tendances, alliées à une certaine volonté de réussir, leur font rechercher des routes d'envergure. Elles ne tiennent guère en place et se montrent actives et dynamiques. Pourtant, leurs résultats ne sont pas toujours à la hauteur de leurs efforts, car elles sont désordonnées et leur esprit est un peu brouillon. Ces femmes sont curieuses, touche-à-tout et passent facilement d'un sujet à l'autre, sans forcément aller jusqu'au fond des choses. Elles aiment le changement et tendent fréquemment aux remises en question, ce qui n'est pas sans quelques risques. Mais elles préfèrent cela à une vie routinière et monotone, qui les lasserait rapidement. Elles adorent leur liberté et sont des féministes acharnées : pour elles, l'émancipation féminine n'est pas un vain mot ! Par ailleurs, elles ont une certaine séduction et un appétit de vivre insatiable. Elles sont sympathiques et gourmandes et ont l'art de persuader que la vie est belle...

Enfants, ces fillettes ont besoin de repères stables et d'une éducation stricte, car elles auraient facilement tendance à imposer leurs vues et leurs désirs en se montrant capricieuses, jalouses et possessives. Il serait bon de leur inculquer très tôt le partage. Il faudrait également développer leur sociabilité afin qu'elles ne soient pas trop égocentriques. Peu conciliantes, elles ont volontiers l'esprit critique et analytique, alors qu'elles sont elles-mêmes très susceptibles.

QU'AIMENT-ELLES ?

Elles aiment plaire, séduire, parader et impressionner leur entourage. Voilà pourquoi elles sont sensibles à leur apparence physique et portent volontiers des vêtements de bon goût, ainsi que des bijoux. Elles recherchent chez leur partenaire le statut social, et peut-être la fortune. Pourtant, elles veulent avant tout fonder une famille, car la vie sentimentale est importante à leurs yeux… Elles apprécient un intérieur douillet et confortable dans lequel elles aiment recevoir en parfaites maîtresses de maison, qualité qu'elles aiment qu'on leur reconnaisse. Elles ne détestent pas non plus l'aventure, les voyages et le changement.

QUE FONT-ELLES ?

Les professions en liaison avec les chiffres et la finance sont susceptibles de les attirer, surtout si elles sont nées un 8, 17, 26, ou possèdent un chemin de vie 8 (comptabilité, banque, gestion, affaires, commerce), les professions où la mobilité est nécessaire, surtout si elles sont nées un 5, 14, 23, ou possèdent un chemin de vie 5, les professions médicales ou paramédicales, surtout si elles sont nées un 6, 15, 24, ou possèdent un chemin de vie 6, les professions à caractère créatif ou en liaison avec le domaine de l'esthétique (architecture, décoration, sculpture, couture, coiffure…).

CARMEN et **CALLISTE** 3

ARICIE, ARIEL, BÉATRIZ, BERTHA, BLANCHE, CARRIE, EARL, ÉDELINE, ÉLIA, ÉMELINE, ÉVELINE, HELWINA, LÉA, LIO, MATHILDE, MÉLINA, MERCÉDÈS, RÉGINA, SHEILA, SOIZIC, YOLANDA, YVELYNE

QUI SONT-ELLES ?

Émotivité, sensibilité, intuition, réceptivité, charme et sensualité, voilà l'éternel féminin dans toute sa splendeur ! En outre, elles ne sont pas dépourvues de charme et de séduction... Bien que pouvant apparaître superficielles et légères, elles sont idéalistes, parfois même utopistes, et cherchent à trouver un sens à leur vie pour se sentir exister pleinement. C'est pourquoi elles s'orienteront vers différentes voies, au travers de groupes sociaux à vision humaniste, politique, artistique, spiritualiste ou idéologique. Si elles ne trouvent pas leur chemin ainsi, elles pourront être tentées de vivre leur idéal au travers d'une riche vie fantasmatique, de chimères ou se tourneront vers des paradis artificiels. Il est vrai qu'elles ont un intense besoin d'émotions et d'expériences nouvelles et ne se satisfont guère d'une existence routinière. Fantaisistes et bohèmes, la vie doit être une représentation théâtrale pour être digne d'être vécue. Voilà pourquoi elles sont souvent déçues, à la merci de déséquilibres intérieurs. Elles sont beaucoup plus faites pour le bonheur, la vie facile, que pour les difficultés. Elles ont une intelligence vive, un esprit d'à-propos souvent teinté d'humour et apprécient les joutes oratoires dans lesquelles elles excellent.

Enfants, elles sont fragiles émotionnellement et fortement influencées par leur entourage familial auquel elles veulent plaire, même si elles doivent se sacrifier. Curieuses de tout, elles peuvent facilement être instables. De plus, faire éclore, chez ces fillettes douées, un violon d'Ingres artistique (le chant, la musique, la danse) ou le goût des langues serait judicieux.

QU'AIMENT-ELLES ?

Elles aiment plaire, être dans les grâces d'autrui, et sont attirées par la beauté, l'art, et l'harmonie. Elles ont besoin de paix autour d'elles, supportent mal les conflits ou la violence.

Sentimentalement, elles manquent de lucidité et leurs aspirations sont si élevées qu'un seul homme peut difficilement y correspondre. Aussi leurs ardeurs comme leurs illusions tombent-elles rapidement... À moins qu'elles n'hésitent éternellement (6 karmique)... Le choix est pour elles souvent problématique, sinon impossible... En contrepartie, elles sont remplies de fantaisie, de fraîcheur et prêtes à tous les sacrifices si elles aiment...

QUE FONT-ELLES ?

L'amour étant la chose la plus importante de leur vie, la sphère professionnelle peut passer au second plan, à moins qu'elles ne se découvrent une vocation. Les domaines qui leur conviennent sont les professions à caractère humanitaire ou social (médical, paramédical, droit, justice, enseignement...), les professions artistiques, en liaison avec l'esthétique, les activités privilégiant l'expression orale ou écrite, ou le contact avec le public (animatrice, journaliste), les professions liées aux voyages et à l'étranger, les professions marginales (l'irrationnel, les night-clubs, les bars ou les activités de nuit ou saisonnières...).

CAROLINE 5 3 2

**CORALINE, CORNÉLIA, GWÉNOLA, ROXANE,
SAMANTHA, WHITNEY, WHOOPI**

QUI EST-ELLE ?

C'est un véritable vif-argent que Caroline qui possède l'art et la manière de passer d'un état émotionnel à un autre en moins de temps qu'il n'en faut pour le dire ! Hypersensible et particulièrement féminine, elle est un mélange de femme-enfant, charmante, sensible, douce et féminine, et de maîtresse femme, conquérante, séductrice et entreprenante... une sacrée personnalité qui oscille entre timidité, effacement, dépendance, soumission et leur contraire. Il est vrai que bien-être et équilibre affectif lui sont nécessaires pour que se développe son assurance. Ainsi pourra-t-on la voir tour à tour réservée et timide, intériorisée, ravie de passer inaperçue, puis pétillante, espiègle, enchantée d'être sur le devant de la scène et même plutôt effrontée, selon que l'ambiance dans laquelle elle se trouve est affective ou non... Elle oscille entre des phases d'hésitation et d'autres où elle est capable de tenter le tout pour le tout. C'est une affective qui a un grand sens de l'amitié, et montre des qualités d'écoute, de finesse et de psychologie certaines, ayant à la fois un sens aigu des détails et un intérêt pour ce qui est intimiste. L'humour est une de ses caractéristiques, et elle s'en sert souvent, tout autant pour sauver la face lorsqu'elle est dans ses phases de haute tension nerveuse que pour plaire ou encore pour le plaisir de faire un bon jeu de mots.

Enfant, il serait souhaitable de lui apporter sécurité et affection, d'encourager sa créativité, de cultiver ses dons pour les langues, de lui conférer le sens de l'ordre et de la discipline qui ne sont pas son fort, mais aussi de ne pas trop entretenir son instabilité qui pourrait lui jouer des tours. Curieuse et insatiable, elle aimera la lecture, mais son bavardage incessant devra être surveillé de près si vous ne voulez pas avoir une note de téléphone astronomique !

QU'AIME-T-ELLE ?

Extravertie, elle aime communiquer, plaire, séduire et possède un charme fou. Elle rêve d'être le point de mire d'une assemblée ou d'un public qu'elle sait animer par sa présence et ses facultés d'expression. Tout en ayant besoin d'une sécurisation affective, elle déteste la monotonie et apprécie l'aventure et les nouveautés. Enfin, la vie est un peu un jeu pour elle, aussi possède-t-elle un côté ludique.

Sentimentalement, c'est une femme agréable et de bonne humeur qui met de l'animation dans la maison, une hôtesse remarquable et remarquée et une excellente mère de famille. Certes, elle est séduisante, mais ne vous fiez pas, messieurs, à son sourire angélique : au fond, c'est une insoumise qui ne se laisse pas si facilement séduire. Et prenez garde à ses foudres !

QUE FAIT-ELLE ?

Plusieurs types de professions sont susceptibles de l'attirer selon qu'un chiffre plutôt qu'un autre l'emporte. Ainsi elle préférera les professions créatives, artistiques ou celles où l'expression orale ou écrite l'emporte si le 3, 12, 21, 30 correspondent à son jour de naissance, à son chemin de vie ou si elle est née en mars, les professions en liaison avec le mouvement, l'action, le sport ou les voyages, selon qu'elle est née un 5, 14, 23, ou en mai, les professions où l'intuition, la psychologie, la diplomatie, l'écoute des autres interviennent, selon qu'elle est née un 2, 11, 20, 29, ou en février ou en novembre.

CATHERINE ② 9

DANA, DORINE, FABIENNE, FLOIRE, FLORIE, MALKA, MARCELLINE

QUI EST-ELLE ?

Elle est avant tout affective, le 2 et le 9 étant les chiffres émotionnels par excellence. Marquée par la Lune, Catherine appartient souvent au signe astrologique du Cancer et en a les principales caractéristiques : imaginative, réceptive, d'une intuition souvent impressionnante, elle est éprise de magie et de merveilleux. Elle se montre impulsive, capricieuse, colérique, impatiente et il lui faudra des années avant d'apprendre à tourner sept fois sa langue dans sa bouche avant de parler ! De plus, trop pressée, car passionnée, elle a tendance à vouloir mettre la charrue avant les bœufs et n'ira pas toujours au bout de ce qu'elle entreprend. Par ailleurs, elle est quelque peu bohème, fantaisiste et peut manquer d'organisation. En prenant de l'âge, son caractère s'affirmera et elle risquera même parfois de devenir tyrannique.

Enfant, elle a besoin d'être entourée, sécurisée, et demandera beaucoup d'attention et de tendresse. Elle sera friande d'histoires, de contes et de légendes qui la fascinent. Il conviendra que les parents soient fermes et exigent de Catherine une certaine discipline, cela dès sa naissance, afin de lui permettre d'acquérir son autonomie. En effet, en dépit de son caractère attachant, il faudra résister à son charme et à ses babils, pour ne pas l'infantiliser.

QU'AIME-T-ELLE ?

Avant tout, elle apprécie la compagnie des autres : sociable, extravertie, c'est une sentimentale, une romantique rêvant du Prince Charmant. Mais, blessée dans ses sentiments, elle a tendance à se réfugier dans sa tour d'ivoire. Ne vous méprenez pas non plus : si elle a l'air distante et réservée, c'est principalement par timidité. Féminine, elle privilégiera sa vie sentimentale et maternelle, la tendresse étant son oxygène. Elle a le sens de l'amitié, aime coopérer avec les autres dans des activités de groupe qui la stimulent, étant volontiers encline à la paresse. C'est une intimiste, narcissique, un peu égocentrique qui adore s'épancher lorsqu'elle se sent en confiance. C'est aussi une sensorielle, une gourmande, qui n'est pas indifférente aux bons petits plats... qu'elle ne saura bien préparer que si vous le lui demandez gentiment !

QUE FAIT-ELLE ?

Les études ne sont pas nécessairement son domaine de prédilection, sauf si une motivation puissante la pousse. Elle possède pourtant une mémoire excellente, un sens psychologique inné, ce qui la rend fine, astucieuse et volontiers critique. Elle est donc sensibilisée aux sciences humaines (psychologie, sociologie, puériculture, pédagogie...), et ce, surtout si elle est née un 2, 11, 20 ou 29. À défaut, elle peut être tentée par les voies de l'audio-visuel, des voyages, de l'art, du public, du social, voire de la parapsychologie, surtout si son jour de naissance est un 9, un 18 ou un 27. Si elle n'aime pas assumer des responsabilités, elle peut être une bonne collaboratrice, secrétaire par exemple, ou une femme au foyer.

CÉLINE △1 ◯3 □11/2

CHRISTELLE, GISÈLE, LIZA, PAM, RIKA, RITA, ZÉLIE

QUI EST-ELLE ?

Céline est une personne ouverte, sociable, communicative, extravertie, exprimant la joie de vivre et appréciant les échanges avec les autres. C'est une individualiste qui est prête à fournir beaucoup d'efforts pour accomplir ses projets, sa volonté et son ambition étant à toute épreuve. Dotée d'une grande sensibilité, elle peut parfois apparaître réservée, discrète, timide (particulièrement si elle est née un 2, 11, 20, 29). Il est vrai que le 11, qui la caractérise surtout adulte, peut se vivre dans un premier temps en 2, indice de vulnérabilité, de passivité et de fragilité.

C'est à la maturité qu'apparaîtront sa force, son sens des responsabilités, sa détermination, et sa capacité à prendre en charge les autres et à les guider. Perspicace, intuitive, elle possède une excellente écoute, et sait être tant une amie attentive qu'une conseillère avisée. Attention toutefois qu'elle n'abuse pas trop de l'ascendant qu'elle peut avoir sur les autres pour imposer ses conceptions avec autorité.

Indépendante, originale, honnête, volontaire, Céline est sans aucun doute une personnalité à part entière.

Enfant, elle joue les Sarah Bernhardt et manipule avec maestria son entourage, qu'elle tyrannise sans vergogne. Les activités créatives lui sont conseillées (théâtre, danse, dessin...). Elle se montre prompte, dynamique, adaptable, maligne, curieuse d'apprendre et douée d'une grande vivacité intellectuelle.

QU'AIME-T-ELLE ?

Elle aime sortir des sentiers battus, intéressée par l'hétérodoxe, l'inhabituel, la nouveauté, la mode, l'avant-garde. Elle désire être la première en tout et est en quête de perfection et d'absolu, d'où une certaine tendance à être sélective dans ses approches. Diriger, commander, gérer, administrer, s'exprimer, communiquer sont presque aussi nécessaires pour elle que respirer. Elle rêve de grandeur et de réalisations personnelles car son ego est très puissant.

QUE FAIT-ELLE ?

Plusieurs types de carrières s'offrent à elle : les professions créatives (mode, stylisme, écriture, presse, représentation, théâtre, cinéma, télévision, décoration...), surtout pour une naissance du 1, 10, 19, 28, les professions commerciales où l'expression écrite ou orale sont demandées (surtout pour une naissance du 3, 12, 21, 30), les professions en rapport avec les sciences humaines (pédagogie, sociologie, psychologie, graphologie, astrologie...).

CHANTAL et **LARA**   △5   ☐3

ABIGAÏL, ADELINE, ALBERTINE, ÉVELINA, KATELINE, LAVINIA, SABRA, SÉRAPHINE

QUI SONT-ELLES ?

Chantal et Lara sont enthousiastes et sociables. Particulièrement féminines, elles sont souvent coquettes, narcissiques, séductrices. Leur caractère est assez cyclothymique et capricieux et leurs sautes d'humeur déroutent fréquemment leur entourage. En fait, c'est l'affectivité qui régit leur vie et leur caractère est considérablement influencé par leurs émotions. Déroutantes, elles le sont aussi par les changements permanents qu'elles vivent : vous les connaissez aujourd'hui blondes avec des cheveux longs, occupant un poste dynamique dans la publicité, et vous les rencontrez quinze jours plus tard, brunes, les cheveux courts, égéries d'une station de radio F.M... Elles ont aussi changé dans l'intervalle d'appartement, et vous ne reconnaissez pas leur partenaire, elles ont oublié de vous le dire, lui aussi a changé... Elles donnent souvent le change, paraissent merveilleusement heureuses de ces tornades permanentes, mais supportent-elles bien ce tumulte ?

Enfants, elles sont exaltées, impulsives et fantasques, des égéries capables de passer tour à tour de la poupée au train électrique sans véritable transition. Il leur faudra être canalisées et dirigées car leur naturel est fantaisiste et indiscipliné. Pour elles, la vie est un jeu et les notions de travail, d'ordre, de méthode, d'obéissance et de devoirs ne les concernent pas vraiment. Leur corde sensible demeure l'affectivité et elles sont capables d'efforts pour faire plaisir. C'est ainsi qu'elles seront excellentes en mathématiques une année parce que le professeur leur marque une attention particulière, ou parce qu'elles sont sensibles à son air romantique, et mauvaises l'année suivante parce que le professeur ne leur plaît pas ! Elles risquent d'être bavardes, rêveuses et dispersées. Voilà pourquoi les parents auraient intérêt à leur inculquer des principes éducatifs fermes dès le plus jeune âge.

QU'AIMENT-ELLES ?

Plaire, séduire, charmer, rire, s'amuser, conquérir, se passionner, voilà ce qui motive ces natures sujettes aux coups de foudre ! La vie sentimentale est leur principale préoccupation. Elles ont une certaine classe et apprécient les belles choses, les beaux bijoux, le luxe... Amoureuses des changements, les voyages les fascinent, ainsi que l'aventure et l'imprévu. La mobilité les caractérise : elles sont toujours ravies de partir mais sont tout aussi heureuses de revenir, bercées avant tout par le rêve d'un ailleurs.

L'amitié et le contact avec les autres sont prépondérants. Leurs relations évoluent rapidement au fil du temps, car la fidélité n'est pas leur qualité première.

QUE FONT-ELLES ?

Fantaisistes, elles ne sont pas faites pour être fonctionnaires. Lorsqu'elles sont motivées, elles peuvent travailler plusieurs heures sans voir le temps passer. Mais, démotivées, elles paressent, rêvent et laissent s'écouler les heures sans agir. Les professions commerciales ou liées au public leur conviennent car elles ont des facilités d'expression (orale ou écrite), les langues... (surtout si leur naissance est un 3, 12, 21, 30, ou si elles possèdent un chemin de vie 3), les professions en liaison avec la création, la mode, l'artisanat..., les professions en rapport avec les voyages (représentante, hôtesse de l'air, guide...).

CHARLES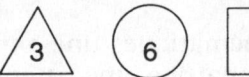

BARBET, BASILE, BLAISE, CHADE, IGNACE, LOÏC, LOUIS-GÉRARD, MARCELIN, MAREK, RAMSÈS, TOD, TOM

QUI EST-IL ?

Charles possède un charisme certain, sans doute parce qu'il émane de lui une « force tranquille » particulièrement sécurisante. C'est un être sociable, aimant, communicatif et extraverti. Très sensible à l'harmonie et épris de justice, il est prêt à fournir beaucoup d'efforts pour conserver la paix. Esthète et créatif, il est bon bricoleur et peut avoir des violons d'Ingres artistiques.

Enfant, il est très marqué par sa famille et serait affligé si une dysharmonie parentale se manifestait. Tendre, affectueux, serviable, il est vite autonome et responsable. Comme il existe chez lui une tendance paternaliste, c'est le frère aîné rêvé qui saura s'occuper avec soin de ses petits frères et sœurs. Il conviendra donc de favoriser très tôt son sens des responsabilités, en lui faisant confiance.

Enfin, il possède des facultés d'expression certaines, se montrant éloquent et persuasif ainsi que curieux, adaptable et mobile.

QU'AIME-T-IL ?

Il aime parler, communiquer, échanger et montre un penchant réel pour la dialectique et les jeux de l'esprit. Il excelle dans le commerce, l'économie et porte intérêt aux échanges avec les autres, faisant preuve d'ailleurs de talents linguistiques appréciables. Caméléon, il prend plaisir à se fondre dans l'environnement ambiant, parlant avec l'accent du lieu où il se trouve ! Il est aidé en cela par une bonne oreille et des facilités pour l'apprentissage des langues étrangères. Le revers de la médaille est peut-être une tendance aux bavardages stériles, à exagérer ou à enjoliver la vérité… Le principal étant pour lui d'être admiré, d'amuser, en un mot d'être le centre d'intérêt. Sensoriel et sensuel, il apprécie, en bon épicurien, les plaisirs de ce monde. Un bon dîner entre amis ou en famille, auquel il participera en gourmet raffiné en mettant lui-même la main à la pâte et en optant notamment pour les meilleurs crus, sera pour lui un moment privilégié. Il lui faudra veiller à ne pas devenir prisonnier de ses sens !

QUE FAIT-IL ?

On peut le rencontrer sur les bancs de l'université, dans des cursus d'études longues, car il vise volontiers l'enrichissement intellectuel. Son sens des responsabilités peut le mener sur les chemins de la politique (de dirigeant d'associations aux plus hautes fonctions selon son envergure). Ce trait sera d'autant plus accusé s'il est né un 22 ou un 19.

Les langues, les écrits et l'expression orale, qui sont pour lui des sources de satisfactions, le conduiront tout naturellement vers des professions qui requièrent de tels talents, comme traducteur, interprète, représentant, guide, avocat, conférencier. Le commerce sera néanmoins son domaine de prédilection et, quel que soit le secteur professionnel, les responsabilités seront recherchées.

CHRISTIAN △1½ ▢1

ALDRIC, APRIL, BALDWIN, BAPTISTIN, BARTHOLOMO, CLAUDIO, CONSTANTIUS, CRAIG, ÉPHREM, FRANZ, HILDEBERT, JACQUINOT, KADMIRI, LÉGER, LUCIEN-JOSEPH, MAX, MAXIMIN, MURPHY, NABUCHODONOSOR, PASQUALE, PATRIS, RENNIE, SÉVERIN, TRISTAN, WALT, WERNER, ZADIG

QUI EST-IL ?

C'est un homme contradictoire car des vibrations dualitaires le caractérisent : ainsi le 1, tendance masculine, égocentrique, active et indépendante, lui confère une apparente confiance en lui, une allure fière et altière, un besoin d'être admiré et regardé, et le 2, tendance plus passive et dépendante, à l'écoute des autres et particulièrement sensible. Cette bizarre alchimie le rend souvent insaisissable et complexe. Il oscille d'une tendance à une autre sans véritable transition. Quand nous pensons trouver Christian fort, responsable, sûr de lui, celui qui décide sans rien demander aux autres, nous sommes quelquefois surpris de nous trouver face à un être vulnérable, hésitant et qui doute. Seulement, il ne dévoile cette deuxième facette qu'à ses proches, la fierté et l'orgueil lui interdisant de montrer ses failles, si minimes soient-elles... S'il vit les vibrations de son maître nombre, Christian aura un idéal élevé et pourra aisément se montrer tel qu'il se voudrait. Il aura même un certain ascendant sur autrui, d'autant qu'il saura se comporter à la fois de manière bienveillante et rassurante. C'est souvent dans la création ou les sciences humaines qu'il brillera. Intuition, imagination, sensibilité coexisteront au mieux avec distinction, idéalisme et perfection. Certes, si cela lui permet d'accéder à de hauts sommets, ce ne sera ni sans mal ni sans tension nerveuse excessive. Cependant, Christian peut aussi vivre ses vibrations une octave au-dessous, c'est-à-dire au niveau du 2, et se satisfaire d'une vie plus tranquille, plus sécurisante, orientée vers la collaboration ou l'association par exemple, qui lui demandera moins d'efforts personnels. Quoi qu'il en soit, c'est un homme sociable, communicatif, sensible, serviable et qui possède un grand sens de l'amitié.

Enfant, sa dualité 1/2 est sans doute plus problématique encore. Il se montre susceptible et vexé au moindre échec, supporte difficilement de n'être pas toujours brillant, et se laisse emporter par la colère, la rancune ou la jalousie lorsqu'il n'y parvient pas. Aussi faudra-t-il lui trouver un exutoire si sa scolarité n'est pas parfaite (ce qui est toutefois rare) dans un violon d'Ingres créatif où il pourrait exceller. Il faut développer sa sociabilité et son sens du partage.

QU'AIME-T-IL ?

Être un chef, dominer, briller, rayonner, voilà sa demande première. Car il est particulièrement attaché à son image de marque... C'est un esthète épris de beauté qui possède l'instinct de la qualité ou de la noblesse (il est souvent marqué par le signe du Lion).

Sentimentalement, il est élitiste et veut à la fois être admiré et admirer, ce qui n'est pas toujours conciliable, notamment lorsque sa partenaire fait de l'ombre à son soleil... Mais Christian est un homme droit, idéaliste et honnête, même s'il est quelque peu directif, autoritaire et veut imposer ses goûts.

QUE FAIT-IL ?

Il sera attiré en premier lieu par les professions libérales, celles où il est son propre maître, la hiérarchie lui posant problème. Ainsi inclinera-t-il vers les professions artistiques (comédien), créatives ou en rapport avec l'esthétique, les produits de luxe, les bijoux, les tableaux, surtout s'il a un chemin de vie 6, les professions de cadre, de représentant, de directeur, d'enseignant, celles en rapport avec le domaine social, le conseil (psychologie, astrologie, justice...).

CHRISTINE et **LIZZIE**   1

AUFRÈDE, CLAUDIA, GINGER, ISAURA, KRISTEN, KRISTINE, MALLORY, PAULA, PHILIPPINE, SUZANNA

QUI SONT-ELLES ?

Sociables, ouvertes et communicatives, Christine et Lizzie sont des femmes séduisantes et charmantes, soucieuses de leur image de marque. Cela se manifestera soit extérieurement, par leur apparence et leur habillement, le plus souvent original, soit par leurs choix ou leurs conceptions de l'existence. Ainsi les verra-t-on élégantes, raffinées, accueillantes, empreintes d'une certaine distinction. Leur besoin de plaire et d'être aimées est important et se traduira le plus souvent par un esprit de conciliation, de la gentillesse ainsi que de la serviabilité. Elles peuvent se transformer en femmes responsables, aptes à prendre et à assumer des responsabilités, qu'elles soient familiales ou professionnelles. Éprises d'idéal, elles ont le souci de la qualité et sont navrées lorsqu'elles prennent conscience qu'elles ne peuvent être parfaites en tout. Avec le 6 karmique, elles sont souvent confrontées à des difficultés de type familial : ou la famille est le centre de leur existence au point qu'elles sont capables de grands sacrifices pour celle-ci, ou leur foyer est dysharmonieux, ressenti comme un poids, et entraîne une certaine fuite, la peur de se laisser étouffer ou de souffrir, ce qui ne sera pas sans répercussions dans le domaine sentimental. Si elles prennent les choses en main et vont dans le sens de leurs responsabilités, elles auront certes des gratifications mais également des contraintes, parfois très lourdes, en fonction de leur recherche permanente de perfection. Elles seront alors celles qui prennent en charge les autres, qui protègent et réconfortent, en s'oubliant elles-mêmes. Dans le cas contraire, moins fréquent, elles s'inscriront dans une problématique d'hésitation, de fuite, de laisser-aller ou d'indolence et rechercheront plutôt à être prises en charge.

Enfants, il sera donc souhaitable de leur donner de bonne heure une certaine autonomie. Elles ont besoin d'amour, sont exclusives et craignent terriblement l'agressivité et la violence. Il conviendra également de veiller à maintenir la paix et l'harmonie autour d'elles, sous peine qu'elles ne partent vite chercher à l'extérieur un monde meilleur. Les violons d'Ingres artistiques ou créatifs sont à encourager (couture, musique, danse…).

QU'AIMENT-ELLES ?

Elles aiment la liberté, l'indépendance, l'inconnu et la nouveauté en règle générale. Elles ont le goût des voyages et des changements, sont ennemies des contraintes ou de la routine. Elles aiment aussi que les choses aillent vite et se montrent impatientes, voire peu tenaces face à un obstacle quelconque.

Affectivement, elles sont idéalistes et élitistes et se montrent difficiles dans le choix de leur conjoint. Parfois même hésitent-elles longtemps, soit parce qu'elles redoutent l'engagement définitif, soit parce qu'elles trouvent toujours quelque imperfection dans leur quête du partenaire idéal.

QUE FONT-ELLES ?

La famille peut avoir un lien, d'une manière ou d'une autre, avec leur orientation professionnelle. Sinon, elles seront intéressées par des professions en rapport avec les voyages (représentation, journalisme…), en rapport avec la beauté, l'art, le confort, la gastronomie, en rapport avec la prise en charge des autres (médical, paramédical, justice, domaine de l'aide humanitaire).

CHRISTOPHE, CHRISTOPHER et LIONEL

△ 4   11/2

ALLAN, ARCHIBALD, BARNARD, DIEGO, GORDIE, HAYLEY, INNOCENT, JACQUES-OLIVIER, JEAN-PHILIPPE, JONNIE, JOSSELIN, REINHOLD, SÉBASTIEN

QUI SONT-ILS ?

Voilà des hommes à forte sensibilité, intuitifs, fins et particulièrement émotifs, car fortement marqués par le nombre 2. Toutefois, ils parviennent assez bien à dominer cette émotivité au point d'apparaître calmes et réservés. Néanmoins, il existe en eux une certaine dualité entre sociabilité, extraversion et altruisme (plus accentuée s'ils sont nés un 3, 12, 21, 30, ou en mars ou en décembre, ou s'ils possèdent un chemin de vie 3), et introversion et égocentrisme (particulièrement s'ils sont nés un 4, 7, 13, 16, 22, 25, 31 ou en avril ou en juillet, ou s'ils possèdent un chemin de vie 4 ou 7). En effet, d'un côté, ils ont besoin des autres tant pour se sentir exister que par les échanges affectifs et l'émulation qui leur sont nécessaires et comblent en partie une certaine tendance narcissique. Mais, en contrepartie, ils ont également besoin de se retrouver seuls pour se ressourcer et préserver leur intimité. Au plan social, ils sont désireux d'impressionner et, s'ils ne peuvent prétendre à la première place, ils compenseront en s'affichant comme excentriques ou exubérants, le sens de l'humour n'étant pas le moindre de leurs talents (surtout s'ils sont nés un 11, en février ou en novembre). Christophe, Christopher et Lionel sont un curieux mélange d'indépendance (d'esprit notamment, où ils se révèlent plutôt libres penseurs) et de dépendance, essentiellement dans le domaine sentimental et affectif, où leur environnement contribue en grande partie à leur épanouissement.

Enfants, c'est souvent la tendance à l'introversion qui l'emporte. Ils se montrent timides et vulnérables, demandent attention, encouragements et réconfort. Si le milieu familial est propice, leur côté inspiré, original et novateur s'affirmera pleinement. Leur mémoire étonnante est un atout pour leur scolarité, mais ils devront être motivés... Alors qu'ils sont plutôt tolérants et diplomates, la passion peut les conduire, sans crier gare, sur les routes du fanatisme. Ils se montreront d'un caractère susceptible, rancunier et d'un tempérament nerveux, mais ils feront preuve, en revanche, d'un sens aigu de l'amitié et bénéficieront d'un important soutien amical.

QU'AIMENT-ILS ?

Ils aiment s'associer, s'unir, coopérer et volontiers s'épancher dans un milieu intimiste affectif et amical où ils pourront communiquer leurs idéaux et leurs vues larges sur la vie. Ils s'intéressent aux autres et les sciences humaines ne les laissent pas indifférents.

Sentimentalement, ils sont stables, possessifs, affectueux et volontiers paternalistes, à moins qu'ils n'aient pas vraiment coupé le cordon ombilical et ne se complaisent dans un certain maternage.

QUE FONT-ILS ?

Si la tendance introvertie l'emporte, ils s'orienteront plus particulièrement vers des carrières de la recherche (géologue, architecte, statisticien, bibliothécaire), des emplois stables (Administration) ou liés à la terre, à la nature et aux animaux. Dans le cas contraire, ce sont les domaines de la communication et les contacts avec le public qu'ils choisiront.

S'ils vivent sur l'octave du 11 et non du 2, ils peuvent même espérer se singulariser dans le domaine des sciences humaines ou s'engager dans des activités à caractère social ou politique.

CLAIRE et **CANDICE**   △3   □6

ALICE, AMBRE, CÉLIA, CÉLIMÈNE, CHRISTIANNE, CLIO, DAPHNÉ, ELLA, ÉVITA, FRANCES, GHISLAINE, GWENDAL, HÉLIETTE, JACKIE, JANE, JESSICA, LEÏLA, MAÏTÉ, NINON, SANDRINE, YSEULT

QUI SONT-ELLES ?

Elles sont vives, alertes, enjouées et particulièrement communicatives. Charmantes et élégantes, elles cherchent à plaire ainsi qu'à faire plaisir. Elles apparaissent extraverties et ont besoin des autres pour se sentir exister. Douées de facultés d'élocution et d'expression, elles adorent être en représentation, parler et échanger leurs idées. Elles sont spirituelles et éprouvent un plaisir certain à amuser leur entourage. Excellentes comédiennes, adaptables, capables de mimer les défauts d'autrui, elles possèdent un esprit critique et un sens aigu de l'observation. Rapides et malignes, elles savent facilement se tirer d'embarras. Elles sont curieuses et intéressées par tout, ce qui peut les conduire à une certaine instabilité. À l'affût d'horizons nouveaux, elles ont le goût des voyages. Elles n'engendrent guère la mélancolie, aiment le jeu et les amusements. Quelque peu vaniteuses parfois, elles n'hésiteront pas, s'il le faut, à s'adresser des compliments à elles-mêmes.

Fillettes, Claire et Candice sont agréables, charmantes et d'une grande vivacité d'esprit. Elles ne feront pas systématiquement des études brillantes pour autant, car elles pensent avant tout à s'amuser et à amuser les autres. Elles tendraient à rechercher la facilité. Concernées par leur environnement familial, elles cherchent à faire plaisir à leurs parents et ont un besoin constant de se sentir aimées. Elles sont des bavardes intarissables qu'il faut écouter attentivement. Généreuses et intéressées par les autres, elles peuvent paradoxalement se comporter de manière égocentrique. Il serait souhaitable qu'elles aient des frères et sœurs. Elles devraient participer à des activités de groupe afin de développer leur sens de la solidarité.

QU'AIMENT-ELLES ?

Raffinées, sensibles à l'harmonie ou à l'art, elles feront beaucoup d'efforts pour plaire et se faire apprécier. Elles possèdent le sens de la justice et il ne s'agit pas de les léser ou de ne pas être équitable avec les leurs.

La vie sentimentale est primordiale pour elles, qui ne vivent que par ou pour les autres. Le 6 karmique rend leur choix amoureux difficile. Elles seront exigeantes et perfectionnistes, aussi leur compagnon devra-t-il être parfait, selon leurs critères personnels.

QUE FONT-ELLES ?

Concernées par leur vie affective, Claire et Candice seront influencées par la sphère familiale, qui peut avoir une action à jouer dans leur devenir professionnel. Si elles choisissent ce qui les attire, nous observerons les inclinations suivantes : les professions de prise en charge des autres (domaine médical, paramédical ou juridique…), les professions où l'expression orale ou écrite est nécessaire (professeur, conférencière, chanteuse, animatrice, guide, hôtesse, écrivain, journaliste, dessinatrice), les professions en liaison avec une créativité (l'art, l'esthétique), ou en rapport avec le public…, les professions exigeant de la précision et de la minutie.

CLARA △8 ◯2 □6

ALICIA, ANIAIS, ARIELLE, CLOTILDE, JANA, JEANNA-JULIA, ROSINE, SIMONNE

QUI EST-ELLE ?

Clara apparaît comme une personne décidée, débordante de vitalité, originale et exprimant un fort appétit de vivre. Courageuse, entreprenante, elle a un certain goût pour le risque et se pose souvent en leader. Néanmoins, elle est aussi féminine et maternelle et aime prendre en charge les autres. D'ailleurs, son abord est souvent sécurisant ou engageant, Clara étant assez soucieuse de plaire, que cela se traduise par un côté accueillant ou par le fait de soigner son apparence... C'est une femme entière, franche et directe qui sait se montrer loyale. Susceptible et ne supportant pas l'iniquité, elle peut facilement réagir dès qu'elle sent une injustice. Elle est dynamique et peut être parfois même plus mobilisée pour les autres que pour elle, et ne craint pas la compétition. Clara est volontaire, active, avec un sens profond des réalités matérielles, et sait parfaitement être efficace et pratique. Tout en étant généreuse et intéressée par autrui, elle apprécie les biens de ce monde, le confort ainsi que l'argent, et peut se révéler une excellente femme d'affaires.

Enfant, elle est démonstrative et sait se rendre attachante. Elle est sociable, faite pour être entourée d'amis qu'elle tend à entraîner dans son sillage. Elle se montre toutefois exclusive, entière, possessive et jalouse, mais si dévouée ! Ses jeux seront variés : petites autos avec ses frères, puis dînette avec ses sœurs, en passant par la poupée, elle sait concilier son besoin d'action avec son instinct maternel... Elle a besoin d'harmonie et est fortement marquée, dans un sens positif comme dans un sens négatif, par son milieu familial qui l'influence considérablement.

QU'AIME-T-ELLE ?

Elle aime être indispensable, entourée et aimée et pour cela sera capable de dévouement pour les autres. C'est une amie remarquable, qui a une fine écoute et sait prodiguer des conseils qu'elle juge équitables. Même si l'impatience est une de ses caractéristiques, elle saura se montrer complaisante. En revanche, elle se révélera sans doute moins tolérante et plus exigeante pour son compagnon, auquel elle ne pardonnera guère ses faiblesses. Autoritaire, mais avec les formes et le savoir-faire, elle a tendance à demander à l'homme de sa vie ce qu'elle s'impose à elle-même. Si celui-ci la déçoit, elle saura trancher brusquement, avec fermeté et sans revenir en arrière. Pourtant, au moment du choix, elle peut connaître l'hésitation, sans doute parce qu'il est fondamental pour elle de réussir son couple et d'avoir des enfants. Elle est aussi très sensible au confort et saura enjoliver son intérieur en le transformant en un nid douillet.

QUE FAIT-ELLE ?

Clara ne sera pas indifférente au côté lucratif de sa profession et bénéficiera de ses origines sociales le plus souvent favorables. Elle sera attirée par les professions de conseil, celles en rapport avec le domaine de la finance ou de l'économie, de la gestion ou tout simplement des affaires, celles en rapport avec le raffinement (coiffure, parfumerie, décoration…), le confort (l'immobilier, le mobilier…), la précision (dessin industriel, prothèse dentaire…), la méticulosité, la diététique, la restauration ou la gastronomie, celles en rapport avec l'expression orale et le domaine de la communication.

CLAUDE et **CLAUDIE** △1 ⓘ9 □1

GIL, IRIS, ISAURE, PAULE

QUI SONT-ELLES ?

Le moins que l'on puisse dire est qu'elles ont une personnalité affirmée ! Autoritaires, individualistes, directives, elles ne sont pas véritablement souples. Elles en imposent et cherchent à briller, aiment être regardées ou admirées. Elles ont l'instinct de la qualité et ne sont pas dépourvues d'allure et de distinction (elles sont souvent marquées par le signe du Lion). Fières, orgueilleuses, elles recherchent la perfection et sont faites pour diriger. Elles veulent obtenir la première place en tout, et montrent arrogance, colère, jalousie lorsqu'elles n'y parviennent pas. Elles se sentent souvent seules ou incomprises, ce qui n'est souvent que la résultante de leur comportement tyrannique et égocentrique, lequel n'est pas sans provoquer quelque lassitude dans leur entourage. Pourtant, elles ont des qualités indéniables : actives, franches, volontaires, elles sont droites, dignes de confiance et généreuses. En fait, on peut noter deux tendances quelque peu antagonistes : un côté humain, sensible, idéaliste les porte à une générosité désintéressée (accentuée si elles sont nées un 9, 18, 27, ou possèdent un chemin de vie 9), un côté profondément égocentrique et personnel.

Ces deux tendances sont très imbriquées et leur confèrent de nombreuses attitudes contradictoires. Elles sont capables du pire comme du meilleur.

Fillettes, elles comptent bien être le centre du monde et, si ce n'est par leur supériorité à l'école, elles le manifesteront par leur comportement théâtral ou excentrique. Le principal est pour elles de ne pas passer inaperçues. Si elles sont fières, elles sont aussi naïves et sensibles aux flatteries. Elles supportent mal une ingérence parentale et se plient difficilement à l'autorité. Mieux vaut les prendre par le sentiment ou jouer sur leur corde sensible, l'orgueil...

QU'AIMENT-ELLES ?

Tout en étant actives, elles ont besoin de se réfugier dans le rêve. Éprises d'au-delà, elles ressentent le besoin d'auréoler leur vie de merveilleux, de fantaisie, de poésie. Aussi sont-elles parfois attirées par l'irrationnel, les mystiques, la musique. Elles sont aussi sensibles au lointain, à l'étranger, et ont un goût prononcé pour les voyages au long cours.

Côté cœur, elles sont romantiques et, même si elles ne l'avouent pas, rêvent du Prince Charmant, de symbiose, d'osmose, de pureté, mais elles ne pardonnent guère à leur compagnon de ne pas être conforme à leur idéal.

QUE FONT-ELLES ?

Individualistes, elles seront attirées par les professions indépendantes et leurs goûts les porteront vers les professions artistiques, esthétiques ou en rapport avec la création (styliste, designer) ou les objets de luxe (mode, fourrures, bijoux, parfums...), les postes de direction, de cadre, les professions en rapport avec le social, la justice, le droit, le médical, le paramédical..., ou celles en rapport avec le public, l'audiovisuel, la presse.

CLAUDINE

ARLETTE-LÉONIE, BAUDE, DAUPHINE, JEANNE-ARMANDE, KIM, LILI, LOULOU, MARIE-ADÉLAÏDE, MARIE-CAROLINE, PAULINE

QUI EST-ELLE ?

C'est une femme sensible et affective qui possède une grande émotivité, charmante dans ses contacts avec les autres, qui a besoin de plaire et est soucieuse de faire plaisir. Plutôt extravertie, elle recherche les contacts dans lesquels elle se montre sociable, communicative, et particulièrement conciliante et serviable. Elle a souvent besoin d'être guidée, étant donné son caractère hésitant et quelque peu influençable. Le choix est souvent un problème épineux pour elle. Elle est raffinée, perfectionniste (maniaque, même) et n'est pas indifférente à la beauté, à l'esthétique ou à l'art. Elle est très sensible à son confort ainsi qu'à son environnement familial, nécessaire à son bien-être personnel. En effet, la vie affective est essentielle pour elle, et les chocs émotionnels ont de fortes répercussions sur son équilibre et provoquent un repliement sur elle-même. Sa moralité est bonne et sa volonté ferme, sauf peut-être lorsque ses affections sont déçues : en effet, l'environnement affectif a un effet dynamisant, et lorsqu'elle se sent seule et abandonnée, elle tend à se désinvestir de ses actes.

Voilà pourquoi, lorsqu'elle est enfant, il faut prendre garde à la qualité affective qui lui est donnée : si elle se sent trop ou pas assez aimée, elle peut se complaire dans une certaine indolence, pour ne pas dire une paresse et un laisser-aller. Il est nécessaire de la responsabiliser et de la rendre autonome, mais, là encore, il ne faut pas tomber dans l'excès : karmique en 6, elle peut avoir une problématique particulière à l'égard de sa famille, qu'elle peut rejeter en totalité, ou envers laquelle elle pourra se sentir d'éternelles obligations... Très sensible à la beauté et à l'harmonie, il lui serait très favorable de cultiver un violon d'Ingres artistique, en évitant de s'éparpiller, car la versatilité est sa tendance. Elle est souvent partisane du moindre effort et contourne les difficultés dès qu'elles surgissent...

QU'AIME-T-ELLE ?

Elle a au plus profond d'elle-même le sens de l'humain et est tentée de vivre en dehors des réalités matérielles. Le rêve et l'utopie sont pour elle une façon de s'échapper, de fuir les soucis et les problèmes. Ainsi aime-t-elle les voyages et tout ce qui rompt la monotonie.

En matière affective, elle n'est pas non plus très objective : sentimentale et romanesque, elle est à la recherche du Prince Charmant, et a besoin d'idéaliser l'homme aimé, ce qui la porte aux désillusions. Par ailleurs, créer un foyer est prépondérant pour elle. Elle s'avère très élitiste : le choix amoureux n'est pas toujours facile pour elle et elle connaît les hésitations au moment fatidique ! De plus, elle est exigeante et ne manque pas de critiquer son compagnon, avec son sens aigu de l'analyse et des détails... Mais elle est néanmoins capable de compréhension lorsqu'il le faut, et même de se dévouer...

QUE FAIT-ELLE ?

C'est probablement son foyer qui passera en premier lieu avant le domaine professionnel, mais sinon, elle sera tentée par des professions liées à l'art ou à l'esthétique, des professions en rapport avec le domaine médical ou paramédical, avec celui de l'écologie, de l'hygiène, avec le monde des animaux, des activités qui exigent de la précision et de la minutie.

CLÉMENCE, CÉCILIA, CÉLESTE et CLÉLIA

AURORE, DIANE, ESTELLE, FANTINE, JANICE, LOUISE-REINE, MAGGIE, MARIEN, MARINE, MELISSA, PERNELLE, PERVENCHE, RACHILDE, SHÉRÉE, STELLA

QUI SONT-ELLES ?

Quelle personnalité attachante ont ces femmes nées pour aimer, séduire, faire plaisir et répandre autour d'elles paix, harmonie et beauté. L'équilibre filtre au travers de leur attitude, ainsi qu'une impression de calme et de douceur. Soucieuses de plaire, elles sont prêtes à fournir beaucoup d'efforts pour être aimées, aussi se montrent-elles agréables, serviables, conciliantes et affectueuses et soignent-elles leur apparence physique, non sans une petite pointe de coquetterie. Elles savent prendre des responsabilités et se montrent perfectionnistes et méticuleuses dans leurs entreprises. D'une nature scrupuleuse, elles se trouvent facilement des obligations ou des contraintes familiales et parfois professionnelles. Un excès de lettre de valeur 3 dans leur prénom favorise la communication, la sociabilité, et peut être à l'origine de talents créatifs. Elles sont très perméables à l'atmosphère dans laquelle elles évoluent : elles sont intuitives, réceptives et sensitives. Leur émotivité ainsi que leur imagination sont également développées, et il leur arrive fréquemment de s'évader dans des rêveries plus ou moins chimériques pour fuir les dures réalités de la vie.

Enfants, ce sont des fillettes qui comblent leurs parents. Sachez leur donner des responsabilités, mais en évitant de les culpabiliser... Surprotégées, elles pourraient fuir leurs responsabilités, et ne pas s'engager dans la vie, ce qui irait à l'encontre de leur véritable voie. Il serait souhaitable de développer chez elles un éventuel don artistique, lequel serait susceptible d'évoluer plus tard vers une profession.

QU'AIMENT-ELLES ?

Elles apprécient la beauté, l'esthétique, l'univers des formes et des couleurs, et leur vie sentimentale est particulièrement importante. Elles ont besoin que leur existence ait un sens et sont heureuses lorsqu'elles se sentent utiles. Sensuelles, sentimentales, tendres, elles attendent beaucoup du Prince Charmant et, comme il est dit dans la chanson : « Elles ont tant d'amoureux qu'elles ne savent lequel prendre », le problème du choix est souvent épineux chez elles.

QUE FONT-ELLES ?

Ce sont des femmes qui privilégient leur réalisation affective et familiale. Elles sont souvent influencées par leurs parents et peuvent leur succéder professionnellement. Sinon, elles seront intéressées par les professions à caractère social, comme celles d'infirmière, médecin, sage-femme, diététicienne, pharmacienne..., par les professions en rapport avec le droit ou la justice, par celles liées à l'art ou à l'esthétique (esthéticienne, coiffeuse, manucure, dessinatrice, décoratrice), professions en rapport avec l'habileté manuelle ou l'artisanat, professions liées à la propreté, l'écologie, professions exigeant de la minutie et de la précision.

CLOTHILDE   5

BÉRENGÈRE, ELIZABETH, FLORINE, GOLDIE

QUI EST-ELLE ?

C'est une femme assez étrange à la personnalité quelque peu particulière. Est-ce parce qu'elle demeure souvent réservée et qu'elle aime cultiver son mystère, ou est-ce parce qu'elle mène sa vie sans forcément s'occuper des modes ou des usages... ? Cette femme énigmatique est particulièrement affective, même si elle ne sait pas toujours pleinement s'exprimer, tant le flot de ses émotions est important. Par ailleurs, elle est à la fois cérébrale, introspective, réfléchie, voire intellectuelle (surtout si elle est née en juillet, ou un 7, 16, 25)... ainsi que très mobile et active au point d'être partout et ailleurs (surtout si elle est née un 5, 14, 23, ou en mai). Sociable, elle apparaît curieuse de tout, pas toujours très patiente, impulsive, et son aisance, son adaptabilité sont assez marquées. Néanmoins, elle possède aussi un fonds d'inquiétude et de méfiance qui la font se replier sur elle-même en cas de choc affectif.

Enfant, c'est une fillette sympathique et attachante qui ne tient pas en place et se montre volontiers affectueuse. Mais sa réceptivité et son intuition sont fort développées et, si le milieu parental est en dysharmonie, Clothilde en sera fortement marquée. Ainsi la verra-t-on s'introvertir et se réfugier dans des rêves ou dans des études, en fuyant le monde et en réprimant sa sensibilité. Aussi, il faudrait éviter au maximum les séparations ou la pension qui détruiraient un peu de sa fraîcheur et de sa spontanéité. De plus, il serait judicieux de surveiller de près ses choix éclectiques.

QU'AIME-T-ELLE ?

Elle recherche avant tout le contact avec les autres et pour cela se montre douce, avenante, serviable et conciliante. Elle a d'ailleurs un sens profond de l'amitié, se révélant une remarquable confidente, disponible et déployant une fine écoute. La vie sentimentale est capitale pour elle, aussi fournira-t-elle les mêmes efforts qu'en amitié : elle se montrera une femme passionnée, capable de tendresse, de tact mais aussi de passion. Par ailleurs, la maternité sera importante pour elle.

QUE FAIT-ELLE ?

La réalisation de son foyer passera certainement avant celle de sa profession. Toutefois, elle sera intéressée par ce qui touche à la vente, au tourisme ou aux voyages…, ce qui est en rapport avec le conseil ou avec les enfants, l'instruction, l'éducation…, ce qui touche à la publicité, au marketing, aux sciences exactes ou aux spécialités techniques.

CORINNE △6   22/4

ADA, ADNETTE, AÏDA, AIMÉE, AVA, BARBRA, BERTRANDE, CAMILLA, CONNIE, DASHA, ÉGLANTINE, FLAVIA, FRANCELINE, GAELLE, HANA, KATIA, KEIKO, MARA, MARCELLE, MARIA, MARINETTE, ODE, SILVANA

QUI EST-ELLE ?

Corinne est une femme charmante, agréable et attractive, qui cherche à plaire et à se faire aimer. Chez elle, le sentiment l'emporte, aussi est-elle prête à faire beaucoup d'efforts de compréhension et de conciliation pour que l'harmonie et la paix règnent autour d'elle. Soucieuse de son apparence physique et sensible à l'esthétique, elle se montre plutôt coquette et, perfectionniste, tend à soigner les détails. Son point faible est son hypersensibilité qui, ajoutée à son imagination et à sa grande nervosité, lui occasionne certaines angoisses. Elle attend de son entourage familial la sécurisation et la protection qui sont nécessaires à son équilibre et à son bien-être. C'est une femme sociable, appréciant les plaisirs de la vie, et qui communique aisément, se révélant souple dans les contacts, usant de charme, de diplomatie et d'humour. L'association du 2 karmique et du 22 karmique n'est pas du tout facile à assumer, puisque avec la première tendance l'être est fragile, craintif et tend à la dépendance et que la seconde le pousse à avoir des réalisations élevées, sinon des idées de grandeur. Soit elle tentera de concrétiser ses objectifs, en développant ses atouts qui sont le perfectionnisme, la patience et le sens de l'effort, mais ne sera pas à l'abri des retombées ou des crises nerveuses. Soit elle vivra plutôt en s'échappant par l'imagination et les rêves, se réfugiant dans l'indolence, l'indécision, oscillant entre plusieurs orientations ou encore se réfugiant sous l'aile d'un compagnon qui compensera ses manques.

Enfant, elle se montre souvent impressionnable, cyclothymique, capricieuse, timide, hyperémotive et très dépendante de son environnement. Il faut absolument lui apprendre à être autonome, lui donner des responsabilités, des devoirs, même, et la sécuriser en lui disant toujours la vérité. Attention à ne pas la surprotéger, car cette enfant saura vous attendrir et vous aurez tendance à prévenir ses moindres caprices pour lui éviter pleurs, crises de nerfs ou angoisses. Vous ne feriez alors que renforcer de petites tendances obsessionnelles latentes, contribueriez à l'inférioriser davantage et ne l'aideriez pas à vaincre son immaturité. Elle saura profiter de problèmes de santé ou de manque d'appétit pour attirer votre attention sur elle, et requérir votre affection.

QU'AIME-T-ELLE ?

Elle aime s'associer, coopérer, collaborer, le soutien affectif ayant pour elle valeur de tremplin. La vie sentimentale est évidemment capitale pour cette affective, qui se défend souvent de sa sentimentalité. Le 2 karmique est souvent indice d'impatience et rend difficiles les relations sentimentales (déjà, son nombre actif 42 va dans le sens de fardeaux familiaux). Deux cas sont possibles : ou elle devient une parfaite femme au foyer et s'épanouit dans la maternité, lorsqu'elle a passé le cap de la maturité ; ou bien elle fuit la maternité, restant une femme-enfant et comptant un peu trop sur les autres.

QUE FAIT-ELLE ?

Nous avons vu précédemment que l'environnement familial déterminera beaucoup son futur, car elle est influençable. Si celui-ci est favorable et stimulant et qu'elle a la possibilité de vivre son 22, une vie professionnelle d'envergure s'offre à elle, souvent à fond humanitaire ou liée à la créativité. Sinon, elle sera attirée par les professions de conseil ou en liaison avec les enfants, les professions médicales, paramédicales, ou liées à la santé, l'hygiène, l'écologie, les professions en rapport avec l'esthétique, la création, ou la gestion, l'économie, les professions exigeant de la précision.

CYRILLE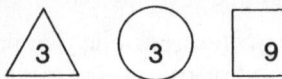

FRANCESCO, FRANÇOIS-ÉRIC, GUSTAVE-ADOLPHE, HIÉRONYMUS, LONSO, MICKEY, OCTAVE, ODON, OLOF

QUI EST-IL ?

Sympathique, ouvert, sociable et extraverti, Cyrille a une personnalité particulièrement agréable et attractive, tant par son apparence joviale et charmante que par son côté amical. Particulièrement apte à s'adapter (il est souvent marqué par le signe des Gémeaux ainsi que par Jupiter ou Mercure), il se lie facilement et possède même certaines qualités de mimétisme, au point de prendre les accents de la région où il se trouve et de se révéler parfois un imitateur doué ! Il doit cela à son sens de l'observation et à une intelligence vive, analytique et critique. De nature enjouée, il aime faire rire et s'amuser, car pour lui, la vie est un peu un jeu. Mais ses facilités (curiosité et adaptation) peuvent aussi le conduire à la dispersion, ce qui, à long terme, risque de lui être préjudiciable ; de plus, elles ne le préparent pas forcément à la lutte, et il est facilement désarmé face aux crises existentielles.

Enfant, Cyrille se révèle pétillant, gai, malicieux, communicatif, affectif et démonstratif, beaucoup plus intéressé par le « principe de plaisir » que par celui « de réalité ». Les parents devront, par une éducation relativement stricte, lui donner la notion de limites, le structurer au maximum, lui qui est si désorganisé (sa chambre devient vite un capharnaüm !). Ils surveilleront aussi de près cette fâcheuse tendance qu'il a de commencer tout et de ne rien terminer, ainsi que d'enjoliver la réalité... Il faudra favoriser chez lui, de bonne heure, l'apprentissage des langues étrangères, ainsi que la recherche d'un violon d'Ingres créatif. Enfin, ils lui inculqueront une certaine discipline, et ancreront en lui la fable de *La Cigale et la Fourmi*, car pour lui le travail est une corvée dont il se passerait bien !

QU'AIME-T-IL ?

Il aime parler, chanter, rire et s'amuser. Appréciant d'être remarqué, il n'est pas insensible au public, à la société et a horreur de la solitude. Adepte des jeux, qu'ils soient d'esprit, d'amour ou purement divertissants, il recherchera avant tout la facilité. Rapide, souple, alerte, il peut manier très bien les ciseaux, le crayon, les outils et être un excellent manuel tout en appréciant aussi la danse par exemple…

Sentimentalement, ce n'est pas la fidélité qui le caractérise mais le savoir-faire et il ne laissera pas les femmes indifférentes ! Sensuel, sensitif, il est épicurien et peut se révéler un séducteur ayant toujours réponse à tout.

QUE FAIT-IL ?

Cyrille peut être attiré par les professions liées de près ou de loin au spectacle ou à l'audiovisuel, les professions commerciales où la parole est l'élément indispensable (speaker, enseignant, animateur…), à moins que ce ne soit l'expression écrite qui l'emporte (écrivain, journaliste, secrétaire…), les professions créatives, les professions en liaison avec les jeux.

Il devra éviter les métiers sédentaires, routiniers ou statiques.

DANIÈLE △5   □3

BONNIE, FROSINE, GERVAISE, MÉLAINE, MÉLANIE, PATRICIA

QUI EST-ELLE ?

Curieuse et sympathique, franche et directe, Danièle est une femme charmante, vive et communicative. Sous des dehors de réserve, elle cherche à plaire et saura se montrer conciliante et agréable dans ses rapports sociaux. C'est une femme pressée, adaptable et rapide, que la patience ne caractérise pas vraiment. « Vite » est son adjectif favori d'autant que, fervente adepte de son indépendance et de sa liberté, elle supporte difficilement les besognes inutiles et routinières qu'elle exécute rapidement, avec une grande habileté, pour passer à ce qui l'intéresse. Elle est souvent douée manuellement et peut se révéler une parfaite bricoleuse, maniant tout aussi habilement l'aiguille que la perceuse, ou encore le pinceau... En fait, Danièle est passionnée et a besoin de se motiver en renouvelant sans cesse ses intérêts. Le fait de ne pas être éprise du définitif peut induire chez elle un itinéraire quelque peu anarchique dû à une petite tendance à la versatilité ou à l'instabilité, voire à la superficialité. Pourtant, au fond d'elle-même, elle recherche l'ordre et la stabilité qui la sécurisent, même si le changement et l'aventure l'excitent au plus haut point. Active, ayant le sens du travail, Danièle n'est pas dépourvue d'autodiscipline. Par contre, elle n'est pas toujours disciplinée face à des tâches imposées par les autres, et se montrera même assez allergique aux contraintes ! Par ailleurs, tout en étant souple et ouverte, on peut noter chez elle un côté rigide en liaison sans doute avec un certain conservatisme ou avec des principes.

Enfant, elle se révèle agréable mais peut être encline à une certaine réserve ou méfiance. Douée d'une intelligence vive et d'un esprit de synthèse, elle a des facilités scolaires mais peut être gênée par un manque de confiance en elle ainsi que par une grande timidité. Il faudra donc la rassurer et l'encourager, d'autant que c'est une hypersensible. Elle a besoin de son jardin secret, de ses rêves: c'est une grande imaginative. Il serait donc judicieux de favoriser sa tendance créative ainsi que sa souplesse et sa vivacité qui s'exprimeraient parfaitement dans la danse.

QU'AIME-T-ELLE ?

Danièle est une sentimentale qui recherche à avoir des rapports privilégiés avec les autres. C'est une intimiste qui aime échanger et communiquer avec ses amis, avec qui elle se montre serviable et disponible. Son intuition et son sens psychologique sont nettement au-dessus de la moyenne et font d'elle l'amie rêvée qui saura conseiller avec finesse. Vivre, pour elle, c'est partager les mêmes intérêts et les mêmes émotions que l'élu, auquel elle a besoin de s'identifier. Au sein du couple, elle fera beaucoup d'efforts de conciliation car, même si la liberté est chère à son cœur, l'union a une valeur primordiale à ses yeux. C'est une hôtesse agréable, sachant parfaitement animer une soirée en mêlant habilement tact, charme et réserve.

QUE FAIT-ELLE ?

La réalisation d'un foyer est prépondérante pour elle. Toutefois, si elle reste dépendante affectivement, elle a besoin d'avoir son indépendance personnelle et, sur le plan professionnel, elle sera attirée par les professions de conseil ou l'enseignement, les professions commerciales où l'expression écrite ou orale est importante, les professions créatives, en liaison particulièrement avec la dextérité manuelle, les professions où les voyages, la mobilité et le contact avec les autres sont nécessaires.

DANIELLE
et **MARCELINE**

△ 8   ☐ 6

BASTIENNE, BOBBIE, GABRIELLE, MACHA, MAGDA, RAFA

QUI SONT-ELLES ?

Elles sont décidées, énergiques et volontaires, ce qui leur confère une apparente maîtrise d'elles-mêmes. Elles dégagent force, calme et solidité. En fait, elles sont strictes, autoritaires, ambitieuses et aptes à acquérir un certain pouvoir. Elles sont actives et travailleuses et sont tout à fait capables de prendre et d'assumer des responsabilités. Ce sont des femmes passionnées, même si elles donnent l'impression d'une certaine froideur, et ne sont bien dans leur peau que lorsqu'elles s'investissent pleinement dans une entreprise qui les mobilise, dans une activité où elles sauront se montrer efficaces, organisées et pratiques. Elles peuvent alors se révéler des travailleuses acharnées, perfectionnistes, réalistes et perspicaces, aptes à gérer, organiser, administrer. Elles possèdent de bons critères de jugement ainsi qu'un esprit analytique, parfois un peu terre à terre. Danielle et Marceline sont courageuses et entreprenantes. Elles ont horreur de l'injustice et sont capables de réactions violentes lorsqu'elles suspectent une quelconque iniquité. Plutôt proches du tempérament colérique, elles ne sont pas toujours très tolérantes, même si elles s'efforcent d'être ouvertes et conciliantes. Elles possèdent un grand sens de l'amitié et on ne fait pas en vain appel à elles : elles sauront être généreuses et secourables. Elles ont une écoute particulièrement fine, et peuvent donner de judicieux conseils.

Fillettes, elles se montrent actives et entreprenantes. Très soucieuses de plaire et de faire plaisir, elles feront beaucoup d'efforts pour être en harmonie avec leurs parents. Elles ont horreur des disputes, de l'agressivité, et ont un grand besoin de paix et d'harmonie, même si parfois elles provoquent des situations explosives. Elles sont beaucoup plus affectives et sensibles qu'elles n'en donnent l'air et dissimulent souvent leur tendresse derrière une brusquerie certaine.

QU'AIMENT-ELLES ?

Elles aspirent à l'union et aux associations, étant particulièrement capables de travailler en collaboration. Elles ont besoin d'un environnement affectif ainsi que d'une sécurité pour donner le maximum d'elles-mêmes. Elles sont souvent sensibles à la beauté, à l'esthétique, aux arts et fortement concernées par leur vie sentimentale. Pourtant, rien n'est simple pour elles en matière affective, avec le 2 karmique et le 6 karmique : elles sont extrêmement exigeantes et élitistes. De plus, directives, elles ont tendance à donner le ton et ne se rendent pas toujours compte de leur autoritarisme. Elles sont donc souvent confrontées au problème du choix.

QUE FONT-ELLES ?

Bien que très concernées par leur vie sentimentale et la réalisation de leur foyer, Danielle et Marceline apprécieront néanmoins d'avoir une activité professionnelle. Elles seront tout particulièrement attirées par les professions en rapport avec l'argent (banque, gestion, comptabilité...), les professions de conseil ou l'enseignement, les professions où la minutie ou la précision sont nécessaires, les professions en association ou collaboration, les professions artistiques ou esthétiques.

DAPHNÉE, DAHLIA, DALHIA et MANELLE

△ 8 ◯ 11/2 □ 6

ANAÏS, ANGÈLE, CLÉO, MARIKA, MARITA, RÉJANE

QUI SONT-ELLES ?

Ce sont des femmes énergiques et volontaires, capables de prendre des responsabilités et de les assumer, dynamiques, actives et entreprenantes. Elles sont ambitieuses et ne manquent pas de courage, surtout lorsqu'elles sont motivées. Assez cyclothymiques, elles passent souvent par des extrêmes et manquent de mesure. Mais elles sont généreuses et entières, et n'aiment ni les compromissions, ni les flatteries, ni l'injustice. Elles peuvent avoir un certain goût pour le risque et sont tout à fait capables de prendre une position de leader, d'autant qu'elles recherchent le pouvoir et sont en mesure de l'assumer. Elles sont loyales et franches et, bien que pourvues de tact et de diplomatie, il leur arrive toutefois de réagir très violemment lorsqu'elles se sentent attaquées injustement ou lorsque leur amour-propre est en jeu. Tout en étant sportives, ce sont des femmes féminines, soucieuses de plaire et de séduire, que ce soit par une attitude accueillante et sympathique ou par un besoin de soigner leur apparence. Elles sont coquettes et raffinées et apprécient les bijoux de prix ou les vêtements luxueux avec un goût prononcé pour le beau ainsi que pour les signes extérieurs de richesse. Elles peuvent se révéler excellentes femmes d'affaires car elles sont pragmatiques et possèdent un solide sens pratique.

Enfants, elles sont démonstratives, affectueuses mais possessives et entières, facilement jalouses et susceptibles. Ce sont des fillettes responsables, soucieuses de faire plaisir, à qui l'on peut faire confiance. Sociables, elles sont faites pour être entourées d'amis qu'elles tendent à entraîner dans leur sillage. Elles sauront diversifier leurs activités en s'intéressant tant aux jeux de leurs frères que de leurs sœurs, puisqu'elles ont autant besoin d'action que de rêve...

QU'AIMENT-ELLES ?

Elles aiment le contact, recherchent l'union, l'association et la coopération avec les autres. Avec un maître nombre 11 karmique, elles tendent à s'intéresser à autrui, car elles possèdent profondément le sens de l'humain, un esprit de fraternité, souvent utopique, et un sens aigu de l'amitié. Elles sont douées pour le conseil et l'on tend à rechercher leur appui et leur réconfort, ce qui leur plaît d'ailleurs, d'autant qu'elles possèdent des facultés d'écoute et peuvent se montrer fines psychologues.

Le domaine sentimental est moins facile à vivre que le domaine amical, car elles tendent à se montrer autoritaires et directives, même si elles ont souvent l'impression d'être souples et conciliantes. En réalité, elles sont exigeantes, et la réussite du couple est fort importante, sinon capitale, à leurs yeux. Elles recherchent la perfection et demandent parfois l'impossible. La tolérance qu'elles peuvent défendre en théorie disparaît lorsqu'il s'agit de leur compagnon auquel elles ne permettent aucune faille. Fidèles, loyales, elles se montrent possessives et jalouses ; mais elles savent être charmantes : sensuelles, raffinées, bonnes maîtresses de maison et bonnes mères de famille, elles savent se rendre indispensables.

QUE FONT-ELLES ?

Elles ne sont pas indifférentes au côté lucratif de leur profession et leurs origines sociales, le plus souvent favorables, les aideront sur ce plan. Elles seront attirées par les professions de conseil, celles en rapport avec le domaine de la finance ou de l'économie, de la gestion ou tout simplement des affaires, celles en rapport avec le raffinement (coiffure, parfumerie, décoration...), le confort (l'immobilier, le mobilier...), la précision (dessin industriel, prothèse dentaire...), l'hygiène, la restauration ou la gastronomie, celles en rapport avec l'expression orale et le domaine de la communication.

DAVID 22/4

ÉLIE, GENE, GIAN, HABIB, ISTVAN, MILAN, RAOUL, RAULO, STEVEN

QUI EST-IL ?

Certes David a de la personnalité à revendre et entend bien le faire savoir (nombre d'expression 22 = maître nombre). Il n'est pas dépourvu d'un certain charisme qui le rend attractif auprès du sexe opposé : charme, séduction et sociabilité sont autant d'atouts qui le rendent plaisant. Mais ne vous fiez pas à cette apparence sympathique, David est profondément déterminé et sait pertinemment ce qu'il désire et, avec son sourire envoûtant, il saura vous faire aller où il veut, d'autant plus qu'il a de la suite dans les idées et ne manque ni d'astuce ni de persuasion. Par ailleurs, orgueilleux et vaniteux, il estime ne pas être n'importe qui... Il sera indépendant et original, sous l'influence du curieux mélange du 3 et du 4 (de 22), ces chiffres antagonistes qui le poussent à rechercher la facilité, le plaisir, l'amusement sans toutefois perdre de vue la notion de travail, de rendement, fierté oblige ! Voilà pourquoi il lui faudra trouver une profession qui revête pour lui tous les attraits du plaisir. En effet, en dépit d'un aspect léger, voire superficiel dans certains domaines, il se montre efficace et appliqué dans d'autres ; le mot clé pour lui est certainement la motivation. S'il arrive à vivre ses aspirations souvent grandioses sous l'influence du 22, il pourra s'exprimer pleinement, à l'image du roi David...

Enfant, il se montre vif, intelligent, fin, avec un certain sens de l'humour, mais sa volonté de pouvoir se fait déjà sentir, ce qui provoque quelques petits conflits d'autorité. Le cas échéant, il pourra faire preuve de mauvaise foi pour sauver la face. Assez égocentrique et orgueilleux, son esprit de camaraderie est à développer, ainsi qu'un éventuel violon d'Ingres.

QU'AIME-T-IL ?

Il aime avant tout plaire, séduire, s'exprimer et dominer. Un rien tyrannique, il veut être le seul, l'unique, le chef... Épris de beauté, d'harmonie, il peut être un esthète s'intéressant à l'art et à la créativité en général. En matière de cœur, il peut faire des ravages car il a un charme fou. Beau parleur, il a du savoir-faire mais sait aussi se montrer strict.

QUE FAIT-IL ?

David, qui possède de nombreuses cordes à son arc, peut se tourner vers de multiples professions, son jour de naissance peut influer et peser dans la balance. S'il est né un 1, 10, 19, 3, 12, 21 ou 30, il sera plutôt attiré par les professions créatives (esthétique, art, mode...) ou les métiers liés à l'écriture (journalisme, édition, enseignement...) ; s'il est né un 4, 13, 22, 31, 7, 16 ou 25, il s'orientera plus volontiers vers les sciences exactes.

Dans tous les cas, il sera d'autant plus performant qu'il se passionnera par ce qu'il fait et tendra à s'élever lentement mais sûrement en faisant montre de qualités d'adaptation, de savoir-faire et de patience : c'est un constructeur, parfois à un très haut niveau.

DEBORAH △8 ◯3 ▢5

DORIANNE, FLORIANE, GAËTANE, MAGDALÈNE, MARIE-ANNE, MARIE-JO, MARJORIE

QUI EST-ELLE ?

Un certain magnétisme se dégage de cette forte personnalité qui possède une autorité naturelle, et des qualités que d'aucuns attribuent plus volontiers aux hommes qu'aux femmes : ambitieuse, autoritaire, courageuse, énergique, d'adaptation facile, elle sait foncer le cas échéant pour saisir les opportunités, le sens des réalités et du concret étant développé chez cette femme plutôt matérialiste. De nature particulièrement impatiente, elle est rapide d'exécution mais possède une certaine intolérance qui peut la rendre dure, voire brutale. Esprit de contradiction, pimenté d'une petite pointe d'obstination ou de mauvaise foi, fera dire d'elle : C'est un caractère !

Enfant, il faudra lui donner de bonne heure une éducation ferme mais juste (heureusement, elle est responsable, équilibrée et consciente de ses actes), sans quoi c'est elle qui mènera le jeu ! Son sens de la liberté est sacré, aussi faudra-t-il le prendre en compte en lui imposant des responsabilités, même si son impulsivité vous donne des frissons et vous angoisse, d'autant que les ruades de cette nature entière et altière sont sévères et le chemin de la révolte vite emprunté. Assez jalouse et susceptible, il convient de ménager son amour-propre. Sachez user d'une touche d'humour !...

L'exercice physique lui est nécessaire pour déverser son trop-plein d'énergie. Enfin, l'éducation sexuelle devra être précoce chez cette ardente jeune fille.

QU'AIME-T-ELLE ?

Elle aime conquérir, plaire et séduire, ainsi que s'exprimer, ce qu'elle réussit sans difficultés ! Par ailleurs, gourmande et sensuelle, elle est épicurienne et apprécie comme il se doit les plaisirs de la vie. Elle aime les affrontements, le risque et l'aventure, ce qui ne la met nullement à l'abri d'incidents physiques, malgré la chance qui la protège.

Sentimentalement, c'est souvent elle qui choisit ! Elle n'hésite pas à faire le premier pas le cas échéant. Au sein du couple, sa liberté devra être préservée, alors que paradoxalement elle est jalouse comme une tigresse ! Ne vous méprenez pas, messieurs : c'est elle qui commande !

QUE FAIT-ELLE ?

La réalisation professionnelle est primordiale chez Deborah, marquée par le nombre actif 35, dynamique, indice de réussite matérielle. Ce ne sera pas une femme au foyer à moins qu'elle ne vive son ambition par personne interposée, par l'intermédiaire de son compagnon.

Les professions qu'elle préfère sont en rapport avec les affaires (finance, gestion, économie, banque, comptabilité…), relatives au commerce et aux voyages, liées à l'exercice d'un pouvoir, quel qu'il soit (police, médecine…), en liaison avec toutes les formes de communication et d'expression, ainsi que les langues étrangères.

DENISE

△ 1½/2   ☐ 1

ANN, BELINE, BERTILLE, EMMANUELLE, EUDOXIE, FIRENZE, FRIDA, HERBIE, MIREILLE, PÂQUERETTE, PERLE, WILHELMINE

QUI EST-ELLE ?

Denise a une personnalité complexe, voire ambiguë du fait des deux natures antagonistes qui s'affrontent en elle : un côté masculin (le 1), actif, volontaire, autoritaire, indépendant et quelque peu égocentrique, ayant tendance à ramener tout à soi en régentant, dirigeant et recherchant la première place... Un côté féminin (le 2), passif, parfois velléitaire, timide, dépendant, affectif, à l'écoute des autres et plutôt altruiste, s'effaçant au profit des autres...

Ce curieux mélange a pour effet de lui conférer un caractère cyclothymique, tour à tour enthousiaste, confiant et actif puis défaitiste et passif. Sa grande réceptivité et son hyperémotivité sont à l'origine de son humeur changeante, et ce trait sera accentué si dans son nom de famille il n'y a pas de lettres B, K, T. L'influence du 1 sera bien sûr prédominante si elle est née un 1, 10, 19, 28, ou au mois de janvier et l'influence du 2 si elle est née un 2, 20, 29, ou en février ou en novembre. C'est certainement au cours de l'enfance qu'elle souffrira de ces ambivalences, tiraillée entre ses désirs de grandeur (être la première ou la meilleure) et son besoin d'être protégée et sécurisée, d'autant que son nombre actif se vit la plupart du temps en 2 (infériorité et passivité). À l'âge adulte, elle le vivra éventuellement en 11, qui est un maître nombre et qui demande de prendre en charge et d'assumer les autres. Ces tiraillements se traduisent par un mauvais caractère, des crises de colère et une susceptibilité mal placée. Les parents devront donc la stimuler sans cesse et l'encourager dans ses études en montrant leur intérêt, sans quoi Denise pourrait bien se laisser aller à une certaine nonchalance puisque, du moins le pense-t-elle, elle n'intéresse personne. Il serait souhaitable, pour elle, d'avoir des frères et sœurs, elle pourrait se révéler une excellente pédagogue, fière de son rôle d'aînée et du respect qu'elle suscitera chez ses cadets. Denise possède du caractère et peut s'élever lentement mais sûrement si elle est bien entourée. Le moindre échec ou une frustration peuvent l'atteindre profondément et pourraient lui faire vivre aigreurs ou maladies nerveuses.

QU'AIME-T-ELLE ?

Elle aime être un leader, un exemple, et c'est souvent dans des mouvements humanistes ou engagés qu'elle s'exprime pleinement, d'autant qu'elle a un sens profond de l'amitié...

Elle peut prêter une oreille attentive aux autres et être la confidente vers qui l'on vient pour être conseillé et réconforté. Sentimentalement, elle est assez secrète, ce qui pourrait passer facilement pour de la froideur. Elle se contente difficilement d'un seul rôle de mère de famille, car elle est ambitieuse et se réalise pleinement quand sa vie est remplie sur le plan intellectuel et social. Curieuse, elle aime connaître et apprendre et est souvent une parfaite autodidacte. Dirigiste et dominatrice dans le couple, elle ne sera pas facile et ne perdra pas l'occasion de remettre en question son compagnon s'il n'agit pas comme elle le désire. Ses critiques sont au demeurant redoutables.

QUE FAIT-ELLE ?

Les professions libérales lui conviennent parfaitement, car elle est avant tout indépendante, ainsi que les postes de direction ou de commandement. Le domaine des sciences humaines l'intéresse, l'enseignement étant pour elle une voie royale...

DIDIER et **DIETRICH**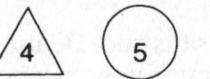

ARCADIUS, AURÉLIEN, DED, ELVIS, ENGUERRAN, ERNST, GENIN, GIANGIACOMO, GUILLERMO, JACQUES-HENRI, KENJI, LEOPOLDO, LOUIS-HENRI, NEIL, PAUL-ÉMILE, RÉGIS, SERGI

QUI SONT-ILS ?

Didier et Dietrich sont secrets, timides, inquiets, réservés, au point de pouvoir paraître distants et hautains. Ce n'est pas qu'ils le soient en réalité, mais ils adoptent une attitude prudente et méfiante lorsqu'ils abordent une situation inconnue. Aussi donnent-ils l'impression de posséder une grande maîtrise de leurs émotions, parfois même un certain flegme. Ils sont en fait nerveux, mais intériorisent beaucoup. Ils ont horreur des manifestations débordantes, des artifices et de la superficialité. Ils ont tendance à être sur la défensive et leur manque de spontanéité est compensé par des qualités de sérieux, d'honnêteté, et de stabilité, sur un fond de conservatisme, de routine et de rigidité.

Enfants, Didier et Dietrich se montrent disciplinés, calmes et en quête de sécurité. Ils sont hypersensibles mais cachent leurs émotions derrière une carapace. Pudiques et mal à l'aise, ils peuvent se réfugier dans les livres ou les études. Il conviendra donc, pour les parents, d'adopter une attitude tout à la fois stimulante et sécurisante et de favoriser leur sociabilité qui n'est pas très développée.

Malgré tout, ils sont plus complexes qu'ils n'en donnent l'air car ils sont caractérisés par des tendances opposées (le 4 et le 5), l'une patiente et ordonnée, recherchant la sécurité et ayant les pieds sur terre, l'autre impatiente et désordonnée, tentée par l'aventure, la nouveauté, les changements... La première tendance sera dominante surtout s'ils sont nés un 4, 13, 22, 31 ou s'ils possèdent un chemin de vie 4.

QU'AIMENT-ILS ?

Ils sont épris de liberté et s'ils apprécient le changement, c'est cependant dans la continuité.

Ils ne sont pas indifférents au côté matériel de la vie, et aiment l'argent, sont plutôt intéressés, économes et conservateurs. Ils sont aussi maniaques dans certains domaines, aussi font-ils preuve de méticulosité et n'apprécient-ils pas que l'on touche à leurs affaires. Ils sont très possessifs.

En amour, comme en amitié d'ailleurs, ils sont entiers et sélectifs : il leur faudra un certain temps d'observation avant d'accorder leur confiance. On pourra leur reprocher de manquer parfois de fantaisie, de n'être pas très démonstratifs dans leurs sentiments, mais certainement pas de fuir leurs responsabilités.

QUE FONT-ILS ?

Les professions liées à la terre (horticulteur, agriculteur, mineur, potier...) peuvent leur convenir. Leur esprit prosaïque, concret et plutôt rationnel peut les pousser à s'orienter vers les carrières scientifiques ou techniques. Le domaine des affaires, de la finance, de la gestion, de la comptabilité, le secteur bancaire conviennent également à leur profil.

DOMINIQUE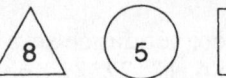

AURÉLIE, BETH, EUGÉNIA, EUSÉBIA, GUARINA, HEIDI, IGNE, INGE, JOCELYNE, LAURA, MARIE-MYRIAM, SUSANNA, TRES

QUI EST-ELLE ?

Un certain sex-appeal, une apparence charmante et parfois sophistiquée, Dominique est tout sourires. Cependant, sous des dehors avenants et sympathiques, elle est loin d'être aussi souple qu'elle en a l'air. Décidée, énergique, elle recherche, d'une façon ou d'une autre, le pouvoir. Cela peut se traduire par un côté combatif, courageux, téméraire, par un certain esprit de contradiction, ou encore, plus habilement, par le fait de se montrer experte dans l'art de la manipulation... Il est vrai que Dominique est fine, adroite, perspicace et persuasive. Elle sait promptement saisir les opportunités qui s'offrent à elle. Loin d'être indifférente à la vie matérielle, elle a le sens des affaires et ne perdra jamais de vue son intérêt. Plutôt impatiente, pressée, impulsive, elle a tendance à penser à court terme. Elle privilégie le moment présent, sans toujours réfléchir à la suite des événements. Son itinéraire n'est donc pas toujours linéaire, agrémenté de nombreux virages, ce qui peut la mener vers une certaine instabilité. Elle a tendance à rechercher la facilité et cela lui réussit assez, car elle a de la chance. Pas toujours disciplinée ni vraiment organisée, elle supporte mal les contraintes, la hiérarchie, les ordres et les critiques. Susceptible, elle réagira souvent par de l'agressivité ou de la colère, ou en se montrant cassante ou agressive. Sa force réside dans sa faculté d'adaptation et son art de la persuasion.

Enfant, Dominique n'est pas toujours très docile. Possessive, autoritaire, mais en y mettant les formes : il est difficile de lui résister. Une éducation stricte est conseillée, dès le berceau, insistant sur les notions d'ordre, de ponctualité, de travail, d'obéissance... La danse ainsi que le sport sont à favoriser.

QU'AIME-T-ELLE ?
Elle aime la liberté, l'indépendance, la nouveauté. Dominique est ennemie de la monotonie et de la routine. Fantaisiste, elle aime l'aventure, ou les aventures, et est souvent tentée par les voyages.

En amour, c'est une passionnée qui a besoin d'être entourée et de mener une vie trépidante. Elle aime être étonnée, ne déteste pas ranger son maquillage et partir sac au dos dans le désert avec des amis... Elle aime plaire, séduire et ses coups de cœur ne durent souvent pas plus longtemps que le premier quartier de la lune...

QUE FAIT-ELLE ?
À l'heure du choix professionnel, Dominique recherchera à être indépendante et sera sensible au côté lucratif de sa profession. Elle sera tentée par les professions commerciales (vente, marketing), en rapport avec les voyages, métiers saisonniers, intérim, en rapport avec la gestion, économie, finance, et parfois avec le pouvoir (armée, police) ou les sports...

DORIA, DORA et MONETTE

  4

AUDREY, CATHERINETTE, ÉLOÏSE, HERMIONNE, LYNN, MARGARET, URSULA, VALEXIA

QUI SONT-ELLES ?

Ces femmes ont une personnalité énigmatique. Elles sont calmes, secrètes et pondérées. Elles se méfient particulièrement de leur émotivité et de tout ce qui concerne la sphère affective. Leur réserve et leur discrétion ne sont pas sans rapport avec une certaine inhibition. Elles évitent de déranger et essaient de résoudre seules les problèmes qui se présentent à elles. Patientes, concentrées et déterminées, elles sentent intuitivement que le temps travaille pour elles. Leur volonté et leur capacité de travail sont supérieures à la moyenne, mais leur rythme d'exécution n'en est pas pour autant plus rapide. En effet, elles se révèlent lentes, ce qui peut les retarder dans leur réalisation sociale ou professionnelle. Elles ne croient pas en la chance. Ce sont des intellectuelles ou des cérébrales, à l'esprit à la fois analytique et sceptique. De longues études leur conviennent fort bien. Elles sont dotées de réelles qualités morales et on peut leur faire confiance même si elles se montrent quelque peu rigides.

Enfants, elles sont calmes et secrètes et se réfugient facilement dans leur tour d'ivoire. Il serait souhaitable de les stimuler et de les encourager, car elles doutent toujours de leurs capacités. Il serait bon de favoriser leur expression orale et leur sociabilité en les faisant participer à des activités de groupe.

QU'AIMENT-ELLES ?

Elles aiment la nature, la tranquillité, la simplicité, les animaux et la terre. Intéressées, pour certaines, par le merveilleux et parfois l'hétérodoxe, elles adhèrent à tout ce qui peut contribuer à l'épanouissement de l'homme.

Sentimentalement, quand elles aiment, elles font difficilement le premier pas, et attendent d'être devinées. Pudiques et timides, elles ont tendance à refouler leurs sentiments et leurs émotions. Ce sont des compagnes fidèles, stables et de bonnes mères de famille, conscientes de leurs devoirs et de leurs responsabilités.

QUE FONT-ELLES ?

Leurs inclinations les mènent vers des professions à caractère scientifique, technique, écologique ou en liaison avec la terre. Les tâches sédentaires ou routinières les sécurisent (Administration).

Si elles sont nées un 11, un 29, en novembre, si elles possèdent un chemin de vie 11, ou encore si elles sont natives du signe du Verseau, elles peuvent vivre leur maître nombre 11 et exploiter leur côté visionnaire et novateur, aussi bien dans le cadre d'engagements politiques et humanitaires que dans des activités de création technique d'avant-garde.

DOROTHÉE 5

FLEURINE, JULIENNE, ROSEMONDE

QUI EST-ELLE ?

Dorothée est émotive, sensible, nerveuse et elle recherche tout particulièrement la compagnie des autres. C'est une femme à la fois idéaliste et réaliste, même si c'est le plus souvent la seconde facette qui apparaît en premier lieu. Son imagination est fertile et contribue, en grande partie, à combler les insatisfactions de son quotidien. Mais, heureusement pour elle, Dorothée est aussi une personne capable de concrétiser, d'organiser et de mettre en pratique ses intérêts. Elle est attirée par la musique, la poésie, l'humanité, l'irrationnel, et incline souvent vers le rêve, mais elle peut aussi se montrer constructive et matérialiste. En fait, elle est assez déconcertante en raison de deux tendances antagonistes : son personnage extérieur peut souvent donner l'impression d'une certaine facilité, voire d'une légèreté ou d'une superficialité, parce qu'elle se montre parfois impulsive, franche et directe... Pourtant il n'en est rien et, au moment où l'on s'y attend le moins, elle peut se montrer cassante et distante. Elle a horreur d'être envahie et est très attachée à son indépendance. Vis-à-vis de l'ordre également, son comportement peut être déroutant. On la verra tour à tour stricte quant aux principes, exacte, ordonnée, économe, pudique, organisée (particulièrement si elle est née un 4, 13, 22, 31, ou si elle possède un chemin de vie 4). Puis, brusquement, elle se mettra en flagrant délit de contradiction avec ses propres critères de valeur en apparaissant dépensière, désordonnée, laxiste, surtout si elle est née un 5, 14, 23, ou si son chemin de vie est 5)... Si elle se prend un jour à succomber à une tentation, elle se jurera bien de ne plus recommencer et entreprendra sa propre rééducation. Elle est, en général, active et volontaire mais sa faiblesse est sans doute sa forte sensualité et son affectivité. Elle est très sensible à l'environnement familial et facilement ébranlée par une déception d'ordre affectif. Elle se replie alors complètement sur elle-même, en se fermant aux autres, et en fuyant les réalités. Fillette, elle ne devrait pas poser de problèmes à ses parents à partir du moment où l'ambiance familiale est bonne. Car elle vit et grandit en fonction de l'amour qu'elle reçoit. Si sa famille ne lui apporte ni affection ni réconfort, elle peut se désintéresser totalement de sa scolarité et rechercher, de façon précoce, un ersatz d'affection en se précipitant tête baissée dans la première histoire sentimentale venue. Sinon, elle peut aussi s'échapper par le rêve en refusant les contraintes. Une activité artistique serait souhaitable, ainsi que des activités de groupe dans lesquelles elle pourrait partager et échanger.

QU'AIME-T-ELLE ?

Elle aime la sécurité et la stabilité et, si elle est souvent tentée par l'aventure, les voyages, les plaisirs de toutes sortes, il faut qu'elle le fasse avec toutes les précautions possibles. Elle apprécie la nature et le naturel, les animaux et la campagne. Si elle arrive à vivre les hautes vibrations que lui confère son maître nombre, Dorothée pourra réaliser d'importantes choses sur le plan matériel, aidée en cela par sa très grande capacité de travail ainsi que ses dons d'organisatrice, sa riche imagination et son intuition.

Sur le plan sentimental, elle est assez ambivalente : romanesque, sensuelle, idéaliste, elle est aussi terre à terre et peut manifester une certaine peur devant l'amour. Pudeur, réserve, froideur peuvent lui être reprochées, pourtant Dorothée est une hypersensible et une affective qui ne se l'avoue pas toujours.

QUE FAIT-ELLE ?

Dorothée n'aime pas être inactive, aussi recherchera-t-elle une voie professionnelle de préférence plaisante, car elle a besoin de s'investir pleinement pour que sa vie ait un sens... Ainsi sera-t-elle en premier lieu attirée par des professions en liaison avec une collectivité, avec le domaine social, médical ou paramédical, en liaison avec un public, avec l'audiovisuel, avec la vente, en rapport avec la nature, les animaux, la terre, liées aux voyages, ou exigeant de l'ordre, de la méthode, de la rigueur, de la précision...

DUNCAN 8

BACCHUS, ELYMAS, ÉMILE-AUGUSTE, FARUK, GUNNAR, HYACINTHE, MARCUS, RENÉ-ANTOINE, RODDY, SERGUEÏ, TIMOTY, TOMASSO

QUI EST-IL ?

C'est un homme sympathique et communicatif, pourvu de charme et de magnétisme. Sociable, extraverti, il est ouvert, souriant et plaisant. Duncan est fait pour s'exprimer, parler, s'amuser. Aussi recherche-t-il souvent le contact et les échanges. Mû par des influences contraires (celles du 3 et du 4), il peut paraître parfois déconcertant. Il passe en effet par des phases où il incline à la facilité, aux amusements, aux plaisirs et à un certain éparpillement… et par des phases où, au contraire, il ne déteste pas se frotter aux difficultés de la vie, où il se révèle capable d'efforts, de contraintes, de sérieux et d'autodiscipline. Dans le premier cas (surtout s'il est né un 3, 12, 21, 30, ou possède un chemin de vie 3), il peut même donner l'impression d'une certaine légèreté, un peu comme si la vie n'était qu'un jeu. Dans le second cas (moins fréquent, sauf s'il est né un 4, 13, 22, 31, ou s'il possède un chemin de vie 4), il apparaîtra ferme et sérieux. Duncan est un homme concret, matérialiste, et qui ne perd jamais de vue le côté financier des choses. Il peut faire un excellent homme d'affaires, persuasif et incisif, non exempt de courage et d'opportunisme, le cas échéant.

Enfant, il serait utile de veiller à ce que se développent harmonieusement ces deux tendances, qui sont complémentaires, sans privilégier l'une au détriment de l'autre. Aussi encouragez sa créativité ainsi que ses facultés de communication par la musique, le chant, le théâtre, l'écriture ou les langues. Il faudra combattre sa tendance versatile en favorisant l'ordre et la méthode, la discipline, ainsi que le travail bien fait. Duncan saura au quotidien se montrer agréable et bavard…

QU'AIME-T-IL ?
Tout en aimant s'étourdir dans le monde, Duncan aime la tranquillité, la sécurité et la stabilité. Même s'il lui arrive de goûter au luxe, il n'en aime pas moins ce qui est naturel, simple, sobre et authentique. Il désirera construire, notamment dans sa vie sentimentale. Il est vrai qu'il sera sensible à une compagne représentative, qu'il sera fier d'exhiber à son bras, mais il sera aussi sensible à son sérieux et à son sens du devoir.

QUE FAIT-IL ?
À l'heure du choix professionnel, Duncan ne dédaignera pas les professions lucratives, même si ce n'est pas une fin en soi. Il sera plus particulièrement tenté par les professions commerciales ou en rapport avec le public, où la parole, l'écriture, les langues, la voix sont primordiales (avocat, comédien, enseignant…), celles en rapport avec la gestion ou la finance, la banque…

ÉDOUARD 5 6 8

ACHILLE, ALBÉRIC, ARISTIDES, BENJAMIN, BERTRAM, BJORN, CALEB, CLITANDRE, DAVE, ÉDARD, ÉVERETT, ÉVRARD, GARETH, GERHART, GODEFROY, HADRIEN, HAMLET, HANSEL, ISMAËL, JORG, JUAN-PEDRO, KAREF, KARELL, KENDALL, LINO, LOUIS-AIMÉ, LUCIEN-FRANÇOIS, MARTINELLI, MILOS, PLACIDE, ROGER-PAUL, SCOTT, SILVIO, VASILE, VIKTOR

QUI EST-IL ?

Édouard est un être bouillonnant, autoritaire, ambitieux, confiant en lui-même et passionné. Cet homme d'action a besoin de se dépenser physiquement et d'aller de l'avant. Il en impose de prime abord, et apparaît comme quelqu'un de fort, sérieux et digne de confiance. C'est souvent aussi un caractère trempé, poussant parfois jusqu'à la contradiction, l'arrogance, qui déteste la flatterie et les contraintes. Impatient, doué d'une agilité d'esprit surprenante, il peut se montrer aussi irritable, très nerveux, agressif et même violent, lorsqu'il estime que les bornes risquent d'être dépassées... Il sait surtout être agréable, très responsable, curieux, adaptable, et n'hésite pas le cas échéant à se remettre en question, l'aventure et la nouveauté ayant tendance à le stimuler. Il hésitera d'ailleurs souvent dans sa vie entre son sens des responsabilités et du devoir, son esprit de famille, et l'envie de tout remettre en cause, de vivre pour lui et non pas pour les autres. Selon les époques, ou selon les circonstances, ce sera une tendance ou l'autre qui l'emportera. Édouard apparaîtra le plus souvent comme une épaule stable et solide sur laquelle s'appuyer, même s'il préférerait être un peu moins responsable des autres, alors qu'on profitera le plus souvent de sa serviabilité et de sa manière de prendre les choses au sérieux.

Enfant, il déborde de vitalité, et ce n'est certainement pas une autorité rigide qui aura de l'ascendant sur lui. Il respectera bien davantage ceux qui adopteront une attitude franche et directe, ou ceux qui lui feront confiance et respecteront son sens de la justice et de l'équité. Il possède l'amour de la famille et se montre un enfant affectueux et responsable, bien que parfois quelque peu tête brûlée. Le sport est nécessaire à son équilibre. Ni nuancé, ni impressionnable, ni influençable, il est consciencieux, courageux et, bien que parfois abrupt, il est le plus souvent cohérent dans son comportement.

QU'AIME-T-IL ?

Édouard aime le confort de son foyer, la famille, l'harmonie et la paix. Il a aussi un sens très développé de la justice et des responsabilités. Les sentiments tiennent une grande place dans sa vie, mais il aura tendance à bien préserver ses prérogatives. Il passera beaucoup de temps à aménager son intérieur, à moins que ses choix professionnels ne le poussent vers la décoration ou les activités manuelles.

QUE FAIT-IL ?

Il peut tendre à exercer des professions diverses avant de trouver sa véritable voie. Les professions liées à l'exercice d'un pouvoir pourront le satisfaire (justice, police, politique), ainsi que celles qui échappent à la routine et font voyager (la vente, la représentation, le tourisme), les activités en rapport avec l'alimentation, la cuisine, l'œnologie, enfin toutes celles où il pourra exprimer son sens des formes, de l'esthétique, des couleurs ou des matériaux.

ÉLISABETH △9 ◯2 □7

ADELINDE, AMÉLIE, BÉATRICE, BERNARDINE, GÉRARDINE, GERMAINE, JEANNINE, LOTTIE, MADELINE, ODILE, OLIVE, SOPHIE, TONIE, ZARAH

QUI EST-ELLE ?

Sous des dehors altiers et parfois glacés, Élisabeth cache une sensibilité et une émotivité au-dessus de la moyenne. Son intuition est considérablement développée et elle s'en sert avec maestria dans ses rapports humains. En effet, plutôt passive, parfois paresseuse et souvent rêveuse, elle sait observer. À l'écoute des autres, effacée, timide, elle saura aisément émouvoir autrui mais elle saura aussi se montrer redoutable. Elle est discrète et pudique, au point d'apparaître souvent froide et distante. Elle a le goût de l'intimité et cultive le secret. Voilà pourquoi Élisabeth est souvent une énigme pour son entourage ! Elle tend aussi à se protéger car elle se sent sensible et vulnérable. En cas de problème affectif, elle se retranche du monde, et peut même vivre des périodes de dépression. Pourtant, elle sait aussi faire preuve de courage et de détermination lorsqu'elle est sensibilisée par une cause qui la touche, sociale le plus souvent. En fait, elle demeure complexe car elle est partagée entre deux vibrations opposées. Celles du 9 qui la poussent à une certaine spiritualité, un intérêt pour les autres, et l'incitent à faire partie de groupements ou d'associations ayant les mêmes idéaux… Et celles du 7, qui la mènent vers un certain scepticisme, vers un égocentrisme plus ou moins développé et la poussent à fuir le monde et à vivre en ermite, même dans son milieu familial…

Parents, méfiez-vous, car Élisabeth est assez manipulatrice, et sous des dehors de sagesse, de réserve et de gentillesse, elle peut vous réserver des surprises ! Elle est par ailleurs souvent lunatique. D'un autre côté, elle a un grand besoin d'affection et aime le magique, le merveilleux, l'étrange ou le fantastique. Aussi adorera-t-elle les contes et les légendes. En cas de déception affective, elle s'évadera dans ses rêves. Il est préférable de l'orienter vers un violon d'Ingres artistique. Pensez à la faire participer à des activités de groupe pour développer son sens de la solidarité.

QU'AIME-T-ELLE ?

Elle a le goût de l'intimité et cultive son jardin secret. Sentimentale, elle est attirée par la vie à deux. Elle possède profondément le sens de l'amitié et sait se montrer de bon conseil. Elle redoute la solitude et tendra à être conciliante et patiente dans ses rapports avec autrui. Côté cœur, elle est plus tendre qu'elle n'en donne l'air, mais, au moindre chagrin, elle adoptera rapidement une attitude glaciale.

QUE FAIT-ELLE ?

À l'heure du choix professionnel, Élisabeth sera tentée par le domaine social (droit, médecine), le domaine de la communication et de la création (audiovisuel, cinéma, théâtre, musique), ce qui touche aux voyages ou à l'étranger, ce qui touche aux sciences humaines (psychologie, graphologie, pédagogie…), ce qui est en rapport avec l'ésotérisme ou la spiritualité.

ÉLODIE △5   □7

GLYNIS, LAETITIA, ODILIA, OLIVIA, RENATA, VIOLA

QUI EST-ELLE ?

C'est une bizarre alchimie que ce 5 et ce 7 qui composent la personnalité d'Élodie, femme secrète et mystérieuse, tout à la fois intériorisée, tentée par les spéculations de l'esprit, et active, dynamique et entreprenante, éprise de liberté et d'aventure.

En fait, c'est une femme inquiète et nerveuse qui cultive son esprit, tend à beaucoup réfléchir. Son caractère ombrageux et réservé peut donner l'impression d'associabilité. Elle peut même sembler à part, différente, soit parce qu'elle s'inscrit dans un rôle de marginale, de sceptique, de critique, d'indépendante, de novatrice, soit parce qu'elle se met elle-même en retrait, ne se sentant pas à l'aise dans le monde. Quoi qu'il en soit, c'est aussi une femme qui a besoin d'action et de mouvement, et qui n'hésite pas à se remettre en question. Elle aurait pu faire partie de ces intellectuelles des années 70 qui partaient dans les Causses élever des moutons... Le nombre actif 32 qui la caractérise traduit bien ce climat électrique et éclectique, et ce rythme en dents de scie avec des blocages intermittents sur sa route, mais avec un résultat positif à long terme. Allant de pair avec cette personnalité déroutante, son humeur est changeante ainsi que sa capacité d'action. La liberté est une valeur essentielle, aussi est-elle faite pour vivre sans contraintes, car la solitude ne lui fait pas peur.

Enfant, elle peut tout aussi bien paraître indisciplinée, incapable de tenir en place, impatiente, hypernerveuse, en proie à une instabilité presque maladive, surtout si elle est née un 5, 14, 23, en mai, ou si elle possède un chemin de vie 5. À l'opposé, elle sera intériorisée, peu communicative, inquiète et tourmentée, surtout si elle est née un 4, 7, 13, 16, 22, 25, 31, en avril ou en juillet, ou si elle possède un chemin de vie 4 ou 7. Il faut donc la rassurer en instaurant un dialogue et en répondant à toutes ses questions. Si le côté agité et précoce l'emporte, il faudra veiller à ce qu'elle soit bien informée, notamment en matière de sexualité.

QU'AIME-T-ELLE ?

Elle aime sortir des sentiers battus, est attirée par ce qui est original ou d'avant-garde, peut osciller entre un aspect rationnel, cartésien, et son contraire, irrationnel, mystique, et être attirée par le merveilleux (7 karmique). Elle apprécie le calme et la tranquillité, rêve de vivre dans un lieu retiré, mais avec tous les avantages de notre civilisation...

Sentimentalement aussi, on trouvera des situations opposées, qui peuvent d'ailleurs se succéder : célibat et vie austère, ou vie d'aventures souvent peu conformistes où la liberté est toujours présente, avec des remises en question permanentes et une grande rapidité, tant dans les coups de foudre que dans les ruptures.

QUE FAIT-ELLE ?

Deux grands types d'orientation peuvent se rencontrer chez cette femme complexe : les professions de recherche où la réflexion l'emporte, ou s'exerçant dans un environnement calme (maisons de repos, bibliothèques...), les professions scientifiques ou techniques. Mais aussi les professions mobiles, liées aux voyages, à la vente, à la publicité, aux transports ou au sport, et celles qui ont trait à l'irrationnel ou à la religion.

EMMANUEL △3 ◯5 ▢7

AUBAN, BEN, BERNI, EMIL, GAUVAIN, JEF, JENS, KEN, LÉVI, MEHDI, MELVIN, PIE, PIER

QUI EST-IL ?

C'est un homme assez insaisissable, secret et réservé, souvent timide et sur la défensive. Pourtant, cette tendance est fortement contrebalancée par une autre qui le pousse à s'exprimer, à communiquer, le personnage compensant souvent ses doutes et son inquiétude par un comportement extérieur d'apparente aisance, parfois provocante. Il y a en fait une double nature chez Emmanuel : l'homme actif, dynamique, gai sinon insouciant, parfois instable, ennemi de toutes contraintes. Pour lui l'action et le changement sont essentiels pour assumer son besoin incessant de découvertes et d'aventures. Mais il y a aussi l'homme cérébral et tourmenté, quelque peu sombre ou pessimiste, enclin à se poser les questions existentielles, en quête des réponses fondamentales. Sa compréhension est rapide, son esprit vif et analytique (tendance accentuée s'il est né un 7, 16, 25, ou possède un chemin de vie 7). Son scepticisme le rend volontiers sarcastique ou moqueur. Il peut être tenté de prendre le chemin de la facilité, ou celui des études, ou celui, plus courant, de l'action : il recherche avant tout l'autonomie et la liberté. Emmanuel est assez déconcertant et peut passer pour un original, un être « à part » justement parce qu'il n'aime pas suivre la même route que les autres, cela pouvant le conduire parfois vers une certaine marginalité.

Enfant, il faut l'élever avec une certaine rigueur, lui inculquer les notions de travail et de discipline et corriger sa tendance à la facilité. Il se montrera souvent instable, désordonné, impatient, coléreux, vaniteux. Les activités physiques et ludiques le tentent, aussi sera-t-il judicieux de surveiller de près son travail scolaire. Fondamentalement, c'est un enfant astucieux et vif qui ne demande qu'à se passionner pour les études.

QU'AIME-T-IL ?

Ses aspirations le portent à l'action, au sport ou à l'aventure, l'inconnu étant pour lui particulièrement attirant et stimulant. Si par hasard c'est le domaine de l'investigation intellectuelle qui l'attire, il sera certainement très friand d'ethnologie, d'archéologie ou de philosophie, mais aussi des dernières techniques ou peut-être de science-fiction… Il aime s'amuser, rire et profiter des plaisirs de la vie.

En amour, il a du succès car il sait être charmeur et charmant. Mais il se sent souvent incompris car, sous cette aisance apparente, se cache la pudeur d'un homme qui exprime difficilement ses sentiments intimes. Emmanuel est sensuel et épicurien, à moins que sa nourriture ne soit essentiellement intellectuelle.

QUE FAIT-IL ?

Souvent Emmanuel changera de voie ou d'emploi puisqu'il n'aime pas la monotonie, et sera plutôt attiré par des professions où ses talents de communication pourront s'exprimer. Ainsi sera-t-il particulièrement à son aise dans les métiers de la vente, du commerce ou de la publicité ainsi que le marketing, ce qui est en rapport avec les voyages, les jeux ou les sports (commercial, animateur…), ce qui touche à l'expression écrite ou orale (comédien, journaliste, avocat, écrivain, professeur…), ce qui touche à la créativité ou aux professions d'avant-garde ou très spécialisées (artisan, informaticien, plombier, électronicien…).

ÉRIC

  3

ANTONY, AURÈLE, CHILDÉRIC, CORNÉLIUS, DOMINIQUE, FREDRIK, FRIEDRICH, GODOFREDO, GREGG, GUGLIEMO, HEINZ, KEITH, KETH, LUCIEN-MARCEL, NAUVAL, PERRIN, PIERRICK, VINCE, WILDE

QUI EST-IL ?

C'est un garçon viril, dynamique et entreprenant. Il possède un charme certain dont il a tout à fait conscience... Plutôt matérialiste et intéressé, il sait saisir les opportunités qui s'offrent à lui. C'est souvent un excellent financier qui aime le monde des affaires. Sa force de persuasion est importante. Lorsqu'il désire quelque chose, il fait preuve de détermination et d'obstination. Il a beaucoup d'énergie et a besoin d'exercices physiques, sans quoi il deviendrait vite assez agressif... ou prendrait de l'embonpoint ! Quelque peu vaniteux, il est sensible à la flatterie. Même s'il a l'esprit vif et critique, il n'a pas toujours le sens de l'humour, et sa susceptibilité est grande. Particulièrement curieux, il s'intéresse à des sujets divers qu'il n'approfondit pas toujours, d'où un côté superficiel, et une quête de la facilité. Il a confiance en lui, fait même parfois preuve d'auto-satisfaction, ce qui lui permet de réussir assez facilement. Peu importe s'il n'achève pas ses études par manque de motivation : il est de ceux qui sauront toujours se débrouiller ! Il dit avoir une bonne moralité et des principes, mais ce sont souvent des vœux pieux qu'il n'applique pas systématiquement... Il possède une intelligence pratique ainsi qu'une dextérité manuelle au-dessus de la moyenne et peut être un excellent bricoleur.

Enfant, il sait se faire aimer mais est possessif. Il a besoin d'accumuler pour se rassurer et se montre fort intéressé par son argent de poche. Plutôt doué, il se révèle un élève brillant, s'il est épaulé, surveillé et surtout motivé, mais son impatience et son instabilité peuvent lui jouer des tours. Il aime s'amuser et rire et ne prend pas toujours la vie au sérieux. L'étude des langues et des stages dans les pays étrangers seraient très profitables chez cette nature profondément adaptable.

QU'AIME-T-IL ?

Éric est un homme volontiers tourné vers les plaisirs et épicurien dans l'âme. Enthousiaste, il aime ressentir une impression de liberté dans tous les domaines, car il n'accepte aucune contrainte. Il adore l'action, le mouvement, l'aventure et les aventures, ainsi que renouveler ses émotions et ses sensations dans des voyages. Ennemi de la monotonie, il n'est pas fait pour la vie standardisée.

Sentimentalement, c'est un amoureux possessif et jaloux qui possède un côté séducteur. Sa sexualité est forte et il peut paraître parfois peu délicat, même s'il sait faire preuve d'une réelle intuition. Peu fidèle, il prône la fidélité pour les autres et ne craint pas de se poser en exemple.

QUE FAIT-IL ?

Il choisira une profession de contact, de pouvoir ou lucrative. Ainsi sera-t-il attiré par des carrières en rapport avec la finance ou les affaires, des professions techniques (liées à l'automobile, à l'industrie) ou scientifiques (ingénieur), des activités commerciales ou liées aux voyages, celles en liaison avec les plaisirs ou les jeux.

ESTHER

**CAROLYNE, CHÉRIE, CHIMÈNE, GUENNOLÉ,
KRISTELLE, PRISCA**

QUI EST-ELLE ?

Esther est une femme séduisante, agréable dans ses contacts avec les autres où elle se montre ouverte, communicative, compréhensive. Toutefois, timide et discrète, sa personnalité reste effacée. Partagée entre son intérêt pour les autres, auxquels elle prête une oreille attentive, et son désir personnel d'être reconnue à sa juste valeur, elle lutte pour la première place... Gaie et enthousiaste, elle demeure assez impatiente en règle générale et n'est pas à l'abri d'explosions de colère, d'autant qu'elle est très nerveuse et parfois capricieuse. Elle est vive d'esprit, adaptable, adroite, et possède un solide sens pratique. Sa mémoire est bonne, elle n'a pas de problèmes intellectuels, excelle dans la pratique des langues étrangères et dans l'expression. Elle sait parfaitement user de son charme et de son sens de la persuasion pour arriver à ses fins. Curieuse, elle tend peut-être un peu trop à se disperser, goûtant particulièrement aux changements.

Enfant, elle est très émotive et fortement influencée par sa famille. Son imagination est grande et peut lui occasionner des peurs importantes. Souvent, elle se replie sur elle-même dans la première partie de sa vie, notamment si elle n'est pas entourée et rassurée. Elle est aimée et adore bavarder des heures au téléphone avec ses amis...

QU'AIME-T-ELLE ?

Elle possède quelques rêves de grandeur qu'elle aimerait bien réaliser : être admirée, avoir la première place, diriger, commander... et cela peut effectivement se traduire au travers d'une ambition professionnelle dans laquelle elle dépensera son énergie et orientera sa volonté. Néanmoins, elle se contentera d'être le centre d'attraction d'une soirée entre amis, où elle se révélera une hôtesse remarquable, fine, intelligente et malicieuse. La vie sentimentale et la maternité sont importantes pour elle mais non essentielles. Elle peut d'ailleurs se trouver partagée et tiraillée entre sa vie familiale et sa profession.

QUE FAIT-ELLE ?

Ce sont surtout les professions de contacts qui correspondront à son profil : commerce, vente, relations publiques, attachée de presse, publicité, en rapport avec la parole ou la voix (enseignante, avocate...), ou l'écriture (secrétaire, écrivain...), en rapport avec l'habileté manuelle (artisanat), en liaison avec la notion de conseil.

ÈVE

BESSIE, CAITLIN, CERISE, CHITA, ÉLISE, ELSIE, FRANÇOISE-MADELEINE, IDA, IRMA, IVA, LISA, MAI, ZINA

QUI EST-ELLE ?

Ève est une femme indépendante pour qui la liberté n'est pas un vain mot ! Individualiste et ennemie de toute contrainte, elle se montre souvent indisciplinée, prend des risques, sans trop penser aux conséquences de ses actes. L'inconnu l'attire beaucoup... Souvent fière et altière, Ève est parfois déconcertante. Son comportement alterne régulièrement entre excitation et abattement : elle ne connaît pas les demi-mesures ! Avec un nombre actif 14, Ève est fortement attirée par les plaisirs de toutes sortes. Sa gourmandise et sa sensualité, liées à son impulsivité, la poussent parfois plus loin qu'elle ne l'aurait voulu... Adam en sut quelque chose ! Elle a le goût des contacts et des négociations et son adaptabilité lui facilite la tâche. D'une grande nervosité, elle est impatiente, et compense par une importante mobilité qui la fait partir au loin, à la découverte de nouveaux horizons. Lorsqu'elle est motivée, elle est capable de se mobiliser avec toute sa fougue et son énergie et peut manifester une puissance de travail étonnante, mais inégale. Directive, autoritaire et persuasive, elle a aussi un certain sens pratique et des capacités pour organiser ou administrer. Elle n'aimera pas exécuter les ordres, mais les donner !

Enfant, c'est un petit démon, plutôt garçon manqué, qui n'a pas froid aux yeux et qu'il convient de dompter avant que l'irrémédiable n'arrive. Elle use de son charme – qu'elle ne maîtrise pas encore – sans se douter toujours de ce qu'elle peut induire.

Aussi faut-il la mettre en garde de bonne heure devant les dangers qui la guettent et lui donner très tôt une éducation sexuelle. Le sport, la danse et les activités de groupe lui conviennent parfaitement. Son besoin d'action est très vif.

QU'AIME-T-ELLE ?
Briller, être le centre du monde, être à l'origine des choses et libre d'agir à sa guise sont des joies et des impératifs pour cette individualiste, orgueilleuse, parfois égoïste.

En amour, c'est une conquérante : elle choisit et dirige ! Elle connaît les coups de foudre et les emportements passionnels. C'est une tigresse violente et jalouse, et sa fidélité n'est pas à toute épreuve… Mais elle est si charmante quand elle ronronne ! Il lui suffira de trouver un compagnon qui l'idolâtre, à moins qu'au deuxième degré il ne s'en amuse, tout en restant le plus fort : avec Ève, l'amour doit souvent être conflictuel pour être intéressant !

QUE FAIT-ELLE ?
Ève n'a certainement pas la vocation de femme au foyer ! Son choix professionnel, qui n'est pas toujours unique, s'orientera plutôt vers des carrières mobiles où il y a de la variété et des voyages (tourisme, vente, publicité, représentation…), des professions indépendantes en liaison avec la communication, la presse, le journalisme…, des professions créatives (le cinéma, le théâtre…).

ÉVELYNE △ 7   ☐ 3

COLOMBA, HUBERTE, LYDIANE, MARIE-JOSÈPHE, MARILYNE, MARYLINE

QUI EST-ELLE ?

Évelyne possède une personnalité secrète, intériorisée et déterminée. Elle progresse dans la vie lentement mais sûrement. Cérébrale et intellectuelle, elle réfléchit, analyse. De tempérament inquiet, elle est encline à se poser des questions sur les grands ou les petits problèmes de l'existence... Sa devise pourrait bien être « Je pense donc je suis ». Évelyne est rationaliste et possède un esprit analytique. Toutefois, nous pouvons remarquer chez elle deux tendances antagonistes : la tendance cartésienne, qui lui confère un esprit sceptique, capable d'ironie, de raillerie, parfois même virulente, pour ceux qui osent emprunter une autre voie qu'elle. Elle s'oriente alors plus particulièrement vers la Science avec un grand S ou vers la Raison avec un grand R ; la tendance irrationnelle et mystique – d'autant que l'intuition est aussi son point fort –, susceptible de la mener dans la voie de l'ésotérisme après une intense réflexion préalable, la psychologie, la spiritualité, l'astrologie... Le maître nombre intime 22 la stimule et peut l'engager à prendre des voies royales...

Il ne faut pas croire néanmoins qu'Évelyne soit asociale et passe sa vie dans les livres ou les études. Elle apparaît chaleureuse, communicative, surtout quand un sujet la passionne, et recherche même les contacts. Sa séduction est certaine, et elle est sympathique.

Enfant, elle se montre souvent curieuse, bavarde. Aussi faut-il être à la hauteur de ce petit roseau pensant et répondre à ses insatiables questions. Il serait judicieux de favoriser sa sociabilisation, son sens du partage et des échanges. Car elle peut vivre en autarcie, se suffisant à elle-même. Avec le 7 et le 4, on peut en effet noter un sentiment intime d'être à part. Mais, en général, elle s'intéressera à ses études qu'elle peut mener loin, demeurant, à l'âge adulte, une éternelle étudiante...

QU'AIME-T-ELLE ?

Elle aime la recherche, l'analyse, dans un contexte de calme et de tranquillité. Tout ce qui est original et d'avant-garde l'attire.

Le domaine sentimental n'est pas toujours simple pour elle. Évelyne est souvent déconcertante et insaisissable, car elle tend à réprimer fortement ses sentiments et passe souvent pour beaucoup plus insensible et froide qu'elle ne l'est en réalité. Elle éprouve le sentiment fréquent d'être incomprise. Sélective, elle préfère encore vivre seule que d'être mal accompagnée. Aussi peut-elle connaître un célibat plus ou moins prolongé ou suivre une route plus indépendante ou moins conformiste.

QUE FAIT-ELLE ?

Sans aucun doute, Évelyne est ambitieuse, opportuniste et travailleuse, aussi n'a-t-elle pas de difficultés à se faire une place au soleil, mais il lui faudra toujours compter avec le temps. La patience est un de ses atouts... Diverses orientations seront possibles : la recherche, les sciences exactes (mathématiques, physique, chimie...) ou les techniques de pointe, les activités qui visent l'Homme avec un grand H et son devenir (psychologie, astrologie, pédagogie, archéologie, écologie...) ou son bien-être (conseil), la politique ou les relations internationales, le monde des affaires... si elle sait tirer parti du maître nombre 22, les activités exigeant ordre et minutie.

FABIEN et FRANCELIN

ABBE, AIMÉ, ANDRÉ-JACQUES, BERTRAND, CAMILLE, CÉSAR, CHARLES-MAURICE, CLIFFORD, DAMIEN, ÉLIAS, ÉLISÉE, GILLO, HERMANN, ISRAËL, IVO, JACQUES-ANDRÉ, JAVEH, JULES-AMÉDÉE, LOÏS, LOTH, MONLOUIS, PUBLIUS, ROD, TICHO

QUI SONT-ILS ?

Plutôt introvertis, ils paraissent au premier abord doux, calmes, réservés, peu expressifs, et possèdent un bon contrôle d'eux-mêmes. Néanmoins, ce sont des hommes forts, stables, déterminés, sérieux, faits pour prendre et assumer des responsabilités. Ils sont séduisants, tout en restant simples et naturels, et ressentent le besoin de plaire et d'être admirés, soucieux de leur image. Travailleurs et perfectionnistes, ils font preuve d'une conscience professionnelle certaine. Ils sont aptes à diriger, ont des capacités d'organisation importantes et sont plus à leur aise dans les activités de création que d'exécution. Efficaces, actifs et entreprenants, ils sont ambitieux et avanceront dans la vie lentement mais sûrement grâce à leur volonté, leur discipline et leur opiniâtreté. Ils ne rechignent pas devant la tâche à accomplir, étant de la trempe des coureurs de fond. Ils sont aussi honnêtes, droits, consciencieux, non dépourvus de fierté et détestent la médiocrité, la bassesse et la superficialité. Toutefois, paradoxalement, s'ils sont capables d'une grande patience pour les choses importantes de l'existence, notamment dans le domaine professionnel, ils peuvent au contraire se montrer brusques et manquer de modération pour les petits faits mineurs du quotidien. Mais la colère leur sied si bien !

Ils sont particulièrement disciplinés et volontaires, et tendraient même à un certain autoritarisme. Une fois engagés dans une voie, ils ne se découragent pas aisément et ne changent pas facilement d'idées. Plutôt conservateurs, Fabien et Francelin ont les pieds sur terre et font preuve de sang-froid et d'efficacité. Ils sont plutôt possessifs, malgré leurs élans de générosité.

Enfants, ce sont des garçons agréables et gratifiants qui grandissent sans poser de réels problèmes, se montrent des aînés protecteurs et responsables avec leurs cadets, et se révèlent disciplinés dans leur travail scolaire…

QU'AIMENT-ILS ?

Ils rêvent d'harmonie et d'amour, et sont en quête de perfection. Ils recherchent la paix, sont prêts à fournir des efforts de conciliation pour maintenir des rapports agréables avec leurs proches, même si leur intransigeance les pousse à porter parfois des jugements à l'emporte-pièce…

À l'heure de l'engagement amoureux, ils seront particulièrement exigeants car ils ont besoin d'admirer et de respecter l'élue de leur cœur à qui ils ne permettront aucune faille. Le choix est d'ailleurs souvent difficile pour eux. Ce sont des conjoints sécurisants, désireux de fonder une famille et qui savent bien s'occuper de leurs enfants.

QUE FONT-ILS ?

La vie familiale peut avoir un impact sur leur future orientation professionnelle. Sinon, leurs goûts les porteront plutôt vers les professions suivantes : en liaison avec la prise en charge des autres (domaine médico-social, justice), en liaison avec l'esthétique, l'art, la création, la décoration, la couture, l'hygiène, les fleurs, la nature…, des professions indépendantes ou d'encadrement, où il faut prendre des responsabilités, en rapport avec le goût, la cuisine, la gastronomie, l'immobilier, le confort, des professions qui exigent de la minutie et de la méticulosité.

FAUSTINE △5 ○9 □5

GIGI, MADELEINE-SOPHIE, OLYMPE, SOPHIE-MADELEINE, SUZON, THÉODORA, YVONNE

QUI EST-ELLE ?

Faustine est une indépendante, aux yeux de qui l'émancipation féminine n'est pas un vain mot, ce qui ne l'empêche pas d'être séductrice et amoureuse de la vie et de ses plaisirs. « Dynamique » est le terme qui la caractérise le mieux. En effet, elle ne tient pas en place et, si la vie le lui permet, elle se trouve souvent entre deux trains ou deux avions. Son besoin d'aventure(s) est grand, elle est aidée en cela par sa promptitude d'action, sa grande adaptabilité et sa curiosité. Ses atouts sont pour l'essentiel le courage, le sens de l'initiative et des responsabilités, la sociabilité, l'aisance, l'habileté, la sympathie qu'elle inspire et son enthousiasme (il s'agit, à l'évidence, d'un caractère passionné). Ses handicaps seraient l'instabilité, la versatilité, la légèreté, l'insouciance, voire une certaine tendance au libertinage, le tout sur un fond quelque peu superficiel et aventureux. Cependant, son intuition est développée ainsi que sa sensibilité. Toutes ses qualités font qu'elle est généralement perçue comme sympathique par son entourage.

Enfant, c'est un réel « petit diable », un véritable garçon manqué préférant grimper aux arbres plutôt que de faire de la tapisserie ! Plutôt instable et agitée, elle se montre en outre souvent désobéissante et désordonnée... de quoi faire enrager ses parents pendant quelques années ! En conséquence, une éducation stricte, autoritaire même, est souhaitable, mais en lui sauvegardant néanmoins une certaine indépendance. Enfin, une éducation sexuelle précoce serait bienvenue...

QU'AIME-T-ELLE ?

Humaniste en général, elle aime se rendre utile, voire même se dévouer pour les autres. Aussi apprécie-t-elle de participer aux activités de groupes ou de collectivités qui partagent les mêmes préoccupations ou idéologies qu'elle.

La vie amoureuse est capitale chez cette libertine, aussi se montre-t-elle très ardente et sensible aux coups de foudre. La fidélité sera sans nul doute une qualité qu'il faudra lui apprendre. Son besoin de sortir des sentiers battus lui fera parfois rechercher l'amour loin, à l'étranger, à moins qu'une certaine marginalité chez l'élu de son cœur ne la subjugue !

QUE FAIT-ELLE ?

Elle n'a pas fondamentalement la vocation d'une mère au foyer ni celle de fonctionnaire, aussi s'engagera-t-elle, parfois même un peu trop vite, dans une profession, quitte à en changer peu de temps après. Son nombre actif 32 l'incite à la mobilité. Cette démarche est naturellement peu propice aux longues études qui freineraient son besoin d'action. Les métiers qu'elle est susceptible de choisir sont liés aux voyages, à l'étranger (activité commerciale, import-export par exemple), à la vente, à la publicité, à la représentation, à la presse, aux transports, au tourisme, aux activités à caractère social et humanitaire (secteur médical, paramédical, justice).

FÉLIX   5 6

BRECHT, CHARLES-JULIEN, CRÉPIN, DENNIS, FERMIN, HENK, JEAN-JULIEN, MIKE, MUHAMMAD, SHÉRIF, TED, WILLEM

QUI EST-IL ?

Félix est un être tendre, amical, appréciant la compagnie, émotif et sensible, d'apparence flegmatique, correspondant assez bien au tempérament lymphatique (il est souvent marqué par la Lune ou le Cancer). La vie semble être pour lui un « long fleuve tranquille ». Car Félix, assez lent, n'est ni vraiment dynamique, ni vraiment entreprenant, ni vraiment volontaire et préfère remettre au lendemain ce qu'il peut faire le jour même. Assez dépendant de son environnement (maternel et féminin plus particulièrement), il est sensible aux ambiances et peut passer de l'indolence, ou de la paresse, à une suractivité, lorsqu'il se sent stimulé amicalement ou affectivement : sa nature est cyclothymique. Tout dépend chez lui de la motivation. Aussi fera-t-il alterner des périodes de vie au ralenti et d'autres plus agitées, saisi par une brusque impulsion qui peut d'ailleurs très vite se relâcher... car il a une fâcheuse tendance à vivre plus dans ses rêves que dans la réalité ! Ses atouts sont son charme, sa gentillesse, sa serviabilité et son esprit de camaraderie. Sa finesse psychologique, doublée d'intuition, ainsi que son savoir-faire certain pallient en quelque sorte sa paresse. Emprunter une route sociale et souvent humanitaire le motivera et lui permettra de vivre son maître nombre 11. Il s'épanouira particulièrement en réalisant ses rêves, ce qui lui procurera une certaine force et l'aidera à passer de l'immaturité, du besoin de prise en charge, à la prise de responsabilités propre à la maturité (notamment lorsqu'il est né un 11, ou en novembre, ou possède un chemin de vie 11).

Enfant, il est attachant, affectueux et l'on résiste mal à sa gentillesse. Néanmoins, parents, ne succombez pas à son sourire et soyez fermes mais tendres avec lui. Il doit apprendre tôt la notion du travail, de la discipline, de l'ordre, du devoir... ces notions étant peu inscrites dans son personnage. Comme il est soucieux de bien faire et est très marqué par la famille, il aura à cœur de vous faire plaisir. Pourquoi ne pas lui faire prendre des leçons de musique dès le plus jeune âge : c'est un musicien et un artiste dans l'âme. Sa scolarité dépendra beaucoup de l'environnement familial : il faudra le stimuler pour qu'il travaille, mais il sera aidé par son excellente mémoire.

QU'AIME-T-IL ?

Il aime s'évader, phantasmer, voyager. Il possède un petit côté bohème et, comme la cigale, apprécie la vie facile et les plaisirs de ce monde. Les changements lui conviennent tout à fait, ainsi que les voyages, qui l'attirent souvent.

Son nombre actif 29 va dans le sens de fragilité et de tensions émotionnelles intenses. Cela se ressent considérablement dans sa vie sentimentale et a même un impact sur son efficacité professionnelle. Il a certes beaucoup de qualités affectives mais demeure souvent très dépendant de son épouse qui doit bien souvent le materner (sauf s'il passe du 2 au 11). De plus, sensuel et gourmand, il rêve d'une compagne qui le comblerait... à moins qu'il ne se mette dans des situations complexes, voire aberrantes.

QUE FAIT-IL ?

Il risque de s'appuyer sur son environnement familial, car il n'est pas toujours très déterminé à l'heure du choix professionnel. Aussi exercera-t-il fréquemment la même profession que l'un des parents, ou rentrera-t-il dans l'entreprise familiale (commerce alimentaire ou restauration particulièrement).

Sinon, il serait tenté par l'Administration, les professions où il se sentira utile aux autres, celles en liaison avec les enfants (enseignant, psychologue, animateur...), et celles qui exigent de l'intuition, ou celles relatives à la vente et aux voyages (surtout s'il possède un chemin de vie 5).

FLEUR

**ÉLISABETH-THÉRÈSE, GEORGETTA, HONORINE,
MAGGY, MYRINA, URIE**

QUI EST-ELLE ?

Fleur est pleine de vitalité, pétillante, tout feu tout flamme, enthousiaste, une passionnée au regard de la caractérologie. Très explosive, son hyperémotivité la fait passer par un kaléidoscope émotionnel étonnant : alternance du rire et des larmes, de l'emballement le plus déraisonnable et de la colère la plus injustifiée en quelques secondes. Généreuse, elle possède un caractère entier et a horreur des demi-mesures : pour elle, tout est blanc ou noir, le gris ne fait pas partie de son arc-en-ciel, ni la diplomatie de ses qualités essentielles. Elle a une grande soif de pouvoir, au point d'en abuser parfois, autoritarisme et dirigisme étant étroitement liés. Son dynamisme et son besoin d'action font qu'elle ne sait pas rester inoccupée ou oisive. Elle possède un trop-plein d'énergie qui, s'il n'était pas canalisé, se transformerait vite en agressivité et en brutalité.

Ainsi, enfant, elle se montre intrépide, rebelle et désobéissante. Elle est jalouse et possessive, et les disputes avec frères et sœurs seront fréquentes, quotidiennes, même. Il faut donc lui permettre de se dépenser physiquement : il serait souhaitable de favoriser le sport en l'inscrivant dans des activités de groupe qui lui conviennent parfaitement. Elle pourra ainsi allier énergie, volonté et fraternité à sa soif du pouvoir et du commandement. Fleur a de nombreuses épines mais elle est facile à cerner : faite d'une seule pièce, naïve, franche, directe, elle a besoin de se mesurer aux autres, stimulée par la compétition.

QU'AIME-T-ELLE ?

Ennemie des mensonges, de la flatterie et de l'injustice, Fleur aime conquérir, lutter, affronter et se dépasser. Elle éprouve du plaisir à diriger et à prendre en charge. Impatiente à l'extrême, elle veut que tout aille vite, ce qui la rend irritable lorsqu'elle a l'impression de piétiner. Elle aime avoir une emprise sur les autres, et peut rapidement se révéler tyrannique. Mais au fond d'elle-même, c'est une sentimentale, bien que les apparences tendent à prouver le contraire.

Ses relations affectives sont complexes, faites d'un mélange de pouvoir, de possessivité, de jalousie et de tous les excès. Il lui faudra se mesurer avec un homme fort, viril, autoritaire, qui devra gagner de haute lutte sa position de maître incontesté. Alors, Fleur, respectueuse et domptée, saura devenir aussi douce qu'un rayon de miel...

QUE FAIT-ELLE ?

N'ayant pas particulièrement la vocation de femme au foyer, Fleur sera tentée par les orientations suivantes : carrières en rapport avec l'argent ou les affaires (banque, comptabilité, gestion...), carrières en rapport avec un pouvoir (l'armée, la police, le sport...), carrières en rapport avec les voyages et l'étranger, ou liées à l'audiovisuel (le journalisme), le public (comédienne), ou le social (justice, droit, domaine médical ou paramédical).

FLORENCE 6 7 8

AGATHE, ANGELIKA, CORINA, COSIMA, DIAMOND, EDMONDE, HERMIONE, JOSÈPHE, LÉONE, LÉONIE, LOLITA, LORÈNE, MADO, MAÉVA, ODETTE, RHONDA, VITTORIA

QUI EST-ELLE ?

Florence possède une nature sensible, même si elle ne montre pas toujours ses émotions. Éprise d'équilibre et d'harmonie, c'est une esthète. Souvent marquée par la famille, elle peut vivre cette empreinte familiale dans le bon sens comme dans le mauvais.

Elle n'est pas dépourvue d'une certaine force intérieure qui la rend efficace face aux dures réalités de la vie. Ne manquant pas de sens pratique, friande d'indépendance et capable de prendre des responsabilités, elle est ambitieuse et montre une grande confiance en elle-même. Enfant, elle n'est pas forcément docile, notamment lorsque les parents font preuve d'un autoritarisme auquel elle est allergique : c'est un « caractère » ! Son sentiment de justice est exacerbé. Aussi, à la moindre attaque inique à ses yeux, se révoltera-t-elle, se dévoilant ainsi agressive et ingouvernable. En revanche, en favorisant son sens des responsabilités et en considérant son individualité, ses parents sentiront son besoin d'être valorisée et son souci de bien faire, qui est certain. C'est ainsi qu'on peut la voir tour à tour conciliante, sensible, active, disciplinée, perfectionniste, même, lorsque l'harmonie règne au sein de sa famille. Puis rebelle, révoltée, agressive, prenant facilement le chemin de l'inactivité, de l'indolence ou de la paresse lorsqu'elle manque de motivations affectives.

QU'AIME-T-ELLE ?

Du fait qu'elle possède une certaine profondeur intérieure, elle peut aimer l'analyse, la réflexion, voire les réflexions intellectuelles, qui pourraient l'amener un jour à s'intéresser aux domaines de la psychologie, de la parapsychologie, de la sociologie.

Elle aime plaire, pouvant apparaître séductrice, parfois même narcissique. Elle aime aussi être nécessaire aux autres – c'est son côté « protecteur » – mais peut avoir une fâcheuse tendance à en faire trop, se mêlant plus qu'il ne convient des affaires des autres. Enfin, elle apprécie les belles choses (bijoux, toilettes…), le luxe, et tendra à rechercher un nid douillet et confortable.

Sentimentalement, elle est sélective, donc difficile dans ses choix, ce qui peut la conduire aux remises en cause ou au divorce, ce que pourtant, au fond d'elle-même, elle n'approuve pas. Elle est aussi exigeante, autoritaire et perfectionniste, aussi faut-il que l'élu soit souple, malléable et estimable.

QUE FAIT-ELLE ?

Si la vie ou le milieu parental ne favorisent pas son intérêt pour la connaissance et l'analyse, et qu'elle ne prend pas le chemin de longues études, elle peut être tentée d'exercer sa profession dans le monde des affaires. En effet, elle est ambitieuse et le domaine matériel est loin de la laisser de marbre. Son sens inné de la justice peut la porter vers les carrières juridiques (avocat, magistrat, notaire, greffier…).

Sinon, le domaine de l'art ou de l'esthétique lui est ouvert. Les carrières médicales ou paramédicales peuvent l'attirer également, car elle est concernée par les autres et veut aider. Un certain sens perfectionniste, voire maniaque, peut aussi la pousser vers les métiers liés à l'hygiène ou à la propreté.

FLORIMOND 7   5

AMAURY, ANTOINE-LAURENT, BURT, CHARLES-ALBERT, GUILLIOU, JEANNOT, JUST, KURT, KYKE, LENNY, LINDSEY, LIONEL-MARTIN, LIUS, LUIS, OTTO, RÉMY, TOTO

QUI EST-IL ?

Sous des airs calmes et une apparence parfois flegmatique, Florimond est un être nerveux, complexe et indéfinissable au premier abord. Froid et inhibé, la cérébralité domine chez lui. C'est un penseur et un intellectuel. Il est curieux de tout, a l'esprit critique et analytique, et tend au scepticisme. Marginal, il peut apparaître inadapté, rigide, très possessif, tant au plan affectif que financier, entêté, voire en proie à des idées fixes (surtout s'il est né un 4, 7, 13, 16, 22, 25, 31, ou s'il possède un chemin de vie 4 ou 7). Si, au contraire, son jour de naissance est un 3 (ou 12, 21, 30), ou s'il possède un chemin de vie 3, il montrera plus de sociabilité et de chaleur. L'association du 3 et du 4 est susceptible d'entraîner des contradictions. Des divergences apparaissent entre ses aspirations profondes et ce qu'il concrétise. Une partie de lui-même le pousse à agir vite, alors que sa vie se déroule en réalité lentement. Après de nombreuses hésitations, sa voie trouvée, il s'y engouffre avec détermination. Il s'y révélera un travailleur acharné qui n'aura de cesse qu'il n'arrive à ses fins, au risque parfois d'avoir une vue trop limitée ou trop étroite.

Enfant, il faudra que les parents veillent à ce qu'il ne reste pas enfermé dans sa chambre, plongé dans ses livres, et qu'il entretienne la corde sociale et créative qui existe en lui. Sa santé est fragile, ou sa vitalité faible. Elle nécessite de l'exercice physique et de la détente chez ce grand nerveux.

QU'AIME-T-IL ?

Il aime le calme, la réflexion, la méditation et le refuge dans des spéculations philosophiques ou scientifiques. Il apprécie aussi de s'amuser, de se détendre et se montre très sensible aux plaisirs de ce monde. Ainsi oscille-t-il entre ces deux tendances qui lui sont, chacune, nécessaires.

Sentimentalement, il est très réservé et peu expansif. Il ne faut pas attendre de lui des démonstrations d'affection exubérantes. Cela ne met pas en cause la profondeur de ses sentiments, mais il est fait ainsi, il faut le découvrir avec toutes ses valeurs humaines pour l'apprécier et l'aimer.

QUE FAIT-IL ?

En rapport avec ses goûts, il recherchera des professions de réflexion (recherche scientifique). Mais il pourra également être tenté par l'enseignement, les dernières techniques modernes (informatique, électronique, marketing...), des professions manuelles (plombier, menuisier...), des activités en rapport avec l'agriculture ou la nature.

FRANCE 6 5

BÉLINDA, CALIXTE, CÉLESTINE, CHARLIE, CHRÉTIENNE, ERNA, IRÉNA, IVANNE, KAREL, LATOYA, NADINE, RACHEL

QUI EST-ELLE ?

France est très sélective dans le choix de ses amis et de ses relations. Elle recherche l'harmonie avant tout, la paix, et évitera les conflits ainsi que tout risque de se blesser affectivement. Volontaire, exigeante et perfectionniste, elle demande beaucoup, tant dans sa vie privée que professionnelle, et assume les responsabilités qui lui échoient. Très émotive et sensible, elle a souvent tendance à intérioriser ses sentiments et ses émotions, à les accumuler, et ne fera pas toujours part de ses griefs. France est très intuitive, elle ressent les êtres et les situations. Elle se contente le plus souvent d'appeler « flair » ce que d'autres nomment intuition ou médiumnité. Son aptitude à ressentir les personnes et les événements l'orientera vers une profession où la prise en compte des autres est importante, activités d'écoute et de conseil où sa sensibilité entrera en jeu de manière constructive. Ne cherchez pas à vous opposer à elle, elle est sûre de son jugement. Elle ne comprendra pas que vous ne soyez pas d'accord avec elle. Si vous voulez absolument vous opposer, mettez-y les formes ! Son apparence douce, calme, réservée, cache un tempérament enthousiaste et passionné. Son côté visionnaire lui permet d'être à l'avant-garde et d'avoir toujours un galop d'avance sur les autres : idées novatrices, concepts nouveaux... La présence d'un maître nombre dans le prénom France lui donne des atouts qui vont de pair avec une grande tension nerveuse. Sa sensibilité pourra alors se traduire, une octave en dessous, par de la gentillesse et de la douceur, un esprit romantique et idéaliste, parfois une certaine timidité. Elle sera toujours à l'écoute des siens, sera l'épaule accueillante sur laquelle il fait si bon s'appuyer et s'épancher.

Enfant, France sera calme et douce, sensible, et constituera très certainement une vraie famille avec ses poupées. Sa sensibilité pourra se traduire parfois par des crises, des périodes d'exaltation suivies de périodes où France disparaîtra, se fera toute petite, comme une souris. Il faudra l'aider dès l'enfance à avoir confiance en elle, et lui donner des responsabilités raisonnables à assumer tôt.

QU'AIME-T-ELLE ?

Exigeante, perfectionniste, France peut faire subir à son partenaire des fluctuations allant d'une douceur immense aux plus violents éclats. Amis, famille et enfants la concernent beaucoup, et elle donne son temps, son affection, son amour, mais elle attend beaucoup en retour. Elle ne se contentera pas d'à-peu-près et souhaitera pour les siens une réussite à la hauteur de ses ambitions. L'univers des formes, des couleurs l'intéresse, l'esthétique, l'art, la création.

QUE FAIT-ELLE ?

France peut jouer un rôle de guide éclairé. Douée d'une capacité de travail importante, elle aura besoin de contacts extérieurs, de diversité, de variété et d'une activité qui lui permette de conseiller, d'écouter, d'aider : postes dans l'enseignement, conseil, psychologue, conseillère matrimoniale, parapsychologue, activités liées à l'esthétique, la décoration, l'art, la culture, l'écriture.

FRANCIS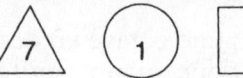

ARCHELAÜS, BENDJEDDID, BLAS, BRAD, CALVIN, CARL, DEREK, DIETER, DOUGLAS, FORTUNAT, GHISLAIN, GILDAS, HANK, HONORATO, JACK, JACKI, JAN, JOUAN, KARIM, LÉPINE, LESTER, MANSOURN, MARK, RACHID, RAF, RICHARD, SIAN, SOLVÈGUE, VLADIMIR, WILLARD, WILLIAM

QUI EST-IL ?

Du charme, de la classe, de l'élégance, tel apparaît Francis, qui est un homme raffiné, soucieux de plaire et d'être aimé. Le sentiment, la beauté, l'harmonie sont des valeurs qu'il recherche confusément tant est important son besoin d'équilibre. Néanmoins, il est assez secret et réservé et se montre peu démonstratif dans ses rapports avec les gens. Sa sensibilité est importante bien qu'en partie masquée par une froideur apparente ou par un sourire ironique au coin des lèvres... C'est aussi un homme actif et volontaire qui possède une intelligence pratique, des dons d'organisation et un esprit analytique et qui tend à être pointilleux. Souvent perfectionniste, voire maniaque, il ne supporte ni la médiocrité ni la bassesse. En fait, c'est souvent un inquiet, enclin à se poser des questions et qui est souvent attiré par la foi ou le paranormal, tout en étant aussi un sceptique convaincu, les deux tendances pouvant se succéder dans le temps (7 karmique). Il est intéressé par les domaines de la connaissance et vise à une certaine sagesse, mais il est tout autant tenté par l'épicurisme et le confort. Aussi oscille-t-il entre deux tendances, l'hésitation étant de toute façon une de ses caractéristiques.

Enfant, c'est un garçon gentil, serviable, responsable et attachant et assez centré sur lui-même. Il rêve d'avoir la première place dans le cœur de ses parents, ainsi qu'à l'école, et il n'hésitera pas à se faire valoir pour être à la hauteur.

QU'AIME-T-IL ?

Il est attiré par le beau, par ce qui brille et il veut réussir, commander et être celui que l'on admire. Quelque peu narcissique, Francis est un séducteur, non dépourvu de tact et de galanterie.

En amour, c'est un esthète et il est souvent d'abord attiré par la beauté de la femme, mais il a également besoin d'échanges profonds. Aussi son choix amoureux est-il des plus complexes, hésitant souvent entre la beauté de l'une, la grandeur d'âme de l'autre ou une présence sécurisante... Il possède l'esprit de famille et voudra fonder un foyer attrayant et confortable avec une épouse qu'il rêverait parfaite maîtresse de maison, et si possible cordon-bleu...

QUE FAIT-IL ?

Plusieurs types de professions sont susceptibles de l'attirer, mais il n'est pas impossible qu'il succède à la tête d'une entreprise familiale. Ainsi s'orientera-t-il plutôt vers des carrières indépendantes (surtout si né un 1, 10, 19, 28, ou chemin de vie 1), des carrières en rapport avec l'esthétique, la gastronomie, la cuisine, les vins... (surtout s'il a un chemin de vie 6, ou est né un 6, 15, 24), des professions techniques ou spécialisées, ou en rapport avec l'hygiène, la propreté...

FRANCK

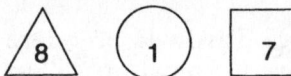

ÉGER, ÉGIER, ÉMERIC, ÉMILE, LENNEL, STEVE, WLADIMIR

QUI EST-IL ?
Franck est un homme complexe et insaisissable. Deux composantes opposées sont incluses dans son prénom : une tendance masculine, un tempérament colérique, excitable, enthousiaste, combatif, passionné (association du 1 karmique et du 8 karmique encore plus accentuée si son jour de naissance est un 1, 8, 10, 17, 19, 26, 28, ou si son chemin de vie est 1 ou 8), et une tendance à un tempérament nerveux, qui lui confère un côté intériorisé, secret, timide, voire inhibé (provenant de l'influence du 7, tendance accentuée s'il est né un 7, 16, 25, ou s'il possède un chemin de vie 7).

Quoi qu'il en soit, cela lui confère un certain magnétisme, dont il n'est pas toujours conscient. Franck a une grande sensibilité qu'il a du mal à exprimer. Il a fréquemment l'impression de n'être jamais pleinement compris... ce qui est normal, car ses réactions sont souvent imprévisibles ! Selon les moments, il peut tout aussi bien réagir brutalement que se replier dans une sensibilité plus ou moins douloureuse. Il est pourtant en quête d'harmonie et a besoin de plaire et d'être apprécié. Il peut aussi être esthète ou cultiver un violon d'Ingres artistique. C'est un actif mais son fonds d'extrémisme le rend inégal. Soit il se donne entièrement à son travail sans compter sa peine, soit il récupère et se réfugie dans une inactivité totale. Il est parfois partagé entre son esprit pragmatique et matérialiste et un certain idéalisme qui peut le faire s'écarter de la rationalité et se tourner vers la spiritualité ou l'irrationnel. Il possède une intuition remarquable et un certain sens psychologique, même s'il ne se l'avoue pas toujours...

Enfant, il voudrait bien être un dur et dépensera beaucoup d'énergie pour le devenir. Parents, évitez de le vexer et favorisez chez lui la communication verbale. Élève brillant, Franck peut réussir dans les études (présence du 7), mais c'est aussi un autodidacte toujours intéressé par la connaissance.

QU'AIME-T-IL ?

Il aime briller, être regardé, admiré, donner l'exemple et n'hésite pas à recourir à son sens théâtral qui est inné. Il pourra même afficher un personnage à part, original, excentrique ou marginal. Lorsque son côté intellectuel domine, il se montrera féru de psychologie, d'ethnologie, d'astrologie, de spiritualité... Il professera des opinions réactionnaires ou au contraire révolutionnaires, sous des dehors cyniques, critiques et mordants.

En matière de cœur, il est ardent et passionné, bien que peu sentimental, généreux, à condition toutefois que son autorité soit reconnue et incontestée ! Il entend aussi qu'on s'occupe de lui avec attention et peut se montrer jaloux comme un tigre !

QUE FAIT-IL ?

Chez ce personnage à plusieurs facettes, les orientations sont multiples : si le 8, 17, 26 correspondent à son jour de naissance (ou chemin de vie 8), il préférera les professions en liaison avec le pouvoir et l'argent (gestion, finance, comptabilité, emplois de banque, police, pompier, sport, industrie, homme d'affaires...) ; si le 7, 16, 25 est son jour de naissance (ou chemin de vie 7), on le verra plutôt dans des professions techniques, spécialisées (ingénieur, mécanique, informatique) ou de recherche ; sinon le domaine du paranormal peut l'attirer, étant donné sa forte intuition qui peut devenir facilement de la clairvoyance (magnétiseur...), ou plus communément la médecine ; enfin, il peut s'orienter vers la mode, la créativité.

FRANÇOIS 4 7 6

ALPHONSIN, AUGUSTIN, BASILIO, CIPRIANO, CYRIL, ERCOLE, FRANCHOT, GASPARE, GEORGES, HAROLD, HARRISSON, JACOB, JEAN-CHRÉTIEN, JEAN-EDERN, MILOSLAV, ORPHÉE, PIERRE-ÉDOUARD, RONDALL, TRIZIANO, WOLFGANG

QUI EST-IL ?

François est secret, réservé, introverti, observateur et possède une nature assez méfiante et prudente. Cela peut aisément passer pour de la froideur, de la fierté, ou un certain sentiment de supériorité, alors qu'il s'agit en réalité de pudeur et de timidité, son flegme apparent dissimulant une réelle nervosité. Patient, lent, il est pourvu d'une détermination à toute épreuve et lorsqu'un but lui tient à cœur, il peut se montrer obstiné et opiniâtre. Ennemi du superficiel, il ne donne pas son amitié à n'importe qui, mais, lorsqu'il s'engage et donne sa confiance, il perd son côté « ours » et se révèle agréable, fidèle, ses qualités morales apparaissant au grand jour.

Enfant, il est souvent sage, calme, tranquille, avec parfois quelques accès de colère. Il est profondément attaché à sa famille au point de devenir assez casanier. Souvent intellectuel, il peut être attiré par les études longues, et il restera des heures à lire en oubliant tout ce qui l'entoure. Les parents devront stimuler sa sociabilité, favoriser son autonomie et l'habituer à communiquer, lui qui tend plutôt à être solitaire, sinon sauvage. Il est assez responsable et les parents peuvent être tranquilles : il sera honnête et agréable avec ses frères et sœurs.

QU'AIME-T-IL ?

Épris de calme, de tranquillité et de nature, il aimerait parfois être Robinson Crusoé, et se retirer de temps en temps sur son île déserte, afin de méditer paisiblement. Il est néanmoins sensible au confort d'un petit nid douillet. Attiré par les nouveautés – il a l'esprit d'avant-garde – ou l'étrange, il appréciera la science-fiction, les techniques nouvelles comme l'informatique, l'astrologie ou encore l'art ou la mode.

C'est un sentimental qui s'attache profondément. Mais il ne sera pas toujours démonstratif. Il demandera à sa compagne d'être une bonne maîtresse de maison et une bonne cuisinière (il n'est pas indifférent aux plaisirs de la table), et surtout de lui apporter paix, sécurité et stabilité.

QUE FAIT-IL ?

Il pourra témoigner de l'intérêt pour les types de professions suivantes : liées à la terre et à la nature (surtout s'il est né un 4, 13, 22, 31), carrières à caractère scientifique, technique ou médical (surtout s'il est né un 7, 14, 25), où la précision et la minutie sont demandées, liées à l'hygiène ou à la maison, au goût, à l'art... liées à l'ésotérisme ou à la mystique.

FRANÇOISE 9   3   6

AUGUSTINE, BETTY, CAROLE, CLU, CONCETTA, CORALIE, JUDITH, KETTY, LÉONTINA, MARIE-THÉRÈSE, NICOLETTA, TAMARA, THÉRÈSE-MARIE

QUI EST-ELLE ?

Françoise est une femme charmante, douce et agréable de contact, même si elle se montre introvertie, prudente et souvent méfiante de prime abord. Son émotivité est forte et sa sensibilité épidermique, au point de la rendre assez vulnérable au moindre traumatisme affectif. Elle tend donc à se préserver, ce qui ne l'empêche pas d'être généreuse et très facilement concernée par les autres. D'une grande plasticité émotionnelle, facilement heurtée et blessée par la vie, Françoise peut se réfugier parfois dans des rêveries ou des chimères plus ou moins irréalistes ou utopiques, être attirée par le merveilleux, le fantastique, voire les paradis artificiels (surtout si elle est née un 9, 18, 27).

Souvent concernée par sa famille et les responsabilités qui en découlent, Françoise fait facilement abstraction d'elle-même.

Ainsi, enfant, elle sera la grande sœur rêvée qui remplacera la mère si besoin est. Mais attention de ne pas trop abuser de son grand cœur : elle n'a que trop tendance à se sacrifier ou à s'inscrire dans un rôle de victime... La tendresse est nécessaire à son épanouissement et son éducation doit être souple. Seront à éviter toutes formes d'agressivité ou de culpabilisation, car Françoise a déjà une nature qui se prête aux scrupules, aussi serait-il préférable que ceux-ci ne deviennent pas étouffants. Enfin, favoriser un violon d'Ingres musical ou artistique serait souhaitable, ainsi que toute forme d'expression artistique, théâtrale par exemple, pour lui permettre de trouver un exutoire à sa trop grande émotivité.

QU'AIME-T-ELLE ?

Humaniste, Françoise aime se dévouer, et les mouvements de fraternité et communautaires, voire mystiques, l'attirent. Réceptive, intuitive, imaginative, elle adore rêver et idéaliser, et s'intéresse donc à l'art et à toutes les formes d'expression.

Côté cœur, la difficulté sera pour elle de trouver ses limites, car son abnégation peut lui faire prendre une route où le bonheur ne sera pas toujours au rendez-vous.

QUE FAIT-ELLE ?

Elle excelle dans les professions à caractère humanitaire ou social, à moins qu'elle ne possède une véritable vocation (art, religion, droit, enseignement ou santé, surtout si elle est née un 6, 9, 15, 18, 24, 27). Ce qui est peu conventionnel ou étrange lui convient également (guérisseur, parapsychologue, radiesthésiste...), les professions commerciales ou en liaison avec l'alimentation (hôtellerie, pâtisserie, cuisine, diététique...), les activités liées au public ou aux voyages.

FRANÇOIS-XAVIER

AUBIN, AUDRIC, AYMERIC, BIENVENU, BONIFACIO, CHARLES-THÉOPHILE, CORRADO, GUSTAF, JANUS, LUCAS, MARKUS, PIERRE-ALEXANDRE, SULLIVAN, THIBAUD, TONY, URBAIN, VALÉRY

QUI EST-IL ?

C'est un homme introverti, secret et réservé qui tend à se préserver du monde qu'il redoute quelque peu. Souvent timide, sa sociabilité est indissociable d'un certain élitisme : François-Xavier préfère être seul plutôt que mal accompagné. C'est un homme cérébral, enclin aux spéculations de l'esprit, facilement inquiet et tourmenté, pessimiste devant la vie qu'il juge d'emblée inquiétante. Pragmatique et rationnel, il a besoin de se rassurer et est animé par une certaine méfiance instinctive. Cependant, c'est quelqu'un de sérieux, sur qui l'on peut compter. Il possède une bonne moralité et est à l'écoute des autres. S'il vit son nombre actif en 2, il se montrera sensible, impressionnable, et recherchera surtout la sécurité. Affectif, tendre, réceptif aux autres, il tend avant tout à se protéger, à se préserver des problèmes ou des difficultés qu'il redoute. Ainsi préférera-t-il une vie bien organisée, voire un peu monotone. Mais, la métamorphose étant toujours possible, il peut aussi vivre son nombre actif en 11 (maître nombre) et acquérir une certaine force morale et physique, un ascendant sur les autres, en concrétisant ses aspirations élevées souvent humanitaires ou sociales, développant intuition, sens psychologique et inspiration. Le temps est toujours avec lui et, s'il se montre tenace et persévérant, il récoltera le fruit de ses efforts. Mais le revers de la médaille sera sans doute un climat de grande tension nerveuse. Sous l'influence de ce maître nombre, il tend en effet à tout porter sur ses épaules, ce qui pourrait le rendre, au fil du temps, moins tolérant, plus impatient ou même fanatique…

Enfant, il a besoin de tendresse et d'affection, même si, pudique, il n'en supporte pas toujours les manifestations exubérantes. L'ambiance affective est déterminante : s'il se sent stimulé, aimé, encouragé, il travaillera d'autant mieux et, à l'école, il obtiendra les meilleures notes avec les professeurs qui lui marquent un intérêt. Il est sage et sérieux, trop, parfois, et ne craint pas la solitude dans laquelle il se réfugie.

QU'AIME-T-IL ?

Il aime la tranquillité, la simplicité et le naturel, déteste la sophistication ou les mondanités. Il recherche avant tout la sécurité et la stabilité. D'esprit pratique et rationnel, intéressé souvent par les dernières techniques nouvelles, il aime planifier et organiser, probablement parce qu'il craint l'imprévu.

Côté cœur, c'est un homme fidèle, affectueux mais qui peut avoir des difficultés pour exprimer ses sentiments ou ses émotions. N'attendez pas de lui trop de romantisme, mais sachez que s'il vous aime, c'est pour la vie !

QUE FAIT-IL ?

François-Xavier sera tenté par les professions scientifiques ou techniques, ou en liaison avec le modernisme, l'avant-garde, celles en rapport avec la terre, la nature, celles en rapport avec les sciences humaines (psychologie…) ou le conseil, et s'il vit son maître nombre, toutes les activités en liaison avec les mouvements humanitaires ou sociaux.

FRÉDÉRIC △5 ☐4

AMOUR, ANTONIUS, ARTHUROL, BART, CLÉMENTIN, CYRUS, ELFRIED, FIDÈLE, FRANK, HERMÈS, JOAQUIM, KENNETH, LARS, MATHUSALEM, PRIVAT, RAMUNTCHO, RUDY, SHAM, SILVAIN, STEVENS, TARIK

QUI EST-IL ?

Frédéric est un homme viril, actif et entreprenant qui apparaît souvent distant et réservé. En fait, méfiant et inquiet, il n'aime pas se livrer au premier venu. Mais, une fois rassuré, il se révèle franc, direct et sincère. Ses sentiments sont solides. Il n'aime guère les relations superficielles et a de surcroît le sens du devoir. La liberté est chère à ses yeux. Indépendant, rétif aux contraintes extérieures, il est capable de se remettre en question en prenant des risques calculés. Pourtant, il a besoin de sécurité et de stabilité et se montre parfois partagé entre son désir de possession, qui le pousse à conserver ses acquis, et cette tendance à la conquête... Mais il a aussi des facultés d'adaptation qui lui permettent de se lancer sans trop d'angoisse. C'est un grand nerveux qui a besoin d'action pour employer ce trop-plein d'énergie. Cela se manifeste souvent par une grande mobilité et adaptabilité, soit par l'exercice d'un sport, soit par de nombreux voyages, ou par une capacité de travail importante. Si Frédéric est un homme d'action, il est aussi capable de refréner ses engouements et ses impulsions. Enfin, volonté et autorité le caractérisent, ce qui lui confère un certain charisme.

Enfant, il est déjà ambitieux et fournira beaucoup d'efforts pour être le premier. Vif, bouillonnant, curieux, excitable, il est parfois instable et ne tient pas en place (surtout s'il est né en mai ou possède un chemin de vie 5). Il sait aussi être raisonnable et se montre peu démonstratif. Il serait bon de développer chez lui le sens du partage, car il tend à être égocentrique et capricieux.

QU'AIME-T-IL ?

Frédéric a besoin d'impressionner ou d'être admiré, voire d'être le point de mire. Pour cela, il est prêt à fournir beaucoup d'efforts. Il aime ce qui est beau, ce qui est grand, ce qui élève et cultive des désirs de grandeur.

Sentimentalement, il n'est pas dépourvu d'un certain charme. Il recherchera la sécurité d'un foyer mais aura aussi besoin d'une certaine fantaisie… Au sein du couple, il acceptera difficilement que sa position de maître soit discutée.

QUE FAIT-IL ?

Frédéric a besoin de trouver une profession qui le motive, aussi sera-t-il plutôt attiré par les activités de vente, la publicité, le marketing, une profession mobile en liaison, de près ou de loin, avec les voyages et les déplacements, une profession en rapport avec les sciences exactes, la précision, la nature, une profession indépendante, créative, en rapport avec l'art, l'esthétique, une profession de cadre, de direction.

FRÉDÉRIQUE 9 9 9

AURE, BLANQUE, CAPUCINE, QUEENNIE, YSABELLE

QUI EST-ELLE ?

De par cette omniprésence du 9, Frédérique est une femme qui sort de l'ordinaire. C'est un personnage tout en excès, sa politique étant un peu celle du tout ou rien. Ainsi, son itinéraire sera susceptible de la conduire vers de hauts sommets, comme vers certains abîmes... Tout la pousse vers les autres, vers le monde ou vers le public. D'une manière ou d'une autre, Frédérique ne laisse personne indifférent et peut aller haut et loin si elle se sent portée par les autres. Cela sera d'autant plus important qu'elle s'impliquera de manière désintéressée. C'est un personnage hors normes, qui ne suit pas les sentiers battus et ne connaît pas de frontières. Frédérique est passionnée par l'ailleurs, qu'il soit géographique, intellectuel ou spirituel. Elle cherche à se dépasser, à aller au-delà de ses limites, de ses habitudes. Cela la rend souvent difficile à saisir et elle court le risque d'être prise pour une illuminée ou une marginale. Le plus souvent, Frédérique est tentée par les contacts avec le public, à moins que la vie ne la mette en contact avec les autres aspects du nombre 9 : l'étranger, lors de ses voyages ou déplacements, l'altruisme, les orientations humanitaires ou philanthropiques. Il est assez prévisible qu'elle passe par différentes phases avant d'atteindre le détachement parfait. Il lui faudra se rassurer pleinement sur un plan matériel avant de se consacrer aux autres, Frédérique n'étant pas à l'abri des remises en cause. Elle a besoin d'avoir la foi en ce qu'elle fait, et il n'est pas impossible qu'elle accède à une certaine notoriété ou autre forme de reconnaissance. Sa tendance aux rêves, sa riche sensorialité, sa quête d'absolu peuvent, si elles ne se matérialisent pas, la conduire vers les paradis artificiels.

Enfant, Frédérique est hypersensible, émotive, fantasque, et il vous faudra la comprendre et l'aimer, même si son appréciation de la vérité vous est étrangère, ou si ses histoires rocambolesques vous choquent. Et si sa riche imagination, son rêve de merveilleux et ses vues utopistes étaient les ferments de sa future vocation ? Dites-vous que l'affectivité est sa source d'eau vive et que, si elle se sentait incomprise, la fugue pourrait être son échappatoire...

QU'AIME-T-ELLE ?

Les grandes causes, les grandes idées, les valeurs humaines ou spirituelles. Frédérique voit souvent en grand, son idéal étant illimité. Ses goûts la portent vers l'inaccessible, l'étrange, le mystère, la religion, l'occulte, la psychologie, la politique, l'archéologie...

Au quotidien, elle est difficile à cerner et à suivre, son cœur étant, à l'image de son idéal, immense : Frédérique est romanesque et ses histoires sentimentales sont souvent périlleuses. Elle ne correspond pas non plus précisément à la maîtresse de maison parfaite. Souvent peu ordonnée, fantaisiste, elle laisse plus de place aux émotions, aux sensations, aux ambiances, qu'à ses devoirs ou obligations.

QUE FAIT-ELLE ?

Frédérique sera intéressée par les activités orientées vers les grandes valeurs humaines, sociales ou philanthropiques, les professions la mettant en rapport avec le public (audiovisuel), la publicité, en rapport avec la gastronomie ou la restauration, avec les voyages et l'étranger (tourisme), à moins qu'elle ne développe ses talents d'artiste (journaliste, comédienne, écrivain...).

GARY

ATHANASE, BRYAN, DOMENICO, HELMUTH, HUMBERT, LORENZO, OLIVIERO, ORONTE, OTHELLO, ROGERIO, RUBEN, VICTOR-EMMANUEL

QUI EST-IL ?

Gary est un homme séduisant qui dégage une impression d'équilibre et d'harmonie. Son apparence, faite de discrétion et de réserve, n'est pas sans refléter un certain mystère, ce qui contribue à lui conférer un charme indéniable. Son expression verbale et ses aptitudes à la communication sont un peu freinées par une timidité qui le rend parfois mal à l'aise dans les rapports humains. Pourtant, Gary est un homme sociable, agréable, sensible à la beauté et à l'art. C'est un être épris de perfection, ce qui le rend souvent exigeant, critique, parfois même maniaque. Sa sociabilité, elle aussi, est sélective : il ne s'engage vraiment que lorsqu'il est en confiance et lorsqu'il juge que cela en vaut la peine. Il est de ceux qui pensent que mieux vaut être seul que mal accompagné, et se réserve des périodes de tranquillité ou de solitude, véritable retrait stratégique, loin du monde et de ses bruits. Consciemment ou inconsciemment, il cultive le secret, le mystère (deux lettres de valeur 7 sur un prénom de 4 lettres) et préfère se taire qu'énoncer des banalités. Sensible aux attaques, nerveux, inquiet, il redoute le jugement des autres et a souvent besoin d'être soutenu ou guidé. Son rythme d'activité est inégal, fonction de la motivation du moment. Mais il sera capable de rattraper le temps qu'il aura consacré à l'hésitation ou à la réflexion. De plus, Gary est un homme sensible, même s'il ne sait pas toujours le montrer, souvent marqué d'une manière ou d'une autre par la famille.

Avec le 6 karmique, il pourrait être tenté de fuir certaines responsabilités, familiales notamment, jugées trop pesantes ou, au contraire, être toujours trop concerné par celles-ci au point de se laisser envahir.

Enfant, il convient de l'entourer et de ménager sa tranquillité. Il aimera réfléchir, penser, méditer, mais il aura également besoin de se dépenser physiquement. Inutile de vouloir à tout prix le faire parler alors qu'il a décidé du contraire : vous vous heurteriez à un mur et vous le gêneriez. Il n'est pas impossible qu'il réagisse à une intrusion dans ce qu'il estime sa vie privée par une certaine opposition (passive ou active)... De plus, il possède un sens aigu de la justice et saura réagir violemment en cas d'iniquité, tant pour lui-même que pour défendre ses amis ou ses frères.

QU'AIME-T-IL ?

Il aime le pouvoir, les biens matériels, la réussite. C'est un ambitieux capable de mobiliser son courage, sa force et son énergie pour aller dans le sens de ses désirs. Il ne déteste d'ailleurs pas conquérir et se surpasser. Il aime les sports, l'action, ainsi que ce qui sort de l'ordinaire.

En amour aussi, il est insaisissable, énigmatique et compliqué, tant dans sa vie affective que sexuelle. Gary est tout à fait capable de faire un grand pas en avant puis deux en arrière, de passer d'une indifférence apparente à une jalousie féroce, désirer puis rejeter ou fuir... Aurait-il peur de souffrir ?

QUE FAIT-IL ?

Plusieurs chemins s'offrent à lui : les professions en rapport avec l'esthétique, la beauté, l'art, la gastronomie, les professions en liaison avec le domaine social (justice) ou médical, paramédical..., les professions en liaison avec la mode ou l'avant-garde, les professions techniques ou scientifiques (ingénieur...).

GENEVIÈVE
et **THÉRÉSA**

△ 4 ◯ 11/2 ☐ 2

CRISTANA, KATHLEEN, MARTINA

QUI SONT-ELLES ?

Secrètes et réservées, elles possèdent un caractère introverti et méfiant. Elles ne se dévoilent pas facilement. Hyperémotives et sensibles, elles cherchent à ne rien montrer de leurs émotions intérieures. Aussi croit-on souvent qu'elles sont froides, distantes, fières et qu'elles manquent de cœur ! Elles n'ont pas toujours une grande confiance en elles-mêmes. Sceptiques et pessimistes, elles ne croient pas à la chance. Voilà pourquoi elles s'extériorisent par leur travail. Soucieuses des détails, perfectionnistes, volontaires et acharnées, elles sont capables de s'investir fortement dans leur carrière ou leurs études, au détriment de tout le reste. Réfléchies, prudentes, économes, égocentriques, fidèles et stables, elles sont strictes et ont des principes. Cependant une autre tendance de leur personnalité consiste en fragilité, soumission, dépendance, inquiétude, timidité, infériorité, tendance plus marquée dans l'enfance où l'environnement maternel sera déterminant. En effet, il est possible qu'elles ne puissent pas vivre à la hauteur des puissantes vibrations que suscite le 11, maître nombre, et se calquent sur celles du 2, plus faciles à vivre. L'environnement familial sera donc important et devra absolument privilégier leur autonomie et leur prise en charge, sans quoi elles seraient tentées de ne pas prendre leur envol, passant ainsi à côté du 11 prometteur de force et d'ascendant sur autrui… (surtout si elles sont nées un 2, 11, 20, 29, ou en février ou en novembre, ou si elles possèdent un chemin de vie 2 ou 11).

QU'AIMENT-ELLES ?

Intimistes, elles n'aiment pas le monde ni la foule, et préfèrent la compagnie d'intimes qu'elles connaissent bien et qui les sécurisent. Elles aiment rêver, paresser, laisser vagabonder leur imagination et s'intéressent souvent, tout en étant très rationnelles, à l'étrange, au merveilleux, à la science-fiction, à l'irrationnel, au magique...

La vie sentimentale n'est pas aisée chez ces femmes pudiques, réservées, même si cet aspect est important pour elles. Le fait qu'elles soient karmiques en 2 les rend soit difficiles, dominatrices, soit totalement dépendantes et passives. Dans les deux cas l'union n'est pas facile... De plus, elles sont possessives et doivent faire des efforts pour aller vers les autres et vers l'autre en cultivant la générosité.

QUE FONT-ELLES ?

Deux tendances strictement opposées sont possibles : ou elles s'investissent professionnellement, et, dans cette éventualité, ce sera envers et contre tout, ou bien elles n'attribuent aucun intérêt à la réussite professionnelle...

Dans le premier cas, elles seront attirées par des professions sécurisantes dans l'Administration, où elles chercheront à progresser, en rapport avec la terre, la nature, les sciences exactes ou la précision, des professions en rapport avec le conseil ou l'enseignement (surtout si nées un 2, 11, 20, 29, ou chemin de vie 11) ; si le 2 l'emporte, elles se tourneront vers des professions plus courantes, moins prestigieuses.

GRAZIELLA   3

ALBERTINA, AMANCE, ANDROMAQUE, ARMANCE, CINDY, CONCHITA, CORA, CYNDI, ÉVELAINE, FLORENTINE, GABRIELA, HÉLOÏSE, MARGHERITA, MISÉRICORDE, MONICA, ROSITA, SISSY

QUI EST-ELLE ?

Graziella a une personnalité assez forte, énergique, volontaire et indépendante. Son apparence est agréable, car elle sait, le cas échéant, être souple, malléable, adaptable et accueillante. Le 3 lui confère parfois une note de superficialité, de coquetterie, voire de sophistication. Toutefois, le 7 la pousse également à développer sa nature intérieure, d'où sa discrétion et sa réserve. Sans doute a-t-elle besoin de ces deux tendances, étant en cela une personne assez complète et complexe, passant par des phases d'extériorisation où le besoin des autres se fait sentir et d'autres périodes d'introversion où il lui est nécessaire de réfléchir et de faire le point. Sa puissance de travail est relativement importante bien qu'assez irrégulière, de même que son humeur qui passe par des hauts et des bas. Son esprit est vif, ses facultés d'élocution développées, et il lui arrive souvent d'user d'humour lorsqu'elle est embarrassée, cela contribuant à lui donner du brio.

Enfant, elle peut osciller entre introversion et extraversion, ayant besoin tour à tour de s'épancher, de communiquer, voire de se pavaner devant une cour d'admirateurs... puis de se replier sur elle-même, se posant des questions importantes sur la vie, la foi... Ces deux tendances sont nécessaires à son évolution, la première étant plus développée si elle est née en janvier ou en mars, ou si elle possède un chemin de vie 1 ou 3, et la seconde si elle est née en avril ou en juillet, ou possède un chemin de vie 4 ou 7. Nerveuse et souvent inquiète, il est nécessaire de la rassurer en répondant avec franchise à toutes ses questions. L'inverse décuplerait encore son angoisse. Sa créativité est aussi à développer : elle possède une certaine originalité. Enfin, elle est en général bonne élève car elle supporte difficilement d'être reléguée au second plan, mais son orgueil et sa susceptibilité sont loin d'être inexistants : attention aux crises de colère !

QU'AIME-T-ELLE ?

Cérébrale, elle est encline à la réflexion, à la méditation, aux spéculations de l'esprit, et parfois même aux préoccupations métaphysiques. Le plaisir des mots et les échanges intellectuels lui plaisent, mais elle aime aussi rire et ne dédaigne pas totalement les biens de ce monde. Ses aspirations la portent aussi vers l'hétérodoxe, la nouveauté, l'inédit, la mode. Son nombre actif 46 lui pose quelques problèmes d'ordre sentimental. Sans doute est-elle trop exigeante, autoritaire, farouchement indépendante ou trop personnelle, mais elle a souvent au fond d'elle-même un vague sentiment de solitude, se sentant la plupart du temps incomprise.

QUE FAIT-ELLE ?

Assez ambitieuse, la voie professionnelle lui convient tout à fait, notamment dans les domaines suivants : professions de représentation (théâtre, cinéma, enseignement...) et tout ce qui se rapporte à la parole et à la voix, professions commerciales ou indépendantes (surtout si elle est née un 1, 10, 19, 28, ou possède un chemin de vie 1), professions en liaison avec la mode ou la créativité, professions d'avant-garde ou spécialisées.

GUILLAUME 11/2   3   8

ANNECHON, CLAUDE-AMBROISE, CLOTAIRE, COSIMO, COSTACHE, EDDY, JEAN-BERNARD, MATTEO, VITTORIO

QUI EST-IL ?

Guillaume est un personnage qui possède de multiples cordes à son arc et est très éclectique. Le maître nombre 11 ne supporte pas la médiocrité et ne peut d'ailleurs pas être pleinement vécu avant la maturité au niveau supérieur, c'est-à-dire celui d'un « grand homme », idéaliste, humaniste, altruiste, inspiré ou éclairé. C'est en 2 qu'il est le plus souvent vécu, et en tout cas pendant la première partie de la vie, ce qui confère alors au sujet une grande sensibilité ainsi qu'une forte dépendance par rapport à son environnement familial, affectif ou amical. Guillaume – qui peut appartenir au signe du Verseau – a un sens profond de l'amitié : soyez heureux si vous faites partie des élus ! Il est assez difficile d'affirmer qu'il penche plutôt du côté de l'introversion ou de l'extraversion : avec ses quatre lettres de valeur 3, la communication est relativement importante mais peut, par mécanismes inhibiteurs, être bloquée dans un premier temps. En fait, ce n'est pas un homme de demi-mesures et, lorsqu'il s'exprime, ce n'est certes pas pour parler de la pluie et du beau temps, mais d'un sujet qui le passionne. Plutôt intellectuel, c'est un homme de réflexion et de finesse dont l'intuition est développée. Mais il ne s'agit pas uniquement d'un penseur, d'un érudit, car il possède une grande énergie, de la combativité, de la volonté et n'est pas dépourvu d'un certain magnétisme. De plus, son agressivité est forte et il ne s'agit pas de l'agacer !... Il donne le maximum de lui-même lorsqu'il trouve un sens à sa vie et peut se révéler alors un militant passionné.

Enfant, c'est le 2 qui l'emporte souvent par rapport au maître nombre 11 qui n'est pas toujours facile à vivre, sauf peut-être s'il est né en février ou en novembre. Guillaume se révèle alors gentil, serviable, malgré une agressivité mal contenue, décuplée par son émotivité. La communication devra être favorisée, car il se replie facilement sur lui-même dès qu'il se sent incompris. En fait, l'éducation idéale serait de lui inculquer le principe d'« un esprit sain dans un corps sain », l'activité physique et intellectuelle étant également nécessaire à son épanouissement.

QU'AIME-T-IL ?

Assez sociable, il est friand de contacts et d'échanges et ce qu'il souhaite le plus est de réaliser ses ambitions les plus grandioses, visant souvent l'humanité... ce qui est loin d'être aisé.

Côté cœur, c'est un homme viril, franc, droit, directif et fidèle, passionné, mais il entend trouver la contrepartie chez sa partenaire. Il cherchera à fonder une famille, son instinct paternel étant développé.

QUE FAIT-IL ?

Homme de conquêtes, il vise le pouvoir et n'est pas indifférent à la sphère matérielle, d'où les professions suivantes : gestion, finance, police, politique..., en liaison avec l'humain (pédagogie, psychologie, médecine...), en rapport avec la créativité, l'écriture, l'expression, le journalisme, le commerce...

HANNAH 8

BENJAMINE, ÉLIANE, HENRIETTA, HILDEGARDE, ISOLDE, LANA, MARIETTE, MÉLISANDE, PÉLAGIE, SUPRIYA

QUI EST-ELLE ?

Quel magnétisme ! Sans aucun doute, Hannah possède une personnalité hors du commun : à la fois sensible, affective et très émotive, elle n'en demeure pas moins une femme d'envergure, faite pour prendre à pleines mains les rênes de sa destinée. Particulièrement active, Hannah est volontariste, entreprenante, audacieuse et combative. La difficulté stimule même cette passionnée, aux yeux de qui l'émancipation féminine n'est pas un vain mot. C'est une individualiste forcenée qui s'enflamme et cherche à s'affirmer et à se réaliser en s'imposant. Appartenant en général aux signes de feu (Bélier et Lion notamment), elle est d'un caractère colérique. Si elle n'a pas des moyens à la hauteur de son ambition, elle se révélera agressive, autoritaire ou dictatoriale. À moins qu'elle ne vive ses idées de grandeur par personne interposée, en l'occurrence au travers de son compagnon qu'elle stimulera et dynamisera. La coexistence du 1 (de loin dominant, étant donné les deux lettres A, de valeur 1) et du 2 peut lui conférer un caractère cyclothymique avec alternance de phases d'emballement, d'enthousiasme, d'hyperactivité, suivies de périodes de passivité, de laisser-aller, plus rares néanmoins. La motivation est son mot clé... Plutôt qu'une intellectuelle, Hannah est une femme d'action qui possède un esprit pratique et le sens du concret et du matériel. Elle est faite pour réaliser : matérialiste et pratique, même si elle est aussi idéaliste, elle est douée pour les affaires. Rapide, impatiente et pressée, elle n'a pas toujours le sens des nuances, elle s'emporte et fait souvent preuve d'intolérance.

Enfant, Hannah est pétillante de vie, passionnée, gaie, démonstrative et débordante d'activité. Encouragez-la à pratiquer un sport. Elle ne connaît guère l'ennui, a toujours beaucoup de projets et de centres d'intérêt. Autonome, franche et directe, elle ne se plie pas facilement et peut avoir l'esprit de contradiction. Fière et orgueilleuse, elle voudrait être la première en tout. Si elle n'y parvient pas, elle le sera d'une autre manière en prenant une place de leader dans l'opposition. Plus sensible qu'elle n'en donne l'air, vous aurez raison d'elle par le sentiment, bien plus que par la force.

QU'AIME-T-ELLE ?

Affective et sentimentale, elle recherche l'union et la vie à deux, même si ce n'est pas toujours facile pour elle (2 karmique). Elle a du mal à se plier et à se soumettre et pourtant elle n'admire et n'estime que les forts. Elle a le sens de l'amitié et, bien qu'égocentrique, elle sait se montrer généreuse, serviable et amicale. Elle prête une écoute attentive aux autres et essaie de les conseiller.

Sentimentalement, c'est une idéaliste, naïve, droite, qui supporte mal les situations troubles. Elle ne connaît pas l'hésitation et, lorsqu'elle aime, elle est ardente et passionnée, entière et possessive.

QUE FAIT-ELLE ?

Avec une telle personnalité, Hannah sera capable de viser haut, même si c'est une autodidacte dans l'âme. Néanmoins, la réalisation de son couple sera aussi très importante. Ne veut-elle pas tout réussir ? Ainsi inclinera-t-elle vers les professions libérales ou celles où elle pourra avoir beaucoup d'autonomie, élément indispensable à ses yeux, les professions en rapport avec les affaires, la gestion, la finance, la banque..., celles en rapport avec un certain pouvoir (armée, police) ou avec le sport ou l'action, celles relatives à toutes les formes de conseil.

HÉLÈNE

△ 4 ◯ 6 ☐ 7

BÉNÉDICTE, DALE, ÉLIETTE, ÉMILIA, EMMELINE, ERMELINDE, FANNIE, GISLAINE, HÉLAIN, JACQUOTTE, KAREN, KARINE, MAËL, MARIE-LAURE, MARIE-LOU, MÉGAN, MÉLINDA, SAPHIRE

QUI EST-ELLE ?

Hélène est une femme qui paraît souvent inaccessible : est-ce son port altier, sa fierté naturelle ou sa distante réserve ? Peu importe, Hélène ne laisse pas indifférent et son apparent dédain y est certainement pour quelque chose. Introspective et très introvertie, Hélène tend à se créer une tour d'ivoire dans laquelle elle se retranche parfois quand la vie n'est pas à la hauteur de ses aspirations, le rêve étant souvent un exutoire pour elle. En effet, c'est une femme inspirée, sensible et émotive qui n'est pas faite pour la lutte et se montre assez allergique au stress. Assez possessive et captatrice, Hélène est comme la fourmi, elle n'est pas prêteuse, plutôt attachée aux biens de ce monde. Elle a un caractère à part, soit parce qu'elle est foncièrement indépendante, revendique une certaine différence (que ce soit une originalité vestimentaire ou intellectuelle), soit qu'elle s'isole elle-même par son comportement tranchant. En effet, Hélène est assez déroutante et insaisissable : elle communique peu ou mal, désire être devinée, et est déçue quand elle se sent incomprise. En fait, elle est au fond très déterminée, et sa volonté est forte ! Il est vrai qu'elle peut parfois se laisser aller à la paresse, remettant au lendemain ce qu'elle pourrait faire le jour même… Mais avec le 4 karmique, les extrêmes sont possibles, et Hélène peut tout aussi bien s'investir dans son travail (notamment si elle est née en avril, un 4, 13, 22, 31, ou possède un chemin de vie 4) que se laisser vivre en privilégiant sa vie sentimentale et son foyer.

Enfant, il faut sans cesse la motiver pour éviter qu'elle ne se replie sur elle-même. Comme elle est assez concrète et possède un solide esprit pratique, il faudra favoriser chez elle les réalisations manuelles ou esthétiques (en rapport avec la terre, comme la poterie, ou le dessin, où la couture...), car Hélène est souvent perfectionniste et méticuleuse.

QU'AIME-T-ELLE ?

Hélène est une grande sentimentale qui ne rêve que d'une chaumière et d'un cœur. Aussi, aimer et être aimée sont ses préoccupations premières. Son besoin d'harmonie et son sens esthétique sont fort développés. Voilà pourquoi elle apprécie plus que tout les beaux objets, les toilettes élégantes et le confort. Messieurs, sachez qu'Hélène aura des difficultés à faire son choix (6 karmique) et qu'elle trouvera souvent matière à insatisfaction. En fait, elle est toute simple : elle exige simplement que son Prince Charmant soit beau, riche, intelligent, galant, conciliant et fin psychologue...

QUE FAIT-ELLE ?

À l'heure de l'engagement professionnel, Hélène peut être hésitante et se laisser influencer par son environnement familial (ou bien succéder à un membre de sa famille). Néanmoins, si elle choisit sa propre orientation, elle sera tentée par la sphère artistique ou esthétique (décoration, peinture, dessin, coiffure, art floral, mannequin...), une profession où la précision ou la méticulosité sont demandées, une profession en rapport avec la nature, les animaux ou la terre, ou une profession d'avant-garde, plutôt liée à la mode et éventuellement aux dernières techniques (informatique...), enfin, une activité comportant une prise en charge des autres ou lui permettant d'exercer ses talents de psychologue.

HENRI

△ 9 ◯ 5 ☐ 22/4

BRENDT, ÉLEUTHÈRE, MERRI

QUI EST-IL ?

Henri est un personnage à multiples facettes, tout à la fois extraverti et introverti, au caractère cyclothymique. Ainsi peut-on le voir se fondre dans des groupements ou collectivités, ou participer pleinement à de vastes mouvements, déployant un grand sens de la solidarité, faisant montre d'un esprit novateur, particulièrement s'il arrive à vivre à la hauteur de son maître nombre 22, qui lui confère de grandes possibilités de réalisation. Il semble alors particulièrement sociable, dynamique et entreprenant, ouvert sur le monde. Mais il peut aussi se montrer timide et réservé, enclin à se replier sur lui-même et à rechercher la tranquillité, si la vie ne lui permet pas de vivre à la hauteur du 22. Il adoptera dans ce cas un rythme de vie moins trépidant, voire quelque peu routinier. Il appréciera par exemple de cultiver son jardin. Si Henri est souvent intéressé ou tourné vers le social, ce n'est pas uniquement par pur altruisme. Il ne faut pas perdre de vue qu'Henri est avant tout un homme concret et pragmatique, qui possède les pieds sur terre. Concerné par les notions de rentabilité et d'efficacité, il a une approche pratique des choses : sa moralité est-elle toujours en accord avec ses principes ? Il a besoin de se passionner : c'est alors qu'il peut déployer une puissance de travail considérable. Par ailleurs, Henri est un homme possessif, il a tendance à s'approprier les êtres comme les choses, probablement parce qu'il a un fort besoin de se sécuriser. Sous ses airs libéraux, il est en fait quelque peu conformiste.

Enfant, c'est un garçon dynamique, curieux, pas toujours très docile ni facile à diriger. Il est souvent attiré par beaucoup de choses différentes, aussi est-il souhaitable de ne pas favoriser l'éparpillement et de lui inculquer l'ordre et la discipline. De plus, les activités sportives sont à encourager.

QU'AIME-T-IL ?
Henri apprécie la découverte, les changements et les plaisirs. C'est un conquérant épris d'aventures qui n'apprécie guère les contraintes et la monotonie. Pas toujours discipliné dans sa vie, même si, par ailleurs, il apprécie fortement cette qualité chez les autres, c'est un homme amoureux de la liberté ainsi que des voyages.

En amour, il a besoin de passion et de sécurité, ce qui n'est pas forcément compatible. Si le 4 l'emporte (né un 4, 13, 22, 31, ou chemin de vie 4), il préférera le confort et la stabilité. Sinon, il ne sera pas toujours d'une fidélité exemplaire (surtout s'il est né un 5, 14, 23, ou possède un chemin de vie 5) ! Très entier et jaloux, intolérant, Henri trouve normal d'être compris au-delà des mots. La liberté est chère à ses yeux, mais il n'en abusera pas forcément.

QUE FAIT-IL ?
Henri est plutôt un homme de terrain capable d'efforts physiques. Il a un fort besoin de concret. Aussi sera-t-il plus particulièrement attiré par le domaine des affaires ou de la finance, ce qui se rattache au public, à l'audiovisuel, aux voyages, aux sports, aux loisirs, des professions à caractère scientifique, ou en liaison avec la terre ou la nature…

HERVÉ et HERBERT   4   3

ARNOULD, ÉMILIEN, EUSÉBIO, FÉLICE, FERNAND-PAUL, FRANTZ, HAMISH, LEE, LOUIS-ERNEST, NICOLAUS, PATRIC, REYNALDO, WOOPY

QUI SONT-ILS ?

Ils possèdent un charme discret et leur attitude est tout à la fois stricte et sélective. Ils passent aisément pour des êtres froids et hautains alors qu'ils sont en réalité réservés et inquiets. S'ils se montrent distants de prime abord, c'est sans doute parce que leur pudeur, leur méfiance et leur timidité les paralysent quelque peu. Pourtant, une fois rassurés sur l'authenticité de leurs protagonistes, ils s'avèrent agréables, sociables et profonds. Ils manquent de confiance en eux-mêmes, mais peuvent le compenser par un comportement d'autosatisfaction. Leur caractère est affirmé, leur attitude directe et franche. Parfois même ils seront capables de rigidité et d'autoritarisme. Volontaires, actifs, ambitieux, ils ont une capacité de travail importante et ont tendance à compter avec le temps. Ils peuvent mobiliser leur énergie dans la poursuite d'un objectif qui leur tient à cœur et s'avèreront matérialistes et égocentriques. Leur esprit est rationnel et logique et ils savent organiser, gérer et administrer. Le mélange d'influences contraires (le 3 et le 4) peut parfois les amener à être partagés entre extraversion et introversion, générosité et avarice. La première tendance est amplifiée s'ils sont nés en mars, ou un 3, 12, 21, 30, ou s'ils possèdent un chemin de vie 3. La seconde l'est si le 4 est prépondérant (nés un 4, 13, 22, 31, en avril, ou s'ils possèdent un chemin de vie 4). Néanmoins, ces deux comportements peuvent très bien coexister au sein de la personnalité, mais entraîneront des attitudes contradictoires. Cette conduite sera encore plus déroutante s'ils sont nés un 3 avril ou un 4 mars...

Enfants, il faut stimuler leur sociabilité, leur apprendre le partage, et les entourer affectivement en ménageant leur pudeur. Il faut les encourager afin de les sécuriser. Ils sont en général très possessifs, adorent les collections et ne sont pas prêteurs.

QU'AIMENT-ILS ?

Bien que timides, ils aiment avoir le premier rôle. Si, par exemple, ils ne l'ont pas en étant les premiers dans leurs études, ils l'obtiendront en se faisant remarquer sur d'autres plans.

En amour, ils sont égoïstes, dominateurs, possessifs et entiers. Ils veulent être aimés et admirés, et garder au sein du couple leur rôle de maître incontesté. Comme ils ne sont ni démonstratifs ni sentimentaux, leur vie affective n'est pas toujours aussi nettement tracée que leur vie professionnelle.

QUE FONT-ILS ?

Armés dans la lutte pour la vie, ils seront attirés par les professions nécessitant de la précision, de l'exactitude, notamment si leur chemin de vie est 4, ou s'ils sont nés un 4, 13, 22 ou 31. Sinon, ce sera par les professions où l'expression est favorisée (commercial, acteur, chanteur, conférencier...) ainsi que les professions libérales.

HUBERT △11/2   □3

ARNALDO, GODEFROID, GUÉRIN, HARDY, HERVEY, JÉSUS, JONATHAN, LANDRY, LARRY, LUCIFER, SALVADOR, STANISLAO, THÉOPHANE

QUI EST-IL ?

Hubert est un homme rayonnant qui possède un ascendant certain sur autrui (maître nombre 11), car sa personnalité est tout à la fois virile, imposante, autoritaire, loyale mais aussi accueillante et généreuse. Il est soucieux de son apparence, ce qui peut se traduire par une certaine coquetterie, à moins qu'il n'aime parler pour séduire... Ouvert, curieux, communicatif, tout l'intéresse et il adore transmettre ses connaissances, ce qu'il fait avec plus ou moins de bonheur... Sa sensibilité très forte est souvent dissimulée par une attitude brusque et tranchée. Franc, loyal, ennemi de la paresse, des faux-semblants, de la flatterie et du mensonge, il est capable d'élans de générosité, et sera toujours prêt à venir en aide. Il recherche le pouvoir et pour cela mobilise énergie, courage et efforts. Il se montre intolérant envers ceux qui sont moins doués que lui. Il peut même parfois être de mauvaise foi, et son esprit de contradiction est fort développé. Il risque de vivre dans un climat de haute tension émotionnelle, souvent préjudiciable à son équilibre intérieur. Les risques inhérents à ce maître nombre concernent, bien entendu, tous les excès : excès de bonté, oubli de soi, mais aussi, à l'inverse, mégalomanie, tyrannie, abus de pouvoir, machiavélisme...

Enfant, il est volontaire, courageux et sait déjà ce qu'il veut. Des conflits d'autorité peuvent survenir en cas d'éducation trop laxiste ou trop dirigiste. Mais il est digne de confiance.

QU'AIME-T-IL ?

Il aime le pouvoir et les possessions, est concret et matérialiste, parfois même opportuniste. Si le bien-être et l'aisance financière sont nécessaires à sa vie, ce n'est pas uniquement pour le confort qu'ils procurent, mais aussi pour en faire profiter ses proches et ses amis, auxquels il est très attaché.

En amour, il est droit, franc et direct. Sa loyauté ne pardonne pas les faux pas et sa rancune ainsi que ses colères sont terribles ! Et pourtant, n'en doutez pas, au fond, c'est un tendre...

QUE FAIT-IL ?

Avec le 29 comme nombre actif, Hubert est fait pour réussir. Toutefois, ce ne sera jamais sans de fortes tensions émotionnelles ou nerveuses. Les professions susceptibles de l'intéresser pourraient être manuelles ou artisanales (mécanicien, technicien, tailleur, boucher, charcutier), techniques ou de gestion (ingénieur, mathématicien, comptable, employé de banque, chimiste), en rapport avec les sciences humaines (conseiller, enseignant), commerciales.

HUGO

FIRMIN, KIM, LOULOU, MICHOU, MUHAMMED, TIM

QUI EST-IL ?

C'est un homme agréable, sympathique et pourvu d'un certain charme. Sensible, serviable, il aime plaire, faire plaisir et dégage une impression de force tranquille. Néanmoins, ne nous fions pas complètement à cette image d'Épinal : Hugo est un être exigeant, parfois même trop perfectionniste ou trop sélectif. Cela le rend maniaque et pointilleux, et se traduira par quelques réflexions cinglantes ou critiques bien acerbes lorsque vous ne suivrez pas au pied de la lettre ses suggestions. Ce souci du détail peut s'observer dans son apparence physique, raffinée, élégante, ou bien dans un côté ordonné, de ponctualité extrême, ou encore dans une conscience professionnelle scrupuleuse. Toutefois, et cela fait partie de ses incohérences, il a tendance à focaliser sur l'un de ces aspects qu'il privilégie, et non sur d'autres détails pourtant tout aussi importants : ainsi le verra-t-on recommencer dix fois une lettre qui ne serait pas parfaite, traquer le grain de poussière sur ses meubles et laisser s'entasser un fouillis sur son bureau !... Il déteste les conflits et la violence et est attaché à sa famille. Il a le sens des responsabilités et sait être présent lorsqu'on a besoin de lui, mais il a tendance à fuir ou à se replier sur lui-même lorsqu'il perçoit une hostilité quelconque autour de lui.

Enfant, Hugo est attachant, affectueux et sait manipuler son entourage pour se faire aimer. Frère aîné idéal, volontiers paternaliste, il est capable de veiller d'un œil attentif sur ses cadets. Il est nécessaire d'encourager ce sens des responsabilités ainsi que les éventuels dons artistiques qu'il pourrait avoir, à moins que la pâtisserie ne soit son passe-temps favori, gourmandise et sensualité obligent...

QU'AIME-T-IL ?

Idéaliste, il est souvent attiré par les grandes causes, par les gens qu'il aime. Sinon c'est l'évasion, sous toutes ses formes, qui le séduit. En effet, la part de rêve est importante dans sa vie et peut être un moyen de fuir les dures réalités du quotidien, d'où son intérêt pour les voyages, l'ailleurs, l'étrange, le merveilleux et parfois même l'irrationnel. Le sentiment a une grande place dans son existence, et il ne fait bien que ce qui lui plaît.

Côté cœur, il est sentimental et romantique et rêve de partage et d'osmose. Sa sensualité et son besoin d'idéal sont forts, aussi résiste-t-il difficilement à la tentation...

QUE FAIT-IL ?

Plusieurs orientations sont susceptibles de lui convenir : celles en rapport avec les voyages et l'étranger, en rapport avec le droit ou la justice, en rapport avec l'esthétique, l'art, la gastronomie, les fleurs, la décoration..., en rapport avec le domaine médico-social et les activités exigeant de la précision et de la minutie.

INÈS △11/2 ◯5 □6

BETTI, BRIDGET, BRIDIE, EULALIE, HILDE, ILLIE, MANUELLE, MILDRED, PAULÈNE, STEFFI

QUI EST-ELLE ?
Tendre, amicale, Inès apprécie la compagnie. Émotive et sensible, d'apparence flegmatique, elle correspond bien au tempérament lymphatique (elle est souvent marquée par la Lune ou le Cancer). La vie semble être pour elle « un long fleuve tranquille », et elle donne l'impression de calme et de douceur. Pas vraiment dynamique, Inès n'est pas non plus vraiment entreprenante, ni tellement volontariste. Elle préfère remettre au lendemain ce qu'elle peut faire le jour même. Dépendante de son environnement, maternel et féminin plus particulièrement, elle est perméable aux ambiances et peut passer d'une indolence ou d'une paresse notoires à une suractivité lorsqu'elle se sent stimulée amicalement ou affectivement. Son caractère est cyclothymique... Tout, chez elle, est question de motivation. Aussi passe-t-elle d'une vie au ralenti à une vie plus agitée, saisie par une brusque impulsion qui peut d'ailleurs très vite disparaître. Elle a en effet une fâcheuse tendance à vivre plus dans ses rêves que dans la réalité. Ses atouts sont son charme, sa gentillesse, sa serviabilité et son esprit de camaraderie, ainsi qu'une finesse psychologique doublée d'une intuition qui pallient en quelque sorte sa paresse, Inès compensant par un savoir-faire certain. Si elle arrive à emprunter une route sociale ou humanitaire, motivante pour elle, Inès s'épanouira particulièrement en réalisant ses rêves. Elle aura alors une certaine force, passant de l'immaturité, du besoin d'être prise

en charge à sa propre prise de responsabilités (notamment lorsqu'elle est née un 11, 29, en novembre, ou possède un chemin de vie 11). Enfant, elle est attachante, affectueuse, et vous résistez mal à sa gentillesse. Néanmoins, parents, ne succombez pas à son sourire et soyez tendres, mais fermes, avec elle. Elle doit apprendre tôt les notions de travail, de discipline, d'ordre, de devoir... qui sont peu marquées dans son caractère. Comme elle est soucieuse de bien faire et très sensibilisée par sa famille, elle aura à cœur de vous faire plaisir. Elle a souvent un sens artistique certain. Pourquoi ne pas lui faire prendre des leçons de musique dès le plus jeune âge ? Sa scolarité dépendra beaucoup de l'environnement familial. Inès n'aime guère travailler, mais elle sera aidée par son excellente mémoire.

QU'AIME-T-ELLE ?

Elle aime s'évader, fantasmer, voyager, et possède un petit côté bohème. Comme la cigale, elle apprécie la vie facile, les plaisirs de ce monde et la fantaisie. Les changements lui conviennent tout à fait, ainsi que les voyages qui la sensibilisent souvent. Côté cœur, elle a certes beaucoup de qualités affectives mais demeure souvent très dépendante de son époux dont elle attend soutien et protection. De plus, sensuelle, câline, elle rêve d'un compagnon tendre et qui possède le sens de la famille.

QUE FAIT-ELLE ?

L'environnement familial pourra avoir son mot à dire, car Inès n'est pas toujours très déterminée à l'heure du choix professionnel. Aussi exercera-t-elle fréquemment la même profession que l'un des parents, ou entrera-t-elle dans l'entreprise familiale (commerce alimentaire ou restauration particulièrement). Elle peut avoir aussi tout simplement une vocation de mère de famille. Sinon, elle sera tentée par l'Administration et les professions directement utiles aux autres, celles liées aux enfants et où l'intuition est importante (enseignante, psychologue, animatrice...), ou celles en liaison avec la vente et les voyages, surtout si elle est née un 5, 14, 23, ou possède un chemin de vie 5.

INGRID 7

CAROLE-ANNE, JILL, LIV, MARIE-JOSIANNE, PERPÉTUE, VIC

QUI EST-ELLE ?

Ingrid est discrète et quelque peu étrange, enveloppée d'une aura de mystère, probablement en raison de son apparente froideur. C'est en effet une femme secrète et insaisissable, qui possède un important contrôle d'elle-même et un calme qui passe souvent pour du détachement ou une indifférence glacée. Sa personnalité à part est souvent mal comprise par son entourage. Sa tournure d'esprit la porte à l'analyse, à la critique ainsi qu'au scepticisme, mais la conduit également à s'intéresser à l'irrationnel, ou à la spiritualité. Elle a tendance à l'introspection, ce qui, ajouté à son intuition, lui permet d'appréhender les êtres ou les événements avec recul. Son esprit logique, rationnel, et son intérêt pour les questions essentielles lui font rechercher les vérités fondamentales et les réalités profondes, cachées. Voilà en quoi elle sort de l'ordinaire. C'est souvent elle-même qui, hypersensible et méfiante, se met en retrait et se situe en marginale ou en originale. Très indépendante, peu matérialiste, souvent utopiste, elle tend à dissimuler sa sensibilité derrière une certaine ironie de façade. C'est en fait une personne profondément inquiète et nerveuse, qui doute d'elle et des autres, oscille entre égoïsme et solitude d'un côté (surtout si elle est née en juillet ou un 7, 16, 25, ou possède un chemin de vie 7), altruisme et vie en société de l'autre (surtout si elle est née en septembre, ou un 9, 18, 27, ou possède un chemin de vie 9). Enfant, elle est timide, secrète et discrète et tend à se replier sur elle-même. Très nerveuse et tourmentée, elle a sans cesse besoin d'être rassurée, et il ne faut pas hésiter à développer sa sociabilité ainsi que son sens de la solidarité en la faisant adhérer à des activités de groupe. Elle est encline à se poser des questions et à interroger ses parents, aussi serait-il souhaitable d'être à son écoute et de favoriser la communication.

QU'AIME-T-ELLE ?

Elle aime ce qui sort de l'ordinaire et aspire à faire partie de groupements et de collectivités qui partagent les mêmes idéaux ou les mêmes convictions qu'elle. Son caractère est passionné et elle est fortement attirée par le merveilleux, l'utopique, l'étrange, le paranormal ou la religion. Elle rêve d'absolu, de fraternité et de partage mais, facilement désillusionnée, peut devenir profondément misanthrope.

C'est une sentimentale, une romanesque qui rêve beaucoup. Aussi, la réalité a tendance à la décevoir et les prises de conscience peuvent être difficiles. Sensible et pudique, elle se sent le plus souvent incomprise et seule.

QUE FAIT-ELLE ?

Ce sont fréquemment des professions originales, indépendantes ou d'avant-garde, qui l'attirent, comme le domaine de la mode, de l'audiovisuel, celui des voyages, celui de la nuit, celui des dernières techniques, comme l'informatique, celui de la santé ou de la justice...

ISABELLE

△ 1½   □ 9

BARBERINE, HANNA, SARAH, SOLINE

QUI EST-ELLE ?

Douceur et fragilité émanent de la charmante Isabelle. Féminine jusqu'au bout des ongles, elle est agréable, conciliante et tout particulièrement sensible. Son émotivité à fleur de peau n'est pas sans lui poser quelques problèmes : impressionnable, suggestible, Isabelle est très perméable à l'ambiance dans laquelle elle se trouve. Cette réceptivité, si elle favorise l'éclosion de talent artistique (musical ou autre), n'en est pas moins à l'origine d'inquiétude ou de peurs. Lors de situations difficiles, comme celles d'examen ou face à l'inconnu, elle perd facilement ses moyens. En revanche, elle donne le maximum d'elle-même lorsqu'elle se trouve dans un environnement qui lui convient. Isabelle est une douce rêveuse, imaginative voire fantasque, éprise de merveilleux ou de magique. Un brin de fantaisie l'anime, elle est ennemie de la routine. Vivre, pour elle, c'est rêver, s'abandonner à ses émotions ou à ses sensations. Les basses réalités matérielles la laissent de marbre. Souvent, dans la vie, Isabelle évolue par identification. Ainsi elle joue du piano parce qu'elle a été séduite par un virtuose qui la fascine. Elle peut encore choisir telle ou telle activité pour faire plaisir à l'un de ses proches ou suivre un ou une amie tendre… Tout chez elle passe par l'affectif. C'est d'ailleurs une amie charmante, à l'écoute des autres, serviable, disponible et d'excellent conseil. Humaine et généreuse, elle sait donner beaucoup d'elle-même. Si elle arrive à vivre à la hauteur de son maître nombre, Isabelle parviendra à concrétiser ses aspirations humanistes ou idéalistes. C'est alors qu'on la verra participer à des groupements ou à des associations à objectif social, humanitaire, artistique, mystique ou politique, dans lesquels elle s'épanouira en partageant. Elle aura alors un grand ascendant sur autrui. Si la vie ne lui permet pas de vivre ses idéaux, elle tendra à se réfugier dans les chimères, l'utopie, rêvant sa vie puisqu'elle ne peut vivre son rêve... Elle pourrait même rechercher une certaine prise en charge pour se sentir pleinement sécurisée, dans la soumission, la passivité et la dépendance. Enfant, Isabelle est un ange ayant besoin d'affection, de tendresse, de câlins et de douceur. Le monde lui fait peur, aussi tend-elle à se réfugier dans la douce sécurité du sein maternel. Si la famille n'apporte pas le soutien affectif dont elle a besoin, Isabelle prendra facilement le chemin d'une opposition passive. Elle délaissera alors le travail scolaire, et se réfugiera dans les rêves, la paresse, la fugue ou la fuite... Développez son goût pour la musique.

QU'AIME-T-ELLE ?

Elle apprécie la compagnie des autres : sociable, extravertie, elle est sentimentale, romantique, et rêve du Prince Charmant. Mais, blessée dans ses sentiments, elle a tendance à se réfugier dans sa tour d'ivoire. Ne vous méprenez pas non plus, si elle a l'air distante et réservée, c'est principalement à cause de sa timidité. Féminine, elle privilégiera sa vie sentimentale et maternelle, la tendresse étant sa source d'eau vive. Elle a le sens de l'amitié, aime coopérer dans des activités de groupe qui la stimulent, car sa nature profonde est davantage la contemplation, ou la paresse. C'est une intimiste, narcissique, un peu égocentrique, qui adore s'épancher lorsqu'elle se sent en confiance. C'est aussi une sensorielle, une gourmande et une épicurienne.

QUE FAIT-ELLE ?

Les études ne sont pas nécessairement son domaine de prédilection, sauf si une motivation puissante la pousse. Elle possède pourtant une excellente mémoire, un sens psychologique inné, ce qui la rend fine, astucieuse et volontiers critique. Elle est donc attirée par les sciences humaines (psychologie, sociologie, puériculture, pédagogie), et ce, surtout si elle est née un 2, 11, 20, 29, ou si elle possède un chemin de vie 2 ou 11. À défaut, elle peut être tentée par les voies de la presse, de l'audiovisuel, des voyages, de l'art, de la communication, voire de la parapsychologie, surtout si son jour de naissance est un 9, 18, 27. Si elle n'aime pas assumer des responsabilités, elle se révélera une excellente collaboratrice, ou une maîtresse de maison accomplie...

IVAN, RALF et RALPH △1 |9|

BOUDDHA, CHRÉTIEN, DAN, DIEUDONNÉ, ÉDEN, ÉDERN, FANTIN, FAUSTO, HUMPHRY, KLÉBERT, KRAIG, MARIN, NARDI, NIKITA, NIKKA, PETE, PETER, PIETER, RENÉ-LOUIS, SIEGFRIED, STAF, SYLVIUS, VAN, VASSILI, VITALI, YURI, ZABULON

QUI SONT-ILS ?

Ne vous y trompez pas ! Certes ils sont très masculins et virils, mais sous des dehors stricts, autoritaires, dominateurs, ils cachent une grande sensibilité. Tendres, émotifs, sympathiques et généreux, ils ont le cœur sur la main, mais ils ne veulent pas que cela se sache trop car ils aiment sauvegarder leur image extérieure. S'ils ne sont pas forcément démonstratifs, ils ont besoin d'être admirés et reconnus à leur juste valeur. Pour cela, leur volonté est à la hauteur de leurs aspirations et ils sont prêts à tous les héroïsmes. Leur puissance de travail est importante bien qu'assez irrégulière car elle varie avec leur humeur. D'une manière générale, ils se retrouvent plutôt dans des positions de leaders que d'exécutants. Ils possèdent toutes les qualités nécessaires d'organisation et supportent aussi mal les échecs que les seconds rôles. Orgueilleux, voire vaniteux, ils sont en même temps désarmants de naïveté. Mais si leurs réalisations sont à la hauteur de leurs souhaits, ils peuvent apparaître arrogants, égocentriques et coléreux, ce qui ne les empêche pas d'être timides.

Enfants, il faut sauvegarder leur indépendance et leur confier des responsabilités. Il serait préférable de leur donner des frères et sœurs et de les faire participer à des activités de groupe pour équilibrer une certaine tendance égocentrique. Ils pourraient apprendre à mieux se connaître, exercer leur pouvoir, leur sens de l'initiative ainsi que leur côté philanthrope. Pourquoi ne pas les faire entrer dans une école de théâtre, eux qui considéreront plus tard la vie comme une scène sur laquelle on est en représentation ?

QU'AIMENT-ILS ?

En accord avec leur personnalité, ils aiment briller, commander, être sur le devant de la scène. Ils apprécient ce qui est pur, beau, racé et droit. Les voyages, la fantaisie, les relations avec le public constituent également des centres d'intérêt pour eux.

Côté cœur, ils se montrent idéalistes, difficiles dans leurs choix amoureux. Ils sont exigeants avec leur compagne qu'ils entendent volontiers dominer. Ils ne se choquent d'ailleurs nullement si elle leur voue une admiration sans bornes et y voient plutôt un juste tribut à leur valeur ! Humains, sensuels et généreux, ils aiment les traditions : mariage, enfants...

QUE FONT-ILS ?

À l'évidence, ce sont des situations soit autonomes (artisan, professions libérales...), soit celles où ils occupent un rôle prépondérant qui leur conviennent. Mais ils peuvent très bien s'épanouir dans des emplois de nature humanitaire, en liaison avec la justice, le droit, la représentation et en général tous les types de contacts avec le public. Sinon, ce qui concerne les voyages et l'audiovisuel peut aussi les intéresser. Enfin, le domaine de la restauration, de l'hôtellerie ou de la cuisine n'est pas à exclure.

JACQUELINE ⑤ ☐ 2

**CRISTEN, GRACIEUSE, LAURELINE, LAURENCE,
MARIE-ANTOINETTE, MAURICETTE, MEG**

QUI EST-ELLE ?

Jacqueline a une forte personnalité, bien que secrète et relativement complexe, mélange de spontanéité (2 et 5) et de réflexion (7). Son comportement n'est pas toujours en adéquation avec ses paroles et ses promesses. Tout d'abord, elle déborde de vitalité, est hyperémotive, susceptible et spontanée. Elle est mobile et nerveuse, cultive le secret, entretient le mystère. Il est vrai qu'elle est parfois gênée par un sentiment d'infériorité et qu'elle préfère se taire plutôt que d'énoncer une bêtise. Jacqueline est une femme parfois étrange, peu ordinaire, qui suit difficilement les voies traditionnelles, encline à se poser des questions, l'esprit toujours préoccupé. Elle s'intéresse au mysticisme, à la psychologie, à la graphologie, aux sciences humaines ou à la parapsychologie. C'est une inquiète qui pense très tôt que la vie n'est pas forcément aussi belle et simple qu'elle le paraît, mais il est vrai qu'elle a une tendance certaine à la compliquer. Elle est à part et se sent différente des autres. Sa pensée est analytique et elle a le sens des détails. C'est ainsi qu'elle saura prendre quiconque en flagrant délit de mensonge, aidée en cela par son intuition et une grande finesse psychologique. Spirituelle, elle pourra néanmoins se montrer mordante, critique, ou s'emportera violemment et sans crier gare ! Forte nature, rarement malade, elle fait preuve de beaucoup de tonus, mais le système nerveux est son point faible. Très travailleuse lorsqu'elle est motivée, elle est autoritaire et ambitieuse. Si elle n'atteint pas les buts qu'elle s'est fixés, elle le fera par procuration, par l'intermédiaire de son compagnon.

Enfant, Jacqueline est un petit tyran : peu facile à manipuler, capricieuse, avec une curiosité toujours en éveil, une mobilité excessive. Elle ne tient pas en place et se montrerait volontiers capricieuse. Parents, apprenez-lui la pondération, la modération en toute chose, ne relâchez pas votre pression, car vous seriez vite dépassés, et l'aventure ou les aventures pourraient surgir trop tôt à votre goût.

QU'AIME-T-ELLE ?

Sociable, elle aime les contacts et recherche l'union, même si c'est son problème majeur. En effet, particulièrement exigeante, elle a du mal à trouver le partenaire idéal, d'où parfois un célibat qui est loin d'être une vocation...

Sentimentalement, son mélange d'exaltation, de passion ainsi que de réserve et d'inhibition déconcerte, car elle se montre tout à la fois charmante, séduisante, capable de faire un grand pas dans votre direction puis d'effectuer tout à coup un demi-tour stratégique en se repliant sur elle-même, sans explication. Elle est énigmatique, et c'est son charme... Mais elle se révélera une bonne mère et une hôtesse remarquable.

QUE FAIT-ELLE ?

Les professions qui lui conviennent sont plutôt tournées vers le conseil, les enfants (psychologue, pédagogue), vers le mouvement et les voyages, ou le commercial et la représentation. Les métiers liés à la recherche sont attrayants pour elle et lui permettent d'exprimer pleinement ses qualités (professions de pointe plutôt dans le domaine médical ou scientifique), voire les activités nettement plus marginales comme la parapsychologie.

JACQUES 22/4   9   4

ARMANDY, AUBERT, AUDIE, AYMAR, CLAUDEL, HUON, JOFFREY, JUVÉNAL, KIRK, LOUIS, RODOLFO, RUDOLF

QUI EST-IL ?

Un maître nombre à la clé de ce prénom confère à Jacques un caractère d'envergure. Avec de surcroît trois lettres de valeur 1, nous sommes en présence d'un être volontaire, déterminé et somme toute quelque peu égocentrique. Habituellement réservé et distant, il donne fréquemment l'impression d'être hautain. En fait, il s'agit plutôt d'une certaine timidité qu'il essaie de masquer par cette froideur apparente, à moins qu'il n'adopte une attitude fière et orgueilleuse, également compensatrice. Hyperactif, Jacques devient vite acharné au travail. Si la vie lui permet de vivre les fortes vibrations du 22, il prendra aisément les rênes de sa destinée, et peut-être même de celle des autres. Car le pouvoir l'attire particulièrement. Il saura faire preuve de ténacité, de persévérance et de patience. Pour lui, qui veut la fin veut les moyens... De nature réservée, de bonne moralité, droit et honnête, Jacques sait aussi être séduisant. Néanmoins, il est avant tout autoritaire et tyrannique. C'est un homme pressé qui a horreur de perdre son temps en billevesées et n'a de cesse qu'il n'atteigne ses objectifs, coûte que coûte. Les échecs ou les obstacles n'entament pas son courage et renforcent même son obstination. C'est un grand nerveux qui possède une grande maîtrise de lui-même mais n'est pas à l'abri toutefois de sautes d'humeur ou d'emportements. Son esprit est pratique et rationnel : Jacques est un homme organisé et méthodique.

Enfant, il peut se replier facilement sur lui-même s'il se sent mal aimé et incompris. Personnel, il n'appréciera guère que ses frères et sœurs touchent à ses livres ou à ses objets préférés et réagira violemment contre ce qu'il estime être un crime de lèse-majesté. Il ne déteste pas la collectivité mais aura fréquemment besoin de se retrouver seul et d'être tranquille. Autonome et indépendant, il sera attentif à son travail scolaire, même si, de temps en temps, il ressent le besoin de rêver et de s'évader.

QU'AIME-T-IL ?
Il aime le contact avec le public, les voyages et ce qui lui permet de s'évader. Il cherche à acquérir une certaine sagesse et est souvent tenté de refaire le monde. Bien qu'avant tout personnel et égocentrique, il est concerné par les autres et par l'humanité. Il est parfois attiré par la poésie, la musique, la religion ou l'irrationnel, ce qui correspond à son besoin de s'échapper des réalités matérielles.

Sentimentalement, c'est un romantique qui rêve de partage et de symbiose avec l'être aimé. Mais il est aussi possessif et entier et n'accepterait pas le moindre faux pas de sa partenaire... Sa rancune est tenace et sa mémoire grande...

QUE FAIT-IL ?
Ambitieux, Jacques est un homme capable de réalisations importantes dans les domaines suivants : politique, droit, médecine, gestion. Il peut aussi être intéressé par les voyages, les professions liées au domaine international, la terre, la géophysique, les professions en rapport avec le public ou l'audiovisuel.

JASMINE et JANINE △8 ◯6 □11/2

BETTINA, ERIKA, LEAH, LILIANE, PERRETTE, PHILAMINTE, PIERRETTE, SHEBA

QUI SONT-ELLES ?

Femmes d'envergure, elles sont dotées d'une ferme volonté, de courage, d'ambition. Elles appartiennent souvent au tempérament bilieux. Plutôt excitables, colériques, elles ont besoin d'être motivées et de se passionner pour entreprendre. Elles possèdent un certain magnétisme et cherchent à en imposer, ce qui peut se traduire d'ailleurs par une allure originale (vestimentaire parfois). Elles apprécient les biens matériels, l'argent, et peuvent se révéler d'excellentes femmes d'affaires. Confiantes en elles, elles sont très perspicaces et ont de l'intuition. Il n'est donc pas si facile de les abuser. Elles ont souvent, de par leur grande imagination, une nette tendance à exagérer les faits mineurs, qu'elles amplifient... Elles ont une énergie extraordinaire et sont hyperactives lorsque passionnées, mais elles sont aussi agressives ! Pourtant elles savent parfaitement être séductrices lorsqu'elles veulent obtenir quelque chose... Si elles sont conscientes de leur maître nombre 11, elles peuvent avoir un réel ascendant sur autrui : l'utiliseront-elles judicieusement et honnêtement ? Avec de tels atouts, Jasmine et Janine sont fort bien dotées pour se frotter aux réalités de la vie : lorsqu'on les rencontre, on n'est pas près de les oublier...

Enfants, elles sont malignes, tyranniques et possessives. Très impatientes et facilement irritables, elles sont d'une grande susceptibilité et auront du mal à partager. Il est donc nécessaire de leur inculquer le respect des autres, notamment le partage avec les frères et sœurs. Il est aussi important de leur donner de l'argent de poche de bonne heure afin qu'elles apprennent à gérer toutes seules leur tirelire.

QU'AIMENT-ELLES ?

Elles aiment plaire, séduire, conquérir et apprécient la sécurité de leur foyer qu'elles veulent confortable et douillet. Elles sont souvent très marquées par leur famille et aspirent à la réalisation d'un couple. Pourtant, elles sont souvent très exigeantes : leur compagnon devra être riche, séduisant, brillant, sensible, cultivé et leur laisser une certaine liberté... Il leur faudra apprendre que la perfection n'est pas de ce monde, sous peine de connaître désillusions et problèmes !

QUE FONT-ELLES ?

Si elles choisissent une profession en rapport avec ce qui leur tient à cœur, elles seront plutôt tentées par le domaine artistique ou esthétique, la sphère médicale ou paramédicale, ou parfois les sciences humaines (psychologie, astrologie, graphologie, pédagogie)... Mais elles peuvent aussi travailler en association ou dans une entreprise familiale, ou être intéressées par le côté purement lucratif de leur activité et choisir des professions liées aux affaires ou à la finance, à la gestion, à la banque.

JASON, JONAS et AMAËL

ADHÉMAR, ADRIEN-MARC, ALDO, ARRIGO, CARLOS, COLAS, DIOGÈNE, DONALD, DONNAT, FRANÇOIS-CLAUDE, GÉDÉON, HERVÉ-MARIE, JEAN-CHRISTIAN, JOACHIM, JOAKIM, LASLO, LORENZE, LOUIS-ROLAND, MACAIRE, MARCO, MAYEUL, MORGAN, NICODÈME, OLAV, PIERRE-ANDRÉ, RICARDO, ROMARIC, THÉOTIME, TIMOTHÉE, TOMAS, TUGDUAL, WALDEMAR

QUI SONT-ILS ?

Ce sont des personnages étranges car partagés entre deux tendances opposées. La première est une nature physique, aventureuse, excessive, qui refuse les contraintes… La seconde est la nature cérébrale, réfléchie, introspective, inquiète, réservée, en quête de sagesse… Le tout constitue un ensemble particulièrement complet, et si les tendances s'harmonisent, ces hommes seront les militants convaincus d'une grande cause… Pourquoi pas la Toison d'or ? Quoi qu'il en soit, ce sont des êtres à part, mystérieux et secrets, car la méfiance est chez eux une seconde nature. Leurs choix sont guidés par leurs affinités intellectuelles ou spirituelles, mais aussi parfois par leur intuition qui est très développée. Mais, avec le 7 karmique, ils peuvent être partagés entre deux attitudes opposées : celle du scientifique, rationnel et sceptique devant tout ce qui n'est pas mesurable, et celle du mystique, de l'intuitif attiré par l'irrationnel et les mystères… Attention, dans tous les cas, que l'esprit, analytique et aiguisé, ne verse dans un certain fanatisme. Jason, Jonas et Amaël sont adaptables, curieux, habiles et prompts à saisir les opportunités, amoureux des découvertes et des voyages. Mais ils sont aussi emportés et impulsifs, ce qui ne les met nullement à l'écart des incidents ou des accidents. Ils adorent la vitesse : la voiture peut être un sport dangereux... Ennemis du définitif, ils n'hésitent pas à se remettre en question.

Enfants, ils peuvent vivre selon deux tendances. Si le 7 domine (nés un 7, 16, 25, au mois de juillet, ou possédant un chemin de vie 7), ils seront fascinés surtout par les spéculations intellectuelles, aimeront la science-fiction, l'astronomie, l'astrologie, la religion, et seront un peu trop introvertis... Dans le second cas (nés un 5, 14, 23, en mai, ou possédant un chemin de vie 5), ils seront rebelles, indisciplinés, sportifs d'envergure et audacieux... Originalité, marginalité, voire génie ne sont pas à écarter. La sociabilité sera néanmoins à développer, ainsi que les notions de partage et de tolérance.

QU'AIMENT-ILS ?

Ils s'intéressent à tout ce qui est hétérodoxe, bizarre, inhabituel, étrange ou ultramoderne. Un côté avant-gardiste est fréquent chez eux, mais ils apprécient particulièrement le calme et la tranquillité. Ils ont besoin d'un havre de paix pour leurs réflexions intellectuelles ou métaphysiques.

Côté cœur, ce sont des passionnés, mais ils ne savent guère exprimer leurs sentiments. Soit parce qu'une certaine timidité les paralyse, ou parce que ce sont des hommes plus à leur aise dans l'action que dans les joutes oratoires. Leur sexualité est souvent plus forte que leur sentimentalité, mais elle est parfois complexe, anticonformisme et liberté étant des valeurs sacrées.

QUE FONT-ILS ?

Deux grandes orientations possibles chez ces hommes marqués par une grande dualité : les carrières où l'esprit l'emporte et qui nécessitent de longues études qu'ils seront capables de mener s'ils sont motivés (ingénieur, inventeur, informaticien, spécialité médicale ou paramédicale, technicien...), les carrières en rapport avec les voyages, le sport, l'aventure, la vente, la publicité...

JEAN 3 6 6

ALEC, ANGEL, ARTHÉMIS, DOMINIK, FERDINAND, FÊTNAT, GASPER, JAMES, JON, SAVINIEN, SEAN

QUI EST-IL ?

Jean est un homme ouvert, jovial, hospitalier, amical (souvent jupitérien, le prénom faisant 12 comme le cycle de Jupiter, ou appartenant au signe des Gémeaux), en général enthousiaste, voire exubérant, ce qui ne manque pas de le rendre sympathique. Il est brillant et en impose par sa forte personnalité, son intelligence fine et vive, ses facultés d'élocution, et sa rapidité de compréhension et d'action. Quelque peu opportuniste, il a l'art de charmer et de séduire, et se révèle très adaptable. Brillant en société, il apprécie d'être le centre d'attraction et a souvent tendance à l'exagération, soit pour amuser, soit pour impressionner son auditoire, monopolisant ainsi l'attention sur sa chère personne. Sensible à la flatterie, il est quelque peu narcissique et aime donner l'exemple. Cela peut se traduire par un raffinement vestimentaire ou par une belle assurance, due en partie à la confiance qu'il a en lui-même et à la chance qui intervient souvent en sa faveur.

Enfant, Jean est attachant, hyperactif : il s'intéresse à tout et n'a de cesse qu'il n'attise sa curiosité, au point d'être épuisant pour ses parents qu'il questionne sans cesse. Mais il est gratifiant pour ceux-ci car c'est souvent un bon élève. Néanmoins, il ne faut pas cultiver son narcissisme, sans quoi il pourrait avoir tendance à se prendre un peu trop au sérieux ! De plus, il faut développer chez lui la tolérance et le sens du travail, sa tendance étant, le plus fréquemment, de rechercher la facilité.

QU'AIME-T-IL ?

Il aime plaire, séduire, charmer et échanger avec ses semblables. Les plaisirs de ce monde sont loin de lui être indifférents. Il est sensible aux belles choses, au confort, au nid douillet, et se montre fortement marqué par sa famille. En matière de cœur, il est terriblement exigeant, recherchant la perfection et risquant ainsi de ne jamais trouver vraiment la partenaire idéale. Aussi se montrera-t-il critique et pointilleux, la nervosité, voire la maniaquerie y étant sans doute pour quelque chose. Enfin, ce n'est pas toujours un sentimental, mais plutôt un sensuel, épicurien, ou un jouisseur.

QUE FAIT-IL ?

Homme de contacts, il sera attiré par les professions en rapport avec le commerce, la communication, l'expression orale ou écrite…, en liaison avec la création et le domaine artistique, ou ayant trait à l'immobilier ou à l'hôtellerie.

JEAN-BAPTISTE

ABDALLAH, BERNARDO, CHRISTOFOR, CRUZ, DIOGO, DOMINGO, ÉLÉAZAR, GIAMBATTISTA, HORACE, KNUD, LUIZ, MOHAMED, NICOLAË, QUINTIN, RICHEY, RODRIGO, RUSS, TERRY

QUI EST-IL ?

Quelle personnalité charmante et sympathique, toujours en ébullition, fine, astucieuse, intuitive, et d'une vivacité extrême ! Il a les nerfs à fleur de peau tant sa sensibilité est grande et sa capacité de réaction prompte. Créatif avant tout, Jean-Baptiste a l'âme d'un artiste et est particulièrement réceptif à l'ambiance dans laquelle il se trouve, étant quelque peu suggestible et impressionnable. C'est un passionné qui a besoin de motivations pour avancer. Ennemi de la monotonie, dynamique, courageux et entreprenant, il possède une grande puissance d'action, bien qu'irrégulière. L'impact du moment présent, chez cette nature somme toute fantaisiste, est fondamental. Quoi qu'il en soit, il engendre rarement la mélancolie et se montre vif d'esprit, toujours prêt à faire un bon mot, à détendre l'atmosphère. Le sens de l'humour est certainement une de ses qualités majeures, même si, cyclothymique et impatient, il passe facilement par des extrêmes, la colère surgissant parfois au moment où l'on s'y attend le moins.

Enfant, il est espiègle et il conviendrait d'éviter de le laisser trop aller à ses caprices ou à ses fantaisies. Son éducation doit être fondée sur des principes. Par ailleurs, sa créativité est précoce, aussi serait-il souhaitable de l'orienter vers une activité artistique ou de création, tels le dessin, le chant, la danse ou le théâtre, afin qu'il ne s'éparpille pas.

QU'AIME-T-IL ?

Il aime le contact avec les autres, parler, chanter, rire, être apprécié et reconnu : il possède foncièrement le sens du bonheur. Créer, imaginer, observer, inventer sont ses plaisirs quotidiens.

Dans le domaine sentimental, c'est un partenaire charmant, fin, diplomate, même s'il lui arrive de s'enflammer. Il a également besoin d'être admiré et entouré affectivement. Plutôt sensuel et appréciant les plaisirs de ce monde, il peut lui arriver d'être faible devant les tentations, alors qu'il se montre lui-même plutôt jaloux.

QUE FAIT-IL ?

Plusieurs types de professions sont susceptibles de l'attirer selon qu'un chiffre plutôt qu'un autre l'emporte. Ainsi il préférera les professions créatives, artistiques ou celles où l'expression orale ou écrite est importante, surtout si le 3, 12, 21, 30 correspondent à son jour de naissance, s'il possède un chemin de vie 3 ou s'il est né en mars, les professions en liaison avec le mouvement, l'action, le sport ou les voyages, essentiellement s'il est né un 5, 14, 23, en mai, ou possède un chemin de vie 5, les professions où l'intuition, la psychologie, la diplomatie, l'écoute des autres interviennent, selon qu'il est né un 2, 11, 20, 29, en février, en novembre, ou possède un chemin de vie 2 ou 11.

JEAN-CHARLES, ANDÉOL et ANTOINE

△ 6 □ 6

ALBERT-JOHN, AUFFRAY, BENNY, CHARLES-JEAN, DUSTIN, GERVASIO, JÉHOVAH, LÉONARD, ODILON, OLIVON, PAUL-QUENTIN, REINALDO, SIGMUND, ZACARIAS

QUI SONT-ILS ?

Équilibre et harmonie se dégagent de leur personne qui possède au demeurant un certain charme. Soucieux de leur apparence, ils cherchent à plaire et sont prêts pour cela à déployer conciliation, intuition, adaptation, charme, séduction et savoir-faire. Ils savent se montrer intelligents, enthousiastes et communicatifs. Ils manient avec aisance une dialectique souple, possèdent de la vivacité d'esprit, de l'astuce, teintées d'une pointe d'humour. Fiers, nerveux, il leur arrive fréquemment d'être satisfaits d'eux-mêmes. L'orgueil est souvent leur principal travers, avec la susceptibilité et les petites crises de colère qui en découlent.

La curiosité est chez eux une arme à double tranchant, car si elle leur confère un côté éclectique et brillant, elle les pousse à une certaine instabilité. Ils sont souvent esthètes, raffinés et peuvent manifester un sens artistique certain, à moins qu'ils ne vivent leur 6 karmique dans un besoin de confort ou de sécurité familiale...

Enfants, ce sont souvent des petits anges, bien qu'un peu machiavéliques, doux mélange de malice, de sourire, de gaieté, de charme et d'aisance, assaisonné de légers mensonges de-ci de-là... de quoi ensorceler leur mère, leur père et toute leur famille... L'évolution de ce 6 karmique est cependant à surveiller de près puisque ce nombre est capable de donner soit un sens aigu des responsabilités (nature scrupuleuse et perfectionniste) ou, à l'opposé, laxisme, indolence et refus des responsabilités... De toute façon, avec des garçons doués comme eux, une éducation ferme doit être employée, les obligeant notamment à terminer ce qu'ils auront commencé. Les langues étrangères et la créativité sont à cultiver.

QU'AIMENT-ILS ?

Jean-Charles, Andéol et Antoine aiment les contacts et la société, et s'exprimer est pour eux une réelle satisfaction. Ils ne sont pas non plus indifférents aux plaisirs de ce monde, Lucullus, Épicure, voire Bacchus font partie de leur grande famille.

Sentimentalement, ils déploient finesse et tact. Certes, ce sont des séducteurs pouvant faillir de temps à autre, d'autant qu'ils sont très difficiles dans leurs choix, et rarement pleinement satisfaits... à moins que le 6 karmique ne leur fasse assumer plus simplement un rôle de père, fonction qu'ils exerceront à la perfection.

QUE FONT-ILS ?

Ils peuvent être tentés de reprendre une affaire familiale si l'opportunité se présente, ou bien ils seront plus attirés par les professions liées à l'art, l'esthétique ou à la création, à la prise en charge des autres (domaine médical par exemple), à l'expression orale ou écrite, les activités commerciales, de communication ou de contacts, celles liées au goût, à la gastronomie, à la restauration, ou aux jeux.

JEAN-CHRISTOPHE et JEAN-SÉBASTIEN

7   8

AMÉDÉO, DAVY, EDMUND, ÉMILIUS, GEORGES-MARTIN, GUILLEM, HARRY, LÉOPLOD, LÉOPOLD, STANY, THÉODORIC

QUI SONT-ILS ?

Sans aucun doute, ils ont du caractère ! De tempérament bilieux et quelque peu nerveux, ils ont de l'énergie à revendre. Ils ont un grand besoin d'action et de motivation, sans quoi leur caractère s'en ressent immédiatement : intolérance, brusquerie, irritabilité, agressivité... Néanmoins, ils sont capables de passer facilement de l'enthousiasme à l'inquiétude et aux idées noires, dramatisant tout et amplifiant terriblement le moment présent. Leur cyclothymie déconcerte leur entourage. En fait, l'union du 7 et du 8 est l'association de valeurs de feu, de passion, d'exagération, de suractivité, d'autorité et d'impulsivité... et de valeurs d'eau, de réserve, de réflexion, de passivité, de sensibilité et d'intériorité... Leurs personnalités apparaissent donc doubles et contradictoires, tout comme leurs centres d'intérêt : ils peuvent passer du sport de compétition à une recherche mystique, métaphysique, artistique ou contemplative.

Enfants, ces petits garnements pourraient avoir raison de votre gentillesse ou de votre patience. Les parents devront favoriser les activités physiques (danse, sports), ainsi que le développement de leur sensibilité (activité théâtrale, musicale ou artistique). En fait, ces êtres peuvent donner l'impression d'être sauvages ou à part (surtout s'ils sont nés un 7, 16, 25, en juillet, ou possèdent un chemin de vie 7), à moins qu'ils ne veuillent s'imposer (surtout s'ils sont nés un 8, 17, 26, en août, ou possèdent un chemin de vie 8). Ne tombez surtout pas dans ce piège, ce sont des hypersensibles, nerveux et inquiets !

QU'AIMENT-ILS ?

Ils ont le goût du pouvoir et du commandement... Ils sont attirés par la réussite, et souvent concernés par le bien-être matériel.

Sentimentalement, ils se sentent souvent incompris et peuvent souffrir de solitude, mais ils ne font rien non plus pour se faire comprendre. Tantôt formidables, passionnés, démonstratifs, généreux, ils peuvent aussi être exécrables, fermés, acides et grinçants, jaloux, possessifs, voire violents.

QUE FONT-ILS ?

Avec une telle personnalité, le choix professionnel n'est pas aisé. Ainsi noterons-nous une attirance pour les domaines suivants : le commerce et la finance, une profession où l'esprit critique sera utile, une profession en rapport avec la recherche, qu'elle soit scientifique, artistique ou parapsychologique...

JEAN-CLAUDE, JEAN-LOUP, AHMED, ALBERT, ARMEL, STEEVE

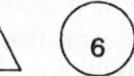

ARISTIDE, BELFRAN, BERNARDIN, CANDIDE, FERNAN, GÉRARDIN, GERMAIN, GERMAN, HÉLINAND, IGOR, KIÉRAN, MARTINIEN, MIRCÉA, NEPHTALI, ROBIN, ROMULO, RUFUS, TINO, TOINOU

QUI SONT-ILS ?
Réservés, méfiants et prudents, ils ne sont pas très à l'aise dans les rapports humains. Derrière leur abord froid et distant, se cache une sensibilité douloureuse car difficile à exprimer, aussi gagnent-ils à être connus... Ils ont peu confiance en eux-mêmes et sont des inquiets, doutant sans cesse, en proie au scepticisme, voire au pessimisme. Peu instinctifs, ces hommes préfèrent s'appuyer sur les démarches sensées de leur jugement (ils sont souvent intellectuels ou cérébraux) et croient davantage en leurs efforts personnels, leur capacité de travail, leur discipline, qu'en la chance pure. Ils ont des principes, une moralité un peu stricte, des scrupules plus ou moins étouffants. Ils manquent souvent de souplesse et d'adaptabilité et tendent à être obstinés. Ils détestent ce qui est artificiel ou léger et, en hommes stables, recherchent la sécurité, notamment sur un plan financier, d'où une nette tendance à l'économie. Ils avancent lentement mais sûrement et ne sont pas ennemis d'une certaine routine, la fantaisie leur faisant parfois défaut. Écologistes dans l'âme, ils sont proches de la nature, ont également horreur du bruit, de la foule, et recherchent un certain isolement. Ils sont tout à fait favorables au dicton : « Pour vivre heureux, vivons cachés. » Plutôt cartésiens,

leur esprit est rationnel et analytique : ils ont le sens des détails et une lucidité à toute épreuve car ils aiment garder la tête froide. Pourtant, de par le 7 karmique, ils peuvent parfois être tentés par l'irrationnel, la spiritualité et le monde de l'étrange... Il est vrai qu'ils donnent souvent l'impression d'être des personnages quelque peu énigmatiques.

Enfants, ils sont vulnérables car facilement inquiets et complexés. Aussi auront-ils besoin de sécurité et d'encouragements. Il ne faut jamais les brusquer : ce sont des hypernerveux dont le rythme est lent. Ils préféreront jouer derrière leur ordinateur plutôt que de participer à un match de foot, appréciant plus les jeux solitaires que collectifs.

Seront à encourager : la sociabilité et la communication.

QU'AIMENT-ILS ?

Ils apprécient la tranquillité, la paix et la douce sécurité de leur foyer. Ils recherchent la perfection en tout, d'où un excès d'ordre et une certaine maniaquerie. Ils sont aussi sensibles à l'esthétique et à la beauté, et inclinent vers un certain raffinement. La vie affective est importante ainsi que la création d'un havre de paix, et ils seront prêts à donner beaucoup d'eux-mêmes pour que l'harmonie règne. Néanmoins, ce ne sera pas toujours simple (6 karmique), car la recherche de la perle rare ne sera pas toujours couronnée de succès, d'où certaines désillusions. Pourtant, ce sont des hommes bons, tranquilles, serviables qui n'hésitent pas à partager les tâches ménagères.

QUE FONT-ILS ?

Ils reprendront souvent une activité familiale (commerce, restauration...). Sinon, ils seront attirés par les professions à caractère esthétique, artistique (ébénisterie, architecture, décoration, antiquités, commerce d'art...), ou en rapport avec la mode, celles en rapport avec la justice ou la médecine, celles en rapport avec la nature, les animaux, les sciences exactes, enfin, celles liées à la comptabilité, la gestion, la banque, l'Administration.

JEAN-FRANÇOIS △7 Ⓐ22/4 ☐3

ANTONIO, ARTUS, ASHLEY, CONRADO, EUGEN, FRANÇOIS-FERDINAND, FRÉDÉRIC-GUILLAUME, HARVEY, JACQUOU, JEAN-GEORGES, JEAN-THOMAS, LÉONETTO, ORLANDO, PIERRE-YVES, RAFAËLLO, RAUL, ROLANDO, TOMMASSO

QUI EST-IL ?

Deux prénoms composent Jean-François (= 52) ; Jean (= 12 = 3), personnage extraverti, et François (= 40 = 4), personnage introverti. Ils ont tous deux des vibrations opposées, ce qui contribue à un certain déséquilibre au sein de la personnalité, laquelle, après 12 ans, puis après 52 ans, connaîtra des évolutions différentes, qu'elle supportera plus ou moins bien.

Jean-François possède un caractère secret, intériorisé et déterminé même si sa route est lente et laborieuse. Cérébral ou intellectuel, il aime réfléchir. Inquiet, il se pose des questions sur les grands problèmes de l'existence. Sa devise pourrait bien être : « Je pense donc je suis. » Il est rationaliste et d'esprit analytique. Toutefois, du fait que le 7 est karmique, deux courants antagonistes pourront l'influencer, lesquels peuvent basculer lors des changements de cycles : la tendance cartésienne, qui confère un esprit sceptique, capable d'ironie, de raillerie, parfois virulente pour ceux qui osent emprunter une autre voie, la tendance irrationnelle et mystique (d'autant que l'intuition est aussi son point fort), susceptible de conduire à l'ésotérisme, la spiritualité, l'astrologie, l'astronomie, l'alchimie… Le maître nombre intime 22 le pousse en effet à emprunter des voies royales…

Il ne faut pas croire néanmoins que Jean-François soit asocial et passe sa vie dans des livres : il apparaît même comme quelqu'un de chaleureux, communicatif, surtout quand un sujet le passionne, et recherche les contacts. Sa séduction est certaine, même s'il n'en abuse pas, étant un homme profond, stable et sérieux.

Enfant, il se montre curieux, aussi faut-il être à la hauteur de ce petit roseau pensant et répondre à ses intarissables questions. Favorisez la sociabilité, le partage et les échanges, car il peut vivre en autarcie, se suffisant à lui-même. Avec le 7 et le 4, il éprouve le sentiment d'être à part. Cela surtout à partir de 13 ans. C'est la période idéale pour encourager un violon d'Ingres artistique.

QU'AIME-T-IL ?

Il aime la recherche, l'analyse, dans un contexte de calme et de tranquillité, et tout ce qui est original et d'avant-garde l'attire. Sa vie affective n'est pas simple, d'autant que le 52, son nombre actif, peut porter aux difficultés relationnelles avec les femmes, en règle générale. Pudique, méfiant, prudent et réservé, sa froideur apparente peut déconcerter. Par ailleurs, il préfère vivre seul plutôt que d'être mal accompagné. Si la vie de couple ne lui paraît pas épanouissante, il vivra un célibat plus ou moins prolongé ou choisira une route sentimentale indépendante et peu conformiste.

QUE FAIT-IL ?

Sans aucun doute, Jean-François est ambitieux, opportuniste et travailleur. La patience est un de ses atouts et la réussite est à sa portée... Son activité professionnelle pourra s'exercer dans les domaines suivants : la recherche, les sciences exactes (mathématiques, physique, chimie...), ou d'avant-garde, les disciplines qui concernent l'homme et son devenir (psychologie, astrologie, pédagogie, archéologie, écologie...), ou son bien-être (conseil, réformateur), les relations internationales, les grandes entreprises (postes de cadre supérieur... si le maître nombre 22 est exploité et domine).

JEANINE et JEANNIE   4   11/2

ALIZÉE, ANGÉLINE, COLINE, ENRICHETTA, FERNANDE, HERMANCE, HILARIA, MARGERIE, NICOLE, TARA

QUI SONT-ELLES ?

Particulièrement timides et réservées, elles manquent beaucoup de confiance en elles. Introverties, hypersensibles et émotives, elles ont besoin d'être sécurisées, et la sphère affective est primordiale à leur épanouissement. Souvent sur la défensive, elles se montrent prudentes et méfiantes, cela étant dû à leur fragilité émotionnelle. Leurs grandes capacités d'imagination et d'intuition leur font appréhender la vie sous un jour inquiétant. Elles auront donc tendance à se replier sur elles-mêmes, à réfléchir avant d'agir. Elles avanceront dans la vie, lentement, mais sûrement. Elles n'aiment pas attirer l'attention sur elles et sont mal à l'aise lorsqu'elles sont obligées d'être sur le devant de la scène. Nerveuses, elles tendent néanmoins à intérioriser leurs émotions et leurs sentiments, et gardent un certain empire sur elles-mêmes, bien que cela ne soit pas toujours aisé. Face au travail, elles sont souvent partagées. Ainsi, elles peuvent se montrer opiniâtres, persévérantes, soucieuses de bien faire et de soigner les détails. Mais, parfois, elles peuvent se révéler laxistes, paresseuses et témoigner de laisser-aller. Probablement parce qu'elles ne sont pas motivées affectivement et qu'elles expriment ainsi une sorte d'opposition passive.

Enfants, elles sont extrêmement vulnérables et fortement introverties. Parfois capricieuses, elles sont très nerveuses, se montrent particulièrement exclusives, sont souvent craintives, et ont sans cesse besoin d'être rassurées. Aussi leur faut-il une vie tranquille, à l'abri du bruit et de la violence. À l'école, souvent très rêveuses, elles travailleront d'autant mieux que la maîtresse leur paraîtra sympathique. Il faudra leur apprendre très tôt à assumer des responsabilités et à se prendre en charge.

QU'AIMENT-ELLES ?

Elles recherchent les amitiés, les relations ou les associations car elles savent que l'affection est leur oxygène. Elles sont stimulées et encouragées par ceux qu'elles aiment. Elles n'apprécient guère la solitude et sont des amies agréables. Discrètes et secrètes, elles sont attentives et aiment bien conseiller autrui.

Dans la vie sentimentale, elles sont à l'écoute de leur conjoint. Elles se révèlent des compagnes agréables et conciliantes. Elles font même abstraction de leurs propres désirs pour faire plaisir... Cela est surtout valable si elles vivent leur maître nombre 11 et si elles deviennent matures. Si le 11 se vit en 2, nous assisterons à une sorte d'immaturité prolongée qui fera de Jeanine et de Jeannie des femmes-enfants...

QUE FONT-ELLES ?

La plupart du temps, le foyer, la famille, le couple et la maternité passent avant l'activité professionnelle. Sinon, elles seront attirées par les activités suivantes : des professions liées à l'écoute, à la prise en charge des autres, à l'enseignement, au conseil (surtout si elles sont nées un 11 ou possèdent un chemin de vie 11)..., des professions stables et sécurisantes, dans lesquelles elles seconderont très bien et progresseront tranquillement (fonctionnaires, secrétaires), des professions en rapport avec le public (vendeuses) ou les enfants (puéricultrices...), des professions en rapport avec la nature, les animaux, la terre...

JEAN-LOUIS 7   1

ALCIDE, ALEXIS, ANDREJ, ANDRÈS, ANICET, ASER, CLIFTON, ENNÉE, ÉPHRAÏM, ERWAN, FLORIS, GAËL, ISAÏE, JACQUENOT, JEAN-JACQUES, JO, LAKEN, LINCOLN, NARCISSE, NINO, POL, RÉGINALD, RENAN, RONN, SERVAN, SIMON, TÉRENCE, WALTER, XAVIER

QUI EST-IL ?

Jean-Louis peut sembler un personnage à part, réservé, parfois étrange ou déroutant. Indépendant en apparence, il a du mal à vivre seul et aura besoin, sur un plan affectif, de pouvoir compter sur quelqu'un. Le foyer, l'environnement familial sont importants pour lui, et il fera tout pour en trouver l'équilibre et l'harmonie. Il aime le confort et un intérieur douillet, et il acceptera volontiers que quelqu'un d'autre que lui assure l'intendance, le quotidien : il lui faudra trouver une âme sœur qui ne néglige ni ses chemises ni la cuisine ! Que l'on prenne soin de lui et le voici le plus heureux des hommes. Sa réserve peut cacher un tempérament orageux. Son insatisfaction aidant, il se laissera parfois aller à des excès de colère, des explosions, brèves mais redoutables. Professionnellement, il recherche l'indépendance et parfois une certaine marginalité. Le principal est qu'il fasse ce qu'il veut, comme il le veut, et quand il le veut. Ne comptez pas sur lui pour des excès de zèle si le sujet ne le passionne pas, il ne fera aucun effort. La recherche intérieure, l'étude de la psychologie, de la parapsychologie, des religions satisferont son aptitude à comprendre, à analyser et à éclairer les autres. Il prodiguera son aide, certes, mais évitera cependant de trop s'investir personnellement.

Enfant, Jean-Louis se sentira assez seul, parfois incompris, malgré le charme et la gentillesse qu'il est convaincu d'avoir mais qui ne sont pas toujours perçus par son entourage. Offrez-lui des jeux de société ou un zoo miniature, et il bâtira un roman ! Ne lui intimez pas d'ordres, car il a le sens inné de la justice et de l'équité. Dans le dédale de sa chambre, Jean-Louis sait exactement où se trouve chaque chose. Tout se passe dans sa tête, et l'univers des rêves lui servira à l'âge adulte. Il saura aller à l'essentiel, même si les autres y perdent leur latin.

QU'AIME-T-IL ?

C'est un idéaliste, il a besoin qu'on l'apprécie à sa juste valeur, qu'on l'aime et qu'on le lui dise. Plus il se sentira aimé et épaulé, plus il donnera le meilleur de lui-même, et cela sur tous les plans. Les atmosphères conflictuelles ne lui conviennent pas, il s'épanouit bien davantage dans l'harmonie, l'affection et l'amour. Son sens de la perfection peut le rendre très exigeant dans le choix de ses amis et relations, et il aura tendance à refaire régulièrement son carnet d'adresses. Quant à ses silences prolongés, ne lui en veuillez pas, il vous aime toujours, mais il oublie de vous le dire !

QUE FAIT-IL ?

Ce sont toutes les activités spécialisées qui lui conviennent le mieux (ingénieur, technicien), ainsi que toutes celles touchant à la psychologie, à la parapsychologie, aux religions, il privilégiera les professions où il aura son indépendance et où il pourra jouer un rôle de médiateur. Enfin, celles où il pourra donner libre cours à sa fantaisie, à ses talents créatifs, artistiques, ou à son don d'écriture.

JEAN-LUC   3

CHRIS, EUGÈNE, EUSÈBE, FRIDRIK, JOCELYN, LAURIER, MANUEL, MILIN, RAYNALD, REYNOLD, RIC

QUI EST-IL ?

Jean-Luc est infiniment sympathique car enthousiaste, chaleureux, compréhensif et amical. Il allie charme et savoir-faire. Il est souvent superficiel, plutôt soucieux de son personnage extérieur, qu'il soigne tout particulièrement, par coquetterie et narcissisme. Intelligent, il possède un esprit vif et rusé, aussi est-il sensible à l'humour, aux plaisanteries, sa nature étant plutôt joyeuse et optimiste. C'est un beau parleur qui a l'art de séduire et sait être persuasif. Il a des facilités qui pourraient lui permettre de faire des études honorables. Mais le labeur l'attire peu ! Comme la constance ne le caractérise pas non plus, il peut tendre à gâcher son potentiel par un côté curieux et dispersé. C'est un adepte de la facilité plutôt que de l'effort. Heureusement, Jean-Luc est un chanceux et il croit en sa bonne étoile (c'est souvent un Gémeaux marqué par la planète Jupiter). Assez confiant en lui-même, il est souvent très satisfait de ses actes. Si la réussite attendue n'est pas à la hauteur de son orgueil, il peut impressionner son entourage en recourant au mensonge, à l'exagération ou à la mégalomanie... Déçu, il pourrait sombrer dans les paradis artificiels. Il est plutôt fait pour le bonheur que pour les complications de la vie...

Enfant, il faudra surveiller ces tendances et agir tôt. Il sera bon de lui permettre de développer ses dons naturels pour le chant, la musique, les langues et de lui donner quelques contraintes, en évitant

– même si c'est le cas – de le considérer comme la huitième merveille du monde.

QU'AIME-T-IL ?

Certes, il apprécie la facilité, les plaisirs. La vie est un jeu pour lui. Néanmoins, il est généreux et aime également que les gens soient heureux autour de lui. Aussi est-il intéressé par l'humain et tenté d'adopter des attitudes altruistes.

Sentimentalement, c'est un être aimant, généreux, sensuel et séduisant. Hélas, on ne peut pas avoir toutes les qualités, notamment la fidélité…

QUE FAIT-IL ?

C'est un homme d'expression. Il sera attiré par les professions en rapport avec un public (comédien, chanteur, danseur, animateur), une clientèle (commerce, coiffure), avec la justice et le domaine social (avocat).

JEAN-MICHEL 8 2 6

CORENTIN, GUYLAIN, JÉRÉMIAS, SOLVEIG

QUI EST-IL ?

Ce prénom est composé de Jean (= 12 = 3) et de Michel (= 32 = 5), vibrations impliquant mobilité et curiosité. Jean-Michel a donc un nombre actif 44, qui le rend particulièrement strict, viril et empreint de magnétisme. Néanmoins, tout en étant brusque, énergique, impatient et combatif, il est aussi capable de gentillesse, de tendresse et de savoir-faire, notamment lorsqu'il veut faire plaisir ou séduire, ou lorsque son intérêt l'y pousse. Il y a en fait chez lui une dualité qui est déconcertante. Ainsi le verra-t-on habituellement gentil, affable, prévenant, courtois et serviable, puis tout à coup énervé et hors de lui. Ce sera pour défendre quelqu'un ou parce qu'il aura été critiqué à tort. Il est allergique à toute forme d'injustice. Exigeant et perfectionniste, il pardonne mal le manque de respect à la parole donnée, la malhonnêteté et la méchanceté.

Enfant, il est infiniment sensible, très réceptif, imaginatif, influençable, notamment par sa mère, et peut se révéler très impressionnable, surtout s'il est né un 2, 11, 20, 29, en février ou en novembre, ou s'il possède un chemin de vie 2. Il s'agit donc de le rassurer et de favoriser les exercices physiques ou les arts martiaux, en même temps que la musique par exemple. Son besoin affectif est intense... À l'école, il travaillera d'autant mieux qu'il se sentira en harmonie avec l'enseignant.

QU'AIME-T-IL ?

Il aime la société, les échanges avec les autres qui le stimulent et est partisan des associations, dans lesquelles il se montre coopérant et conciliant. Il est aussi sensible aux signes extérieurs de richesse et ne dédaigne pas les belles choses.

L'amour est un sujet important dans sa vie, et il se révélera un compagnon tendre et compréhensif, bien que parfois abrupt. Il sera attaché au confort de son foyer, et saura prendre ses responsabilités de père (6 karmique), à moins qu'encore immature, car trop attaché à sa mère, il ne refuse un quelconque engagement. Le problème du choix est souvent épineux chez lui d'autant qu'il est exigeant et intransigeant. Aussi reste-t-il parfois partagé entre deux amours... Ou risque-t-il de poursuivre sa quête très longtemps, dans l'espoir de trouver toujours mieux.

QUE FAIT-IL ?

Ambitieux, il peut être attiré par le monde des affaires et de l'argent, la sphère sociale, d'autant qu'il aime et excelle dans le rôle de conseil (psychologie, conseiller fiscal, médecine...), des professions où l'énergie et le courage sont nécessaires (sport, police, armée...).

JEANNE

 22/4 11/2 11/2

DALIDA, JACINTA, RAÏSSA

QUI EST-ELLE ?

Avec trois maîtres nombres au sein de ce prénom, nous pouvons nous attendre à un caractère hors du commun. Mais il est logique que de telles vibrations ne soient pas toujours faciles à assimiler puisqu'elles sont synonymes de grandeur, de dépassement de soi et d'aspirations élevées... Certes, un programme aussi grandiose peut la mener à d'importantes réalisations à la fois matérielles, humanitaires ou créatives, Jeanne se révélant alors une femme inspirée en symbiose avec le cosmos. Ce destin peut la mener très haut et très loin, vers les sommets, d'autant plus que Jeanne sait être patiente, déterminée, opiniâtre, voire obstinée, et qu'elle sent, intuitivement, que le temps travaille pour elle. Cette route n'est pas sans embûches, sans tension nerveuse excessive ni sans extrémisme, voire sans fanatisme. Car elle a tendance à aller jusqu'au bout de ses possibilités. Ces travers font partie de son génie. Pourtant, la plupart du temps, Jeanne vivra ces vibrations une octave au-dessous, sur le mode du 2 (plutôt que du 11), ou du 4 (plutôt que du 22). Elle apparaîtra souvent déconcertante de par ses contradictions. Elle sera ainsi hyperémotive, inspirée, sensible, impulsive, aura une intuition quasi médiumnique, mais sera dépendante, impatiente et naïve, aura tendance à se plonger dans le rêve, la passivité, voire le laisser-aller. Cette tendance sera plus développée si elle est née un 2, 11, 20, 29, ou possède un chemin de vie 2. Mais elle pourra aussi être réservée, maîtresse d'elle-même sous une apparente insensibilité, pragmatique, méfiante et prudente, patiente, avec une grande capacité de travail qu'elle mettra au service de son ambition. Cette tendance est accentuée si elle est née un 4, 13, 22, 31, ou si elle possède un chemin de vie 4. Le maître mot d'une telle nature est certainement la motivation. Elle s'investira pleinement et complètement dans une mission qu'elle a choisie. Si elle n'arrive pas à réaliser ses aspirations, elle en demeurera ombrageuse, aigrie, sombre et envieuse. Elle échafaudera des projets utopiques plus ou moins irréalisables, à moins qu'elle ne vive son idéal de grandeur à travers la réussite de son compagnon. Si la vie lui permet de se réaliser, Jeanne saura mêler l'intuition, la créativité à ses dons d'organisatrice et de réalisatrice et rien ne l'arrêtera plus.

Enfant, elle est d'une grande sensibilité et même d'une sensiblerie extrême, et sera fortement réceptive à la bonne harmonie de son foyer. Elle a un grand besoin de sécurité et de tendresse car elle manque tout à fait de confiance en elle. Au moindre choc affectif, elle se repliera dans des délectations moroses, se laissera aller et se désintéressera de son travail scolaire. C'est la fibre affective qui la mène et, si elle travaille, c'est souvent, dans un premier temps, pour faire plaisir à ses parents : favorisez sa créativité, votre enfant peut être très douée.

QU'AIME-T-ELLE ?

Jeanne est une tendre et une sentimentale qui se mobilise particulièrement pour ceux qui l'aiment et qu'elle aime. Elle a le sens de l'amitié, de la solidarité et est attirée par l'irrationnel, les mystères, l'étrange, le magique et le merveilleux. Elle apprécie de coopérer avec ses semblables et sait faire preuve de conciliation.

En amour, elle n'est pas toujours aisée à saisir, car elle a une grande pudeur, un excès de réserve et de timidité, accompagnés de difficultés de communication. Fine et intuitive, elle espère être devinée et attend souvent longtemps… C'est pourtant une compagne fidèle et une mère attentive.

QUE FAIT-ELLE ?

Elle peut être tentée de se dévouer à sa vie familiale et à ses enfants et faire passer au second plan sa réalisation professionnelle. Mais cela ne lui conviendra pas longtemps et elle ressentira vite le besoin de s'investir dans une profession épanouissante, car elle deviendrait vite aigrie sans activité. Celles qui lui plairont seront celles en rapport avec l'écoute, la psychologie, le conseil, les enfants, l'astrologie, la graphologie…, celles relatives aux chiffres : comptabilité, gestion, marketing…, les travaux de patience et de minutie (la couture…) en rapport avec l'ordre et la méthode, la nature, les animaux, la terre…, si elle vit ses maîtres nombres, elle peut se réaliser dans des professions ambitieuses (la politique par exemple), ou dans des missions humanitaires ; les domaines de l'étranger, de l'international peuvent aussi la tenter.

JEAN-NICOLAS et ABELARDO

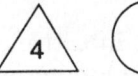

4   4   9

APOLLON, BALDOVINO, BRADLEY, BRITANNICUS, DRAGUTIN, FABIUS, FAUST, HUBERT-FÉLIX, JULIAN, MANU, OCTAVIO, RENÉ-JUST, RORY, ROY, VADIUS, YVON

QUI SONT-ILS ?

Hommes d'apparence calme et réservée, de caractère plutôt flegmatique, ils donnent souvent l'impression d'être distants ou hautains. Pourtant, ce sont des hommes simples, timides et modestes, doutant assez facilement de leurs capacités et cherchant avant tout à se protéger. Dès qu'ils sont en confiance, ils reprennent leur naturel et se montrent plus ouverts. Assurément, nous sommes en présence de personnes sérieuses, honnêtes et consciencieuses, non dépourvues de grandes qualités morales. Patients, stables, disciplinés, volontaires et persévérants, ils sont néanmoins inquiets, mal assurés, enclins au pessimisme ou au doute... Introvertis, ils ne redoutent pas la solitude et préféreront toujours une relation unique privilégiée à plusieurs moins authentiques : très éloignés du superficiel, ils ne s'attachent véritablement qu'à ce qui est profond et réel. Si vous faites partie de leurs amis, c'est que vous êtes digne de confiance... Peu spontanés ni démonstratifs, ils sont pourtant sensibles et on ne fait pas en vain appel à eux. Fiers et orgueilleux, ils se débrouillent seuls, sans rien demander aux autres, et perdent ainsi beaucoup de temps. Mais comme la patience est une de leurs vertus, ils sont gagnants à terme, car leur réussite, même si elle est parfois tardive, n'en est pas moins plus appréciée puisque due à leur seul mérite... Rationnels, pratiques et pragmatiques, ils ont bien les pieds sur terre et s'appuient sur les démarches sensées de leur raison, de la logique et, s'il leur arrive parfois de rêver, ils retrouvent bien vite le sens des réalités... Travailleurs, ils se montrent souvent perfectionnistes, ordonnés, économes et sérieux.

Enfants, ils sont souvent trop sages, raisonnables et il peut leur arriver de s'effacer un peu pour se plier aux désirs ou aux volontés des parents. La notion de devoir est souvent présente, aussi n'est-il pas recommandé d'user d'autorité ou de contraintes qui renforceraient l'inhibition d'une nature déjà suffisamment scrupuleuse... Ils préfèrent les jeux calmes (Lego, Meccano, échecs, ordinateur...) aux jeux bruyants ou au sport et aiment la solitude. Très possessifs, ils prêtent difficilement.

QU'AIMENT-ILS ?

Proches de la nature, ils aiment la simplicité et le naturel et détestent le bluff et les artifices. Ils rechercheront avant tout la sécurité, et peu importe si la routine ou la monotonie s'installent dans leur existence. Ils ne détestent pas vivre à la campagne, loin du monde et du bruit, étant partisans des joies simples : cultiver leur jardin par exemple... Leur vie sentimentale n'est pas toujours facile, à cause de leur nature trop réservée : la spontanéité, la fantaisie, les démonstrations ne sont pas leur fort, mais ce sont des êtres stables d'une fidélité à toute épreuve. Ils rechercheront, chez leur compagne, ces mêmes qualités de sérieux, étant des hommes de principes et de moralité.

QUE FONT-ILS ?

Ils seront attirés plus particulièrement par les professions médicales, paramédicales, celles en rapport avec le droit, la justice, la magistrature... Mais ils ont également besoin de sécurité et ne seront pas indifférents aux professions sûres, dans l'Administration par exemple (la D.D.A.S.S., la Sécurité sociale ou la S.N.C.F.). Ils seront également intéressés par les professions en rapport avec la terre, les fleurs, les animaux, la restauration...

JEAN-PIERRE, JEAN-GUY et JEAN-MARC 11/2

ALOÏS, CAMILLO, ETTORE, GARSON, HAMILTON, NICANOR, PIERRE-JEAN, SOLIMAN

QUI SONT-ILS ?

Réserve, circonspection et distance se dégagent de la personnalité de ces hommes quelque peu secrets. Jean-Pierre, Jean-Guy et Jean-Marc s'entourent d'une carapace qui abrite leur hypersensibilité ainsi que leur émotivité, et leur donne cette apparence calme et flegmatique, qui dissimule une grande nervosité intérieure. Pourtant, ne vous y fiez pas : ce sont des tendres et des affectifs qui cherchent en premier lieu à se protéger. De par leur maître nombre 11, ils pourraient bien, si la vie le leur permet, choisir une route plutôt originale tournée vers la connaissance : il est vrai qu'ils sont enclins à se poser des questions, philosophiques, métaphysiques ou religieuses, tant parce que ce sont des esprits inquiets et tourmentés qu'en raison de la curiosité qui les anime. Souvent autodidactes, ils seront intéressés par les mouvements sociaux ou humanitaires dans lesquels ils pourront exceller en tant que conseillers et guides. Très vite passionnés par leur sujet de prédilection, ils risquent d'avoir une fâcheuse tendance à la systématisation, pouvant aller dans les cas extrêmes jusqu'à l'autoritarisme, voire même le fanatisme. Certes, la route du 11 promet de leur donner un certain ascendant sur les autres, mais elle n'écarte pas des climats de haute tension intérieure, de survoltage et de nervosité. Si, au contraire, Jean-Pierre, Jean-Guy et Jean-Marc se cantonnent dans le 2, octave inférieure du 11, nous les rencontrerons dans des lieux isolés et tranquilles, leur devise pouvant être alors : « Pour vivre heureux, vivons cachés. » Au lieu de prendre en charge les autres ou de s'en occuper, ils s'installeront dans une certaine routine plus sécurisante mais plus monotone.

Enfants, ils sont très sensibles et, au moindre petit traumatisme, se replient sous leur carapace. L'ambiance affective est essentielle à leur épanouissement. Ils travaillent et participent volontiers et avec entrain s'ils se sentent aimés et stimulés. Dans le cas contraire, vous n'en tirerez rien, et ils demeureront dans leur coin. Leurs facultés d'expression et de communication seront à encourager, ainsi que leur côté inspiré et imaginatif.

QU'AIMENT-ILS ?

Souvent marqués par le signe du Verseau, ils sont fortement attirés par ce qui sort de l'ordinaire, l'hétérodoxe ou les dernières techniques nouvelles. Ils recherchent le calme et la tranquillité et se transformeraient facilement en Robinson Crusoé. La vie sentimentale est source d'équilibre pour eux, même si elle n'est pas toujours aisée. Il faut dire qu'ils ont l'art de la compliquer en demeurant réservés, énigmatiques ou quasi muets dans la relation à deux, espérant être devinés et compris sans que les mots soient nécessaires, manifestant plus leur attachement par des gestes que par des paroles. Pourtant, ils sont fidèles, stables, sécurisants et sauront être de bons pères le cas échéant, bien qu'un tantinet rigides.

QUE FONT-ILS ?

Si le 11 l'emporte (chemin de vie 11, nés un 11, un 29, ou en février ou en novembre), ils s'épanouiront dans des activités de conseil (psychologie, astrologie, enseignement, droit...) ou des professions plus techniques (ingénieurs, recherche, techniciens, spécialistes dans des branches nouvelles comme l'informatique par exemple)... Si le 2 domine, ils préféreront des professions dans l'Administration, ou en rapport avec la nature, la terre, l'eau, les antiquités, l'histoire...

JEAN-ROBERT △9   ☐1

ADONIAS, ALBANO, CHARLES-ROBERT, FÉODOR, HELMUTT, JÉRONIMO, JOSEPH-GÉRARD, LUPE, PÉTRUS, RIQUET, SEXTUS, THÉOPHRASTE, YANN

QUI EST-IL ?

Le prénom est constitué par deux sous-prénoms (Jean = 12 et Robert = 33) qui n'ont pas de vibrations antagonistes. Pourtant, on note quelques aspects contraires entre les différentes influences. Ainsi, le 1 et le 8 vont contribuer à faire de Jean-Robert un être fort, indépendant, autoritaire, actif, entreprenant, très axé sur le domaine concret et pragmatique, avant tout intéressé par son cher ego et son bien-être matériel… Mais le 9 est indice de compassion, d'humanité, d'altruisme, et c'est la plus grande expression de l'amour absolu, aussi Jean-Robert est-il émotif, sensible, idéaliste. Étant capable de dévouement, de générosité et de sacrifice, il aspire à faire partie de groupements ou d'associations qui partagent les mêmes intérêts ou idéaux que lui. Mais attention ! Qu'on ne se méprenne pas ! Jean-Robert ne perd jamais complètement la notion des réalités, gardant avant tout les pieds sur terre et sachant, le cas échéant, sauvegarder ses propres intérêts. D'ailleurs, même lorsqu'il participe à des activités collectives ou de groupe, il demeure à part, étant donné sa très forte individualité. Il est droit, honnête et même souvent très strict, et ce n'est pas toujours la tolérance qui le caractérise, aussi en impose-t-il. Doué de courage, d'énergie et de volonté, il a un peu trop tendance à penser que ce qu'il peut faire, les autres le peuvent aussi… Voilà pourquoi il trouve, autour de lui, beaucoup de paresseux.

Enfant, c'est un garçon ambitieux qui n'accepte guère les rôles de second et cherche à se dépasser ou à se surpasser pour être reconnu. Il est néanmoins timide, ce qu'il compense souvent par un côté matamore. Il déteste l'injustice, la flatterie (même s'il est fier et orgueilleux) et se montre plutôt susceptible. En revanche, il se révèle responsable et vous pourrez lui faire confiance les yeux fermés.

QU'AIME-T-IL ?

Sensible à son standing ainsi qu'aux signes extérieurs de richesse, il n'est pas indifférent au domaine matériel et fera beaucoup d'efforts pour réussir. Il aime aussi faire plaisir et se montre généreux et prodigue.

En amour, il est loyal, franc, sincère, fidèle, mais exige la réciproque. Si vous le décevez, il pardonne difficilement et sa rancune est tenace. Autoritaire, rude, brusque, il est en fait beaucoup plus tendre et sensible qu'il n'en donne l'air et lorsque vous vous donnerez la peine de creuser un peu, vous serez loin d'être déçues, mesdames.

QUE FAIT-IL ?

Assez individualiste, il peut être tenté par les professions libérales. Néanmoins, son instinct de solidarité le pousse à faire partie d'administrations dans lesquelles il est susceptible d'occuper un poste de cadre. Le côté lucratif de la profession le séduit également. Ainsi nous pourrons noter les activités suivantes : professions comportant l'exercice d'un pouvoir (police, armée, justice...), professions en rapport avec la finance, la gestion, les mathématiques, la physique ou l'industrie..., professions en rapport avec les voyages (transports, tourisme), ou l'étranger..., ou en rapport avec l'enseignement, la médecine.

JEAN-YVES ⚠️11/2   ☐11/2

CARL-UWE, DOUG, DOUMIC, GAUBERT, GÉRAUD, GUIDO, JUDICAËL, NAPOLÉON, QUINTINO, RIK, THIS, WILL, WILLI

QUI EST-IL ?

Deux maîtres nombres nous mettent en présence d'une forte personnalité, profondément humaine et altruiste. Jean-Yves possède une forte sensibilité doublée d'une intuition remarquable. Ces hautes vibrations le poussent à vouloir promouvoir un monde meilleur et à s'occuper des plus déshérités. Les contingences matérielles ne sont pas, à ses yeux, primordiales. Un côté inspiré ou éclairé peut se manifester, s'exprimant tant dans le domaine de la connaissance qu'à travers une créativité. Jean-Yves possède une imagination débordante et une intuition au-dessus de la moyenne. Il est aussi doté d'un sens psychologique inné qui lui fait appréhender rapidement le sens caché des apparences... Néanmoins, ces puissantes vibrations ne sont pas toujours vécues à un niveau si élevé, en fonction des difficultés qui leur sont inhérentes. Cela peut se traduire alors simplement par de douces rêveries, de l'utopie, de l'hypersensibilité, de la fragilité émotionnelle, ainsi que de la dépendance, de la suggestibilité et un certain esprit de sacrifice. Son équilibre nerveux est souvent précaire car une forte tension nerveuse accompagne souvent ce tempérament passionné. Avec le 2/11 karmique, Jean-Yves sera confronté à deux types de situations dans sa relation à l'autre. Soit il sera tenté de prendre la situation en main (s'il réagit en 11) en assumant, en protégeant et en dominant l'autre ou les autres. Soit il attendra aide et protection de son entourage, maternel et féminin notamment.

Dans l'enfance, Jean-Yves est adorable et attachant, tout au désir de faire plaisir, particulièrement réceptif à l'atmosphère familiale. Qu'un déséquilibre ou qu'une mésentente surgissent et le voilà perdu, n'investissant plus dans le présent et se repliant sur lui-même, dans son monde de rêves. Il sera donc souhaitable de favoriser son autonomie en lui donnant, de bonne heure, des responsabilités, tout en respectant néanmoins l'insouciance de sa jeunesse.

QU'AIME-T-IL ?

Jean-Yves sera en quête d'idéal, et possédera une haute conception de l'humain. La grande force intérieure qui l'anime le pousse à s'intéresser aux mouvements sociaux et humanitaires ou aux sciences humaines, spirituelles ou occultes. S'il s'engage dans une de ces voies de prédilection, il faudra veiller à ce qu'il ne devienne pas trop systématique ou fanatique. Il est aussi tenté par les voyages, et l'étranger peut intervenir, d'une façon ou d'une autre, dans son existence. Il peut aussi rechercher l'évasion d'une manière différente, en écoutant de la musique par exemple, sa sensibilité ayant besoin de vibrer...

En amour, Jean-Yves est un idéaliste, qui place l'élue de son cœur sur un piédestal, avec les risques de désillusions possibles. À moins qu'il ne s'agisse d'une quête permanente de l'idéal, par une multiplicité d'expériences qui, imparfaites, justifient ce que d'autres nommeraient papillonnage.

QUE FAIT-IL ?

Cette configuration laisse présager une belle réussite. Les voies royales seront surtout le domaine social ou artistique, le domaine matériel n'étant ni une priorité ni un élément d'appui. Il pourra ainsi se tourner vers les carrières suivantes : enseignant, psychologue, sociologue, conseil..., artiste, musicien..., astrologue, graphologue, médium..., à moins que la religion ne le tente, ou toute orientation philosophique, philanthropique ou politique.

JÉRÉMY, JEAN-JOSEPH et JEAN-NOËL

CHARLES-LÉON, CHARLY, MIGUEL, NATHANAËL, SAMY, TERTUIS, THÉODOR, YAN

QUI SONT-ILS ?

Ils possèdent une forte personnalité due à un curieux mélange de vibrations antagonistes comme le 1 (le J en rapport avec la première lettre de son prénom), le 5 et le 8 qui leur donnent une énergie à toute épreuve, de la puissance, de la virilité, de la confiance, et à l'opposé le 4 qui les entraîne dans un autre sens, celui de la méfiance, de la prudence et de la réflexion. Il est évident que les autres influences joueront un grand rôle et confirmeront une tendance plutôt qu'une autre. Ainsi, nés un 4, 13, 22, 31, ou en avril, ou s'ils possèdent un chemin de vie 4, ils développeront davantage raison, jugement, travail, rigueur et seront plus pondérés. S'ils sont nés un 5, 8, 14, 17, 23, 26 ou en mai, en août, ou s'ils possèdent un chemin de vie 5 ou 8, ils se montreront plus rebelles, indisciplinés, autoritaires et agressifs... Néanmoins, cette association fait d'eux des hommes robustes, solides, qui savent se défendre. Fiers, déterminés au point d'être entêtés, ils acceptent difficilement leurs torts. Leurs atouts sont leur courage qui est parfois de la témérité, leur volonté indestructible, leur puissance de travail, tant physique (ce sont souvent des sportifs) qu'intellectuelle, leur sens des affaires, leur capacité à commander, voire à se battre, leur loyauté et leur sens des initiatives. Leurs handicaps : ils sont extrémistes, manquent de conciliation et de mesure, sont autoritaristes et arrogants... Ils ne manquent pas de personnalité !

Enfants, le « non » est leur mot préféré et même les fessées n'auront pas raison de leur obstination. Jamais ils n'avoueront une faute ou s'excuseront !... Mais, rassurez-vous, ce sont des enfants passionnés, qui seront autonomes de bonne heure, indépendants et persévérants, ce qui les aidera à l'heure du choix professionnel.

QU'AIMENT-ILS ?

Avant tout ils aiment le pouvoir et sont des conquérants. Leur épouse devra être souple et compréhensive devant leurs sautes d'humeur. De plus, ils sont jaloux, brusques et peu sentimentaux. Pourtant, on peut compter sur eux et, lors des graves crises de l'existence, ils seront toujours présents et prêts à apporter leur aide... C'est en cela que ce sont des hommes sécurisants.

QUE FONT-ILS ?

Hommes d'action, ils seront attirés par les professions liées au pouvoir (politique, police), aux affaires ; celles qui comportent du risque (cascadeur, sportif, pompier). Ils pourront aussi être attirés par la mécanique, l'industrie automobile, la chirurgie, la technologie.

JÉRÔME et AMOS

ARNO, CHRISTOBALD, CONSTANTIN, DARIOS, FLORIAN, FRANCO, GAËTAN, GEORGE, GÉRONTE, GRÉGOIRE, HENRI-ALBAN, JAKOB, JOHAN, NORMAN, PANCHO, PARSIPHAË, RAGOTIN, RENÉ-VICTOR, TOBIAS, TOMISLAV, ZACCARIE

QUI SONT-ILS ?

Vifs, communicatifs et adaptables, tels sont Jérôme et Amos, sympathiques et charmants. Tout en demeurant quelque peu réservés, et en cherchant à préserver leur individualité ainsi que leur intimité, ils savent néanmoins être sociables, mêlant introversion et extraversion selon les moments. Ils possèdent des facilités d'expression, aiment échanger et discuter avec les autres, tout en sauvegardant leur jardin secret. Quelque peu méfiants de prime abord, ils sont pourtant francs et directs, mais ont besoin d'être sécurisés ou rassurés, pour approfondir les relations. En revanche, une fois conquis, ils se révèlent délicieux, bavards et pleins d'entrain. Avec eux, c'est souvent tout ou rien ! L'indépendance est très chère à leur cœur et ils ne sont pas dépourvus de fantaisie. Gais et optimistes, ils possèdent le sens de l'humour et apprécient les jeux, les amusements et les plaisirs. Ils ont même parfois des dons d'imitateur, savent convaincre, vendre ou amuser. Curieux, ils sont friands de connaissances mais peuvent être éclectiques ou éparpillés.

C'est justement cette tendance instable ou superficielle qu'il faut surveiller lorsqu'ils sont enfants. Les activités créatives ou théâtrales seraient conseillées, ainsi que l'apprentissage des langues. De plus, ils sont facilement intéressés par les techniques modernes : un ordinateur pourrait les combler !

QU'AIMENT-ILS ?

Parfois intellectuels, Jérôme et Amos ont souvent une tournure d'esprit qui les porte vers l'analyse, la recherche et tout ce qui sort de l'ordinaire ou est d'avant-garde. Ils n'aiment pas suivre les sentiers battus...

En amour, ils sont assez insaisissables, car tour à tour secrets et mystérieux puis emportés, passionnés, capables de faire un pas vers l'autre puis deux en arrière... Auraient-ils peur de souffrir, d'aimer ou de trop s'impliquer ? Ils rechercheront essentiellement auprès de leur partenaire une communauté de vues ou d'intérêts.

QUE FONT-ILS ?

La communication semble être leur voie de prédilection. Ainsi pourra-t-on les voir s'intéresser à l'enseignement, au commercial, aux langues, à la chanson, à la comédie, au théâtre, à l'écriture, au journalisme (surtout s'ils sont nés un 3, 12, 21, 30, ou possèdent un chemin de vie 3)..., aux professions spécialisées (informatique) ou techniques (surtout s'ils sont nés un 7, 16, 25, ou possèdent un chemin de vie 7), aux professions en liaison avec les voyages, la vente, la publicité. Appréciant le changement, ils seront parfois adeptes de l'intérim... (surtout s'ils sont nés un 5, 14, 23, ou possèdent un chemin de vie 5).

JOANNA   △1   11/2

FABIOLA, GWLADYS, KAY, KEYE, MARIE-AMÉLIE, MARIE-ÉLISABETH, MARIE-ODILE, PATTY, RADEGONDE, ROSÉANNE, UTE

QUI EST-ELLE ?

Même si Joanna est une femme hypersensible et affective, ce n'est pas ce qui apparaît véritablement au premier abord. Trois lettres de valeur 1 dans son prénom contribuent à l'affirmation de sa forte personnalité. Tendant à être énergique, autoritaire et ambitieuse, elle sait imposer ses points de vue. Son caractère personnel et égocentrique n'est pas toujours bien ressenti par son entourage. Cet aspect devient très présent si elle est née un 1, 8, 10, 17, 19, 26 ou 28. Joanna conjugue le « je » à tous les temps et à tous les modes, même si, parfois, elle sait apparaître timide et réservée, douce et conciliante. En analysant les éléments de sa personnalité, on peut simplement se demander si ce n'est pas pour mieux amadouer et manipuler : que ne fait-on pour parvenir à ses fins !

Enfant, elle est partagée entre le 2 et le 1. Elle a ainsi tout à la fois besoin d'être protégée, entourée et rassurée (surtout si elle est née un 2, 11, 20 ou 29, ou possède un chemin de vie 2) et, tyrannique, elle éprouve un certain plaisir à commander et à diriger. Jalouse, capricieuse, agressive et possessive, elle ne sera certes pas facile à éduquer. La vie affective et familiale lui est cependant indispensable. L'autonomie, l'indépendance, le courage et le sens des responsabilités sont pour elle de réels atouts pour affronter la vie. C'est ainsi qu'elle sera plus à l'aise dans la position d'aînée que dans celle de cadette.

Adulte, elle pourra peut-être vivre son nombre de réalisation 2 en 11 (maître nombre), ce qui aura pour effet de renforcer cette personnalité d'envergure. Attention, néanmoins, qu'elle ne se laisse pas aller à l'impatience, à la brutalité, à l'intolérance, voire au fanatisme.

QU'AIME-T-ELLE ?
Sensible aux signes extérieurs de richesse, elle aime les belles choses, les beaux objets, le luxe, l'argent, et cela parfois avec un peu trop d'ostentation. Elle hait la médiocrité et méprise ceux qu'elle estime paresseux et velléitaires. Elle apprécie particulièrement la franchise et sera directe dans ses rapports avec les autres ou l'autre, mais en même temps elle exigera la même authenticité chez son compagnon. Karmique en 2, elle n'est ni diplomate ni patiente et les associations affectives ou professionnelles ne seront jamais son fort.

QUE FAIT-ELLE ?
Elle s'oriente volontiers vers des professions indépendantes tournées vers la gestion, la finance, la banque et les affaires en général. Par ailleurs, elle est aussi tentée par les professions de pouvoir : la politique, la police, l'armée... les professions en rapport avec le conseil (psychologie ou sciences humaines).

JOËLLE, SOFIA et **SOPHIA**

ALBERTA, ARMÉLA, HORTENSE, LAURETTE, LORETTE, MADELEINE, SÉBASTIENNE, SIGOLÈNE

QUI SONT-ELLES ?

Femmes secrètes et réservées, elles apparaissent souvent énigmatiques. Une aura de mystère émane de leur personne, qu'elles entretiennent plus ou moins volontairement, car elles aiment l'inconnu, l'étrange et l'irrationnel. Le moins que l'on puisse dire est qu'elles déconcertent : avec deux vibrations aussi différentes que le 5 et le 7, elles peuvent osciller entre deux personnages totalement différents, ou encore opter pour l'un plutôt que l'autre (le jour de naissance ou le chemin de vie confortent parfois l'un de ces deux nombres). Elles peuvent ainsi être extraverties, courageuses, indépendantes, mobiles, tentées par l'aventure et l'inconnu (si le 5 domine). Nous les voyons alors passionnées, n'hésitant pas à changer d'itinéraire, recherchant la nouveauté. Elles donnent dans ce cas l'impression d'insouciance, de légèreté, voire d'instabilité. Si, au contraire, c'est le 7 qui l'emporte, nous avons affaire à des femmes introverties et cérébrales, plus intéressées par l'introspection que par l'action, souvent mal à l'aise face à leurs émotions ou à leurs sentiments. Elles inclinent plutôt vers le doute, le manque de confiance en soi ainsi parfois qu'une certaine peur ou méfiance devant la vie.

Leur curieuse alchimie intérieure contribue à leur cyclothymie. L'élan et l'enthousiasme alternent fréquemment avec l'inhibition et le pessimisme. Ce qui les rendra tour à tour audacieuses, conquérantes puis timorées. Quoi qu'il en soit, Joëlle, Sofia et Sophia sont des femmes à part car elles ne suivent pas des itinéraires traditionnels. Toutefois, dans certains cas, la différence sera cultivée, entretenue délibérément, et dans d'autres, elle sera subie, dans une inadaptation ou marginalité plus ou moins dérangeante.

Fillettes, elles sont déjà spéciales : ou elles n'ont peur de rien, ou elles craignent tout ; ou elles sont sportives, intrépides, même, ou elles se confinent dans leur tour d'ivoire, enclines à se poser déjà de grandes questions métaphysiques... À vous, parents, d'éviter ces extrêmes en leur apportant la sécurité nécessaire et en favorisant leur sociabilité. Les arts martiaux leur sont conseillés puisqu'ils combleront à la fois leur physique et leur mental.

QU'AIMENT-ELLES ?

Elles sont intéressées par l'hétérodoxe, les mystères, la philosophie, le mysticisme ou les techniques nouvelles et d'avant-garde. Elles aiment leur tranquillité et ont de fréquents besoins de solitude.

En amour, rien n'est facile pour elles, tant dans leur affectivité que leur sexualité... Elles se sentent fréquemment incomprises mais ont certaines inhibitions qui les empêchent de communiquer véritablement. Messieurs, dites-vous bien que ce sont elles qui ont inventé la formule : « Pourquoi faire simple lorsqu'on peut faire compliqué »...

QUE FONT-ELLES ?

Ce sont souvent des itinéraires peu banals et très opposés qui les attireront : professions spécialisées et d'avant-garde en rapport avec la mode, la publicité, les voyages et les déplacements, la vente..., professions en rapport avec la connaissance, la recherche, l'informatique, l'ésotérisme...

JORDAN et JOHANN   1

ANDRÉAS, AUGUST, CHARLES-FRÉDÉRIC, CHRISTOBAL, FRANÇOIS-JACQUES, FRANÇOIS-LOUIS, GONTRAN, JEAN-FRÉDÉRIC, MASON, NARKISSOS, NATALE, NICHOLA, NIKOLAÏ, ONÉSIME, PACO, RICCARDO, SANDRO, STAFFORD, THÉOPHILE, ZACHARIE

QUI SONT-ILS ?

Volontaires, efficaces, entreprenants, actifs et courageux, ils ont une puissante personnalité et aspirent à diriger et à commander. Ils savent briller, impressionner et attirer le regard sur eux (ils sont souvent marqués par le signe du Lion). Ils méprisent la médiocrité et ne sont pas faits pour les rôles subalternes. Aussi ne supportent-ils pas l'échec qui les rendrait aigris, envieux ou amers. Heureusement, ils savent parfaitement saisir les opportunités qui s'offrent à eux et sont rapides d'exécution. Ils ne sont pas indifférents à leur standing et apprécient les belles choses. Impatients, ils ont tendance à être irritables et manquent de tolérance. Réfléchis et le plus souvent intellectuels, ils allient la force de l'action à la mûre réflexion et agissent rarement par impulsivité, à moins que leur colère ne prédomine. La combinaison de cette secondarité et de leur efficacité leur donne des atouts tout à fait appréciables.

Enfants, ils se montrent parfois indociles, fiers et susceptibles. Ils sont tyranniques et exclusifs et ont du mal à partager avec leurs frères et sœurs, d'autant qu'ils aiment cultiver leur jardin secret.

QU'AIMENT-ILS ?

Si le domaine matériel et concret les séduit, ils sont aussi attirés par le monde de l'esprit. Ainsi, ils apprécient des périodes d'isolement ou de solitude dans la tranquillité, où ils peuvent passer du temps à réfléchir, à méditer, à s'enrichir intellectuellement. Ils manifestent un intérêt pour l'étrange, l'ésotérisme (surtout s'ils sont nés en juillet, ou un 7, 16, 25, ou s'ils possèdent un chemin de vie 7).

En amour, ils ont du mal à laisser paraître leurs émotions ou leurs sentiments et se montrent particulièrement mystérieux et insaisissables. Intuitifs, ils sont psychologues et, s'ils savent parfaitement comprendre leur partenaire, ils attendent d'être devinés... L'exubérance et les manifestations de tendresse ne sont pas leur fort, et ils rechercheront avant tout des centres d'intérêt communs, intellectuels notamment.

QUE FONT-ILS ?

Peu passionnés par la vie de couple, ils rechercheront en premier lieu à réaliser leur vie professionnelle. Ainsi seront-ils particulièrement attirés par les professions libérales, les postes de cadre dans l'Administration, le domaine de la finance, celui des techniques de pointe, de la mode, du luxe.

JOSÉ   △4   □2

ALLAIN, AUBRY, GÉLASE, GWENAËL, LOUIS-HUGUES, NATHAN, PEDRO

QUI EST-IL ?

Réservé, réfléchi et méfiant, José a peu confiance en lui-même et se replie derrière une façade de froideur, de distance. Cette attitude peut être prise aisément pour du dédain, alors que c'est en fait le plus sensible des hommes ! Ce n'est qu'avec du temps et de la patience qu'il progressera dans la vie et qu'il se sociabilisera. Sa devise est : « Lentement mais sûrement. » Il est souvent marqué par le signe du Capricorne ou sa planète, Saturne. En effet, deux influences inverses coexistent au sein de sa personnalité (le 2 et le 4). Cela risque de le déstabiliser parfois et de le pousser à se centrer sur lui-même. Son double sentiment d'infériorité et d'insécurité lui confère un fonds d'inquiétude et de doute. Il se méfie de l'imprévu ou de l'inconnu. Il se fera reconnaître par le travail : comme son prénom ne possède pas de lettre de valeur 4 (karmique en 4), il peut devenir acharné dans ce domaine, et il ne comptera pas son temps. En revanche, s'il rencontre des problèmes familiaux ou de santé, il sera susceptible de prendre le chemin inverse et de négliger le travail. Son avenir risque alors d'être compromis. Le 2 karmique est aussi une tendance vers laquelle il peut s'orienter. Cela peut contribuer, dans un premier temps de sa vie, à le rendre immature, dépendant, surtout de la mère ou de la femme.

Attention à sa trop grande sensibilité, qui peut devenir maladive ! Toutefois, il peut vivre son maître nombre 11 et s'intéresser aux autres activement, en prenant part à des mouvements humanitaires.

Enfant, des activités de groupe lui permettraient de quitter la douce sécurité du foyer, l'amèneraient à assumer des responsabilités et développeraient son esprit de solidarité. Sinon, il pourrait compenser par des rêveries ou des chimères. Il est donc fondamental de favoriser cet aspect de sa personnalité, et de ne pas le laisser verser dans la paresse ou le sommeil. Très influençable et tendre, il faut le stimuler affectueusement et quotidiennement. Une famille désunie ou peu attentive serait pour lui un très lourd handicap.

QU'AIME-T-IL ?

Tout en étant sauvage, il aime la société et les contacts qui le dynamisent. Aussi est-il attiré par les associations et les collaborations. Le maître nombre 11 karmique le pousse à emprunter la voie royale des sciences humaines. Il s'intéresse profondément à la psychologie ou à la parapsychologie, ainsi qu'à l'ethnologie ou à l'écologie, et à tous les domaines de la connaissance. Avec lui, tout est possible ! Soit une apparente inappétence pour la vie, soit une avidité, véritable boulimie, tant professionnelle qu'affective. Attention, dans ce dernier cas, qu'il ne sombre pas dans un certain excès (crises nerveuses, d'autorité ou de jalousie, tendance à la domination et obstination...).

Le couple est important pour lui et pour son équilibre. Il pourra se révéler un excellent père, compréhensif, le cap de la maturité passé. Sinon, il restera un éternel enfant qui recherchera dans la femme la sécurisante image de la mère.

QUE FAIT-IL ?

Il peut être intéressé par des activités scientifiques ou liées à tout ce qui est rationnel, méthodique ou précis, comme la comptabilité, la gestion, l'édition technique. Il peut aussi être attiré par les sciences humaines, le conseil, la pédagogie, la psychologie et les autres professions demandant de l'intuition. Un poste dans l'Administration peut lui convenir, s'il recherche avant tout la sécurité.

JOSÉPHINE   4

ARMANDE, MARGOT, ROBERTE, ROSALIND

QUI EST-ELLE ?

Avec deux maîtres nombres dans son prénom, Joséphine est sans aucun doute ce que l'on appelle un « caractère ». Secrète et mystérieuse, c'est une personne indépendante qui, lorsqu'elle vit au milieu d'une famille, a parfois des velléités de solitude, laquelle lui est nécessaire pour se ressourcer et réfléchir, tranquillement, loin des yeux indiscrets. Elle apparaît réservée car elle est prudente, timide et méfiante, mais une impression de force se dégage de son apparence. Si elle ne se lie pas facilement, une fois qu'elle a donné son amitié, c'est pour la vie : on peut toujours compter sur elle et sur son sens des responsabilités.

Sa sensibilité est très forte et pourtant elle se dissimule parfaitement derrière un très grand contrôle d'elle-même. Toutefois, par suite d'une intense émotivité, il lui arrive de passer par des emballements ou de la colère. Son intuition est également au-dessus de la moyenne ainsi que sa finesse et son sens aigu de l'analyse. Voilà pourquoi Joséphine est appréciée pour ses qualités d'écoute et ses dons pour le conseil. Si son environnement familial ou socioculturel lui permet de vivre les vibrations du 11 et du 22, Joséphine fera preuve de grande maîtrise de soi, de créativité intense, de force morale, de détermination et désirera construire à grande échelle. Elle aura des aspirations élevées et son intuition forte, doublée d'importantes capacités de travail, l'amènera sur des chemins peu fréquentés, avec une réussite à la clé. Sinon, elle vivra son ambition au travers de la réussite de son compagnon qu'elle conseillera et auquel elle s'identifiera. Elle peut aussi, lorsque la vie est décevante, se réfugier dans des rêveries plus ou moins chimériques, vivant alors ses vibrations en 2 et en 4, recherchant plutôt sécurité et prise en charge.

Enfant, Joséphine est une hypersensible d'une grande réceptivité, qui ne supportera pas une ambiance hostile ou violente. Elle a besoin de calme, de douceur et de tendresse, pour rêver tranquillement. Timide, elle manque terriblement de confiance en elle. Souvent très réfléchie, elle est inquiète et pressent précocement les difficultés de la vie. Si le 4 domine (née un 4, 13, 22, 31, en avril, ou chemin de vie 4), elle sera raisonnable, sérieuse, calme et introvertie. Si le 2 ou le 11 domine (née un 2, 11, 20, 29, en février ou en novembre, ou chemin de vie 2 ou 11), elle sera plus capricieuse et lunatique.

QU'AIME-T-ELLE ?

Joséphine recherchera avant tout la paix, le calme et la tranquillité, même si c'est une affective qui n'est pas faite pour rester seule. Elle fuit le bruit et la violence qui lui font peur et la troublent fortement. Son indépendance est sacrée, ne vous avisez pas de venir la déranger lorsqu'elle a envie de solitude ! Elle est étrange, originale, parfois même excentrique, d'ailleurs elle n'aime pas suivre les sentiers battus. C'est un personnage à part, souvent mal compris par les autres et notamment son compagnon troublé par ses humeurs changeantes.

Sentimentalement, elle est souvent tiraillée entre sa vocation de célibataire et son besoin de fonder une famille.

QUE FAIT-ELLE ?

Joséphine pourra être tentée par les domaines suivants : le conseil, la pédagogie, la psychologie, les sciences humaines…, la mode, la création, la sphère artistique…, les techniques de pointe, les professions originales, la nature, les animaux, l'écologie.

JOSETTE △ 22/4 ◯ 7 ☐ 6

ANGELA, CAROL, LILY, SONIA, SVETLANA

QUI EST-ELLE ?

Avec un maître nombre à la clé de ce prénom, nous sommes sans nul doute en présence d'une forte personnalité ! D'apparence froide et réservée, Josette en impose par son contrôle d'elle-même, sa rigueur et sa dignité. Ni influençable ni malléable, c'est une femme responsable, sérieuse, qui veut s'assumer seule, sans rien demander aux autres, fierté et orgueil obligent... Cette force et cette détermination la font souvent passer pour dure et insensible, mais dissimulent pourtant des doutes, des incertitudes, des peurs et une grande fragilité affective. Sans aucun doute, Josette essaie de compenser cela en se persuadant elle-même, en même temps qu'elle convainc les autres. Son émotivité et sa sensibilité, si elles sont dissimulées, n'en sont pas moins fortes. Elle a un grand besoin d'amour et cherche à plaire et à faire plaisir. Les gens qui la connaissent bien ne s'y trompent pas et savent pertinemment qu'ils trouveront auprès d'elle aide, secours et réconfort. Néanmoins, elle est sélective et ne peut s'attacher à des êtres qu'elle n'estimerait pas. Sa moralité est forte tout autant que ses principes et elle déteste la superficialité ainsi que la légèreté. Si elle parvient à vivre les vibrations du 22, qui induisent une grande ambition, une forte puissance de travail, elle sera capable de grandes réalisations matérielles, parfois même grandioses. Ce qui ne veut pas dire qu'elle ne connaîtra pas de blocages : son chemin est celui de la lenteur et de la difficulté, et engendre de grandes tensions nerveuses. Le plus souvent, Josette vit ces influences en 4 (une octave au-dessous du 22), beaucoup plus restrictives, plus routinières ou monotones, avec d'éventuelles difficultés face au travail (le 4/22 étant karmique). Son avenir dépendra beaucoup de son environnement affectif et familial, car elle se sent souvent des obligations ou des contraintes, qui l'empêchent de penser trop à elle...

Enfant, elle apparaît sauvage, intériorisée, et elle connaît souvent une certaine solitude intérieure. Sage et réfléchie, c'est la grande sœur rêvée qui saura assumer ses responsabilités. Mais attention, parents ! N'en profitez pas trop et favorisez au maximum sa sociabilité, encouragez-la ! Son naturel inquiet lui fait appréhender trop tôt les difficultés de la vie.

QU'AIME-T-ELLE ?

Personnalité à part, elle apprécie la solitude, l'ordre, la ponctualité, aime volontiers réfléchir ou méditer, sans doute un peu trop d'ailleurs. Son esprit lucide et rationnel la porte à l'analyse et incline vers un certain scepticisme. Toutefois, elle peut aussi (7 karmique) s'intéresser aux mystères, à la spiritualité, à ce qui sort de l'ordinaire.

Sentimentalement, Josette est trop secrète, trop réservée, trop entière, trop exigeante pour être véritablement comprise ou comblée. Si elle communiquait mieux, et faisait taire son orgueil, tout serait beaucoup plus simple.

QUE FAIT-ELLE ?

Cérébrale ou intellectuelle, Josette sera intéressée par la recherche ainsi que par ce qui est d'avant-garde. D'où les secteurs professionnels suivants : la science et la technique, la médecine, l'écologie, l'esthétique, la décoration, la mode, la couture... Si elle vit les influences de son maître nombre, tous les espoirs lui sont permis, dans tous les domaines : elle possède alors le potentiel nécessaire à une réussite éclatante.

JOSIANE et **SOLANGE** 1 3 7

AMALIA, ANNE-CLAIRE, DÉOLINDA, MADELON, MALORIE, MARIE-ANGE, MERRYL, MORGANE, PERRENOTTE, SÉGOLÈNE, SHABANA

QUI SONT-ELLES ?

Josiane et Solange sont des femmes dynamiques qui possèdent beaucoup d'entrain, se montrent joviales, sympathiques, chaleureuses et accueillantes. Elles sont originales et s'intéressent à des sujets divers, tant au plan créatif qu'intellectuel, ou plus simplement ludique. Toutefois, comme elles sont hypersensibles, elles peuvent apparaître dans un premier temps réservées, méfiantes, voire inhibées. Leur véritable nature est autoritaire et volontaire, même si leur hyperémotivité trouble parfois leur équilibre. Cyclothymiques et ayant des réactions vives, elles peuvent se montrer, du fait de cette inégalité d'humeur, instables ou versatiles. Par ailleurs, elles sont nerveuses et excitables, ce qui ne facilite guère leurs échanges avec les autres. Tantôt repliées sur elles-mêmes, tantôt bavardes et enjouées : il n'est pas toujours facile de saisir leur véritable personnalité. Fières, elles sont partagées entre leur désir de paraître, d'arriver, de diriger leur propre vie et une tendance à rechercher la facilité (surtout si elles sont nées en mars, ou un 3, 12, 21 ou 30, ou possèdent un chemin de vie 3). D'esprit vif, elles sont critiques, cyniques et sensibles à l'humour.

Enfants, elles sont adaptables, rapides, vives et d'une nature rieuse, souvent plus préoccupées de jeux que de travail. Elles détestent être reléguées au second plan et explosent en colères violentes lorsqu'elles estiment avoir été lésées. Sensibles à l'esthétique ou à l'art, il serait bon de développer leurs dons en ces domaines, car, lorsqu'elles sont motivées, elles sont capables de donner beaucoup d'elles-mêmes.

QU'AIMENT-ELLES ?

Elles aiment parler, communiquer, s'exprimer, créer, s'amuser, et les jeux sont loin de les laisser indifférentes. Originales, elles s'intéressent à la mode et à tout ce qui est d'avant-garde. Elles veulent être remarquées et peuvent avoir tendance à cultiver leur différence au point d'apparaître à part, soit par leurs prises de positions intellectuelles, soit par leur manière de se comporter.

Côté cœur, elles aiment plaire avant tout et montrent en général le meilleur d'elles-mêmes. Pourtant elles sont timides et se réfugient, lorsqu'elles sont blessées, dans leur jardin secret. Cette attitude en opposition avec leur apparente aisance risque de déconcerter leur partenaire. Elles se sentent incomprises mais ne font pas toujours ce qu'il faut pour ne pas l'être, préférant être devinées au-delà des mots…

QUE FONT-ELLES ?

Elles s'orientent volontiers vers des professions où l'expression orale est privilégiée (enseignement, commerce, théâtre, cinéma…), les métiers de l'esthétique ou les activités artistiques constituent également des voies possibles pour elles. Par ailleurs, les techniques nouvelles suscitent leur intérêt et on peut les rencontrer dans des professions très spécialisées. Enfin, elles peuvent être tentées par une profession libérale.

JUAN, JUDAS et AGUSTIN

  6

AGOSTINO, ALFONSO, ANDRÉ-FRANÇOIS, APOLLINAIRE, BOBBY, CASSIUS, CHRISTIAN-YVES, CRASSUS, FULGENCE, GEORGES-ANDRÉ, GODOLIAS, HONORAT, JEAN-ROMAIN, JOSÉ-MARIA, KLAUS, LUCA, LUKAS, PAULIN, ROBOAM

QUI SONT-ILS ?

Voilà des hommes directs, francs, décidés, plutôt autoritaires et directifs. Tout en étant réservés, prudents et méfiants, ils sont charmants et cherchent autant à plaire qu'à faire plaisir. Souvent raffinés et élégants, ils soignent leur apparence physique à moins qu'ils n'extériorisent simplement douceur et sourire. Ils sont volontaires, capables d'action à long terme et d'efforts prolongés. Le travail ne les effraie pas, bien au contraire. Disciplinés, ils sont courageux et on fait souvent appel à eux car ils inspirent confiance. En revanche, ils ont tendance à l'égocentrisme ainsi qu'à la tyrannie et se révèlent ambitieux. Néanmoins, lorsque leur réussite n'est pas à la hauteur de leurs aspirations, lorsqu'ils sont critiqués, ou lorsque leur amour-propre est blessé, ils peuvent se montrer arrogants, arrivistes et parfois colériques. Mais, en général, ils ont une bonne maîtrise d'eux-mêmes et ont besoin de vivre dans la paix et l'harmonie. Ils sont conformistes et ont des principes, même s'ils ne les appliquent pas toujours. Ils sont très pointilleux, maniaques, que ce soit dans leur profession, où ils font preuve d'une conscience professionnelle exacerbée, ou plus simplement au quotidien. C'est ainsi qu'on peut les voir allergiques au désordre ou au moindre grain de poussière, ou encore ne pas tolérer que leurs relations aient un quelconque retard à un rendez-vous...

Enfants, ils sont déjà sages, sérieux et ordonnés et ne posent pas de problèmes à leurs parents qui peuvent compter sur leur sens des responsabilités. Ils sont d'ailleurs très soucieux de leur famille et désireux de faire plaisir... Néanmoins, avec le 6 karmique, ils peuvent, lorsque leur éducation n'a pas développé suffisamment certains principes moraux, prendre le chemin inverse. Ils se réfugieront alors dans le laxisme et fuiront leurs responsabilités en attendant des autres une prise en charge et recherchant avant tout leur propre intérêt.

QU'AIMENT-ILS ?

Ils aiment l'ordre, la précision, la stabilité, et se méfient de ce qui n'est pas naturel ou sain. Ils apprécient la douce sécurité du foyer et la vie de famille. Ils ont un sens inné de l'organisation et de la gestion. En matière de cœur, ils sont pudiques et réservés et ont parfois des problèmes de communication. Plus terre à terre que vraiment sentimentaux, ils se montrent possessifs et leurs désirs ressemblent bien souvent à des ordres. Entiers et jaloux, ils n'acceptent pas les erreurs ou les faux pas de leur compagne et se montreront, le cas échéant, d'une rancune tenace...

QUE FONT-ILS ?

Ils seront tentés par les professions exigeant de la précision, par les sciences exactes (surtout si nés un 4, 13, 22, 31, ou s'ils possèdent un chemin de vie 4), par le domaine de l'esthétique, de la décoration, de l'immobilier (surtout s'ils sont nés un 6, 15, 24, ou possèdent un chemin de vie 6). Ils pourront aussi choisir une profession libérale (si chemin de vie 1, ou nés un 1, 10, 19, 28).

JULES et JUSTINIEN   ◿4   ☐5

BRIEUC, GOFFREDO, GREGORIO, JOSEPH-FERDINAND, JUDE, JUVE, SULPICE

QUI SONT-ILS ?

Autoritaires, directs et francs, Jules et Justinien peuvent paraître impressionnants et dégagent un magnétisme certain. En général méfiants, ils ont besoin de preuves pour s'engager pleinement. Pourtant, ils sont curieux, savent prendre des risques et s'engagent volontiers dans la voie de la nouveauté et des changements. Ils sont pris entre deux tendances contradictoires. La première les pousse à rechercher la sécurité, la protection, et à opter pour la stabilité. Quant à la seconde, elle les pousse à se dépasser : ils auront besoin de regarder plus haut ou plus loin pour progresser, et de se remettre ainsi en question. On verra alterner ces deux attitudes face à la vie. Ils se montreront capables d'efforts continus, d'opiniâtreté et suivront un chemin régulier jusqu'au moment où la monotonie leur deviendra insupportable et où un désir de nouveauté se fera sentir. On notera cette même alternance face à l'argent : ils peuvent accumuler, placer leurs économies pour les faire fructifier pendant des mois, pour tout dépenser au moment où l'on s'y attend le moins. Ils sont sociables, charmants, ouverts et recherchent les contacts, pour devenir taciturnes quelque temps après. Réfléchis, courageux et combatifs, ils savent saisir les opportunités. Ils sont en général matérialistes et ne manquent pas de bon sens. Ils ont besoin du travail pour s'affirmer et ne savent pas rester inactifs. Entêtés, ils ont tendance à penser que ce qu'ils font, les autres peuvent le faire aussi. Cela peut entraîner quelques conflits avec leurs proches.

Enfants, ces garçons ne sont pas faciles et acceptent difficilement l'autorité. Ils peuvent montrer un esprit de contradiction, mais on peut leur faire confiance car ils sont droits et sincères. Le sport leur convient bien ainsi que les études à caractère scientifique. Autonomes et indépendants, ils peuvent aussi être tentés par un démarrage professionnel rapide. Il serait bon de leur inculquer les notions de partage et de solidarité.

QU'AIMENT-ILS?

Très ambitieux, ils sont sensibles au pouvoir et à l'argent. Ils ont d'ailleurs le sens des affaires et du concret.

Sentimentalement, ils sont possessifs et jaloux. Ils estiment que leur compagne doit combler leurs moindres désirs. Ils ne sont pas doués pour saisir les méandres de l'âme féminine. Pour eux, la vie est simple et ils n'aiment guère les complications. Directs, ils ne sont ni romantiques ni sentimentaux.

QUE FONT-ILS?

Ils choisiront en général une profession de préférence lucrative ou dans laquelle ils pourront exercer un certain pouvoir. Ainsi noterons-nous les inclinations suivantes: le sport, la police, l'armée…, des professions en rapport avec la finance, la gestion, la Bourse, la banque…, des professions scientifiques ou en rapport avec la terre, les ressources minières, le pétrole.

JULIA   4

ANNONCIADE, BRUNEHILDE, GERTRUDE, HONORÉE, IVORY, JAYCE, LÉOPOLDINE, MARJOLAINE, SUZETTE, SYLVAINE, SYLVIANE, TYPHAINE, TYPHANIE

QUI EST-ELLE ?

On ne peut pas dire que Julia ait un caractère facile ! Autoritaire et souvent agressive, elle possède des qualités que l'on attribue plus volontiers aux hommes qu'aux femmes, et cherche à diriger et à commander. Par ailleurs, elle n'est pas dépourvue de courage et, lorsqu'elle est motivée, elle est tout à fait capable de fournir des efforts considérables pour arriver à ses fins. Elle est matérialiste et ambitieuse et plutôt intéressée par la sphère financière. Elle a d'ailleurs, en général, le sens des affaires et possède souvent une attitude paradoxale vis-à-vis de l'argent : parfois proche de l'avarice ou thésaurisant, et à d'autres moments dépensière, son comportement étant susceptible d'alterner entre ces deux tendances antagonistes. Elle a souvent un bon jugement et possède des qualités pratiques. Son caractère est quelque peu revêche et l'on ne peut pas dire qu'elle cherche vraiment à plaire, bien au contraire, même si elle a un certain magnétisme. Ce qu'elle veut avant tout, c'est le pouvoir. Tant qu'elle ne le détient pas, elle est opposante, aigrie, désabusée, égocentrique, jalouse, cynique, car elle supporte mal l'échec ou la médiocrité. Si elle arrive à ses objectifs, elle se montrera plus généreuse et moins intolérante. Plutôt brusque et franche dans ses propos, elle possède un fort esprit de contradiction et peut se montrer dure quand quelqu'un ne lui plaît pas. D'ailleurs, ses sympathies ou ses antipathies sont immédiates, et il n'est pas conseillé de lui déplaire car elle est particulièrement rancunière et éprouverait même un plaisir certain à se venger.

Parents, avec elle, soyez méfiants et prudents!... Quand Julia a décidé quelque chose, elle insistera une fois, deux fois, dix fois, cent fois... jusqu'au moment où vous céderez, d'autant que ses crises de colère sont terribles, même si ses bouderies sont encore plus pénibles à supporter... Le sport et les activités physiques sont fortement conseillés car elle a de l'énergie à revendre. Son intelligence est pratique, et son esprit plutôt méthodique et rationnel, ce qui peut lui faciliter l'apprentissage des sciences ou des mathématiques. Enfin, il faut lui apprendre la patience, la modération, le partage, ces notions n'étant pas son fort.

QU'AIME-T-ELLE ?

Elle est assez inquiète de nature, et doute souvent d'elle-même, même si son comportement extérieur peut laisser parfois supposer le contraire. Voilà pourquoi elle aime la tranquillité, la sécurité et la stabilité.

La vie sentimentale n'est pas si simple pour elle, car sa pudeur excessive l'empêche de se montrer à nu, Julia se révélant très mal à l'aise pour parler de ses sentiments, de ses émotions. Elle n'est pas non plus sentimentale et encore moins romanesque, et elle se montre sensible au standing de son partenaire. Plutôt fidèle, possessive et entière, elle peut se révéler une véritable tigresse si elle se sent abandonnée ou si un risque quelconque se présente.

QUE FAIT-ELLE ?

Elle aura tendance à vouloir vivre sa vie personnelle ou professionnelle avant sa vie familiale. Elle peut être tentée par une profession lucrative. Ainsi sera-t-elle attirée par la gestion, la finance, la banque, les affaires, la comptabilité, les professions en liaison avec la nature, la terre..., des professions manuelles ou en rapport avec des instruments « coupants » : infirmière, chirurgien, sculpteur, couturière...

JULIE
et **MARIE-ISABELLE**

AMY, CATHY, GERTRUD, JOCONDE, KATY, MANDY, MARGARETA, MARIE-CATHERINE, MARRY, MYRA, NANCY

QUI SONT-ELLES ?

Julie et Marie-Isabelle sont des personnes sociables et agréables qui possèdent un certain charme, mais demeurent réservées, sans doute par méfiance et prudence. Ce sont des femmes nerveuses, facilement inquiètes, impatientes et irritables. Elles sont souvent difficiles à comprendre, car leur nature est double. Elles se montrent parfois mobiles, communicatives, enthousiastes, curieuses, respirent la joie de vivre, s'adaptent promptement à toute situation, coquettes au point de paraître légères ou superficielles (tendance accentuée si elles sont nées un 3, 12, 21, 30, ou si elles possèdent un chemin de vie 3). À une autre période on sera étonné de les voir sérieuses, travailleuses, patientes et même très moralisantes (tendance accentuée si elles sont nées un 4, 13, 22, 31, ou si elles possèdent un chemin de vie 4). Cette alternance pourra se percevoir, car, si elles aiment le contact, la communication et recherchent le monde, elles ont aussi besoin de solitude pour se retrouver et faire le point. Ainsi, elles apparaîtront épicuriennes, désireuses de prendre du bon temps et de s'amuser, dépensant sans compter puis franchement plus austères, thésaurisant en pensant à l'avenir. Attirées par le changement et la nouveauté, elles seront aussi sensibles à la sécurité et au confort, et rechercheront parfois la routine. Elles ont tendance à intérioriser leurs sentiments et parleront beaucoup plus facilement du dernier film qui vient de sortir que de leur jardin secret, ce qui les fera passer bien souvent pour des femmes insensibles et hautaines. Elles ont le sens du devoir et des responsabilités, se montrent capables de volonté, d'activité et de courage. Mais il peut leur arriver d'être prises en flagrant délit d'infidélité à leurs grands principes et à leur moralité…

Enfant, Julie et Marie-Isabelle sont agréables car elles sont suffisamment malignes pour savoir ce qu'il faut dire et faire pour plaire à leurs parents. Assez nerveuses et inquiètes, elles devront être encouragées et elles auront besoin de dialogues et de communication. Il faut donc instaurer avec elles une relation de confiance et d'écoute.

QU'AIMENT-ELLES ?

Elles sont assez matérialistes, sensibles au statut social ainsi qu'aux signes extérieurs de richesse, l'argent leur permettant d'assouvir leurs désirs de luxe ou de coquetterie. Elles tendent d'ailleurs souvent à vivre au-dessus de leurs moyens. Elles aiment aussi diriger et commander et c'est souvent dans leur vie sentimentale qu'elles exercent leur pouvoir. Plutôt terre à terre que sentimentales, elles recherchent la stabilité et la sécurité chez leur futur compagnon et seront plus sensibles au fait que celui-ci assume largement les charges financières qu'à un bouquet de fleurs… N'hésitez pas à leur offrir bijoux, sacs, parfums et nuits dans des hôtels de luxe, elles vous donneront alors l'impression qu'elles vous aiment vraiment !

QUE FONT-ELLES ?

Julie et Marie-Isabelle auront souvent besoin d'une activité professionnelle pour se motiver et s'investir. Ainsi, elles pencheront vers des professions en rapport avec la finance, le commerce, la gestion ou l'économie, les hauts postes dans l'Administration, l'enseignement ou des professions où l'expression orale ou écrite est importante, des professions créatives, des professions liées à la terre, à la nature ou aux animaux...

JULIEN

ADRIANO, ANASTASE, ANDY, BUZZER, CHÉRUBIN, DÉSÉADO, FLAVIANO, FOULQUES, GIANCARLO, HARPAGON, HUBELIN, LOUIS-JULES, MARIANO, PÉTRU, PHÉBUS, PROCHORE, RAY, RUPERT, SAMMY, WESLEY, YVAIN, YVAN

QUI EST-IL ?

Énergique et viril, courageux et combatif, Julien rêve de commander et de diriger. Il est facilement ombrageux, susceptible et agressif, particulièrement lorsqu'il ne maîtrise pas la situation. Rapide et souvent pressé, il est impulsif et irritable. Ses crises de colère sont fréquentes, parfois violentes. Il vise l'obtention d'un pouvoir et, par là même, supporte mal l'autorité des autres. Il se montre entêté, pas toujours de bonne foi et reconnaît difficilement ses torts. Bien armé pour la vie, il sait se montrer actif et entreprenant et capable de saisir les opportunités qui s'offrent à lui. Il a le sens des affaires et les pieds sur terre. En fait, il est plus concret, pratique, physique, que véritablement intellectuel. Strict, autoritaire, loyal, franc et direct, il a horreur des faux-semblants, des mensonges, de la flatterie. Passionné et peu capable de composer, il ne sait pas dissimuler ses véritables sentiments.

Enfant, son esprit de contradiction donnera du fil à retordre à ses parents ! Toutefois, soyez fermes avec lui, tout en étant justes et cohérents : il préférera une correction bien méritée à un laxisme ou à une faiblesse qu'il condamnerait. Julien est aussi affectif et démonstratif et possède une grande générosité de cœur. Inculquez-lui de bonne heure l'ordre, la méthode, et faites-le participer à des activités sportives, collectives de préférence, dans lesquelles il pourra évacuer son trop-plein d'énergie et de vitalité.

QU'AIME-T-IL ?

Il désire conquérir, posséder et sait user, sinon abuser, de son magnétisme. Il aime les exercices physiques, le sport et l'action, lesquels sont nécessaires à son équilibre.

En amour, il est passionné, exigeant, jaloux et possessif. Sa brusquerie, son manque de tolérance et de diplomatie peuvent rebuter plus d'une âme sensible... D'autres considéreront ses attitudes exclusives comme autant de preuves de son attachement et de sa passion ! Car, ne vous y trompez pas, Julien est un tendre, au fond.

QUE FAIT-IL ?

Julien ne sera pas vraiment tenté par les études longues, car son besoin d'action et de réalisation est précoce. Il sera attiré plus particulièrement par des professions où l'action est importante, ou en liaison avec un pouvoir (police, armée, publicité, sport, politique...), des activités en rapport avec les voyages (import-export)..., les affaires, la gestion, la comptabilité, l'économie, la Bourse, les carrières médico-sociales ou médicales, et tout particulièrement la chirurgie.

JULIETTE △3 ◯22/4 ☐8

ARLYNE, LUDMILLA, LUISETTE, MARYLISE, MAUD

QUI EST-ELLE ?

Ouverte et communicative, Juliette a beaucoup de charme et de magnétisme. Sociable, extravertie, elle est sympathique, souriante et plaisante. Juliette est faite pour s'exprimer, parler, s'amuser (deux lettres de valeur 3 sont contenues dans son prénom). Aussi recherche-t-elle le contact et les échanges, même si ce n'est pas une démarche univoque. En effet, de par les influences contraires du 3 et du 4, elle peut paraître parfois déconcertante. Ainsi passe-t-elle par des phases où, telle la cigale, elle incline vers la facilité, les amusements, les plaisirs et un certain éparpillement... et des phases où, telle la fourmi, elle affronte les difficultés de la vie, est capable d'efforts, de contraintes, de sérieux et de discipline. Dans le premier cas (le plus courant néanmoins, surtout si elle est née un 3, 12, 21, 30, ou possède un chemin de vie 3), elle peut même donner l'impression d'une certaine légèreté, comme si la vie n'était qu'un jeu. Dans le deuxième cas (moins fréquent, sauf si elle est née un 4, 13, 22, 31, ou si elle possède un chemin de vie 4), c'est la fermeté et le sérieux qui domineront. Juliette est une femme concrète, matérialiste, et qui ne perd jamais de vue le côté financier des choses. Elle peut faire une bonne femme d'affaires, persuasive et incisive, courageuse et avisée.

Enfant, il serait utile de veiller à ce que se développent harmonieusement ces deux tendances complémentaires, sans en privilégier l'une plutôt que l'autre. Encouragez sa créativité, ses facultés de communication, mais aussi la musique, le chant, le théâtre, l'écriture ou les langues. Il faudra combattre sa tendance versatile et éparpillée en favorisant l'ordre et la méthode, la discipline, ainsi que le travail bien fait. Juliette saura se montrer agréable et… bavarde. Attention à vos factures de téléphone lorsque son premier Roméo apparaîtra !

QU'AIME-T-ELLE ?

Tout en aimant s'étourdir dans le monde, Juliette aime la tranquillité, la sécurité et la stabilité. Même s'il lui arrive d'être sophistiquée, elle n'en aime pas moins ce qui est naturel, simple, sobre et authentique. Elle désirera construire, notamment sa vie sentimentale. Il est vrai qu'elle sera sensible à un compagnon séduisant mais également sérieux. Néanmoins, pour lui plaire, étonnez-la. Sécurité ne veut pas dire routine : Juliette aime aussi la fantaisie.

QUE FAIT-ELLE ?

À l'heure du choix professionnel, Juliette ne dédaignera pas les professions lucratives, même si ce n'est pas une fin en soi. Elle sera tentée par les professions commerciales ou en rapport avec un public, où la parole, l'écriture, les langues, la voix sont importantes (avocate, comédienne, enseignante…), celles en rapport avec la gestion ou la finance, la banque.

KEVIN   △7 ◯5 □11/2

DOUGIE, ÉRIK, GILES, KIMBLE, LILIEN, MIMILE, RITE, RODRIGUE, WILLIE

QUI EST-IL ?

Énigmatique, insaisissable, réservé, timide, méfiant et secret, Kevin est nerveux, même s'il apparaît plutôt flegmatique. Son inquiétude existentielle contribue à le faire douter de lui et de ses capacités. Aussi se réfugie-t-il parfois derrière un sourire ironique et une attitude détachée, réprimant alors sa sensibilité. Solitaire, il est d'une nature introvertie, enclin à se poser des questions. Cérébral et intellectuel, il peut connaître, du fait de son 7 karmique, deux formes d'esprit totalement antagonistes. Soit sceptique, cartésien et scientifique, s'opposant avec virulence à l'irrationnel... Soit mystique, intuitif, voire clairvoyant, intéressé par les sciences humaines ou la parapsychologie, vivant ainsi les vibrations de son maître nombre 11, idéaliste, altruiste, utopiste et sage (surtout s'il est né un 11, 29, ou en novembre, ou s'il possède un chemin de vie 11). Son nombre actif 25 le porte à s'écarter du conformisme, à multiplier les expériences, à chercher longtemps sa voie et à se tourner vers l'occultisme. Attention toutefois qu'un certain fanatisme ne vienne se greffer sur ses idéologies... Sa forte imagination alliée à son intuition peut lui donner du génie. Mais il peut avoir des difficultés à concrétiser ses projets qui sont parfois difficilement réalisables. C'est alors que des phases dépressives sont possibles chez cet être sensible et vulnérable, surtout lorsqu'il vit son maître nombre 11 une octave au-dessous, sous l'influence du nombre 2.

Enfant, il est déjà curieux et a l'art de poser les questions les plus abracadabrantes, à moins qu'il ne se replie sur lui-même et, rêveur, ne lise tous les livres de votre bibliothèque... Il s'exprime peu, mais ne le croyez pas indifférent aux preuves d'affection, les effusions le dérangent car il est très pudique.

QU'AIME-T-IL ?

Il aime avant tout sa liberté et est adepte des changements et des remises en question. Les voyages l'attirent, tant ceux de l'imaginaire que les autres. Il s'intéresse aussi à tout ce qui sort de l'ordinaire, au merveilleux, au magique.

Sentimentalement, il n'est pas facile à comprendre car il est peu démonstratif. Le mariage traditionnel l'inquiète : ce pourrait être une aliénation à sa liberté. Il risque fort de connaître un échec s'il ne parvient pas à dominer son caractère plutôt solitaire. De fait, il peut rester longtemps célibataire.

QUE FAIT-IL ?

S'il vit parfaitement son prénom, c'est plutôt dans le sens de ses karmas (7 et 2/11) qu'il serait judicieux d'aller, c'est-à-dire vers les sciences humaines (psychologie, astrologie, numérologie, graphologie, religion, pédagogie, sociologie, ethnologie...), mais il peut aussi choisir une profession scientifique, une spécialité technique ou une activité en liaison avec les voyages, la vente, la publicité, la mode (surtout s'il possède un chemin de vie 5 ou 9, ou s'il est né un 5, 9, 14, 18, 23, 27, ou en mai ou en septembre).

LAMBERT

ARCHIE, DIMITRIOS, EDGAR, FABRICE, HILAIRE, HORST, ROCH, ROLLIN, TRISSOTIN

QUI EST-IL ?

Viril, doté d'un certain magnétisme, Lambert dégage une impression de force. Il est courageux et combatif bien que méfiant. Cela est sans doute lié à sa timidité ou à son émotivité, véritable talon d'Achille qui entame son entrain ou son humeur. Cela peut se traduire parfois par quelques accès de colère lorsqu'il ne se sent pas pleinement compris. Fougueux et passionné, il dissimule sa douceur derrière une attitude ferme, même tranchante. Pourtant, Lambert est tendre, sympathique et amical, une fois qu'il est en confiance. Ambitieux, il n'est pas indifférent au bien-être matériel. Lorsqu'il est motivé, il se montre particulièrement efficace, fait preuve de diplomatie, alors que dans d'autres circonstances il pourra manquer de tact. Il est sûr de lui : son énergie, sa grande rapidité d'exécution ainsi que son approche réaliste et pratique des choses sont des atouts non négligeables ! Il n'en reste pas moins impatient et irritable. Il peut aussi faire montre d'un certain opportunisme, soucieux qu'il est de réussir. Mais il est aussi fier, orgueilleux, déteste la flatterie et le mensonge, et possède un sens aigu de la justice… Il peut se sentir partagé entre ses désirs et ce que lui dictent ses principes. Fait pour commander et diriger, il sait prendre des responsabilités, tant sur un plan familial que professionnel.

Enfant, c'est un garçon très attaché et fortement marqué par sa famille, désireux de faire plaisir. Il est d'ailleurs très tôt responsable, et ses parents savent qu'ils peuvent compter sur lui. Scrupuleux et perfectionniste, il a une intelligence qui lui permet d'entreprendre des études. Cependant, il reste très dépendant de la bonne harmonie de son environnement affectif. Le 6 karmique risque de lui faire vivre une situation familiale tendue. Dans ce cas, il se sentira trop concerné et il prendra les autres en charge, ou il fuira les responsabilités.

QU'AIME-T-IL ?

Lambert aime plaire et recherche avant tout la paix et l'harmonie. Épris de perfection, il est sensible à la beauté, à l'esthétique et au confort. Il peut lui arriver d'être indécis et trop perfectionniste, tant est développé son souci du détail.

En amour, il est passionné et possessif, et se montrera d'une jalousie féroce. Loyal, franc et ardent, il pardonne difficilement l'erreur.

QUE FAIT-IL ?

Plusieurs orientations sont susceptibles de lui convenir : le domaine social, médical (médecin, magistrat, juge…), le conseil, le domaine financier ou les affaires (gestion, comptabilité…), la gastronomie, la cuisine, l'esthétique, l'art, l'immobilier…

LAURE et LAURIE △3   □3

CHRIS, EUGÉNIE, EUSÉBIE, GUILLEMETTE, JACQUIE, MARYLÈNE, PÉTULA

QUI SONT-ELLES ?

Attractives et sophistiquées, elles prennent soin de leur apparence et déploient un charme fou. Leur savoir-faire, leur joie de vivre les rendent sympathiques. Leur confiance en elles-mêmes tend parfois à l'autosatisfaction. Impatientes, rapides d'esprit, elles se révèlent astucieuses, intuitives, créatives et pratiques. Souples, adroites, communicatives au point d'être volontiers bavardes, elles sont aussi adaptables et infiniment sociables. Elles se montrent curieuses, et le danger pour elles est la dispersion. Émotives, sensibles et imaginatives, elles sont nerveuses et il peut leur arriver de se sentir abattues quand la vie leur joue un mauvais tour. Heureusement, elles sont nées sous une bonne étoile (souvent marquée par la planète Jupiter ou le signe des Gémeaux).

Enfants, elles sont faciles à vivre, espiègles et malicieuses. Elles aiment attirer l'attention sur elles et ont beaucoup de facilités, notamment verbales. Aussi serait-il judicieux de leur faire apprendre des langues étrangères ou travailler leur voix (théâtre, chant). Elles sont tellement agréables qu'elles possèdent beaucoup d'amis, mais elles en changent souvent car elles sont versatiles, et très courtisées. Leur entourage leur voue en effet une admiration sans limites. Sans doute est-ce dû à leur facilité d'élocution et à leur magnétisme. Toutefois, il serait bon de surveiller de près leur tendance au mensonge... Des règles de moralité doivent être inculquées à ces fillettes qui pensent bien souvent que la vie est un jeu.

QU'AIMENT-ELLES ?

Épicuriennes, elles aiment s'amuser, rire, plaire, séduire, jouer, communiquer, s'exprimer et profiter de la vie. Elles recherchent l'absolu en tout, et ne gardent pas toujours les pieds sur terre. Fantasques, elles peuvent se mettre dans des situations bizarres avec des êtres marginaux qui ne leur apporteront certainement pas l'équilibre dont elles ont pourtant besoin.

Sentimentalement, elles sont très entourées, mais elles sont trop exclusives et même très possessives. Leur coquetterie est parfois coûteuse et elles ne calculent jamais... Elles ont tendance à s'attacher aux ramages et aux beaux plumages ! Ce sont néanmoins des hôtesses remarquables, bien qu'elles n'aient pas vraiment le sens de l'ordre...

QUE FONT-ELLES ?

Elles auront tendance à rechercher la facilité et à se laisser vivre... en demeurant au foyer. Mais, ayant besoin du monde pour se sentir pleinement exister, elles pourront se consacrer à une activité artistique (théâtre, chant, comédie...), ou commerciale, et surtout exercer une activité en liaison avec la parole (enseignantes, conférencières, interprètes, présentatrices...), ou en liaison avec l'étranger ou les voyages.

LAURENT, CLAUDE
et **CHARLES-HENRY**

△ 1   □ 1

ANEURIN, BARTHÉLEMY, BARTHOLOMÉ, CUPIDON, DIMITRI, FRANÇOIS-ROBERT, GIULIO, GUILIO, JEAN-RÉMY, LOUP, LUCHINO, MAURILLE, NICK, ONIMUS

QUI SONT-ILS ?

Fins, délicats, raffinés, Laurent, Claude et Charles-Henry sont pourvus d'une certaine aristocratie naturelle. Paraître, montrer l'exemple, être admiré leur plaisent. Ils ont de la volonté, sont disciplinés, ambitieux, autoritaires et pleins de vitalité… autant de cordes « solaires » à leur arc (ils appartiennent souvent au signe zodiacal du Lion !). Néanmoins, ils peuvent tomber facilement dans le culte de la personnalité : dans ce cas, ils tendront à être orgueilleux, arrogants et égocentriques. Le plus souvent sociables, communicatifs et généreux, ils ont le geste large. Ils s'expriment facilement et savent se rendre sympathiques. Leur sensibilité est grande ainsi que leur intérêt pour autrui.

Il faut éviter qu'ils soient enfants uniques, car ils se prendraient vite pour le centre du monde. Il serait conseillé de les faire adhérer à des groupes, dans lesquels ils pourraient acquérir un sentiment de solidarité. Par ailleurs, l'art et les langues sont des centres d'intérêt à encourager.

QU'AIMENT-ILS ?

Soucieux de leur image de marque, ils sont attirés par ce qui brille et élève. Ce sont des esthètes. Idéalistes, ils aiment militer au sein de mouvements humanistes, artistiques ou sociaux. Ils recherchent souvent le contact avec le public et sont des voyageurs passionnés.

Sentimentalement, ils se montrent exigeants avec leur compagne. Ils ont besoin de l'admirer et se montrent sensibles à son apparence. Maniaques et perfectionnistes, ils ont le sens de la famille et leur moralité est au-dessus de tout soupçon. Leur compagne pourra leur faire confiance. Leur savoir-faire, leur tact, leur délicatesse et leur sensibilité sauront faire passer leur autoritarisme.

QUE FONT-ILS ?

L'art, la créativité constituent pour eux la voie royale (professions tournées vers le théâtre, la littérature, la peinture, la décoration, l'orfèvrerie, l'artisanat...). Les activités indépendantes, à responsabilités et en liaison avec le droit, la justice, la politique ou la santé présentent également pour eux des attraits. Le domaine de l'audiovisuel ou celui des voyages peut constituer d'autres possibilités...

LAURINE △8 ◯9 □8

ÉLÉONORE, LIN, MAUDE

QUI EST-ELLE ?

Laurine est passionnée et dégage un grand magnétisme. Femme de pouvoir, elle est faite pour diriger, commander, orchestrer. Plus concrète et pratique que véritablement intellectuelle, elle se montre entreprenante, active, dynamique, et combat pour les causes ou les principes qui lui tiennent à cœur. Satisfaite d'elle-même, courageuse, elle possède beaucoup d'énergie, et cela se traduit par de la brusquerie, de l'impatience ou de l'irritabilité. Aussi est-elle souvent tentée par les exercices sportifs, excellent exutoire pour cet être bouillonnant. Son besoin d'autonomie est grand : Laurine se plie difficilement à l'autorité des autres. Allergique à toute forme de hiérarchie, elle a un esprit de contradiction évident. Pour elle, la valeur n'attend pas le nombre des années, et le mérite ne se reconnaît pas au degré d'ancienneté ou au grade, mais à la valeur personnelle, laquelle se mesure par les réalisations concrètes. Son côté direct et franc lui vaut quelques rivalités ou conflits que, consciemment ou inconsciemment, elle recherche néanmoins. La sphère matérielle est importante à ses yeux, et elle ne perd jamais de vue la notion de rendement. Elle peut se révéler une excellente femme d'affaires ou une bonne gestionnaire et sent d'instinct ce qui peut être rentable.

Enfant, Laurine n'est ni docile, ni souple, ni patiente. Parfois ombrageuse et susceptible, elle se montre coléreuse et rebelle. Lorsqu'elle ne se sent pas à la hauteur d'une situation, elle sort ses griffes ! Mais au fond, Laurine est une enfant tendre, sensible et émotive, qui a tendance à amplifier le moment présent. Le sport est à encourager.

QU'AIME-T-ELLE ?

Si Laurine est attirée par l'action et la conquête, elle ressent également le besoin de s'évader. Cela peut se traduire par l'amour des voyages au sens propre, mais aussi ceux de l'esprit : la poésie, la peinture, la musique, la métaphysique, la spiritualité, l'irrationnel. Son âme est éprise de merveilleux et de magique et se passionne pour l'étrange, le fantastique, la science-fiction. Et si la vie heurte cette femme sensible, elle tentera de fuir, d'une manière ou d'une autre…

En amour, Laurine est un mélange d'idéalisme, de romantisme et d'exigences, d'intolérance, de brusquerie. Possessive et jalouse, c'est une passionnée.

QUE FAIT-ELLE ?

Plusieurs types d'orientations s'offrent à elle : les affaires (banque, gestion, comptabilité…), les activités manuelles ou artistiques (tapissière, modiste, sculpteur…), les professions liées à l'autorité ou au pouvoir (police, armée, politique, justice, droit), en rapport avec la médecine (chirurgien) ou les médecines parallèles (magnétiseur, radiesthésiste) ou la parapsychologie.

LÉO et LÉANDRE △5 □3

AGRIPPA, ALADIN, CLÉMOT, JOSSE, LADISLAS

QUI SONT-ILS ?

Bouillonnants de vitalité, ils sont ardents, curieux, et charmeurs. Passionnés, épris de découvertes et d'aventures, ils aiment prendre des risques, ont le goût des contacts et sont extravertis. Particulièrement ouverts, ils sont doués pour les négociations et possèdent des dons de persuasion certains, grâce à leur aisance naturelle et à leur rapidité d'adaptation ainsi que de réaction. Ces hommes ont horreur du définitif, et plus la vie a du piment, plus ils prennent des risques et plus ils sont ravis. Toutefois, ils ont un peu trop tendance à se disperser. Ils préfèrent l'inconnu, et la conquête les stimule, mais une fois parvenus à leurs fins, ils se lassent vite et la superficialité les guette... Leur point faible est sans doute leur nervosité excessive qu'ils essaient de conjurer par une activité incessante, par le sport ou par de nombreux voyages. De même, impulsifs, ils ont tendance à l'impatience et à l'irritabilité. Très sociables, sympathiques, ils ont besoin des autres pour se sentir exister et ils oscillent souvent entre un certain sentiment d'infériorité et l'autosatisfaction.

Enfants, ils sont espiègles, bavards, vifs, intelligents, rusés et ils ont du mal à tenir en place. Très intuitifs, sensibles, ils sont affectueux, souvent très attachés à leur mère. Gourmands, gais, beaux parleurs, ils ont toujours des idées à revendre et n'apprécient guère les contraintes. Il serait donc intéressant de développer leur créativité et leurs facultés d'expression, en surveillant toutefois leur propension à exagérer, voire à mentir...

QU'AIMENT-ILS ?

Sensibles, réceptifs aux autres, ils adorent coopérer, et ont des vues larges sur la vie. En effet, leur maître nombre 11 leur confère de hautes aspirations, parfois utopistes. Cela peut les pousser à s'investir dans des mouvements politiques ou humanitaires et à s'intéresser aux sciences humaines ou à l'irrationnel. Mais vivre les vibrations du 11 n'est pas chose facile et cela ne va pas sans nervosité excessive : il est très courant qu'ils se situent plutôt à l'octave inférieure du 2, plus paisible, passifs et dépendants de l'environnement.

Sentimentalement, ils sont tendres, sensuels et connaissent bien l'âme féminine... Aussi sont-ils des partenaires charmants et dociles, mais ô combien vulnérables devant les tentations !

QUE FONT-ILS ?

Ce sont des personnages aux multiples possibilités, susceptibles de ne pas toujours suivre leur inclination première. Amoureux du changement, ils seront tentés par ce qui est en rapport avec l'expression orale (chanteur, enseignant, conférencier, présentateur...) et écrite (journaliste, écrivain...), ou la communication, le commerce, et les voyages. Ils pourront aussi s'intéresser au domaine des sciences humaines.

LINDA △22/4 ◯1 □3

ERLE, GINA, ISABEAU, JESSIE, MANUELA

QUI EST-ELLE ?

Linda a une personnalité qui peut sortir de l'ordinaire puisque son nombre actif 22 est un maître nombre. Une impression de force se dégage de prime abord de sa personne, où se mêlent tout à la fois charme, coquetterie, fierté et réserve. Si elle arrive à vivre ce 22, elle s'acheminera progressivement mais sûrement vers les hauts sommets... Peu importe qu'elle ait une valise en carton ou des bagages de luxe ! Sa créativité, la maîtrise qu'elle a d'elle-même, son ambition, sa volonté et son opiniâtreté, ainsi que sa puissance de travail sont des atouts importants. Ce ne sera pas toujours sans grande nervosité ni sans crises, car le 22 est signe de grandes tensions. Pourtant, le plus souvent, Linda vit plus tranquillement et paisiblement une octave au-dessous, au niveau du 4, expression réduite et plus commode du 22, ce qui lui confère alors puissance de réflexion, prudence, persévérance, stabilité, solidité de sentiments, notion du devoir mais aussi inquiétude et doutes. Sa volonté est ferme et elle est capable de mobiliser toute son énergie pour une entreprise à long terme, ce qui lui réussit puisque le temps et la patience jouent pour elle. D'un autre côté, elle est obstinée et souvent rancunière. De plus, elle a besoin d'être sécurisée et est possessive, voire captatrice.

Enfant, elle est assez disciplinée et peut avoir des facilités pour les langues ou des dons artistiques (chant, musique) qu'il serait judicieux de développer. Il faudra l'aider à s'affirmer et à construire sa personnalité, en acceptant ses crises d'autorité mais en surveillant ses rapports avec ses frères ou sœurs, avec qui elle aura tendance à jouer un rôle de chef, parfois despotique, surtout si elle est l'aînée.

QU'AIME-T-ELLE ?

Elle apprécie d'avoir la première place et d'être regardée et admirée. Elle aime les honneurs, le luxe, son idéal étant élevé.

Sentimentalement, elle a beaucoup de qualités : droiture, honnêteté. Femme d'intérieur accomplie et hôtesse accueillante, elle peut cependant être un peu sélective et autoritaire... Son partenaire devra non seulement être brillant et séduisant, mais aussi participer à la vie quotidienne, tant financièrement qu'en lui consacrant de son temps. Le partenaire parfait sera celui qui saura en même temps respecter son besoin d'être la première et s'affirmera en tant que chef : les crises seront fréquentes avant d'atteindre une parfaite harmonie...

QUE FAIT-ELLE ?

Linda, qui possède de nombreuses cordes à son arc, peut se tourner vers de multiples professions. Son jour de naissance peut influer et peser dans la balance. Si elle est née un 1, 10, 19, 28, ou un 3, 12, 21 ou 30, elle sera attirée par les métiers créatifs (esthétique, art, mode...) ou les métiers de communication et d'expression (journalisme, écriture, enseignement). Si elle est née un 4, 7, 13, 16, 22, 25 ou 31, elle s'orientera plutôt vers les sciences exactes, ou les domaines de la comptabilité, de la gestion, des affaires. Il lui faudrait, dans l'idéal, et quel que soit le domaine choisi, une activité indépendante ou une profession où elle pourrait occuper un poste de direction ou de commandement.

LOLA et CORENTINE   6

BERNADETTE, BETHSABÉE, BLANCHE-NEIGE, DOMINIKA, GARANCE, GUYLAINE, JEANNETTE, JOAN, JOILITA, LÉONTINE, MUGUETTE, NICOLETTE, SHANNON

QUI SONT-ELLES ?

Lola et Corentine gagnent à être connues, mais il faut savoir les apprivoiser… Timides, méfiantes, secrètes et réservées, elles ne sont pas très à l'aise dans la société. Elles possèdent un charme discret, et lorsqu'elles sont en confiance et en harmonie, elles peuvent donner beaucoup d'elles-mêmes. Naturelles, simples, solides dans leurs sentiments, elles ont besoin de preuves afin d'être rassurées. Leur attitude est directe et franche, même si elles manquent parfois de spontanéité ou d'adaptabilité : leur évolution est plutôt lente. Leur vie intérieure est plus riche que leur vie extérieure et la sphère cérébrale l'emporte, avec ce que cela comporte de méditations, de réflexions intellectuelles et métaphysiques. Avec le 4 karmique et le 7 karmique, une seule alternative s'offre à elles. Ou elles seront d'une totale rationalité, jusqu'à se montrer hostiles, ironiques ou critiques à l'égard d'une foi quelconque. Ou, au contraire, elles cultiveront leur intuition et prendront la voie des religions, de l'ésotérisme et des grandes questions philosophiques… Toutefois, Lola et Corentine pourront être retardées par un contexte familial pesant ou encore par un conflit entre le 3 (apporté par le L et le C de leur prénom) et le 4 karmique. Elles auront alors tendance à accorder trop d'importance aux détails ou à dévier de leur trajectoire initiale. Ce peut cependant être pour elles l'occasion de développer leur créativité.

Le contexte familial aura donc une grande importance dans leur orientation première. Baignées dans un milieu artistique, elles seront tentées d'en suivre le chemin.

Enfants, elles sont soucieuses de plaire et d'être aimées. Leurs parents peuvent leur faire confiance les yeux fermés. Leur côté à part, différent, peut les perturber, voire même les bloquer dans un premier temps de leur vie. Il faudra donc veiller à leur donner une éducation libérale et ouverte sur la communication.

QU'AIMENT-ELLES ?

Elles aiment l'intimité et la douce sécurité du foyer. Elles rêvent d'une maison à la campagne ou dans un lieu retiré où elles pourraient vivre, paisibles, d'autant qu'elles ne craignent pas la solitude. Elles sont très attirées par tout ce qui est étrange, hétérodoxe ou original, ce qui explique d'ailleurs ce sentiment de marginalité qu'elles ont parfois.

Leur vie sentimentale est, à leur image, plutôt compliquée. Elles se sentent souvent incomprises, mais ne font rien pour l'être, et se retrouvent parfois dans des situations peu classiques. Rigides, peu démonstratives et parfois austères, elles préfèrent le célibat à une relation décevante... Ne seraient-elles pas un peu trop exigeantes ?

QUE FONT-ELLES ?

Avec le 4 karmique elles peuvent avoir deux attitudes opposées vis-à-vis du travail. Ou elles s'investissent totalement dans ce domaine, quitte à délaisser la sphère affective, ou elles font abstraction de leur profession et s'orientent vers une vie familiale plus ou moins terne et routinière. Les professions possibles pourraient être en rapport avec la terre, ou les sciences exactes, la gestion, l'économie, ou avec l'ésotérisme et les sciences humaines.

LOUISE

△9 ◯5 □4

BRITE, ILSE, LISE, MARGUERITE, MEI, RED, TCHÉOU

QUI EST-ELLE ?
C'est une femme secrète, discrète et réservée qui manque de confiance en elle. Plutôt matérialiste, elle est pragmatique et se montre travailleuse, sérieuse, volontaire, active et efficace. Son rythme de vie n'est pas toujours rapide mais elle est déterminée, opiniâtre et, à long terme, cela lui est profitable. Sa moralité est bonne, au point qu'elle est souvent envahie de scrupules qui l'empêchent d'agir. Elle a besoin de se dévouer et de faire plaisir. En elle se côtoient rigidité, principes et esprit de compassion.

Enfant, elle est susceptible et joue aisément le rôle de victime incomprise. Les parents devront ne pas abuser de sa gentillesse et la rassurer sans cesse quant à sa valeur et à son physique : la vie affective est capitale pour son évolution future. Doutant perpétuellement d'elle-même, elle ne croit ni à sa chance, ni à son charme, persuadée que sa réussite ne reposera que sur ses efforts et son travail.

QU'AIME-T-ELLE ?
Adepte de la nature, des animaux, des plantes ou des fleurs, elle est ennemie de tout ce qui est superficiel et des artifices. Elle peut osciller entre le besoin d'aventure et de voyage, l'amour du changement (notamment lorsque le 5, 14, 23 sont ses jours de naissance, ou lorsqu'elle est née en mai, ou qu'elle possède un chemin de vie 5) et un côté sédentaire et routinier sécurisant (exacerbé si elle est née en avril, ou un 4, 13, 22, 31, ou si elle possède un chemin de vie 4).

La vie sentimentale n'est pas facile car elle est méfiante, prudente et tend au refoulement affectif. Elle n'a aucune confiance en son charme et n'use pas des artifices féminins habituels, comme la coquetterie. En contrepartie, elle est fidèle et stable et se montre une bonne maîtresse de maison, économe, peu fantaisiste. Mais attention à sa jalousie et à sa possessivité ! Lorsqu'elle est déçue par la vie, elle peut s'échapper d'une manière ou d'une autre, et une fuite dans les paradis artificiels n'est pas à exclure.

QUE FAIT-ELLE ?

Louise ne fait pas toujours ce qu'elle aurait désiré : son environnement intervient souvent dans son choix et elle ne s'oppose pas toujours assez aux vœux de ses parents. Elle prônera le devoir avant tout. Elle peut être attirée par des professions à caractère social ou humanitaire, à caractère administratif, en rapport avec la religion, en rapport avec la gestion, l'économie, le droit, les sciences exactes.

LUC 6

ALPHONSE, ANGELO, BUTCH, CHARLES-ANDRÉ, CHARLES-VICTOR, CYPRIEN, DÉMOSTHÈNE, MICHEL-GEORGES, PIERRE-ALAIN, SOCRATE, TOIVO

QUI EST-IL ?

Luc possède un prénom de trois lettres, chacune de valeur 3, c'est dire qu'il est particulièrement sociable, enthousiaste, extraverti et grand consommateur de communication. Luc sait se rendre sympathique, tant par son caractère, doux et pacifique, que par sa sensibilité et son sens humanitaire. Courageux et déterminé, s'il est motivé, il est capable de fournir de gros efforts. Son hypersensibilité et sa perméabilité à l'ambiance peuvent lui jouer des tours. Lorsqu'il est ébranlé émotionnellement, il est vite désarmé et capable de se réfugier vers des paradis artificiels ou la recherche de la facilité. Heureusement, il est chanceux et son humeur, bien que souvent sujette aux extrêmes, est en général enjouée. Créatif et inspiré, il est très nerveux et cela peut se traduire par une mobilité excessive, de la dispersion. Dans sa profession, il se montre perfectionniste. Sa tenue vestimentaire est toujours très soignée, ordre et propreté sont ses mots favoris.

Enfant, c'est un être charmant, gourmand, attachant qui tend au bavardage et à l'instabilité. À vous, parents, de lui imposer des limites et de veiller à ce que sa tendance à tout exagérer et à se vanter ne devienne pas trop envahissante. Ce désir d'enjoliver la réalité trouverait une expression positive dans la pratique d'une activité artistique.

QU'AIME-T-IL ?

Plaire, séduire, échanger et s'amuser sont une priorité pour cet être beaucoup plus fait pour la facilité et le bonheur, que pour la lutte et l'effort. Tout, chez lui, va dans le sens de la communication et des échanges, que ce soit avec son environnement immédiat ou avec celui, plus large, du public (il sait bien s'exprimer et a l'art de convaincre). Il a par ailleurs des aspirations humanitaires et déteste la routine.

Côté cœur, c'est un séducteur, charmant compagnon, sensuel, et fort souvent faible face aux sollicitations de la chair. Sa fidélité sera des plus relatives... mais quel charme !

QUE FAIT-IL ?

Curieux et mobile, Luc sera attiré par les orientations suivantes : professions artistiques, créatives où l'expression (orale ou écrite) est importante, professions médicales ou paramédicales, professions commerciales ou en rapport avec les voyages et l'étranger, la mer, l'enseignement, la justice, la gastronomie...

LUCE et **LUCIE** △5 ☐6

AGOSTINA, ANDRÉE-CLAIRE, CLÉOPÂTRE, GLADYS, ISEULT, JANY, JEANNE-MARIE, JULIET, LUCINDE, MARIE-JEANNE, MARIE-JOSÉ

QUI SONT-ELLES ?

Ce sont des femmes infiniment sociables qui évoluent dans le monde avec aisance. Désireuses de plaire, elles possèdent charme, spontanéité, raffinement et esprit de conciliation. Néanmoins, souvent femme varie, et si ces charmantes personnes sont capables du meilleur (gentillesse, serviabilité, enthousiasme, tact...), elles sont également capables du pire (impulsivité, emportement, excès, rudesse...). Certes, cela dépend souvent de leur humeur du moment, de leur motivation, mais aussi de leur intérêt. En effet, lorsqu'elles désirent vraiment quelque chose, elles font en sorte de l'obtenir, que ce soit par leur obstination ou par leur séduction. Luce et Lucie sont des femmes indépendantes qui n'apprécient guère les contraintes. Elles aiment les plaisirs, les aventures et les découvertes. Elles ont besoin de se passionner et, quand elles sont enthousiastes, elles se montrent survoltées et hyperactives... Mais quand elles sont démotivées, elles peuvent tout aussi bien se révéler désenchantées, indolentes, voire paresseuses... De même, leur comportement alterne entre un certain pointillisme dans un domaine précis et un laxisme total dans un autre. Ainsi passeront-elles des heures dans leur salle de bains à se maquiller, alors qu'elles négligeront le ménage et les contraintes matérielles.

Enfants, elles sont vivantes, démonstratives, affectueuses et fortement attachées à leur famille. Aussi, parents, sachez que vous avez une forte influence sur la personnalité de ces fillettes qui peuvent tout aussi bien se montrer responsables, autonomes, entreprenantes lorsqu'elles se sentent en harmonie, ou s'opposer et se rebeller lorsqu'elles se sentent mal aimées.

QU'AIMENT-ELLES ?
Elles aiment diriger, commander et, matérialistes, sont attachées aux signes extérieurs de richesse. L'argent est indispensable à leur bien-être, et elles ont d'ailleurs le sens des affaires.

En amour, elles rechercheront la perfection et seront souvent insatisfaites : l'homme de leur vie sera riche, viril, intelligent... mais son apparence physique ne leur plaira pas. Ou bien, il sera beau, tendre, cultivé, mais ne sera pas assez riche à leur gré ! Elles auront de nombreuses tentations... Ce sont des femmes sensuelles qui ont besoin de liberté, mais ne se priveront pas d'être elles-mêmes possessives et jalouses !

QUE FONT-ELLES ?
Leur recherche professionnelle sera en étroite corrélation avec la réussite financière. Elles optent en effet souvent pour une profession lucrative. Ainsi seront-elles attirées par une profession liée à la banque, à la gestion, à l'économie, à la finance..., par tout ce qui touche à la vente, à la représentation, aux déplacements ou aux voyages, à la communication..., par ce qui se rapporte à l'esthétique.

LUCETTE △5 ◯4 ☐1

CHRYSALDE, DOLLY, GIULIA, JOY, MURIELLE, PALOMBELA, PRUDENCE, QUITERIE, ROSY, RYOTH

QUI EST-ELLE ?

Vive, curieuse, adaptable et mobile, elle a besoin de se dépenser physiquement, sinon sa nervosité devient vite envahissante. Impatiente, prompte et rapide, elle aime que les choses aillent vite, sans quoi elle devient irritable et emportée. C'est une grande indépendante pour qui la liberté est sacrée, aussi est-elle plutôt allergique aux contraintes. Distinguée, sensible à l'effet qu'elle produit, elle se pose en exemple et est soucieuse de l'opinion d'autrui. Son apparente facilité de contact, ses capacités d'expression peuvent déconcerter son entourage. Avec les trois lettres de valeur 3 qui commencent son prénom (L, U, C), elle est souvent très bavarde. On pourrait la croire superficielle : il n'en est rien ! Sous des dehors rieurs ou badins se cache une femme sérieuse, profonde et pudique. Elle préfère garder ses soucis pour elle. Autoritaire, volontaire, bien qu'inquiète, elle sait prendre des responsabilités. D'un tempérament nerveux, elle ne connaît pas l'inactivité et est toujours occupée. Attirée par l'aventure, il est bien rare qu'elle ne soit pas tentée par les voyages et l'ailleurs.

Enfant, elle est inquiète et a besoin d'être rassurée et valorisée, car elle doute d'elle-même. Par ailleurs elle peut être aussi bien instable, indisciplinée, que rangée et sage. Tout dépend du moment et de l'éducation qu'elle recevra. Il faudra lui inculquer la notion de limites tout en respectant toutefois son indépendance. Alors la confiance s'établira et Lucette s'épanouira. Attention également à ne pas adopter des attitudes rigides ou rigoristes qui pourraient bloquer sa vie émotionnelle.

QU'AIME-T-ELLE ?

Elle aime l'ordre, la propreté, la stabilité, la sécurité, et est très attachée aux valeurs sociales et aux traditions. Élitiste, elle est exigeante dans son choix amoureux, mais quand elle est engagée c'est pour la vie. Elle se révélera une femme séductrice, une hôtesse remarquable et elle ne manquera pas à ses devoirs...

QUE FAIT-ELLE ?

Ayant besoin avant tout de sécurité, elle aimera avoir un emploi dans l'Administration. Sinon, elle peut être attirée par des professions libérales (surtout si elle a un chemin de vie 1 ou est née un 1, 10, 19, 28), ou en rapport avec les beaux objets (bijoux, fourrures...), ou en rapport avec la mode, des activités en rapport avec la nature, la terre, et parfois les sciences exactes (chimie, mathématiques, diététique...).

LUCIEN 1 8 11/2

ABSALON, BALDASSARE, BARRY, DENIS-AUGUSTE, ELMUTT, GRAZIANO, JEAN-STÉPHANE, JUNIEN, NIKOLAAS, QUENTIN, SYLVESTER, SYLVESTRE, WALLY

QUI EST-IL ?

Lucien est un être attachant par sa très grande sensibilité, sa timidité, sa douceur et son émotivité. Il est pourtant difficile à comprendre en raison du 1 karmique et du 11/2 karmique. Ces deux tendances en effet s'opposent. L'une le porte à s'affirmer, à rayonner et vise l'autonomie ; l'autre à dépendre d'autrui, à se soumettre, à coopérer... Il aura donc des difficultés à harmoniser ces deux tendances et à affirmer sa personnalité. Alors qu'il est habituellement timide, il est capable de passer par des phases de colère ou d'agressivité, sous le coup d'une forte émotion ou de sa susceptibilité exacerbée. En fait, il a besoin de rayonner, de diriger, d'être admiré et serait même parfois quelque peu vaniteux, mais il n'y parvient pas toujours, sinon maladroitement, avec trop d'ostentation. Il est vrai, cependant, que s'il arrive à vivre à la hauteur des vibrations de son maître nombre 11, il verra grand et sera empli de projets plus ou moins difficiles à réaliser, et cela lui conférera un grand ascendant sur les autres. Mais si la vie ne le favorise pas, il recherchera plutôt une certaine sécurité, tant affective que financière, plus dépendant affectivement de son environnement qu'il ne le voudrait. Trois lettres de valeur 3 dans un prénom de six lettres lui confèrent un esprit vif, intelligent, curieux, raisonneur, analytique, au point d'être parfois critique et plein d'humour. De plus, c'est un hypernerveux, impatient, hyperémotif et cyclothymique... Volontaire, il poursuit ses objectifs avec courage, ténacité et obstination. Sa susceptibilité et son amour-propre sont développés et le « paraître » a une place importante dans sa vie, ce qui le force souvent à agir dans un seul sens. Son enfance n'est pas toujours facile. Des problèmes avec l'un des parents sont possibles (1 karmique et 2 karmique) et peuvent entraîner des troubles chez cet être sensible. Son don pour les langues sera à cultiver. Comme il a tendance à être paresseux, pensez à favoriser son autonomie et son activité qui peuvent laisser à désirer. Enfin, craintif et impressionnable, son imagination lui joue facilement des tours, aussi est-il sujet aux cauchemars, à la peur du noir… et demande fréquemment à être rassuré.

QU'AIME-T-IL ?

Il a besoin d'être sécurisé financièrement, aussi est-il attiré par l'argent, par le pouvoir qu'il confère et qui contribue à ses yeux à sa virilité. Aussi ne reste-t-il pas insensible aux signes extérieurs de richesse.

En amour, il est ambivalent, souvent très dépendant de sa compagne à qui il demande soutien et affection, et en même temps, il est très attaché à ses prérogatives de « maître incontesté ». Il a quelques difficultés à manifester ses sentiments, au point d'apparaître parfois un peu froid. En fait, c'est un tendre et un hypersensible, facilement ébranlé par un échec sentimental.

QUE FAIT-IL ?

Ambitieux, Lucien voudra parvenir à une situation essentiellement lucrative. Il sera tenté par les professions en rapport avec l'argent (gestion, comptabilité, finance, affaires, banque…), les professions libérales, celles en rapport avec le conseil, le contact avec les autres, le commerce, et celles qui sont en rapport avec la créativité.

LUCIENNE

△11/2   ☐ 7

ÉLYETTE, SUSAN

QUI EST-ELLE ?

Introvertie, secrète et réservée, Lucienne tend à se préserver du monde qu'elle redoute quelque peu. Elle est timide et élitiste dans le choix de ses relations. Lucienne préfère être seule que mal accompagnée. Cérébrale, encline aux spéculations de l'esprit, facilement inquiète et tourmentée, elle est pessimiste devant la vie qu'elle juge inquiétante. Pragmatique et rationnelle, elle a besoin de se rassurer car elle est animée d'une méfiance instinctive. Cependant, on peut compter sur son sérieux. Elle possède de solides valeurs morales et est à l'écoute des autres. Si elle vit son nombre actif en 2, elle se montrera sensible, impressionnable, et recherchera surtout la sécurité. Affective, tendre, réceptive aux autres, elle éprouvera le besoin de se protéger, de se préserver des problèmes ou des difficultés qu'elle redoute. Ainsi préférera-t-elle une vie monotone, mais stable et bien organisée. Si elle vit ce même nombre actif sous les vibrations du maître nombre 11, elle se métamorphosera et développera une grande force intérieure ainsi qu'un ascendant sur les autres. À l'aide de son intuition, de son sens de la psychologie et de son inspiration, elle concrétisera alors ses aspirations, humanitaires ou sociales. Si elle se montre tenace et persévérante, elle récoltera le fruit de ses efforts. Le revers de la médaille sera sans doute un climat de grande tension nerveuse.

Enfant, elle a besoin de tendresse et d'affection, même si, pudique, elle n'en accepte pas toujours les manifestations extérieures. Plus elle se sentira stimulée, aimée et encouragée, mieux elle s'épanouira. À l'école, elle obtiendra les meilleures notes avec les professeurs qui lui témoigneront de l'intérêt. Elle est sage et sérieuse, trop parfois, et ne craint pas la solitude dans laquelle elle se réfugie. Elle préfère les activités individuelles aux jeux collectifs.

QU'AIME-T-ELLE ?
Elle aime la tranquillité, la simplicité et le naturel. Elle déteste la sophistication et les mondanités. Elle recherche avant tout la sécurité et la stabilité. D'esprit pratique et rationnel, intéressée souvent par les dernières techniques nouvelles, elle aime planifier et organiser, probablement parce qu'elle craint l'imprévu. Le maître nombre 22 la porte aux réalisations d'envergure. Elle est aidée en cela par une capacité de travail importante.

Côté cœur, elle se montre fidèle, affectueuse, mais peu démonstrative. Elle a parfois quelques difficultés à exprimer ses sentiments et ses émotions. Mais sachez que si elle vous aime, c'est pour la vie !

QUE FAIT-ELLE ?
Lucienne sera tentée par les professions scientifiques ou techniques, ou en liaison avec le modernisme et l'avant-garde, celles en rapport avec la terre, la nature, les sciences, les animaux, celles en rapport avec les sciences humaines (psychologie, parapsychologie), elle peut aussi exceller dans des activités de précision ou minutieuses, comme la couture.

LUDIVINE 7

ANTOINETTE, BRUNE, CONCEPTION, DAILY, FANNY, LYDIA, MARIE-CHANTAL, MURIEL, ROSSANA, SALLY

QUI EST-ELLE ?

Ludivine est une femme sensible qui possède une grâce naturelle et donne une impression d'équilibre et d'harmonie. D'un abord distant, réservée et secrète par timidité, elle est néanmoins très soucieuse de plaire. Très attachée aux valeurs familiales, sociales et affectives, c'est une femme généreuse qui aime faire plaisir et a horreur de la violence et de l'agressivité. Elle est particulièrement sensible et craint d'être incomprise. Elle possède en outre le sens de la conciliation. C'est une femme raffinée, sensible aux belles choses et à la richesse. Sa volonté est forte, mais quelquefois entamée par des hésitations et des doutes. Son caractère est parfois partagé entre deux tendances opposées, lesquelles seront plus ou moins accentuées par son milieu parental, ou par les vibrations de son jour, mois de naissance ou chemin de vie. Ainsi, elle peut incliner vers la recherche intérieure, la réflexion, voire l'intellectualité ou la spiritualité, et elle sera éprise de lectures et de connaissances. Ou bien, elle se montre plus prosaïque, concrète, et préfère l'action... les deux attitudes ne sont pas incompatibles et peuvent coexister à des époques différentes (notamment si elle est née un 7 août ou un 8 juillet).

Si elle est née en juillet, c'est certainement la tendance plus réfléchie et intériorisée qui l'emportera dans l'enfance. Et si elle est née en août, la tendance emportée, colérique, possessive et active primera. Quoi qu'il en soit, c'est une enfant très sensible. Il faudra lui donner des responsabilités – qu'elle saura parfaitement assumer – tout en lui démontrant beaucoup d'affection. Sans quoi, elle pourrait montrer de l'indolence, du laisser-aller et chercherait à s'isoler... Par ailleurs, elle ne tolère pas l'injustice. Avec la susceptibilité qui la caractérise, ce sera une source de colère.

QU'AIME-T-ELLE ?

Elle apprécie la loyauté, la grandeur, la beauté, et fera en sorte de réaliser ses rêves. Le courage ne lui fait pas défaut quand elle est motivée. Elle aime diriger, tant dans la vie professionnelle que sentimentale. Perfectionniste, parfois même maniaque, elle recherche la perle rare. Ainsi l'homme de sa vie devra être beau, raffiné, spirituel, intelligent, riche de surcroît, et bien entendu avoir une bonne moralité... Hésitante dans ses choix, avec un nombre actif 42, elle sera cependant capable de se dévouer pour les siens.

QUE FAIT-ELLE ?

Elle peut emprunter la route professionnelle de l'un ou l'autre de ses parents, mais si ce n'est pas le cas, elle sera tentée par une profession en rapport avec la finance ou les affaires, une profession commerciale une profession qui exige de la précision, une profession en liaison avec l'esthétique..., une spécialité (médicale ou paramédicale en particulier).

LUDOVIC △5 ⓘ9 □5

BING, FEARGUS, FRANÇOIS-JOSEPH, GEORGES-ALAIN, GRÉGORY, GUSTAVE, HUGOLIN, JIM, MARCELLUS, MATHIEU, PAUL-HENRI, PHILIPP, VIRGIL

QUI EST-IL ?

Ludovic est un homme indépendant pour qui le mot liberté est sacré. C'est un séducteur, amoureux de la vie et de ses plaisirs. Il ne tient pas en place et, si la vie le lui permet, il se trouve souvent entre deux trains ou entre deux avions. Son besoin d'aventure est grand, aidé en cela par sa promptitude d'action, sa grande adaptabilité et sa curiosité. Ses atouts sont pour l'essentiel : le dynamisme, le sens de l'initiative, la sociabilité, l'aisance, l'habileté, la sympathie qu'il inspire et son enthousiasme (il s'agit, à l'évidence, d'un caractère passionné). Ses handicaps seraient : l'instabilité, la versatilité, la légèreté, la gourmandise, l'insouciance, voire une certaine tendance au libertinage, le tout sur un fond quelque peu superficiel et risque-tout. Son intuition est développée ainsi que sa sensibilité. Tout cela ajouté à ses qualités fait qu'il est généralement perçu comme plaisant par son entourage. Il n'est pas fait pour vivre seul et ne supporte guère la solitude, préférant même être mal accompagné que solitaire. Il est d'ailleurs particulièrement doué pour les contacts et les négociations.

Enfant, c'est un réel « petit diable », plutôt instable et agité, se montrant en outre souvent désobéissant et désordonné... De quoi faire largement enrager ses parents pendant quelques années. En conséquence, une éducation stricte est souhaitable, mais en lui sauvegardant néanmoins une certaine indépendance ainsi que des plages horaires quotidiennes où il puisse se dépenser physiquement (sports conseillés).

QU'AIME-T-IL ?

Humaniste, il aime se rendre utile, voire même se dévouer pour les autres, aussi apprécie-t-il de participer aux activités de groupes ou de collectivités qui partagent cette même préoccupation ou idéologie.

La vie amoureuse est capitale pour lui et il se montre très ardent, sensuel et enclin aux coups de foudre. C'est un conquérant, qui se lasse très vite de ses conquêtes. Il peut aussi avoir le goût de l'étranger ou de l'étrange, et n'est pas insensible aux rapports amoureux avec des partenaires exotiques. Pour lui, toutes les expériences sont intéressantes à vivre, quels que soient les êtres, les lieux ou les circonstances... avec les risques qui y sont liés !

QUE FAIT-IL ?

Comme il est impatient, il sera tenté de ne pas poursuivre d'études longues (sauf s'il a une motivation profonde), pour se précipiter vite dans l'action, quitte à changer rapidement de profession par la suite. Les métiers qu'il sera susceptible de choisir sont liés aux voyages, à l'étranger (import-export, transports, tourisme), à la vente, à la publicité, à la représentation, à la presse, ou en rapport avec la cuisine, la gastronomie, la restauration, l'hôtellerie..., il pourra aussi s'orienter vers les domaines médical, paramédical, judiciaire ou social.

LYDIE   △1   ◯3   □7

ÉMILY, LESLIY, LESLY, NATASHA, PERRY

QUI EST-ELLE ?

D'apparence secrète et réservée, Lydie est sociable et communicative. C'est ainsi que, prudente, discrète et sélective, elle ne s'engage jamais à la légère et, dans un premier temps, demeure sur la défensive. Assez distante, elle possède néanmoins une distinction certaine. Active, entreprenante, elle ressent le besoin de s'affirmer, ce qui ne se fait pas toujours facilement, cela en fonction de son 1 karmique. Son rythme d'activité n'est pas toujours égal car elle connaît quelques freins dus à des doutes, des incertitudes, des inquiétudes. Pourtant, dans la vie, elle sait assumer ses responsabilités et faire preuve de courage s'il le faut. C'est bien face aux réelles difficultés qu'elle sera efficace, qu'elle prendra les événements en main. Elle montrera alors une autorité insoupçonnée de tous. Soucieuse de son image de marque, elle veut donner l'exemple. Sa sensibilité est forte bien que le plus souvent indisciplinée, et son humeur est quelque peu fluctuante. Ainsi connaît-elle des phases d'extraversion où, enthousiaste et communicative, elle recherche le contact (cela surtout si elle est née un 3, 12, 21, 30, ou si elle possède un chemin de vie 3). Suivies de phases d'introversion où, plus sombre, intériorisée et inquiète, elle se replie sur elle-même et recherche une certaine solitude (surtout si elle est née un 2, 7, 11, 16, 20, 25, 29, ou possède un chemin de vie 2, 7 ou 11). Animée par une grande curiosité, elle a de multiples intérêts, notamment pour tout ce qui sort de l'ordinaire.

Enfant, Lydie peut avoir quelques difficultés d'affirmation, aussi serait-il judicieux d'encourager son autonomie ainsi que son individualité et lui donner de bonne heure des responsabilités. Elle peut passer sans transition d'une certaine réserve proche du mutisme à un bavardage incessant lorsqu'elle se sent en confiance. Ses goûts créatifs et artistiques sont à encourager ainsi que l'apprentissage des langues étrangères, de la musique ou du chant...

QU'AIME-T-ELLE ?
Souvent jeune de caractère, vive, enjouée, espiègle, et spontanée, elle aime discuter à bâtons rompus entre amis, avec qui elle aime rire et s'amuser, à la recherche parfois de la facilité. Elle a souvent le sens de l'humour et apprécie de faire des bons mots. S'exprimer, communiquer, échanger, créer la passionnent et régissent le plus souvent ses actes. Tout l'intéresse, ce qui peut la conduire à s'éparpiller ou l'empêcher d'approfondir pleinement un sujet.

Sentimentalement, elle n'est pas aussi simple qu'elle en donne l'illusion. Son côté souple et ouvert est engageant et peut donner une impression de légèreté, mais il n'en est rien. Elle est très tolérante, mais, sans crier gare, brusquement, elle vous fera comprendre que vous êtes allé trop loin. Elle est parfois très autoritaire et directive. Le dicton : « Qui m'aime me suive » pourrait être sa devise...

QUE FAIT-ELLE ?
Plusieurs éventualités sont possibles : elle peut s'orienter vers des professions commerciales, qui exigent du dynamisme et de la mobilité, elle peut privilégier des activités en rapport avec l'expression orale ou écrite, l'enseignement, les langues..., elle peut choisir aussi une carrière indépendante, une profession libérale, en rapport avec la créativité, les relations publiques, les multiples domaines de la communication ou de l'expression artistique, l'audiovisuel ou les médias, la mode...

MANON, MARIJO, MARIANNE et MAGALIE

△3

ARIANE, BÉRANGÈRE, CASSANDRE, COLLEEN, DONNA, ÉVONNE, GWENAËLLE, ISADOR, JAVIERA, NORA, OMBÉLINE, PAMÉLA, PASCALE, ROSETTE, SHARON, SOLENNE, STÉFANIA, VICTORINA

QUI SONT-ELLES ?

Vives, communicatives et adaptables, elles sont sympathiques et charmantes. Tout en demeurant réservées, elles se montrent sociables. Elles ne sont ni trop introverties, ni trop extraverties : elles ont des facilités d'expression, aiment échanger et discuter, mais elles sauvegardent leur intimité. Un peu méfiantes, elles n'en sont pas moins franches et directes. Elles ont besoin d'être sécurisées et rassurées pour aller plus avant dans leurs relations. Une fois conquises, elles se révèlent délicieuses, pleines d'entrain et bavardes. L'indépendance est très chère à leurs yeux et elles ne sont pas dépourvues d'une certaine fantaisie. Gaies et optimistes, elles possèdent le sens de l'humour et aiment les jeux, les amusements et les plaisirs et savent convaincre ou distraire leur entourage. Curieuses, elles sont friandes de connaissances mais peuvent se disperser. Ainsi les verra-t-on passer très rapidement d'une activité à l'autre, d'un appartement à un autre, avec une déconcertante facilité. Une fois dépassé le premier antagonisme existant entre leurs nombres fondamentaux (le 3 et le 5 qui poussent à l'extraversion et à l'instabilité, le 7 et le M allant au contraire dans le sens de l'intériorisation et de la structuration), elles sauront composer une personnalité complète, faite d'opposition, de contradictions et de nuances, soit un tout extrêmement riche.

Enfants, il faut surveiller leur tendance instable et superficielle. Les activités créatives ou théâtrales sont conseillées ainsi que l'apprentissage des langues.

QU'AIMENT-ELLES ?

Souvent intellectuelles, ces femmes ont un esprit qui les porte à l'analyse, à l'introspection et à la recherche. Elles aiment ce qui n'est pas ordinaire ou ce qui est d'avant-garde.

Sentimentalement, elles sont insaisissables : elles apparaissent secrètes et mystérieuses, puis emportées, passionnées, capables d'avancer vers les autres, puis de reculer aussitôt... Auraient-elles peur de souffrir, d'aimer ou de trop s'impliquer ?

QUE FONT-ELLES ?

La communication semble être leur voie de prédilection. Ainsi pourra-t-on les voir s'intéresser à l'enseignement, au secteur commercial, aux langues, à la chanson, à la comédie, au théâtre, à l'écriture, au journalisme..., à des professions spécialisées (informatique) ou techniques, à des professions en liaison avec les voyages, la publicité, aux activités où tout change et évolue vite, et si elles aiment vraiment ne pas s'impliquer longtemps dans une quelconque profession, elles opteront pour des activités intérimaires...

MARC et **MARCEAU** △8   ☐7

JEAN-PAUL, MATS, MAURICIO, RICHARDS, TCHANG, THÈCLE

QUI SONT-ILS ?

Intériorisés, plutôt introvertis, Marc et Marceau sont réservés et secrets. Ainsi passent-ils aisément pour des êtres flegmatiques et parfois mystérieux. En fait, ils sont méfiants, timides, inquiets, prudents et ne s'engagent pas aisément. Enclins à l'introspection, ils pèsent, ils mesurent, ils jaugent, mais une fois décidés, rien ne les arrête plus... S'ils sont nerveux et concentrés, ils sont également combatifs et actifs. Courageux et déterminés, avec un magnétisme certain, ils ressentent le besoin de se dépenser physiquement. La sphère financière et le monde des affaires ne les laissent pas indifférents. Ils sont droits, loyaux, énergiques et honnêtes et auraient même une vision un peu trop manichéenne de la vie. Ni souples ni véritablement adaptables, ils sont peu tolérants. Stricts, autoritaires, ils détestent les flatteries. Leur sensibilité est plutôt refoulée et ils s'abritent derrière une façade critique ou ironique.

Enfants, ils sont calmes, mais méfiez-vous de l'eau qui dort : ils peuvent passer par des accès de colère ou d'agressivité lorsqu'ils se sentent vexés ou humiliés. Leur orgueil est très aiguisé, ainsi que leur susceptibilité. On pourra les voir tour à tour travailler sur leur ordinateur, bricoler, jardiner ou se passionner pour un match de rugby : ce mélange d'action et de concentration les caractérise bien !

QU'AIMENT-ILS ?

Ils rêvent de commander, de diriger, d'avoir la première place. Pour cela ils mobilisent leur énergie et leur volonté qui sont au-dessus de la moyenne, ainsi d'ailleurs que leur capacité de travail. Assez personnels toutefois, voire égocentriques, ils recherchent l'autonomie et l'indépendance.

En matière de cœur, ils manquent de spontanéité et sont peu démonstratifs. Ils ont quelques problèmes de communication et sont d'une grande pudeur. Peu diplomates, ils sont imperméables à la psychologie féminine. Possessifs, ils se montrent parfois jaloux et pardonnent difficilement les fautes ou les erreurs. Seraient-ils rancuniers ? Néanmoins, Marc et Marceau sont des hommes sur lesquels on peut s'appuyer...

QUE FONT-ILS ?

Ce sont des hommes travailleurs qui possèdent une grande conscience professionnelle. Allergiques à la hiérarchie, ils rechercheront de préférence, si la vie le leur permet, des professions indépendantes. Leurs goûts les porteront vers des professions libérales, ou en rapport avec les affaires (gestion, finance, banque, comptabilité...), vers l'industrie, la mécanique, ou vers des situations en rapport avec le pouvoir (police, politique), les dernières techniques nouvelles (informatique), et parfois en rapport avec le mysticisme.

MARCEL, MANFRED et **VALENTIN**

△7 ☐1

BARTHOULOUMÉ, BASTIEN, BERNHARD, GEOFFROY, GERHARD, HANNES, HEMANT, KASPER, LOUIS-FERDINAND, MARC-AURÈLE, MATHEW, MIKLOS, MINOS, THO, TODD

QUI SONT-ILS ?

Ce sont de curieux personnages, qui présentent une association des signes de feu et d'eau, de Lion et de Cancer : ils sont à part, souvent originaux. Des vibrations inhibitrices les portent à l'introversion (7 et 4) et d'autres les poussent à l'extraversion (6 et 1). D'où la coexistence en eux de deux personnalités. C'est ainsi qu'un jour nous les verrons impatients, impulsifs, irritables, colériques et, le lendemain, calmes, diplomates. Leurs attitudes varient de la même façon vis-à-vis de leur entourage. Selon les périodes, ils seront extrêmement attentifs, dévoués, affectifs et s'investiront beaucoup pour apporter équilibre et harmonie à leurs proches, au point parfois d'en faire trop. À d'autres moments, ils se réfugieront dans une indifférence totale, dans le mutisme, faisant comprendre par leur attitude glaciale qu'il n'est pas question qu'on les dérange... Soucieux de l'opinion d'autrui, d'une présentation souvent irréprochable, ils veulent avoir le beau rôle, apparaître forts et virils, et aiment impressionner leur entourage. Leur sensibilité et leur susceptibilité les rendent impulsifs, alors qu'ils sont par ailleurs conciliants, ouverts, affectueux et gentils. Même si leur trop grande sensibilité leur joue des tours, elle leur confère aussi une finesse extrême, de l'intuition et un sens psychologique certain.

Enfants, ils aiment leur famille et sont fortement déterminés par elle. Ils sont sages et raisonnables. Il faut leur prouver qu'on les aime, les rassurer et les encourager car, au moindre choc affectif, ils se réfugient sous leur carapace.

QU'AIMENT-ILS ?

Particulièrement sociables et communicatifs, ils aiment aussi l'intimité. Ils aiment plaire et être aimés. Ils désirent s'enrichir intellectuellement et peuvent être des érudits, même s'ils sont autodidactes. Fortement attachés à leur famille, au point de se focaliser sur elle, ils apprécient l'harmonie, la paix, la sérénité et la tranquillité, le confort douillet et l'esthétique.

En amour, la tendresse est nécessaire à leur bien-être, mais ils sont surtout sensuels. Cependant, leur sexualité est parfois complexe (surtout s'ils sont nés en juillet, ou un 7, 16 ou 25, ou s'ils possèdent un chemin de vie 7).

QUE FONT-ILS ?

Ils auront tendance à s'orienter vers des professions d'avant-garde et originales. La sphère créative et artistique ou les activités pour lesquelles de bonnes facultés d'expression sont nécessaires peuvent constituer des domaines où ils seront susceptibles de s'épanouir. Les métiers liés aux sciences humaines (médecine, psychologie, sociologie…) sont aussi possibles pour eux.

MARIE, MANDIE et MATILDE

△ 1　　4

FLAVIE, TATE, TESSA, VÉRA, VIVIANE

QUI SONT-ELLES ?

Réservées et secrètes, elles possèdent néanmoins une personnalité affirmée et décidée. Elles sont nobles et séduisantes tout en restant simples... Toutefois, elles maîtrisent parfaitement leurs émotions et cela peut intimider. Elles ont horreur de la légèreté, de la médiocrité et de la superficialité. Éprises de naturel, de pureté, elles sont élitistes et sélectives. Perfectionnistes, elles sont idéalistes et cherchent à progresser et à s'élever sans cesse. Elles sont ambitieuses et travailleuses. Le temps est leur allié. Toutefois, si elles sont capables d'une grande patience dans les moments importants de l'existence, elles peuvent devenir brusques et manquer de modération pour les faits mineurs de la vie.

Disciplinées et volontaristes, elles tendent même à un certain autoritarisme. Opiniâtres et entêtées, elles n'abandonnent pas facilement leurs entreprises ou leurs idées. Conservatrices, Marie et Mandie ont les pieds sur terre et sont capables d'assumer des responsabilités avec sang-froid et efficacité. Possessives, elles n'en demeurent pas moins généreuses.

Enfants, elles sont agréables et gratifiantes et grandissent sans poser de réels problèmes. Ce sont des aînées protectrices et responsables avec leurs cadets, disciplinées et travailleuses en classe.

QU'AIMENT-ELLES ?

Elles rêvent d'harmonie et d'amour et sont en quête de perfection. Elles recherchent la paix et se montrent conciliantes et de bonne volonté pour maintenir des rapports agréables avec leurs proches, même si elles ne sont pas toujours très tolérantes...

À l'heure de l'engagement amoureux, elles seront particulièrement exigeantes, car elles ont besoin d'admirer et de respecter l'élu de leur cœur auquel elles ne permettront aucune faille. Le choix est d'ailleurs souvent épineux pour elles. Ce sont des femmes d'intérieur remarquables, des hôtesses accueillantes et des mères de famille exemplaires : elles sont presque parfaites !...

QUE FONT-ELLES ?

La vie familiale et sentimentale est importante pour elles, et elles peuvent, dans un premier temps, se consacrer à leur foyer, lequel est primordial à leur équilibre. Néanmoins, ce sont des femmes actives, dynamiques, originales et qui ne se contentent pas longtemps d'être reléguées au second plan. Aussi s'engageront-elles vers les domaines suivants : le domaine médico-social, celui de la justice, et tous autres domaines où elles se sentiront directement utiles aux autres, les activités en liaison avec l'esthétique, l'art, la création, la décoration, la couture, les fleurs, la nature..., des professions indépendantes, ou des postes d'encadrement où il faut assumer des responsabilités.

MARIE-CLAIRE et **MALLORIE**

△ 4   ◯ 3

ANTIGONE, CATARINA, CONSTANCE, FLORIANNE, FRANCONIE, GEORGINA, JOHANNE, JORDANE, ORIANNE

QUI SONT-ELLES ?

Marie-Claire et Mallorie sont des femmes décidées, énergiques et volontaires. Leur vision de la vie et des gens est des plus manichéennes. D'un côté, il y a ceux qui leur plaisent, avec lesquels elles sont charmantes, sympathiques, enjouées... D'un autre, il y a ceux qui leur déplaisent et qu'elles ignorent. Elles sont strictes, mais leur comportement peut parfois déconcerter. Ainsi, lorsque, en société, on les voit ouvertes, sociables, chaleureuses, plaisantant sur un ton badin, on pourrait aisément les croire quelque peu légères ou superficielles. Or il n'en est rien ! Ce sont des femmes à principes, directes et franches, qui, curieuses de tout, n'en demeurent pas moins méfiantes, prudentes, solides dans leurs sentiments et stables dans leurs goûts. Elles possèdent le sens des responsabilités et du devoir, sont persévérantes et obstinées, et ont une grande résistance morale. De plus, même si un fonds d'inquiétude les perturbe de temps à autre, elles sont positives et saines, et ne se laissent pas envahir par des pensées néfastes... Leur nombre actif, le 58 pour Marie-Claire, et le 40 (plus restrictif) pour Mallorie, leur confère une grande capacité de travail, et leur donne une puissance d'action et une opiniâtreté très importantes. Elles se révèlent ainsi actives, entreprenantes, dynamiques, mais parfois aussi autoritaires et rigides.

Enfants, elles sont disciplinées et souvent concernées par leur travail scolaire. Orgueilleuses, elles veulent obtenir les premières places. D'esprit logique, elles sont quelquefois pointilleuses mais ne remettent pas au lendemain ce qu'elles peuvent faire le jour même...

QU'AIMENT-ELLES ?

Elles aiment l'ordre, les traditions, l'honnêteté, et recherchent la stabilité. Mais elles aiment également s'exprimer, séduire, communiquer et se détendre entre amis. Elles apprécient la nature, les animaux et sont sensibles à la beauté. Elles peuvent aimer accumuler ou collectionner...

En amour, ce sont des femmes fidèles, bonnes maîtresses de maison. Elles ont le sens du devoir, mais, lorsqu'elles sont déçues, leur rancune est tenace et leur pardon difficile.

QUE FONT-ELLES ?

Elles seront tentées par des professions d'expression ou de communication (enseignement, écriture, commerce...), des professions en rapport avec la terre, les animaux..., ou exigeant de la précision ou de l'habileté manuelle (couture...), des professions indépendantes, des activités liées à la comptabilité, à la gestion, des postes dans l'Administration.

MARIE-DOMINIQUE, MALVINA et VALÉRIE

9 7

ADÈLE, ALBERTE, ALETTE, ALIDA, ANISSA, ANITA, ARLETTE, BLANCHETTE, DOMITILLE, ÉTIENNETTE, HÉLÉNA, KARÈNE, KARINA, LOUISE-BLANCHE, NADÈGE, RENATE, TANIA

QUI SONT-ELLES ?

Idéalistes, sensibles et émotives, elles ont tendance, face à l'hostilité, à se refermer sur elles-mêmes. Elles sont courageuses et déterminées. Il y a une sorte de dualité, de double facette chez elles : d'un côté, celle d'une femme affective, sympathique, altruiste à forte sensibilité plutôt extravertie (tendance accentuée si elles sont nées un 2, 9, 11, 18, 20, 27, 29, ou en février, en septembre ou en novembre, ou si elles possèdent un chemin de vie 2, 9 ou 11), de l'autre, celle d'une femme introvertie, méfiante, prudente, timide, contrôlée et travailleuse, intellectuelle, qui apprécie la solitude, discrète, à l'esprit critique, parfois cynique.

Ces deux tendances ne sont pas forcément incompatibles, mais font d'elles des personnages à part. Originales et d'avant-garde, elles sont inspirées et ont de hautes aspirations humanitaires où les frontières, les races ou les barrières sociales n'existeraient plus... En fait, cet aspect lié au maître nombre 11 n'est pas aisé à vivre au quotidien. Il arrive fréquemment que les vibrations vécues soient celles du registre inférieur du 11, c'est-à-dire le 2 : on assiste alors à plus de passivité, de soumission, d'oubli de soi dans une dépendance aux autres.

Enfants, elles sont extrêmement fragiles, impressionnables et craintives. L'atmosphère affective et sécurisante d'un foyer est nécessaire à leur épanouissement. Il faudra veiller à ce qu'elles ne se réfugient pas dans les chimères, la fuite, les rêves ou les fugues de l'enfance risquant de les mener plus tard sur les chemins de Katmandou... La musique serait un excellent exutoire à leurs besoins émotionnels ou sensoriels. À ce sujet, leurs amitiés de jeunesse seront à surveiller de près, car elles sont influençables, et leurs notions de moralité plutôt floues.

QU'AIMENT-ELLES ?

Tout ce qui sort de l'ordinaire les intéresse et, si ce n'est l'originalité qui les caractérise, ce pourrait être la marginalité. Le domaine sentimental est essentiel à leur équilibre personnel et leurs aspirations affectives peuvent être parfois, sinon utopistes, du moins difficilement réalisables. Elles sont romantiques et rêvent du preux chevalier sur son beau cheval blanc ! Sensuelles, parfois très tolérantes, elles sont prêtes à se dévouer corps et âme si le 2 l'emporte. Mais elles seront parfois aussi intolérantes, exigeantes, éprises d'absolu et directives si le 11 l'emporte.

QUE FONT-ELLES ?

Le domaine du social et de l'humain les attire (enseignement, sciences humaines, droit, justice, médecine ou professions assimilées). On pourra noter aussi les inclinations suivantes : professions en rapport avec les voyages ou l'étranger (surtout si le 9, 18, 27 est leur jour de naissance, ou 9 leur chemin de vie), professions artistiques ou en rapport avec le goût (hôtellerie, restauration, cuisine, fleuriste...), professions liées aux techniques modernes, ou à l'avant-garde, professions liées à la collectivité.

MARIE-HÉLÈNE   5   11/2

ADÉLAÏDE, ALPHONSINE, ANAËLLE, JENNY, JOANNE, NELLY, NOËLLA, OSANNE

QUI EST-ELLE ?

Le 59, nombre correspondant à sa personnalité, lui donne un côté impulsif et imprudent avec les inévitables incidents de parcours qui lui sont liés. En effet, l'effet du 5 (à signaler : cinq lettres de valeur 5 dans le prénom, ce qui est beaucoup !) est encore décuplé par le nombre d'intériorité 3, tout cela allant se traduire par des conduites assez décousues. Cette personne curieuse, vive, veut aller plus vite que son ombre. Elle a les nerfs à fleur de peau et confond parfois sa vie avec une partie de poker. Tentée par l'aventure, elle est assez insouciante, revendique son indépendance, refuse les contraintes et son appétit de vie est contagieux. D'ailleurs, son pouvoir de séduction lui confère un certain ascendant sur autrui, ainsi que sa vivacité d'esprit, son sens de l'humour et de la repartie. Son principal handicap est qu'elle n'est pas toujours assez déterminée et que ses facultés d'adaptation peuvent se retourner contre elle, sa tendance touche-à-tout la poussant à commencer mille choses et à n'en terminer aucune. Si elle arrive à vivre son 11 (nombre d'extériorité), en empruntant des chemins ambitieux, elle pourra accéder à une vie passionnante, où l'originalité, l'inspiration et l'intuition auront leur place (cela n'exclura toutefois ni les crises émotionnelles ni les états dépressifs, qui vont souvent de pair avec une grande excitabilité). Sinon, elle vivra ce nombre en 2, expression réduite du 11, et recherchera alors les associations, la vie en couple, ou la prise en charge par les autres...

Enfant, Marie-Hélène devra être surveillée de près, et une éducation ferme devra être employée avec cette fillette vif-argent, fine, astucieuse, bavarde comme une pie, instable et versatile. Sa sexualité peut être précoce, ce qui ne la met nullement à l'abri des « incidents de parcours »... Veillez, parents, à ne pas succomber à son charme ravageur et ne favorisez pas sa tendance à enjoliver les choses, voire à mentir. Pour combler son besoin d'émotions, faites-lui faire du théâtre, ou de la musique.

QU'AIME-T-ELLE ?

Elle aime le jeu, les plaisirs, la communication. Pour elle, la vie est un théâtre. Elle apprécie les changements et les voyages.

Côté cœur, c'est une passionnée sujette aux « coups de foudre », aux emballements les plus fous ou les plus déraisonnables, mais sa flamme est vite éteinte, la fidélité n'étant pas son fort. Séductrice, voire conquérante, la vie amoureuse est importante chez cette « amazone » qui a néanmoins besoin de la vie à deux pour son équilibre, souvent précaire.

QUE FAIT-ELLE ?

À l'heure du choix professionnel, ce sont en premier lieu les professions où tout bouge et évolue qui auront l'heur de lui plaire, sinon elle en changera souvent. Ainsi, elle sera surtout attirée par la vente, la publicité, la représentation, le journalisme, la comédie, la promotion immobilière, les métiers de guide, d'hôtesse de l'air (surtout si elle est née un 3, 5, 12, 14, 21, 23, 30, ou possède un chemin de vie 3 ou 5, ou encore si elle est née en mars ou en mai), les emplois intérimaires, d'employée de bureau, d'intermédiaire... Si le 2 l'emporte (née un 2, 11, 20, 29, ou en février, ou si elle possède un chemin de vie 2), les professions à but humanitaire ou exigeant de l'intuition, de la psychologie ou de la spiritualité ; si elle vit son 11 (Verseau ou née un 11 ou un 29, ou possédant un chemin de vie 11), les professions liées au conseil ou à l'enseignement...

MARIE-JOSÉE
et **MARIE-NOËLLE**

**CHRYSALE, DOROTA, FAYE, FRANÇOISE-ALIX, JAYNE,
LUCIA, ULLA, URIELLE**

QUI SONT-ELLES ?

Directes, franches et décidées, elles sont autoritaires et directives. Elles apparaissent pourtant réservées, prudentes et méfiantes. Charmantes, elles cherchent autant à plaire qu'à faire plaisir. Raffinées et élégantes, elles tendent à soigner leur apparence physique et montrent douceur et sourire. Elles ont de la volonté et sont capables d'action à long terme et d'efforts prolongés. Le travail ne leur fait pas peur ! Disciplinées, elles sont courageuses et dignes de confiance : on ne fait pas en vain appel à elles. En revanche, elles ont tendance à l'égocentrisme et se révèlent ambitieuses. Si elles se sentent critiquées, ou si leur amour-propre est blessé, elles peuvent se montrer arrogantes, arrivistes et parfois colériques. Mais, en général, elles savent se contrôler et ont besoin de vivre dans la paix et l'harmonie.

Il y a dans ces prénoms composés des vibrations différentes qui peuvent leur poser problème. Mais elles seront capables d'évoluer au fil de leur existence. Avec Marie (= 28 = 1), il y a une nette prédilection pour l'ego, pour l'individualité et la réalisation personnelle. Avec Noëlle (= 18 = 9) ou Josée (= 27 = 9), les relations avec les autres sont primordiales... Après 28 ans, une évolution moins individuelle est possible, elles seront plus affectives et instinctives.

Enfants, elles sont déjà disciplinées et ordonnées. Elles ne poseront pas de problèmes majeurs. Leurs parents peuvent compter sur leur sens des responsabilités. Elles sont très soucieuses de leurs proches et attachées à leur faire plaisir…

QU'AIMENT-ELLES ?
Elles aiment l'ordre, la précision, la stabilité et la sécurité. Elles détestent ce qui n'est pas naturel ou sain. Elles apprécient l'harmonie du foyer et la vie de famille, sont très attachées aux traditions et aux valeurs morales. Elles ont des capacités d'organisation ou de gestion. Elles peuvent être perfectionnistes et quelque peu maniaques.

Sentimentalement, elles sont discrètes, pudiques et réservées et ont parfois des problèmes de communication. Elles seront plus sensibles à une aide matérielle ou concrète de leur compagnon qu'à un bouquet de fleurs…

QUE FONT-ELLES ?
Si elles sont de remarquables femmes au foyer, elles sont aussi tentées par une réalisation professionnelle dans les domaines suivants : en rapport avec les chiffres, la terre, la nature, les animaux… ou les sciences exactes (surtout si nées un 4, 13, 22, 31, ou si elles possèdent un chemin de vie 4), en rapport avec l'esthétique, le confort, la maison, l'immobilier (surtout si elles sont nées un 6, 15, 24, ou possèdent un chemin de vie 6)…, une profession libérale (si chemin de vie 1 ou nées un 1, 10, 19, 28).

MARIE-LISE, MARIE-LOUISE et MARIAM

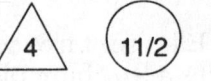

ALINA, BABETTE, BERTRADE, CARINA, CHENASE, DAMIA, ÉLÉNA, GERSANDE, LOUISE-MARIE, REBECCA, SABRINA, STONE, ZOÉ

QUI SONT-ELLES ?

Elles sont actives, indépendantes, directives et ont besoin de plaire. Elles subissent deux influences contraires. Une tendance autoritaire et ambitieuse les pousse à agir et à prendre leur destin en main, sans s'occuper des autres. Cette tendance est encore plus accentuée si elles sont nées un 1, 10, 19, 28, ou possèdent un chemin de vie 1. L'autre tendance, plus passive, conciliante et coopérante, timide et paresseuse, les pousse à tout faire pour maintenir la paix. Cela est accentué si elles sont nées un 2, 11, 20, 29, ou si elles possèdent un chemin de vie 2. Cela peut les amener à vivre des situations paradoxales dans lesquelles, si elles sont seules, elles dirigent, commandent, jusqu'à apparaître orgueilleuses, volontaristes, arrogantes ou opportunistes. En revanche, si elles se sentent soutenues affectivement, elles se montrent plus faibles, plus vulnérables et prêtes à accepter certains compromis. Quoi qu'il en soit, elles ont un savoir-faire qui leur permet, sans trop de difficultés, d'organiser, de gérer et d'administrer, grâce à leur intelligence pratique et à leur sens du concret. Elles sont impatientes, impulsives, très émotives. Elles se passionnent facilement, mais rien n'est durable car elles sont lunatiques et parfois même capricieuses. Elles possèdent une générosité de cœur, même si elles ne savent pas toujours exprimer leurs sentiments.

Enfants, elles peuvent être peureuses et timides. Leur grande imagination leur joue souvent des tours, surtout si elles sont nées en février, ou en novembre. Il faut les rassurer et les stimuler en leur donnant très tôt des responsabilités. Mais elles peuvent aussi avoir un comportement opposé en se montrant courageuses ou téméraires, animées d'un réel esprit de contradiction, surtout si elles sont nées en août.

QU'AIMENT-ELLES ?

Avec un maître nombre 11, quant à leurs aspirations, elles sont souvent attirées par les sciences humaines : la psychologie, la pédagogie mais aussi la parapsychologie qui peut apaiser leur soif de magique ou de merveilleux. Elles prendront les autres en charge et seront à leur écoute. Si elles n'arrivent pas à vivre les vibrations de ce maître nombre (karmique), qui exige de la force, de la maîtrise de soi et du courage, elles le vivront, une octave au-dessous, sous l'influence du nombre 2, plus fragile, plus passif et qui se contente de suivre les autres, en cherchant avant tout la sécurité, la conciliation et la tranquillité.

La vie sentimentale est très importante pour elles, qui cherchent à tout prix à rencontrer l'âme sœur. Romanesques et sentimentales, elles seront tentées de privilégier la vie affective, ce qui ne contentera qu'une partie d'elles-mêmes, car elles possèdent aussi une grande ambition personnelle.

QUE FONT-ELLES ?

Elles tendront à travailler en association ou en couple, car la fibre affective est un soutien considérable pour elles. Sinon, elles opteront pour un fonds de commerce ou une profession libérale, une activité créative, une profession en rapport avec les enfants ou autrui (conseil…), une profession en rapport avec la sphère fnancière (banque, économie, comptabilité…).

MARIE-MADELEINE
et MARIE-HORTENSE

6   4   2

MARIA-HÉLÉNA

QUI SONT-ELLES ?

Elles inspirent le calme, la tranquillité, l'harmonie et la sympathie. Leurs qualités de sérieux, de conscience de leurs devoirs les rendent sécurisantes pour leur entourage. Elles sont animées par un souci de plaire, de faire plaisir, et se sentent facilement responsables des autres, notamment sur un plan familial où obligations et contraintes se font parfois sentir. Scrupuleuses, elles apparaissent souvent méticuleuses et perfectionnistes, maniaques parfois. Cela peut se traduire par un goût sûr ou un certain raffinement, mais aussi par certains rites ou habitudes excessives, comme un souci exacerbé de l'ordre, de la propreté ou de l'hygiène... Le sentiment tient une place importante dans leur existence : Marie-Madeleine et Marie-Hortense sont des femmes tendres et sensibles et ont un sens prononcé de l'amitié. Secourables, serviables, elles savent merveilleusement bien conseiller et consoler tout en se montrant sélectives quant à leurs relations, et ne donnant pas leur amitié à tout le monde. En revanche, elles sont présentes lorsqu'on a besoin d'elles et en exigent autant en retour. Elles oublient difficilement les affronts ou les trahisons et en gardent longtemps la trace. Leur rancune est tenace.

Fillettes, elles se révèlent très sensibles et timides et ont grand besoin de tendresse et d'affection. Sages, craintives, inquiètes, impressionnables, elles sont fortement attachées à leur famille. Parfois rêveuses, il leur arrive d'être dans la lune ou étourdies. Elles travailleront d'autant mieux qu'elles se sentiront soutenues et aimées, et leurs résultats scolaires seront directement proportionnels à la personnalité, plus ou moins sympathique, de leur professeur. Une activité artistique serait à encourager.

QU'AIMENT-ELLES ?
Elles recherchent avant tout la sécurité et apprécient le naturel, l'authenticité et la stabilité. Attachées aux biens matériels, elles se montreront possessives et conservatrices.

Leur vie sentimentale n'est pas toujours à la hauteur de leurs espérances. Avec le 2 karmique, elles peuvent avoir quelques difficultés dans leurs associations, soit par leur manque de souplesse, leur côté autoritaire et directif, soit parce que leur hyperémotivité leur joue des tours. De plus, elles sont terriblement exigeantes dans le choix de l'élu et hésitent souvent au moment de l'union. La maternité leur permet un grand épanouissement, à moins qu'elles ne se cantonnent dans un rôle de femmes-enfants en recherchant un « homme-père » sécurisant.

QUE FONT-ELLES ?
En matière professionnelle, elles seront plus particulièrement attirées par des métiers artistiques, ou en rapport avec l'esthétique, ou liés au goût comme la gastronomie par exemple, des activités scientifiques ou liées à la terre, à la nature, aux animaux, des professions de conseil ou en rapport avec le domaine social, médical ou paramédical...

MARION △7 ◯7 □9

BENOÎTE, FANCHON, FLORA, FLORINDA, FRANCESCA, HECTORINE, KATERINA, MARGALIDE, MARIE-LIESSE, MARIE-REINE, MONA, OPHÉLIE, PHILOMÈNE, ROSELINE, VICTORIA

QUI EST-ELLE ?

C'est une femme particulièrement secrète et réservée, qui paraît très mystérieuse. Introvertie, parfois inquiète ou angoissée, elle se pose beaucoup de questions. Souvent, elle se tourne vers des intérêts philosophiques, métaphysiques ou spirituels. Il est vrai que, plus que toute autre, Marion est douée pour l'analyse et possède un certain sens critique, susceptible d'ailleurs de la faire s'intéresser également aux sciences exactes. En revanche, si elle n'emploie pas ces facultés dans des activités intellectuelles, elle sera susceptible de connaître des états dépressifs, car elle est hypersensible. Élitiste, elle guide ses choix par ses affinités spirituelles ou culturelles. Elle est très éloignée de toute superficialité : chez elle, l'amitié est sacrée. Toutefois, elle tend à être plutôt solitaire, son personnage est hors des normes et elle en joue parfois. Elle possède une très forte intuition et a souvent des pressentiments ou des prémonitions, qui peuvent lui donner des capacités médiumniques. Elle recherche à acquérir la sagesse. D'une grande timidité et émotivité, elle est mal armée devant les réalités et les difficultés de la vie. Elle fuit les affrontements et se replie sur elle-même au moindre choc. C'est sans doute aussi pour cela qu'elle se sent attirée par des mouvements qui partagent les mêmes idéaux.

Enfant, Marion est d'une grande fragilité émotionnelle et souvent d'une vitalité amoindrie. La symbiose avec son milieu familial est nécessaire à son équilibre : une mésentente parentale pourrait avoir des effets désastreux sur son épanouissement. Rêveuse, parfois angoissée et inhibée, elle est encline à se poser très tôt des questions, auxquelles il faut toujours répondre. C'est une nature studieuse et plutôt austère qui est faite pour les études si des blocages affectifs ou de santé ne surgissent sur sa route.

QU'AIME-T-ELLE ?

Elle aime le secret, la tranquillité et est attirée fortement par la psychologie, les religions, l'ésotérisme ou tout sujet qui sort de l'ordinaire et vient satisfaire son besoin de merveilleux... À moins qu'elle ne le trouve sur des routes plus sinueuses...

Sentimentalement, elle se berce tellement de chimères et d'utopie qu'elle a beaucoup de difficultés à concrétiser son rêve d'idéal. La marginalité peut faire partie de sa vie... Elle est susceptible de connaître la solitude, même s'il s'agit d'une « solitude à deux », à moins qu'elle ne parvienne, dans l'idéal, à trouver le partenaire avec qui elle partagera une communauté de vues ou d'intérêts.

QUE FAIT-ELLE ?

Il n'est pas évident de combler ses aspirations, et son orientation ne sera pas toujours des plus conformistes. Ainsi est-elle susceptible de se tourner vers des professions de spécialisation ou d'avant-garde, en rapport avec les dernières techniques nouvelles (comme l'intelligence artificielle, si elle choisit la sphère scientifique), des professions touchant à la psychologie ou à la parapsychologie, ou encore à la médecine, des professions de la nuit ou avec des horaires spéciaux..., celles enfin où l'art du diagnostic, quel que soit le domaine où il s'exerce, est essentiel.

MARLÈNE
et **MARIE-LINE**

△ 5   □ 3

ASTRÉE, AXELLE, FATIMA, LORE, MATHILDA, MÉGANNE, NOLDE, TÉRÉSA

QUI SONT-ELLES ?

Séduisantes, elles possèdent un charisme certain et cherchent à communiquer et à s'exprimer. Souples, mobiles, adroites, vives et adaptables, elles n'aiment pas que la vie soit morne et routinière : il leur faut de la fantaisie ! Impatientes, il leur arrive d'abandonner souvent au moment précis où elles sont arrivées au but. En fait, c'est parce que le plaisir, pour elles, consiste plus particulièrement dans la conquête ou l'inaccessible. Mais, une fois l'objet atteint et démystifié, il perd son caractère attractif. Voilà pourquoi elles apprécient les découvertes et les voyages qui ont l'attrait de l'inconnu. Leur émotivité est extrêmement forte et envahissante, et leur système nerveux est un point faible. Leur caractère cyclothymique les porte aux extrêmes, et elles passent facilement du rire aux larmes. Elles mêlent timidité, craintes (surtout dans la première partie de leur vie), fragilité, doutes quant à leur propre valeur et audace... Cela n'est pas sans petites contradictions internes ! Mais elles peuvent vivre, si leur contexte socioculturel s'y prête, les vibrations de leur maître nombre 11 : elles auront alors des aspirations élevées et un grand ascendant sur autrui, se promettant un brillant avenir.

Enfants, elles sont fragiles et très craintives. L'environnement familial a une lourde influence sur elles. Peu disciplinées, n'aimant guère le travail et les contraintes, elles ne fourniront des efforts que si elles ont le sentiment d'intéresser et de faire plaisir.

Avec de telles enfants, si vives et si douées, il est essentiel de favoriser l'art, la créativité et l'apprentissage des langues étrangères.

QU'AIMENT-ELLES ?

Elles aiment l'amour, la vie à deux (même si cela n'est pas facile pour elles en raison de leur 2 karmique), les plaisirs et la douce intimité de leur intérieur. Elles aiment rêver aux paradis exotiques, mais une fois parties au loin, elles ont la nostalgie de l'apaisante chaleur du foyer…

Sentimentalement, elles sont passionnées, ardentes mais aussi romantiques. Elles ont besoin de sécurité et, sans amour, elles sont perdues et capables de se démotiver de tout, en proie à des dépressions. Elles sont déconcertantes, à la fois fantaisistes, libertines, impudiques, ouvertes, puis soudainement fermées ; gaies puis tristes, passionnées puis glaciales. Quels sont les hommes qui pourront les comprendre ?

QUE FONT-ELLES ?

Si elles n'investissent pas principalement sur la vie de couple, elles seront tentées de prendre les directions suivantes : une profession artistique, une profession favorisant l'expression orale ou écrite, une profession commerciale (représentation) ou en liaison avec de nombreux voyages, une profession de conseil ou l'enseignement, car elles ont une très bonne écoute.

MARTHE, MARIE-CLAUDE, MARIE-PAULE et MARITHÉ

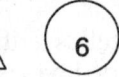

DÉSIRÉE, DORIS, JADE, JAIMIE, RENÉE

QUI SONT-ELLES ?

Marquées par le maître nombre 11, ces femmes ont une personnalité forte et ont facilement de l'ascendant sur autrui. Elles apparaissent actives, dynamiques et courageuses, énergiques et passionnées. En apparence adaptables et malléables, elles feront valoir leurs droits et leurs idées avec douceur et parfois machiavélisme et, s'il le faut, avec fermeté. Elles ont de multiples projets, de grandes idées : encore faut-il qu'elles sachent les mettre en application. Agir leur permet de canaliser leur grande nervosité. En règle générale, elles sont stimulées par la difficulté. Leur sens de la justice est très aiguisé, et elles ont des réactions violentes devant toute iniquité. L'être humain les intéresse et elles ont souvent un idéal humanitaire qui les fait s'intéresser à autrui ou adhérer à des groupes et des associations à but social ou idéologique. Elles sont féministes et peuvent entrer en compétition avec les hommes... Elles possèdent une grande intuition, mais affichent leur esprit logique qui impressionne davantage. Elles peuvent osciller entre une possessivité absolue et un certain altruisme.

Fillettes, elles sont volontaires, bonnes élèves, travailleuses, sportives, parfois très perfectionnistes, voire maniaques dans un domaine particulier, et totalement indisciplinées dans un autre... Les activités de groupe sont à favoriser, qui permettront de développer leur sens de la solidarité. Elles peuvent aussi avoir une alternance déconcertante de suractivité et d'indolence.

QU'AIMENT-ELLES ?

Elles sont très soucieuses de leur famille et font beaucoup d'efforts pour conserver une bonne harmonie avec leur environnement familial. Elles aiment la paix mais n'hésitent pas à entrer en guerre s'il le faut. Elles ont souvent un sens esthétique développé qui les fait s'intéresser à l'art ou aux belles choses. Elles apprécieront le confort d'un nid douillet.

Sentimentalement, elles peuvent être difficiles et rechercher la perfection, en se donnant en exemple. Aussi, à cause de leur intransigeance, risquent-elles de passer à côté du bonheur, sans le voir... Dirigistes et pointilleuses, imbues de grands principes, elles pourraient, si elles n'y prenaient garde, lasser ou agacer leur entourage.

QUE FONT-ELLES ?

Toutes sortes de voies leur sont offertes : les activités d'écoute et de conseil, ce qui touche de près ou de loin à la vente, au tourisme, au marketing, aux voyages..., une orientation artistique, l'esthétique, la diététique, la cuisine, la restauration ou la gastronomie..., une profession exigeant de la précision, de la minutie.

MARTINE

FELICIDAD

QUI EST-ELLE ?

C'est une femme décidée, énergique et volontaire qui peut donner l'impression d'être sûre d'elle-même. Elle peut sembler réservée, calme et solide. Elle est en fait plutôt « carrée », autoritaire et, même si dans un premier temps elle tend à douter d'elle-même et de ses capacités, elle aspire à acquérir un certain pouvoir. Elle est active et travailleuse, capable de prendre et d'assumer des responsabilités. C'est une passionnée qui a besoin de se motiver et de s'investir pleinement dans une entreprise qui la mobilise et dans laquelle elle peut se montrer efficace, organisée et pratique. Elle se révélera alors travailleuse acharnée, perfectionniste, réaliste et perspicace, apte à gérer, à organiser, à administrer. Martine possède de bons critères de jugement, ainsi qu'un esprit analytique qui la pousse à « couper les cheveux en quatre ». Dotée de qualités que l'on attribue plus volontiers aux hommes qu'aux femmes, Martine est courageuse et entreprenante et ne se laisse pas facilement abuser. Elle déteste toutes les injustices et est capable de réactions violentes lorsqu'elle suspecte une quelconque iniquité. Plutôt proche du tempérament colérique, Martine n'est pas toujours très tolérante (surtout avec les êtres qu'elle aime), même si elle s'efforce d'être ouverte et conciliante. Elle possède un grand sens de l'amitié et on ne fait pas en vain appel à elle : elle sait être, lorsqu'il le faut, généreuse et secourable.

Fillette, elle est agréable et se montre responsable, bien qu'un peu timorée et insécurisée. Ses jeux préférés ne sont pas forcément la dînette et la poupée, et elle peut même avoir un côté garçon manqué.

Très soucieuse de plaire et de faire plaisir, elle fera beaucoup d'efforts pour être en bonne harmonie avec ses parents. Elle a horreur des disputes et de l'agressivité et a un grand besoin de paix et d'amour. Elle est en fait beaucoup plus affective et sensible qu'elle n'en donne l'air et dissimule souvent sa tendresse derrière une certaine brusquerie.

QU'AIME-T-ELLE ?

Elle est perfectionniste, parfois même maniaque, et aime le travail soigné. Elle est sensible à la beauté, à l'esthétique, aux arts et recherche avant tout l'harmonie et la paix.

En amour, Martine est exigeante et élitiste. Assez directive, elle a tendance à donner le ton et ne se rend pas toujours compte de son autoritarisme. Elle cherche le plus souvent à bien faire, même si elle empiète quelque peu sur la liberté des autres. Par ailleurs, elle possède un esprit critique qui lui fait juger les autres d'une manière un peu trop cassante. La réalisation d'un couple et d'une famille est fondamentale pour elle et pour son équilibre, et elle sera souvent une épouse et une mère attentives.

QUE FAIT-ELLE ?

Martine aura besoin d'une réalisation professionnelle, étant faite pour le travail et l'action. Elle ne sera pas indifférente au côté lucratif d'une profession, mais la choisira néanmoins en fonction de son affectivité. D'ailleurs, elle est tout à fait capable de faire passer sa vie familiale avant sa carrière. Les professions qui auront son attention seront celles en rapport avec le conseil (enseignement, psychologie, assistante sociale…), celles en rapport avec le domaine médical, paramédical ou social (notamment la justice), celles en rapport avec les chiffres (comptabilité, gestion, finance, banque, numérologie…).

MARYSE △9 ◯4 □5

CHARLEY, ÉLISSA, ELYSSA, POPY, SHUNRAÏ, ULRIKA

QUI EST-ELLE ?

Maryse est émotive, sensible, nerveuse et recherche la compagnie des autres. Tout en étant portée à un certain idéalisme, elle ne perd pas la notion des réalités et demeure les pieds sur terre. Son imagination est intense et contribue, en grande partie, à combler les insatisfactions de son quotidien. Mais Maryse est aussi capable de concrétiser, d'organiser et de mettre en pratique ses intérêts. Elle peut certes être attirée par la musique, la poésie, les causes humanitaires, l'irrationnel, et se laisser aller aux douces rêveries, mais elle sait aussi se montrer constructive et matérialiste. Elle peut apparaître déconcertante en raison des deux tendances antagonistes qui coexistent chez elle. En effet, vu de l'extérieur, elle peut souvent donner l'impression d'une certaine facilité, de légèreté ou de superficialité, parce qu'elle est impulsive, franche et directe. Pourtant il n'en est rien et, au moment où l'on s'y attend le moins, elle se montre cassante et distante. En fait, elle est très attachée à son indépendance. Vis-à-vis de l'ordre également, son comportement peut être déroutant car on la verra tour à tour exacte, ordonnée, économe, pudique, organisée (particulièrement si elle est née un 4, 13, 22, 31, ou si elle possède un chemin de vie 4), puis brusquement se mettre en flagrant délit de contradiction avec ses propres valeurs, en apparaissant dépensière, désordonnée, laxiste (surtout si elle est née un 5, 14, 23, ou si son chemin de vie est 5)... Souvent Maryse varie ! En général active et volontaire, sa faiblesse est sans doute sa forte sensorialité et son affectivité. Elle est facilement ébranlée par une déception d'ordre affectif et se replie alors sur elle-même, en se fermant aux autres et en fuyant les réalités.

Fillette, elle ne devrait pas poser de problèmes à ses parents à partir du moment où l'ambiance familiale est bonne. Si ce n'est pas le cas, elle peut se désintéresser de sa scolarité et rechercher, de façon précoce, l'affection en se jetant à corps perdu dans une histoire sentimentale. Elle peut aussi s'échapper par le rêve en refusant les contraintes. Une activité artistique lui serait bénéfique, ainsi que des activités où elle pourrait partager et échanger.

QU'AIME-T-ELLE ?

Elle aime la sécurité et la stabilité, mais elle est souvent tentée aussi par l'aventure, les voyages, les plaisirs de toutes sortes. Elle apprécie la nature et le naturel, les animaux et la campagne.

Sentimentalement, elle est ambivalente : romanesque, sensuelle, idéaliste, elle est aussi terre à terre et peut manifester une certaine peur devant l'amour. Pudeur, réserve, froideur peuvent lui être reprochées. Pourtant Maryse est une hypersensible.

QUE FAIT-ELLE ?

Maryse n'aime pas être inactive, aussi recherchera-t-elle une voie professionnelle avant tout plaisante... Elle sera en premier lieu attirée par des professions liées au domaine social, médical ou paramédical, des activités en rapport avec l'audiovisuel, avec la vente, les voyages, celles où le contact avec le public est important, des activités en relation avec la nature, les animaux, la terre, des professions exigeant de l'ordre et de la méthode.

MATHIAS △8 (11/2) □6

ABIAM, ALARIC, ANNIBAL, ARSÈNE, BAUDRY, COLE, DENHOLM, DOMITIEN, GLENDON, JOZEF, PARFAIT, PROSPER, ROBRECHT

QUI EST-IL ?

Mathias est un homme viril, fort, orgueilleux, ambitieux et un certain magnétisme se dégage de sa personne, atout qu'il entretient d'ailleurs. Son apparence est agréable. Il allie charme et élégance à une présence sécurisante. Très strict, il ne s'agit ni de le tromper ni de l'abuser. Sa vision du monde est quelque peu manichéenne. En effet, pour lui la vie est simple, il y a les méchants et les gentils, et il n'a pas de temps à perdre avec les premiers... Trois lettres de valeur 1 dans un prénom de sept lettres lui confèrent un grand besoin d'autorité et le désir de prendre et d'assumer des responsabilités. Sa puissance de travail, considérable, s'exprime plutôt dans des réalisations concrètes et matérielles. C'est un homme de terrain qui sait prendre des initiatives. Il se montre rapide d'exécution, souvent même un peu dur, brutal, intolérant et impatient. Il estime avec bon sens que ce qu'il peut faire, les autres le peuvent aussi... Il est perfectionniste, voire maniaque, aussi sa conscience professionnelle est-elle très forte. Ne le vexez surtout pas car sa susceptibilité est extrême, à la hauteur de son orgueil. C'est un homme sûr, généreux, moral, bien que souvent intéressé financièrement.

Enfant, il a un caractère difficile. Jaloux, possessif, obstiné, il reconnaît difficilement ses torts et a aisément l'esprit de contradiction. Toutefois, il a sa propre discipline et il est courageux. Marqué fortement par la famille et le foyer auxquels il est attaché

(6 karmique), il saura répondre à la demande parentale, saura aider et participer. Les activités de groupe lui conviennent, développent ses qualités humaines, et correspondent bien aux aspirations élevées de son maître nombre 11.

QU'AIME-T-IL ?

Il aime la compagnie des autres et la coopération. Son sens de l'amitié est très solide. Ses idéaux sont élevés, tendent vers l'absolu, et le portent à participer à des groupes à vocation humanitaire.

Sentimentalement, il entend être le maître, celui qui fait vivre la famille, mais il rêve aussi de partage et, même s'il n'ose pas toujours le formuler, de tendresse. Le couple et la famille sont des valeurs importantes et il sait aussi être un père attentif, beaucoup plus affectueux et hypersensible qu'il n'en donne l'air.

QUE FAIT-IL ?

Plusieurs orientations sont susceptibles de lui convenir : celles en rapport avec le domaine médico-social, avec la prise en charge des autres ou le conseil…, celles liées au monde des affaires ou de la finance (gestion, comptabilité, activités bancaires…), celles en rapport avec le confort, l'immobilier, la cuisine, la gastronomie, l'esthétique, celles en liaison avec le feu et le fer (pompier, emplois dans la métallurgie, boucher, chirurgien), les activités qui exigent de la précision et de la méticulosité.

MAXENCE et MARTIAL   /11/2\   (11/2)   9

ADRIAN, ANDREZEJ, BÉRALDE, DESMOND, JEAN-DOMINIQUE, JOSEP, LOUIS-STÉPHANE, NOLWEN, NORBERT, ROZENN, THADDÉE, TONET, VOLKER, WENCESLAS

QUI SONT-ILS ?

Deux maîtres nombres nous mettent en présence d'une forte personnalité, profondément humaine et altruiste. Ils possèdent une forte sensibilité doublée d'une intuition remarquable. Ces hautes vibrations les poussent à vouloir promouvoir un monde meilleur et à s'occuper des plus déshérités. Les contingences matérielles sont, pour eux, plutôt secondaires. Ils ont un côté inspiré ou éclairé. Néanmoins, ces puissantes vibrations ne sont pas toujours vécues à un niveau élevé, en fonction des difficultés que cela suppose. Cela peut se traduire alors simplement par de douces rêveries, de l'hypersensibilité, de la fragilité émotionnelle, de la dépendance, de la suggestibilité et l'esprit de sacrifice. L'équilibre est souvent précaire car une forte tension nerveuse accompagne ce tempérament passionné.

Dans l'enfance, Maxence et Martial sont adorables et attachants, tout désireux de faire plaisir, particulièrement réceptifs à l'atmosphère familiale. Qu'un déséquilibre ou qu'une mésentente surgissent et les voilà complètement perdus, n'investissant plus dans le présent et se repliant complètement sur eux-mêmes, dans leur monde de rêves. Il sera souhaitable de favoriser leur autonomie et leur sens des responsabilités tout en respectant l'insouciance de leur jeunesse.

QU'AIMENT-ILS ?

Ils recherchent l'idéal et possèdent une haute idée de la beauté et de la perfection. La grande force intérieure qui les anime les pousse à s'intéresser aux mouvements sociaux et humanitaires, aux sciences humaines ou occultes, à la recherche spirituelle. S'ils s'engagent dans une de ces voies de prédilection, il faudra veiller à ce qu'ils ne deviennent pas trop systématiques ou fanatiques. Ils sont prêts à s'associer et à collaborer avec les autres, avec l'honnêteté et la bonne foi qui les caractérisent.

En amour, ce sont des idéalistes, qui placent l'élue de leur cœur sur un piédestal, avec tous les risques de désillusions possibles. À moins qu'il ne s'agisse d'une recherche permanente de cet idéal, par une multiplicité d'expériences qui, imparfaites, justifient ce que d'autres nommeraient papillonnage.

QUE FONT-ILS ?

Cette configuration laisse présager une belle réussite. Les voies royales seront surtout le domaine social ou artistique, le domaine matériel n'étant ni une priorité ni un élément d'appui. Ils pourront ainsi se tourner vers les carrières suivantes : enseignant, psychologue, sociologue, conseil…, artiste, musicien…, carrières politiques, astrologue, graphologue, médium…, à moins que la religion ne les tente, ou toute orientation philosophique, philanthropique ou à vocation humanitaire.

MAXIME △ 11/2 ◯ 6 ▢ 5

ABEL, ALEK, ANDREW, ARNE, BAPTISTE, BÉRENGER, BRUTUS, CHARLIE, CHRISTO, ÉNÉE, FLORIN, GALMIER, GATIEN, GÉRALD, GRATIEN, GRIGORI, HONORIUS, IRÉNÉE, JAVIER, JEHAN, JÉRÉMIE, JOHN, JORDI, JULIUS, LUDOVICO, MILTON, MORITZ, PAVEL, PIERRE-EMMANUEL, PRIMAËL, RAINER, RAINIER, ROCK, RON, STÉFAN, STÉPHAN, STELLAN, ULYSSE, VICTORIN, VIRGILIO, WADECK, WARDEN, WILSON

QUI EST-IL ?

Marqué par un maître nombre, Maxime possède une forte personnalité, ce qui lui confère de l'ascendant sur autrui. Il se montre actif, énergique, dynamique et courageux, et son tempérament est passionné. Adaptable et malléable en apparence, il saura faire valoir ses droits et ses idées avec douceur, certes, mais aussi avec une pointe de machiavélisme et, le cas échéant, de fermeté : une main de fer dans un gant de velours... Il a de multiples projets, de grandes idées, encore faut-il qu'il soit capable de les mettre en application. L'action est cependant son exutoire, car sa grande nervosité ne le met pas totalement à l'abri de crises émotionnelles. Si l'intensité du moment présent lui semble trop forte, il pourra vivre une octave au-dessous, sous l'influence du nombre 2 : il subira alors davantage son destin et restera dans un rôle de second rang, mais cela lui permettra de mener sa vie plus confortablement, sur un rythme moins trépidant. Pourtant, en règle générale, il est stimulé par la difficulté.

Son sens de la justice est très aiguisé, et il a des réactions violentes devant toute iniquité. Ce qui est humain ne lui est point étranger et il possède souvent un idéal fraternitaire qui le fait s'intéresser à autrui ou adhérer à des groupes et à des associations à but social ou politique. C'est aussi un homme intuitif bien qu'il préfère afficher son esprit logique… Il peut osciller entre une possessivité absolue et un certain altruisme. Enfant, Maxime est volontaire, bon élève car travailleur, actif. Parfois très perfectionniste, voire maniaque, dans un domaine particulier, il s'avère paradoxalement indiscipliné dans un autre. Les activités de groupe sont à favoriser et permettront de développer son sens de la solidarité. Il peut aussi y avoir chez lui une alternance assez déconcertante de suractivité et de laisser-aller.

QU'AIME-T-IL ?

Il est très attaché à sa famille et fera beaucoup d'efforts pour conserver une bonne harmonie avec ses proches. Maxime est un adepte de la paix même s'il lui arrive parfois de déclarer la guerre. Il a souvent un sens esthétique développé qui le fait s'intéresser à l'art ou aux belles choses. Il recherchera le confort d'un nid douillet.

En amour, il est souvent difficile car il cherche la perfection. Aussi, à cause de ses intransigeances, risque-t-il de passer à côté du bonheur sans le voir. Dirigiste et pointilleux, imbu de grands principes, il n'est pas toujours facile et risque de rompre un peu vite en pensant toujours trouver la perle rare. Mais existe-t-elle ?

QUE FAIT-IL ?

Avec un aussi large éventail de possibilités, toutes sortes de voies lui sont offertes : les activités d'écoute et de conseil, ce qui concerne de près ou de loin la vente, le tourisme, le marketing, les voyages…, une orientation artistique, ou touchant le domaine de l'esthétique, de la cuisine, de la restauration ou de la gastronomie…, une profession exigeant de la précision, de la minutie.

MAXIMILIEN 22/4

ALFRED, EDWARD, ÉZÉCHIEL, FRANKIE, JEAN-BRUNO, LOUIS-ANDRÉ, SIGISMOND, TIPHAINE

QUI EST-IL ?

Maximilien est un homme énergique et volontaire. Il désire tenir les rênes de sa destinée, commander, diriger, être un modèle pour les autres et se veut, par là même, irréprochable. Exigence et discipline s'allient chez lui, qui ne supporte ni la médiocrité ni la superficialité. Ses points forts sont assurément son courage et sa détermination, son autorité naturelle qui en impose, son intégrité, son endurance, ses dons d'organisation, sa stabilité ainsi que son sens de l'équité... En contrepartie, ses points faibles sont « les défauts de ses qualités », à savoir : autoritarisme, moralité souvent très stricte qui débouche immanquablement sur de la rigidité et des principes, du sectarisme, de l'intolérance. Il a également tendance à trop se préoccuper des affaires des autres : dites-vous qu'il agit par souci de bien faire. De plus, il tient à imposer ses vues, qu'il considère être les seules justes...

C'est un ambitieux qui a toutes les chances de pouvoir vivre son maître nombre 22, car celui-ci est accompagné de deux autres influences qui vont également dans le sens des responsabilités... Grâce à sa forte personnalité, Maximilien peut s'élever vers les hautes sphères du pouvoir, mais cela ne sera jamais sans risques ni renoncements. Le fanatisme, l'aveuglement, la folie des grandeurs, les troubles psychiques ou nerveux sont des risques à courir...

Enfant, il est déjà responsable, raisonnable et travailleur, et fortement imprégné par son milieu familial. Il serait judicieux de développer sa tolérance (en lui donnant, par exemple, des frères et sœurs), de laisser s'exprimer sa sensibilité qui tend à être réprimée, et de favoriser un centre d'intérêt artistique.

QU'AIME-T-IL ?

Il aime plaire et séduire, plus souvent sur le plan intellectuel que purement physique, être un modèle, et il a souvent peur d'être incompris ou mal jugé. Viscéralement attaché à la justice et à l'équité, il est capable de s'emporter alors qu'il est plutôt pacifique.

Sentimentalement, il est très difficile à contenter et, pour lui plaire, il faut être la perfection faite femme : belle, digne, fidèle et excellente maîtresse de maison... Car, perfectionniste et maniaque, il est très soucieux de l'ordre et du rangement, ainsi que de la propreté...

QUE FAIT-IL ?

Il peut espérer s'élever toujours progressivement dans la vie, aussi n'est-il pas opposé aux longues études. Il pourra accéder à des postes à hautes responsabilités dans l'Administration (cadre, directeur...) ou aux responsabilités politiques... s'il vit son maître nombre 22.

Il pourra opter pour les professions libérales, ou celles en liaison avec le domaine médical et parfois artistique, ou avec les sciences exactes (mathématiques, gestion, économie, chimie, physique, diététique...), ou avec la terre et l'écologie.

MÉLODY   11/2   9   11/2

LIZ, MARIE-JOSIANE, MARIE-SOLANGE, RAQUEL, SPRING, TAYA

QUI EST-ELLE ?

Deux maîtres nombres nous mettent en présence d'une forte personnalité, profondément humaine et altruiste. Mélody possède une grande sensibilité doublée d'une intuition remarquable. Ces hautes vibrations la poussent à vouloir promouvoir un monde meilleur et à s'occuper des plus déshérités. Les contingences matérielles sont loin d'être primordiales à ses yeux. Elle peut être inspirée ou éclairée, tant dans le domaine de la connaissance que de la création. Néanmoins, ces puissantes vibrations ne sont pas toujours vécues à un niveau élevé, en fonction de la tension nerveuse et des difficultés qui les accompagnent. Cela peut se traduire alors simplement par de douces rêveries. Elle mêlera ainsi hypersensibilité, fragilité émotionnelle, dépendance, suggestibilité et esprit de sacrifice. Son équilibre nerveux est souvent précaire car un climat de tension extrême accompagne souvent ce tempérament passionné.

Enfant, Mélody est affectueuse et attachante, toute au désir de faire plaisir, réceptive à l'atmosphère familiale. Qu'un déséquilibre ou qu'une mésentente surgisse, et la voilà complètement perdue, n'investissant plus dans le présent et se repliant complètement sur elle-même. Il sera souhaitable de favoriser son autonomie et son sens des responsabilités tout en respectant son insouciance et sa fragilité.

QU'AIME-T-ELLE ?

Mélody est une grande affective éprise de fantaisie et de merveilleux. Peu matérialiste, elle tend à se réfugier dans ses songes pour fuir certaines réalités matérielles peu passionnantes. Aussi est-elle attirée par les voyages, l'étranger, les mystères, la spiritualité, l'étrange et tout ce qui stimule son besoin d'évasion. La musique lui est aussi un dérivatif agréable.

Sentimentalement, Mélody est romanesque et fleur bleue. Idéaliste, elle place l'élu de son cœur sur un piédestal, avec tous les risques de désillusions possibles lorsque ses yeux voient l'amère réalité… C'est une femme tendre, affectueuse et maternante qui cherchera l'union (11 karmique), et sera capable de s'oublier pour ses proches.

QUE FAIT-ELLE ?

Cette configuration laisse présager une belle réussite. Les voies royales sont surtout le domaine social ou artistique, le domaine matériel n'est ni une priorité ni un élément d'appui. Elle est susceptible de se tourner vers les carrières suivantes : enseignement, psychologie, sociologie, conseil, puériculture…, musique et autres activités artistiques, astrologie, graphologie, à moins que la religion ne la tente, ou toute orientation philosophique, philanthropique ou à vocation humanitaire, politique.

MICHEL

ARNAUD, BERTIN, CÉCIL, DELPHIN, DEMIS, DEN, DERRICK, GIANLUCA, JEAN-HUBERT, JOSÉPHUS, LEIF, LOUIS-PHILIPPE, MICHIEL, NED, NIELS, PIETR, SIMÉON-GUILLAUME, SIXTE, WEBB, WILFRIED, YOHANN

QUI EST-IL ?

Michel est un vif-argent, hyperactif, entreprenant, dynamique et excitable. Il donne l'impression d'être toujours pressé et la patience n'est pas sa qualité essentielle. Il fourmille toujours de projets qu'il brûle de réaliser. Sympathique de prime abord, il recherche la compagnie des autres qu'il tend à entraîner dans son sillage (il s'affirme volontiers en leader). Rapide et doué d'une intelligence vive, Michel a facilement tendance à penser que ce qu'il peut faire, les autres le peuvent aussi et il n'est guère tolérant ! C'est un conquérant, un séducteur que la difficulté stimule et pour qui une chose impossible est de facto désirée. Non mécontent de lui-même, Michel se laisse aller sans complexes à l'autosatisfaction... Curieux, tout est susceptible de l'intéresser, aussi se montre-t-il facilement versatile et, quand il a fait le tour d'un sujet, se lasse-t-il rapidement. Voilà pourquoi il est sensibilisé par les voyages, il aime se trouver entre deux trains ou deux avions, et il s'adapte facilement à toute nouvelle situation. Il déteste la monotonie, la routine ainsi que les contraintes de tous ordres qu'il préfère fuir : vivre et agir au jour le jour est sa politique, pourquoi s'inquiéter et penser au lendemain ? D'ailleurs, il manque souvent d'organisation ou de suite dans les idées, ce qui le conduit à des excès : habituellement peu ordonné, il peut passer par des périodes de crise où il rangera tous ses placards. C'est un imaginatif et un sensitif qui est intuitif, sociable et supporte mal la solitude.

Enfant, Michel est un véritable petit tyran à qui il convient d'assigner des limites et d'inculquer des notions de partage et de respect des autres. Très tôt indépendant, il se montre autonome et une de ses premières expressions pourrait être : « Moi tout seul ! » Rapide et chahuteur, le sport lui sera nécessaire afin de s'exprimer.

QU'AIME-T-IL ?

Il aime la liberté et fait toujours ce que bon lui semble. Il n'accepte pas aisément les contraintes des autres. Il adore le mouvement, les voyages, l'aventure ou les aventures, ainsi que les remises en question ! Toutes les expériences sont bonnes à vivre pour ce don Juan en quête permanente de nouveauté.

Les sentiments et les grands engagements ne lui sont pas fondamentalement destinés. Séducteur, parfois libertin, la fidélité ne figure pas en première place parmi ses qualités, et pourtant il se montrera féroce si sa compagne use des mêmes libertés. Très viril, sa sexualité est forte, contrairement à sa sensibilité.

QUE FAIT-IL ?

Ce sont les professions nécessitant du mouvement qui lui conviennent, comme le commerce, la vente, la représentation, ainsi que les métiers liés au sport, aux voyages, à la vitesse, il pourra s'orienter également vers les professions à caractère social ou médical, et celles en rapport avec le goût (la restauration, la cuisine…).

MICHÈLE   9

DELPHINE, MARYVONNE, MÉRÉDITH

QUI EST-ELLE ?

Sympathique, généreuse, Michèle a beaucoup de personnalité et adore se trouver sur le devant de la scène. Soucieuse de son image de marque, aristocrate dans l'âme, elle a le sens de l'honneur, du beau geste. Elle ne passe pas inaperçue, et c'est ce qu'elle veut. Jouer un rôle, avoir un public, être admirée, regardée, ou bien donner l'exemple sont des situations qu'elle prise au plus au point. Active, dynamique et entreprenante, Michèle est courageuse et, même si elle est sensible aux autres, elle n'en demeure pas moins profondément individualiste. Sa volonté est forte ainsi que sa détermination et cela lui permet d'atteindre ses objectifs. Elle sait ce qu'elle veut et a tendance à viser haut. Son idéal la pousse à se dépasser, à se surpasser. Si elle n'est pas toujours tolérante et pardonne difficilement leurs erreurs aux autres, elle ne s'épargne guère non plus. Elle ne se permet ni faiblesse ni échec. Elle déteste d'ailleurs la médiocrité ainsi que la vulgarité, n'apprécie que la beauté, la pureté, la noblesse. Vivre, pour elle, c'est s'identifier à son idéal et s'éprendre de ce qui élève. Michèle a un jugement sûr et des facultés de synthèse importantes, et des dons pour gérer, organiser, administrer. Mais c'est aussi une femme sensible, profondément intuitive et émotive, même si cela n'apparaît pas toujours de prime abord. Une part d'elle-même, délicate, la porte à rêver ou à s'intéresser au domaine des émotions, des sensations, de l'art ou de l'irrationnel...

Enfant, Michèle est raisonnable et disciplinée, parce qu'elle n'aime pas les critiques. Elle vise la première place et si elle ne peut l'obtenir, elle recherchera néanmoins à attirer l'attention d'une manière ou d'une autre. Alors pourquoi ne pas accepter lorsqu'elle vous demande de l'inscrire dans une troupe de théâtre ? Susceptible, orgueilleuse, elle a du mal à partager avec ses frères et sœurs, à moins qu'elle ne soit investie du rôle d'aînée, auquel cas ses revendications couleront de source.

QU'AIME-T-ELLE ?

Elle aime commander, diriger. Intéressée par elle-même, elle est narcissique et cherche à paraître ou à avoir le beau rôle.

En amour, elle est exigeante et a besoin d'admirer son compagnon : ne la décevez pas car vous tomberiez instantanément de votre piédestal et tout serait irrémédiablement terminé ! En outre, Michèle est droite, franche, une hôtesse remarquable : quasi parfaite... si elle n'était pas aussi autoritaire.

QUE FAIT-ELLE ?

Michèle est ambitieuse et aura du mal à se plier à une hiérarchie. Aussi sera-t-elle tentée par les professions qui sauront lui procurer une certaine autonomie : professions de cadre, de gérante, ou professions libérales, professions commerciales, essentiellement en rapport avec l'esthétique, le luxe, la mode (prêt-à-porter, fourrures, bijoux, parfums...), ou en rapport avec l'audiovisuel, la scène (comédie, théâtre...), ou en rapport avec la loi (notaire, juriste...) ou éventuellement avec le domaine médical.

MICHELLE et **MILÈNE** 4 3

AURÉLIA, BAPST, BERTHE, CRISTELLE, EUPHROSINE, FÉLICIE, GRETEL, JESSE, LIA, PERRINE, RÉGINE, YOLANDE

QUI SONT-ELLES ?

Michelle et Milène sont des femmes réservées, bien que sociables lorsqu'elles se trouvent en terrain connu. La prudence et la méfiance les animent même si elles n'en donnent pas toujours l'impression, car elles sont souvent rieuses. En fait, elles sont introverties et tendent à garder leurs problèmes pour elles. Elles aiment montrer le meilleur d'elles-mêmes et détestent déranger les autres avec leurs problèmes ou leurs difficultés. Ainsi leur aspect extérieur peut-il contraster avec leur personnalité profonde. Elles apparaissent plus faciles, plus souples qu'elles ne le sont en réalité. Si elles s'expriment souvent avec aisance et sont douées pour la communication ou l'expression, orale ou écrite, elles ne se livrent jamais pleinement, gardant jalousement l'accès de leur jardin secret. Leur émotivité est forte mais refoulée ou maîtrisée au point qu'on leur reproche parfois leur froideur ou leur insensibilité. Elles sont déconcertantes lorsqu'elles se replient paradoxalement sur elles-mêmes ou fuient le monde, alors que peu de temps auparavant elles semblaient se plaire et s'amuser en société. Elles oscillent entre des phases de gaieté et d'optimisme, et des périodes de défaitisme ou de pessimisme. Elles sont régulièrement partagées entre leur désir de stabilité et de sécurité, et un certain papillonnement inhérent à leur curiosité, entre un intérêt pour la difficulté et le travail bien fait, et une tendance à rechercher la facilité... Assez susceptibles, Michelle et Milène se vexent facilement, d'autant qu'elles manquent passablement de confiance en elles. Elles sont rancunières et ont beaucoup de mal à oublier un affront ou une blessure, qu'elles garderont longtemps en mémoire.

Enfants, il faut stimuler leur sociabilité, leur apprendre le partage, et les entourer affectivement tout en ménageant leur pudeur. Il faut les encourager afin de les sécuriser. Elles se révèlent, en général, très possessives. Elles adorent les collections et ne sont pas toujours prêteuses.

QU'AIMENT-ELLES ?

Bien que timides, elles aiment avoir le premier rôle, briller, être le point de mire. Si, d'aventure, elles ne l'ont pas, dans un cadre professionnel par exemple, elles l'obtiendront d'une autre façon, en se faisant remarquer par leur originalité, jusqu'à l'excès.

En amour, elles sont égoïstes, dominatrices, possessives et entières. Elles veulent être aimées et admirées, et garder au sein du couple la suprématie. Comme elles ne sont ni démonstratives ni romanesques, leur vie affective n'est pas toujours aussi nettement tracée que leur vie professionnelle.

QUE FONT-ELLES ?

Armées dans la lutte pour la vie, elles seront attirées par les professions nécessitant de la précision, de l'exactitude, notamment si leur chemin de vie est 4, ou si elles sont nées un 4, 13, 22 ou 31. Sinon, ce sont les professions où l'expression est favorisée (commerciale, actrice, chanteuse, conférencière) qui leur conviendront. Enfin, les professions libérales sont idéales pour elles.

MONIQUE   △4 (5) □8

AUDE-LISE, BILLIE, CHRISTEL, ÉLÉONORA, GISE, JUANITA, KRISTEL, LAURÈNE, LINE, MARGAUX, PAQUITA, PEYRONNE, PRISCILLE

QUI EST-ELLE ?

Monique est une femme simple et naturelle qui a les pieds sur terre. Le 4 qui la caractérise est d'ailleurs en rapport avec la planète Saturne et les signes de terre (Taureau ou Capricorne particulièrement) et lui confère un caractère affirmé, peu influençable, ainsi qu'une volonté ferme et le sens des initiatives. Le 4 étant karmique, elle adopte une attitude extrémiste dans son travail. La plupart du temps, elle a du mal à s'arrêter lorsqu'elle commence quelque chose et y met de l'acharnement. Parfois cependant, les blocages ou les inhibitions seront tellement forts que la conduite inverse apparaîtra : laxisme ou fuite de l'effort par peur de l'échec. En effet, de nature réfléchie, solide, franche et honnête, elle tend malgré tout à douter d'elle-même et à se fermer dans une apparente froideur qui dissimule une hypersensibilité gênante. Ennemie de la superficialité, c'est une personne fiable, sur laquelle on peut compter et qui ne manque pas à sa parole. Sa moralité est stricte et ses principes sont exigeants. Elle peut d'ailleurs manquer de tolérance. Elle estime que ce qu'elle peut faire est aussi à la portée des autres. L'association du 4 et du 5 n'est pas vraiment facile, puisque la première tendance la pousse à rechercher la sécurité et à se rassurer dans une vie sédentaire et routinière, alors que la seconde la pousse au changement et à l'aventure, l'idéal étant pour elle le changement dans la continuité. Elle sait prendre des risques réfléchis et, le cas échéant, saisir les opportunités avec dynamisme, esprit d'initiative, tout en déployant son importante capacité de travail. Douceur, artifice, tolérance et soumission ne sont pas son fort.

C'est une enfant sans problèmes, sérieuse. Il est recommandé aux parents de ne pas renforcer davantage son sens du devoir par une éducation dure ou rigide. Il faudra au contraire stimuler sa sociabilité en lui apprenant à donner, ce qui permettra de lutter contre sa tendance possessive et captatrice. Apprenez-lui aussi le sens de l'humour !

QU'AIME-T-ELLE ?

Elle aime le travail bien fait, l'exercice physique, les plantes, les animaux et la nature. Peu sociable, elle chérit la solitude ainsi que la liberté, les changements, l'indépendance, les mouvements et les voyages.

Elle gère avec rapidité et efficacité. Elle aimera cultiver et cuisiner ses légumes biologiques, faire ses confitures. Le confort matériel la sécurise. Quant aux démonstrations d'amour, de tendresse, il faudra compter avec sa réserve et sa pudeur qui peuvent la paralyser. Messieurs, prenez garde ! Un bouquet de fleurs ne suffira pas à l'émouvoir. Ne perdez pas de vue son sens pratique et sachez en tirer parti...

QUE FAIT-ELLE ?

Avec le 40 comme nombre caractéristique, Monique peut passer par des phases de restriction, de privations, qui concernent tant la santé que la famille. Cependant, elle sait réagir devant les coups du sort. Sa tendance sera d'ailleurs de se réfugier dans le travail en se montrant ambitieuse. Plusieurs voies possibles : professions en rapport avec le domaine matériel et l'Administration (banque, gestion, finance, économie, assurances...), professions en liaison avec la terre, la nature, les animaux, l'artisanat, professions de réflexion ou d'analyse où un esprit rationnel est exigé.

MYLÈNE 11/2   8   3

CANDY, CARRY, CARY, COLOMBE, DONATIENNE, GIOVANNA, GUILLAUMETTE, HERVEY, JESSYE, KATHY, LUCILLE, LYNETTE, MADDY, MARIE-JOSEPH, PRUNE, RAFAËLLA, SUZEL, SYLVETTE, YVELINE

QUI EST-ELLE ?

Quelle séduction ! Charme, vivacité, féminité et sensibilité caractérisent Mylène, femme particulièrement intuitive et imaginative. Son prénom est en rapport avec le maître nombre 11 : elle a la possibilité de vivre ses aspirations, que ce soit par la réalisation d'un idéal élevé, ou par celle de son ambition sociale. Sa grande créativité peut favoriser sa réussite. Et si la vie lui permet d'y accéder, ce ne sera pas sans tension nerveuse, due aux vibrations élevées du 11 qui l'entraîneront vers la passion et l'enthousiasme... Ce maître nombre est plus couramment vécu une octave au-dessous, sous l'influence du 2, avec son aspect d'hyperémotivité, de sensibilité, de dépendance. Alors, particulièrement féminine, et assoiffée de tendresse, elle recherchera la vie en couple, et se montrera affective, sociable, chaleureuse et communicative. D'un autre côté, elle est méfiante et prudente lorsqu'elle ne se sent pas à son aise. Par ailleurs, elle possède du sens pratique et est capable de travail acharné si elle est motivée. En fait, elle demeure assez cyclothymique et, selon l'humeur, elle est capable de choisir la facilité ou au contraire de s'enthousiasmer...

Enfant, Mylène est fragile et influençable et son imagination peut la rendre vulnérable (craintes, peurs, besoin d'être protégée). Mais toute médaille a son revers, et la créativité est sa force.

QU'AIME-T-ELLE ?

Sensible à la réussite sociale, aux biens matériels et au standing, Mylène possède un sens commercial certain. Elle est d'ailleurs courageuse et entreprenante s'il le faut. L'inconnu et la difficulté ne la découragent pas, ils la stimulent...

La vie amoureuse est importante pour elle qui est à la fois tendre, sensuelle et conquérante. Mylène est attachante, moins frivole qu'elle n'en donne l'air même si elle résiste difficilement aux cadeaux : s'il ne s'agit que d'un beau bijou, ce ne sera pas bien méchant !

QUE FAIT-ELLE ?

Avec cette nature profondément inspirée et intuitive, ce seront plutôt les professions artistiques ou esthétiques, ainsi que les sciences humaines qui lui conviendront le mieux. Néanmoins, le monde de la finance peut également l'attirer.

NATACHA et NASTASIA △3 □9

ADOLPHINE, ADRIANA, ANNABELLE, APOLLINE, CÉCILY, CHARLOTTE, FIORENTINA, GEORGETTE, MAGDALA, MARIE-FRANCE, OCTAVIE, RAPHAËLE, ROMANE, SIBYLLE, TATIANA

QUI SONT-ELLES ?

Ouvertes, sympathiques, extraverties, communicatives, elles possèdent de grandes facilités d'expression. Joviales et de bonne humeur, elles sont avant tout affectives et ont besoin des autres pour se sentir exister. Elles aiment bavarder et amuser leur entourage. D'une sensibilité extrême, elles peuvent passer par des états émotionnels intenses. Elles tendent à se mêler de ce qui ne les regarde pas, soit pour accroître leur ascendant sur autrui, soit simplement par souci de bien faire ou par pur altruisme. Intuitives, elles s'adaptent rapidement à toute situation. Elles croient aussi en leur chance, ce qui leur confère une certaine confiance en elles-mêmes et en leur bonne étoile. Elles ne sont pas toujours tournées vers l'effort, la rigueur ou la constance, mais se montrent bien souvent fantaisistes, bohèmes parfois. Natacha et Nastasia sont des prénoms faciles et agréables, qui donnent une personnalité attachante, expressive et gaie. Plus elles seront conscientes de ces atouts et en tireront parti positif, plus leur vie sera constructive et dynamique. Les risques de dispersion sont tout aussi forts, et c'est un point sur lequel il sera judicieux de veiller !

Enfants, elles sont vives, espiègles, curieuses et mettent de l'animation dans la maison. Instables et dispersées, elles rechercheront la facilité. Il conviendrait d'être ferme et directif avec ces fillettes qui ne concéderont à ranger leur chambre qu'après de nombreux rappels à l'ordre. Elles peuvent osciller entre la générosité, l'esprit de charité, l'altruisme et l'égocentrisme forcené : les parents devront chercher à favoriser la première tendance.

QU'AIMENT-ELLES ?

Leur plaisir : s'amuser, rire, jouer, créer, parler, communiquer et imaginer. En premier lieu, elles recherchent le bonheur.

Sentimentalement, elles sont attachantes, sensuelles et séductrices. Leur légèreté, le piquant qui émane d'elles peuvent se révéler autant d'atouts que de travers. Leurs défauts sont leur jalousie, leur possessivité et un certain esprit tyrannique. Le partenaire appréciera-t-il vraiment qu'elles ne sachent pas compter et dépensent des fortunes en toilettes et en futilités ?

QUE FONT-ELLES ?

Elles pourront faire des études et seront attirées par tout ce qui touche l'humain (médecine, droit, social...), le contact avec le public sera très important pour elles et cela les conduira vers des professions commerciales ou en rapport avec leurs facultés d'expression (interprète).

NATHALIE   7   9

ALEXIA, ALISON, AMANDINE, AMÉLITA, ANDRÉA, ANGÉLICA, ARMANDINE, IRÈNE-MARIE, ISABELLA, LILLY, NOAMI, NOÉMIE, SOLÈNE

QUI EST-ELLE ?

Particulièrement secrète et réservée, elle semble très mystérieuse. C'est une introvertie qui tend à se poser beaucoup de questions. Cela ne va pas sans un côté inquiet et angoissé, mais peut déboucher aussi sur des intérêts philosophiques, métaphysiques ou spirituels. Il est vrai que, plus que toute autre, Nathalie a le sens de l'analyse. Elle possède un certain esprit critique, susceptible de la faire s'intéresser également aux sciences exactes. Si elle ne l'emploie pas dans l'activité intellectuelle, elle est susceptible de connaître des états dépressifs, ce qui est assez logique chez une hypersensible. Élitiste, elle détermine ses choix en fonction d'affinités spirituelles ou intellectuelles. Chez elle, l'amitié est sacrée, et elle est très éloignée de la superficialité. Toutefois, elle tend à être solitaire. Son personnage est hors normes. Elle possède une très forte intuition et a souvent des pressentiments ou des prémonitions. Elle peut même être médium. Elle cherche à acquérir la sagesse. D'une timidité et d'une émotivité quasi maladives, elle est mal armée devant les difficultés de la vie. Elle fuit les affrontements et se replie sur elle-même au moindre choc. C'est sans doute pour cela qu'elle se sent attirée par des communautés qui partagent ses idéaux.

Enfant, Nathalie est d'une grande fragilité émotionnelle et souvent d'une vitalité amoindrie. La symbiose avec son milieu familial est nécessaire à son équilibre : une mésentente parentale pourrait avoir des effets désastreux sur son épanouissement. Rêveuse et angoissée, elle est encline à se poser très tôt des questions, auxquelles il faut toujours répondre. C'est une nature studieuse et austère qui est faite pour les études, si des blocages affectifs ou de santé ne surgissent sur sa route.

QU'AIME-T-ELLE ?
Elle aime le secret, la tranquillité et est attirée fortement par les religions, l'ésotérisme ou tout sujet qui sort de l'ordinaire et vient combler son besoin de merveilleux. Sinon, elle pourrait le trouver sur des routes plus sinueuses...

Sentimentalement, elle est tellement bercée de chimères et d'utopie qu'elle a beaucoup de difficultés à concrétiser son rêve d'idéal. La marginalité peut faire partie de sa vie... Aussi risque-t-elle de connaître la solitude, même s'il s'agit d'une « solitude à deux ».

QUE FAIT-ELLE ?
Il n'est pas évident de combler de telles aspirations et il est vrai que son orientation non plus n'est pas toujours des plus conformistes. Ainsi peut-elle se tourner vers des professions spécialisées ou d'avantgarde, en rapport avec les dernières techniques nouvelles (comme l'intelligence artificielle, par exemple, si elle choisit la sphère scientifique), des professions touchant à la psychologie ou à la parapsychologie, ou encore à la médecine ou à la religion..., des professions de nuit ou avec des horaires spéciaux...

NICOLAS   3

ALCIBIADE, ANTON, ARNOLD, JEAN-RICHARD, LÉONIDE, PABLO, RINALDO, TANTALE, WALDEMAN

QUI EST-IL ?

Nicolas n'est pas dépourvu d'un certain charme, mais il n'en joue pas forcément. Il préfère plaire par les démarches sensées et subtiles de son jugement que par sa séduction pourtant innée. C'est un homme réservé, inquiet qui, bien que charmant et communicatif, n'aime pas parler de lui-même et demeure secret. Il sait se montrer dynamique et volontaire. Doué d'une grande force de persuasion, il est à même de commander et d'avoir la première place. Il possède des capacités d'organisation et n'apprécie guère de n'être qu'un simple exécutant. Sa capacité de travail est importante. Son intelligence est pratique mais aussi analytique et son esprit tend à être sceptique, critique et parfois caustique. C'est en effet pour se défendre ou se protéger qu'il glisse une pointe d'humour ou d'ironie dans ses propos. Mais le 7 karmique peut aussi le conduire sur les routes de l'irrationnel, car son intuition, s'il veut bien l'écouter, est développée. Ce même nombre est également souvent la cause de tourments, d'anxiété, parfois même de déprimes. Enfant, il est indépendant et peut même l'être un peu trop. Il se replie souvent sur lui-même et on le trouve fréquemment plongé dans ses livres. Il préfère la solitude à une compagnie indésirable. Il serait intéressant de développer chez lui les notions de coopération et de partage, car il est un peu trop personnel.

QU'AIME-T-IL ?

Il aime la tranquillité, l'étude, la réflexion, l'analyse, la méditation, et est souvent intéressé par les sciences d'avant-garde (informatique). Parfois, il s'intéresse aux religions ou à l'irrationnel.

En matière de cœur, il est réservé et cache sa grande sensibilité derrière une façade de froideur qui peut le faire passer pour insensible. Néanmoins, il est fidèle et possède une haute moralité. Très exigeant dans son choix, très élitiste, il peut connaître la solitude. À moins qu'il ne parvienne à trouver l'âme sœur, avec qui il pourra tout partager, et qu'il choisira notamment en fonction d'affinités intellectuelles, culturelles ou spirituelles communes.

QUE FAIT-IL ?

Les professions susceptibles de lui convenir sont les professions libérales ou commerciales, des spécialités scientifiques ou techniques, des activités en rapport avec l'avant-garde, la mode ou l'architecture.

NINA

△2 ◯1 □1

ANOUCK, ZITA

QUI EST-ELLE ?

Nina est un personnage assez contradictoire, puisque marquée par deux chiffres opposés, le 1 et le 2, c'est-à-dire un côté indépendant et autoritaire, actif, et un autre dépendant, conciliant et passif... Ces influences contraires lui donnent un caractère cyclothymique, et elle apparaîtra plutôt insaisissable. Ces tendances antagonistes peuvent cependant s'harmoniser et l'on pourra dire alors qu'elle a « une main de fer dans un gant de velours ». À l'écoute des autres, elle est aussi considérablement intéressée par elle-même. Elle oscille entre don de soi et égocentrisme. Sa sensibilité, bien que très forte, peut ne pas toujours être évidente. En effet, elle tend à refouler ses émotions au point d'être accusée de froideur, de distance, voire d'insensibilité, d'autant qu'elle n'aime pas montrer sa fragilité et sa vulnérabilité. Attention, ne vous méprenez pas : orgueil, fierté, dignité et attitude forte sont en réalité une façade...

C'est une hyperémotive qui, enfant, oscillera entre un besoin d'autonomie et de liberté (accentué si elle est née un 1, 10, 19, 28, ou si elle possède un chemin de vie 1) et une dépendance extrême à sa famille et à son foyer (si elle est née un 2, 11, 20, 29, ou si elle possède un chemin de vie 2), au point qu'elle pourrait avoir des difficultés à couper le cordon ombilical si on la freine dans son émancipation. Une éducation idéale devra être souple, lui apporter tendresse, sécurité affective, et développer son sens des responsabilités, notamment sur le plan familial où elle pourrait se révéler une seconde mère pour ses frères et sœurs.

Si elle est désireuse de faire plaisir, elle adore aussi les compliments qu'il faudra doser scrupuleusement.

QU'AIME-T-ELLE ?

Elle aime briller, paraître, être admirée et d'elle se dégage séduction et majesté. Elle est perfectionniste et veut aussi avoir le premier rôle dans la vie ; son ambition est certaine. Elle sera ainsi partagée entre une vocation de femme au foyer qui lui est indispensable (elle se révèle être une ménagère parfaite et une excellente mère de famille) et une réalisation professionnelle d'envergure. Dans les deux cas demeure une certaine insatisfaction. La difficulté réside dans le fait qu'au foyer elle se rebelle contre sa dépendance envers son conjoint et la frustration de ne pas employer pleinement sa créativité. Dans le second cas, elle vit mal un sacrifice de sa vie affective...

Sentimentalement, il sera difficile à son compagnon de sonder les mystères de Nina. D'autant qu'elle préfère être devinée. Très intuitive elle-même, elle perçoit l'autre au-delà des mots. Par ailleurs, il lui faut conserver un juste équilibre entre les valeurs de dépendance et d'indépendance, dans une situation où chacun des deux conjoints possédera une suprématie dans un domaine spécifique.

QUE FAIT-ELLE ?

Elle est attirée par les professions créatives ou liées à l'esthétique, tout ce qui concerne le conseil, l'écoute, les carrières où il faut collaborer, coopérer et s'associer (médiatrice, enseignante, assistante sociale...), des orientations touchant à la psychologie ou à la parapsychologie constituent également des voies possibles d'activité professionnelle, enfin, les travaux minutieux requérant du sérieux et de l'attention sont accessibles pour elle, comme la comptabilité ou le secrétariat.

OLIVIER et **OLIVER**   △9   ☐ 7

BOWDEN, COME, ELIOTT, EMILIO, ÉNOCH, ÉVARISTE, FLORENT, HOCINE, HUGUES, HUGUENIN, JEAN-DENIS, JOZSEF, LAWRENCE, MOSCHÉ, OGIER, PIERO, RODERIC, ROGER, ROGIER, TOINE, VALÈRE, VICTOR-EMMANEL, VINCENZO

QUI SONT-ILS ?

Olivier et Oliver sont des êtres tendres, sensibles, idéalistes, particulièrement épris d'équilibre et d'harmonie. Inspirés et émotifs, ils s'intéressent à l'art, l'esthétique et à ce qui touche l'humain. Réservés, ils ont besoin de se sentir dans une atmosphère favorable pour communiquer pleinement. En effet, tout en étant ouverts sur l'extérieur, au point de rechercher la collectivité et les activités communautaires, ils n'en demeurent pas moins en retrait. Ils sont à part, secrets, mystérieux, voire insaisissables. Ils ont également beaucoup de tact et savent être très diplomates s'il le faut. Cette hypersensibilité s'accompagne d'une intuition très aiguisée, qui leur permet de saisir immédiatement les êtres et les faits. Ils rayonnent, dans une certaine mesure, de bonté et d'altruisme, et ces qualités ont toutes les chances d'être présentes, vraies et pures. Ce ne sont pas des hommes exubérants, il faut arriver à bien les percevoir et à les connaître, car ils possèdent de remarquables qualités humaines et une grande profondeur de sentiments.

Enfants, ils sont calmes, doux, timides, aiment leur famille et ont particulièrement besoin d'être entourés affectivement. Ils apprécient tout autant le confort que la douce quiétude du foyer. Sensitifs, gourmands ou gourmets, ils possèdent déjà une intuition aiguisée accompagnée d'une grande finesse. Autant leur parler simplement et directement, car ils ont le don de deviner les dissimulations ou les mystères. Par ailleurs, ils possèdent au plus haut point le sens de la justice, et toute entorse à leur loi les irrite immanquablement.

QU'AIMENT-ILS ?

Enfants, ils aiment les histoires, les légendes, les mythes, et apprécient la musique. Aussi serait-il souhaitable de les faire participer à des activités artistiques... On peut leur donner des responsabilités, familiales notamment. Ils seront des grands frères protecteurs. Ils préfèrent que l'on vienne à eux plutôt que le contraire : voilà pourquoi il faut favoriser de bonne heure les activités de groupe. Adultes, cela se traduira par une recherche de conciliation, de collaboration, de coopération, d'écoute et de conseil. Il leur faudra dépasser une tendance à la passivité et à l'oubli de soi. Pour certains, les vibrations du 11 impliquent des idéaux élevés, une quête d'absolu, parfois utopique. Les contingences matérielles et les dures réalités de l'existence sont susceptibles de les décevoir.

Sentimentalement, ils sont attachants car sensibles et bons. Il leur faudra une partenaire exceptionnelle, dotée elle aussi de valeurs similaires, avec éventuellement une pointe d'exotisme, car ils se contentent difficilement du tout-venant...

QUE FONT-ILS ?

Ils sont attirés par tout ce qui est original, voire d'avant-garde. S'ils sont nés un 4, 13, 22, 31, ou un 7, 16, 25, ils s'intéresseront plutôt aux domaines techniques (audiovisuel, informatique, télématique, électronique). S'ils sont nés un 2, 11, 20, 29, ou un 9, 18, 27, ils se tourneront plutôt vers les sciences humaines (psychologie, parapsychologie, sociologie, ethnologie, médecine, histoire, publicité, marketing, droit…). Ils apprécient également les activités liées aux voyages, et ils peuvent faire carrière dans le tourisme et le secteur des transports. La cuisine, la gastronomie, l'hôtellerie sont susceptibles de les tenter, ainsi que les professions artistiques et celles qui privilégient le contact avec un public.

OSWALD, OMAR et **OSCAR**

FEDERICO, FRANÇOIS-BRUNO, LOTHAR, LOUIS-ROMAIN, MARTINOT, MORVAN, NOËLLET

QUI SONT-ILS ?

Oswald, Omar et Oscar ont une personnalité énigmatique. Ils sont calmes, réservés et pondérés. Ils se méfient particulièrement de leur émotivité et de tout ce qui concerne la sphère affective. Leur réserve provient d'une certaine inhibition. Ils n'aiment pas déranger et essaient de résoudre seuls les problèmes qui se présentent à eux. Patients, concentrés et déterminés, ils sentent intuitivement que le temps travaille pour eux. Si leur volonté et leur capacité de travail sont importantes, ils se révèlent assez lents, ce qui peut les retarder dans leur réalisation sociale et professionnelle. Ils ne croient pas à la chance, et ce sont des intellectuels, des penseurs, à l'esprit à la fois analytique et sceptique. De longues études leur conviennent fort bien. Ils sont dotés de réelles qualités morales et l'on peut avoir confiance en eux, même s'ils sont quelque peu rigides. Il leur faudra éviter de devenir désabusés ou distants, ce sont des éventualités qui les guettent !

Enfants, ils sont doux et calmes. Il serait souhaitable qu'ils soient stimulés car ils doutent de leurs capacités. Favoriser leur expression orale et leur sociabilité, en les faisant participer à des activités de groupe, serait bon pour leur épanouissement. Une présence masculine forte dans leur éducation sera souhaitable et permettra d'aguerrir leur caractère.

QU'AIMENT-ILS ?

Ils aiment la nature, la tranquillité, la simplicité, les animaux et la terre. Intéressés par le merveilleux et l'hétérodoxe, ils adhèrent à tout ce qui peut contribuer à l'épanouissement de l'homme.

Sentimentalement, ils font difficilement le premier pas. Ils attendent plutôt d'être devinés. Pudiques, ils ont tendance à refouler leurs sentiments. Ils rechercheront chez leur partenaire une communauté de vues, de pensées, une symbiose totale, qui leur permettra de s'épanouir. Ce sont des compagnons fidèles et de bons pères de famille.

QUE FONT-ILS ?

Leurs inclinations les mènent vers des professions à caractère scientifique, technique, écologique ou en liaison avec la terre. Les tâches sédentaires ou routinières les sécurisent. S'ils sont nés un 11, 29, en novembre, s'ils possèdent un chemin de vie 11, ils peuvent vivre une octave au-dessus et se diriger aussi bien dans la voie d'engagements politiques et humanitaires que vers des activités de création et d'avant-garde.

PASCAL   5

**BONAVENTURE, ELIOT, INDIANA, MOÏSE, ZÉBÉDÉE,
ZELJIKO**

QUI EST-IL ?

C'est un homme étrange. Est-ce parce qu'il demeure souvent réservé et qu'il aime cultiver son mystère, ou bien parce qu'il mène sa vie sans forcément s'occuper des modes ou des usages... Cet homme énigmatique donne souvent l'impression d'une certaine froideur. C'est pourtant un tendre et un sentimental, même s'il ne sait pas toujours pleinement s'exprimer et tend à refouler ses émotions. Par ailleurs, il est à la fois cérébral, introspectif, réfléchi, intellectuel (surtout s'il est né un 7, 16, 25, ou s'il possède un chemin de vie 7) et très mobile et actif au point d'être partout à la fois (surtout s'il est né un 5, 14, 23, ou s'il possède un chemin de vie 5). Il se montre curieux de tout, impatient, impulsif. Malgré son aisance et son adaptabilité, il est inquiet et méfiant et se replie sur lui-même en cas de choc affectif.

Enfant, c'est un garçon sympathique et attachant, qui ne tient pas en place et est volontiers affectueux. Sa réceptivité et son intuition sont fort développées. Ainsi le verra-t-on s'introvertir et se réfugier dans des rêves ou dans des études, en fuyant le monde et en réprimant sa sensibilité. Aussi faudrait-il éviter les séparations ou la pension qui détruiraient sa fraîcheur et sa spontanéité. Il serait bon de surveiller de près ses goûts éclectiques.

QU'AIME-T-IL ?

Il recherche avant tout le contact avec les autres. Il se montre coopératif, avenant, serviable et conciliant. Il a d'ailleurs un sens profond de l'amitié, est disponible et à l'écoute des autres.

La vie sentimentale est importante pour lui, aussi fournira-t-il les mêmes efforts qu'en amitié et se montrera-t-il tendre et délicat, bien que méfiant, timide et réservé. S'il est né un 7, 16, 25, ou possède un chemin de vie 7, il tendra à la solitude, aimera son indépendance et préférera être seul que mal accompagné. S'il est né un 5, 14, 23, ou possède un chemin de vie 5, il sera plus ouvert et conquérant, et appréciera les aventures…

QUE FAIT-IL ?

La réalisation matérielle n'est pas forcément ce qu'il recherchera en premier lieu. Il sera intéressé par ce qui touche à la vente, au tourisme ou aux voyages…, ce qui est en rapport avec le conseil ou avec les enfants (la pédagogie, l'animation, l'enseignement…), les professions scientifiques, philosophiques, ou celles où l'art du diagnostic est important, ce qui touche à la publicité, au marketing, ou en rapport avec une spécialité technique.

PATRICE et GABRIEL   3

ADELIN, ANGE, ARCHAMBAUD, ARISTE, BORIS, CATHELIN, CHASE, DANIEL, DANIÉLOU, DÉONATUS, EDVARD, ÉTIENNE, GERVAIS, GINO, ICARE, INGO, JAITE, JEAN-HUGO, JOB, JOSS, MAXWELL, MÉDARD, MICHEL-DAVID, MICKAËL, MILON, NÉNESSE, OTIS, RÉNALD, SÉRAPHIN, SEWALL, TÉOPHRASTUS

QUI SONT-ILS ?

Ce sont des hommes séduisants et d'un commerce agréable, puisque sociables, communicatifs, gais et souriants. Leurs qualités sont habituellement : sensibilité, émotivité, tact, tolérance… Ils sont aussi idéalistes de nature, parfois même avec un certain esprit réformiste. Ils aiment que tout le monde soit heureux autour d'eux. La vie affective est très importante pour eux, et lorsqu'ils sont déçus ou se sentent incompris ou mal aimés, ils perdent une bonne partie de leur énergie, voire même de leurs possibilités. Assez curieux, tout les intéresse et tout les amuse, ce qui les amène à aborder de nombreux domaines, qu'ils ne font parfois qu'effleurer. Patrice et Gabriel possèdent souvent une très belle voix. Charmeurs et enjôleurs, ils ont l'art de rétablir toute situation périlleuse. Ils sont souples, adaptables, leur esprit est vif et rusé : ils sont très sympathiques.

Enfants, ce sont des êtres attachants qui ont le don de se faire aimer. Très réceptifs aux ambiances et fins psychologues, ils ressentent tout de suite une mauvaise atmosphère familiale et en sont particulièrement affligés ou perturbés, au point de se replier complètement sur eux-mêmes ou de s'échapper d'une manière ou d'une autre (fugues, rêves, musique, poésie ou drogue). En revanche, ils sont stimulés par un environnement affectif et seront ravis de participer à la collectivité en prenant des responsabilités familiales. Attention : ils peuvent être influençables ou versatiles...

QU'AIMENT-ILS ?

Les jeux de l'amour et du hasard leur conviennent. La beauté, l'art, le confort, les voyages sont aussi nécessaires à leur épanouissement.

En amour, ce sont des hommes tendres, doux et aimants, pour lesquels la réalisation d'une famille est importante. Ils sont d'ailleurs capables de sacrifices personnels et de dévouement. Mais ils sont aussi très exigeants, perfectionnistes, voire maniaques, et il arrive que leur cœur hésite souvent... car la femme parfaite est rare !

QUE FONT-ILS ?

La famille, nous l'avons vu, joue un rôle important et peut être à l'origine du choix professionnel de Patrice et de Gabriel. Sinon ils pourraient être tentés par des professions à caractère commercial ou en liaison avec la parole ou l'écriture, ou l'expression en règle générale, des professions en rapport avec les médias ou l'audiovisuel, en rapport avec les voyages, en rapport avec le confort, l'immobilier, la cuisine, la gastronomie, la restauration ou l'accueil, en rapport avec l'habileté manuelle (coiffure, artisanat).

PATRICK △6 ◯1 □5

BRIAC, CÉLESTIN, CHANG, DÉSIRÉ, FRANÇOIS-GUILLAUME, GABIN, GAYELORD, GÉGÉ, HANS, HANSI, IAN, IBRAHIM, JOUANNIC, KARL, KAZIMIR, LILLIAN, MAXIM, MIASMIN, RENÉ, SAM, SAMIR, STEPHEN, VICENTE

QUI EST-IL ?

Doux et sécurisant, agréable et charmant, Patrick est un homme séduisant, au charme discret, non dépourvu d'une certaine aura de mystère. Il cherche à plaire et à être dans les grâces d'autrui et cela peut se traduire tant par le souci de son apparence raffinée que par un besoin de séduire. De même, il est fortement concerné par son environnement familial avec lequel il ressent le besoin d'être en harmonie, quitte à donner de sa personne. Il excelle lorsqu'il se met dans la position de celui qui console, soutient ou prend en charge. Il est de ceux que valorisent les responsabilités. Toutefois, si sa famille n'a pas privilégié l'échange et contribue à le rendre narcissique ou à l'infantiliser (deux erreurs à ne pas commettre), il peut très bien prendre le chemin inverse, celui de l'égoïsme et de la non-prise en charge de lui-même. Patrick est souvent perfectionniste et parfois maniaque, même si cette tendance ne s'exprime pleinement que dans certains domaines de prédilection. Pour l'un, ce sera d'apporter un soin particulier à son habillement, pour l'autre, cela se traduira par des scrupules plus ou moins étouffants à l'égard de sa famille vis-à-vis de laquelle il se sent des obligations. Ses exigences peuvent s'exercer dans la sphère professionnelle où il ne se permet aucune faille, se montrant même, vis-à-vis d'éventuels collègues ou subalternes, particulièrement exigeant et autoritaire. Patrick est indépendant, épris de nouveauté et amoureux du changement. Sa nervosité est grande et s'exprime par le besoin de se mouvoir, par le goût des voyages, de la vitesse ou des remises en question. Il est attiré par l'aventure et cela peut provoquer un itinéraire un peu anarchique ou agrémenté de nombreux virages. Son activité est inégale, intimement liée à sa motivation. Il oscille entre hyperactivité, laisser-aller et paresse...

Enfant, Patrick devra être élevé avec souplesse et fermeté. Il n'est pas vraiment utile de trop le valoriser ou encore moins de l'encenser, car il n'a que trop tendance à l'autosatisfaction. En revanche, il a besoin d'amour et d'équilibre. Il serait souhaitable de lui donner de bonne heure des responsabilités à assumer, notamment familiales, afin d'éviter un certain narcissisme. Enfin, une activité artistique est à encourager chez ce garçon souvent esthète.

QU'AIME-T-IL ?

Patrick est un individualiste qui aime commander, diriger et prendre à pleines mains les rênes de sa destinée. Il est ambitieux et idéaliste, cherche à briller, à rayonner et à obtenir la première place. Généreux, il est capable de beaux gestes, mais cela n'exclut pas un égocentrisme certain.

La vie sentimentale et le plaisir prennent une place importante dans sa vie : Patrick est un séducteur. Il n'est pas toujours caractérisé par sa fidélité, mais quel charme ! Autoritaire et directif dans la relation à deux, il est comblé si sa partenaire lui voue une admiration sans bornes et si elle la lui exprime souvent... D'ailleurs, n'est-il pas merveilleux !...

QUE FAIT-IL ?

Il n'est pas impossible qu'il reprenne une activité familiale. Sinon, Patrick sera particulièrement attiré par les professions à caractère artistique ou esthétique, celles en liaison avec l'alimentation, la restauration, l'hôtellerie, la gastronomie…, en rapport avec la médecine ou le paramédical, où la prise en compte des autres est importante…, en rapport avec le mouvement, l'action, la mobilité, la vitesse, les voyages…

PAUL   5   1

FRANÇOIS-MARIE, LLOYD, MARC-ANTOINE, MATHURIN, PAOLO, PAULOU, PIERRE-ANTOINE

QUI EST-IL ?

Paul a du caractère, mais cela n'apparaît pas de prime abord car il est enclin à la méfiance. Pourtant passionné, il a une nature réservée et un besoin de rester secret. Deux tendances extrêmes coexistent au sein de cette forte personnalité. D'une part, il est introverti, calme, réfléchi, patient, persévérant. Il n'aime guère l'imprévu, a le sens des responsabilités et une moralité stricte, voire austère. D'autre part, il est extraverti, mobile, changeant, excitable, indépendant. Il refuse les contraintes, adepte de la liberté et amoureux des plaisirs... C'est donc un personnage souvent ambigu dont les actes ne sont pas toujours à la hauteur des paroles ou des promesses et réciproquement. Il pourra passer d'un personnage à un autre, lors des changements de cycles de son existence, notamment s'il est né un 4 mai (la deuxième tendance l'emportant) ou un 5 avril (alors la première l'emportera). Quoi qu'il en soit, il soigne son apparence. Sobre et digne, il en impose par sa fermeté, ses résolutions déterminées, sa volonté ainsi que sa puissance de travail que l'on donne souvent en exemple. C'est un homme cérébral, d'une intelligence au-dessus de la moyenne. Il réfléchit avant d'agir. D'esprit rationnel et analytique, il est également intuitif. Après mûre réflexion, il plongera dans le scepticisme le plus total ou dans un mysticisme convaincu. Avec lui, c'est tout ou rien : Paul est ennemi des demi-mesures.

Parents, n'hésitez pas à structurer cet enfant en lui donnant le goût du travail bien fait, de l'ordre et des responsabilités. Ne lui assenez toutefois pas de principes moraux étouffants ou culpabilisants qui auraient des effets fâcheux dans sa vie émotionnelle ou sexuelle future. Indépendant et raisonnable, même s'il frôle le défendu comme le petit Paul de la comtesse de Ségur, il regardera de loin Sophie, sans perdre de vue le droit chemin !

QU'AIME-T-IL ?

Si le 5, le 14 ou le 23 est son jour de naissance, s'il est né au mois de mai ou possède un chemin de vie 5, il appréciera le mouvement, les voyages et aura tendance à se remettre en question. Mais s'il est né un 4, 13, 22 ou 31, ou possède un chemin de vie 4, il appréciera avant tout l'ordre, le travail, la stabilité. Il sera plus une éminence grise qu'un chef.

Ni vraiment sentimental, ni vraiment démonstratif, il demeurera pudique et sera susceptible de vivre partagé entre ses pulsions instinctives et ses interdits, car il est fondamentalement attaché aux valeurs sociales, à l'ordre et aux traditions.

QUE FAIT-IL ?

Homme de responsabilités, il sera attiré par les domaines suivants : la terre (agriculture, construction, artisanat, mines...), les voyages (import-export, interprète, représentation, tourisme...), les sciences, l'économie.

PAUL-LOUP △6 ☐2

ABU, ARTHUS, ARTUR, BAUDOUIN, DABNEY, ERNEST-ANTOINE, EUCLIDES, HARLEY, HORACIO, JACOPO, LUCIAN, NIKLAUS, SEBASTIANO, TOMMASO, TROY

QUI EST-IL ?

Paul-Loup respire le calme, la tranquillité, l'harmonie, et inspire la sympathie. Ses qualités de sérieux, de conscience de ses devoirs le rendent sécurisant pour son entourage. Il est aussi animé par un souci de plaire et de faire plaisir et se sent facilement responsable des autres, notamment sur un plan familial où obligations et contraintes se font parfois sentir (en fonction du 2 karmique). La plupart du temps, il a une nature scrupuleuse, se montre homme de principes, souvent maniaque et pointilleux. Cela peut se traduire par un goût sûr ou un certain raffinement, mais aussi par certains rites ou habitudes excessives, comme le souci exacerbé de l'ordre ou de l'hygiène, ou encore une méticulosité extrême. Le sentiment tient également une place importante dans son existence : Paul-Loup est un être sensible, tendre, et il a un sens aigu de l'amitié. Secourable, serviable, il sait merveilleusement bien conseiller et consoler. Néanmoins, il est sélectif quant à ses relations et ne donne pas son amitié à tout le monde. S'il sait être présent lorsqu'on a besoin de lui, il demande la contrepartie. Paul-Loup oublie difficilement les affronts ou les trahisons et en garde longtemps la trace. Sa rancune est tenace.

Enfant, Paul-Loup est très sensible et timide et a besoin de tendresse et d'affection. Sage, craintif, inquiet, impressionnable, il est souvent attaché à sa famille, à sa mère notamment. Rêveur, il est fréquemment dans la lune ou étourdi. Il travaillera d'autant mieux qu'il se sentira soutenu et aimé, ses résultats scolaires seront directement liés à son attachement à ses professeurs. Une activité artistique serait à favoriser.

QU'AIME-T-IL ?

Il recherche la sécurité avant toute chose, et apprécie le naturel, l'authenticité et la stabilité. Attaché au confort matériel et aux biens, il se montrera possessif et conservateur.

Sa vie sentimentale n'est pas toujours à la hauteur de ses aspirations. Avec le 2 karmique, il a certaines difficultés dans ses relations, soit du fait de son manque de souplesse et une tendance autoritaire et directive, soit parce que son hyperémotivité lui joue des tours. Il est terriblement exigeant dans le choix de l'élue et hésite souvent au moment décisif entre Émilie qui est belle et représentative, mais pas assez cultivée, Virginie qui est cultivée mais pas assez tendre ou Sophia qui est tendre mais pas assez sophistiquée !...

QUE FAIT-IL ?

Professionnellement, Paul-Loup sera attiré plus particulièrement par les professions artistiques, littéraires, ou en rapport avec l'esthétique, ou le goût (gastronomie), les professions scientifiques ou liées à la terre, à la nature, aux animaux (mineur, horticulteur, agriculteur, herboriste, ingénieur, physicien...), les professions de conseil.

PHILIPPE, GILLES et **GILBERT**

BRICE, EDWIN, EMMANUEL-BRUNO, ÉRICK, EUSTACHE, GREG, MIMILLE, MITCHELL, PRINET, RICKIE, RUGGERO, SEM, TISTE, VIRGILE, YOAN

QUI SONT-ILS ?

Quel dynamisme, quel entrain, quelle vivacité, quelle impulsivité ! Ils n'apprécient guère les contraintes et chérissent la liberté. Adaptables, rapides comme l'éclair et toujours pressés, ils sont particulièrement curieux. Ils évoluent avec adresse et habileté, et saisissent les opportunités qui s'offrent à eux, sans toutefois avoir toujours pleinement conscience du danger. S'ils sont curieux, ils demeurent secrets, réservés, ou moqueurs et cyniques, et préfèrent se dissimuler au regard des autres. Ils cultivent le mystère et sont insaisissables. Énergiques, directifs, ils ont un grand besoin d'action et de motivation. Cela peut se traduire par une mobilité extrême, une grande nervosité ou l'amour du sport. Ils veulent avoir la première place dans la vie et pensent, non sans complaisance, que « la valeur n'attend pas le nombre des années ». Indisciplinés, ils sont même effrontés malgré une certaine timidité. Ils ont les défauts de leurs qualités : impatience, instabilité, emballements, agressivité, parfois manque de discernement et de nuances. Ainsi refusent-ils l'autorité établie et font-ils preuve d'extrémisme ou d'insubordination. Leur existence est marquée par de nombreux changements de parcours. Ennemis de la routine et de la monotonie, ils aiment que tout aille très vite. Heureusement, la chance leur sourit, et ils savent la saisir.

Enfants, ce sont des petits garnements sans cesse en mouvement (surtout s'ils sont nés en mars ou en mai, un 3, 5, 12, 14, 21, 23, 30, ou s'ils possèdent un chemin de vie 5). Leur besoin d'action est considérable, aussi faut-il prévoir à leur programme sports et activités de plein air. Ils préféreront grimper aux arbres plutôt que de se plonger dans une activité intellectuelle. Leur susceptibilité est forte, et leurs colères sont fréquentes. Parents, prévoyez des jouets solides ! Soyez fermes avec eux dès le berceau, sans quoi vous serez vite dépassés...

QU'AIMENT-ILS ?

Le mouvement, les voyages, l'aventure ou les aventures, les conquêtes, le risque ont l'heur de leur plaire. Ils aiment l'action et le changement. Ils recherchent des activités variées et diversifiées, ce qui peut impliquer une certaine instabilité.

Leur vie amoureuse est passionnée mais souvent orageuse. Leurs coups de foudre sont fulgurants, mais risquent de connaître de brusques dénouements. Ils se lassent vite, aussi sachez les étonner, les charmer, les ensorceler. Ils sont capables d'élans de générosité mais peuvent se montrer égocentriques et narcissiques. Indépendants avant tout, leur devise est : « Qui m'aime me suive ! »

QUE FONT-ILS ?

Ils sont attirés par des professions où ils n'auront pas à subir les ordres d'un supérieur hiérarchique et où leur autonomie sera préservée. Par ailleurs, ils rechercheront le mouvement. Ils apprécieront donc une profession libérale (surtout si nés un 1, 10, 19, 28, ou en janvier ou en octobre, ou s'ils possèdent un chemin de vie 1), tout ce qui se rapporte aux voyages, à la vente, à la publicité, au marketing ou au commerce (surtout s'ils sont nés un 5, 14, 23, ou s'ils possèdent un chemin de vie 5), tout ce qui est lié aux activités physiques ou au sport. S'ils deviennent fonctionnaires, ils aimeront changer fréquemment de service ou privilégieront le domaine du tourisme et des transports.

PIERRE 8

BÉNÉDICT, BERNIE, BRIAN, GAVIN, GISLAIN, GUY, IBAN, PYRRHUS

QUI EST-IL ?

Pierre est un homme fort mais difficile à comprendre, car deux composantes opposées sont incluses dans son prénom. La première, masculine, de tempérament colérique, excitable, passionnée, vient de l'association du 1 karmique et du 8 karmique, selon que son jour ou mois de naissance est un 1, 8,10,17,19, 26, 28, janvier ou août, ou s'il possède un chemin de vie 1 ou 8. L'autre est la tendance de tempérament nerveux, secrète, intériorisée, timide, voire inhibée, qui provient de l'association du 7 et du P, selon que son jour ou mois de naissance est un 7, 16, 25, juillet, ou s'il possède un chemin de vie 7. Individualiste et personnel, c'est un homme de devoir, peut-être davantage toutefois dans ses propos que dans les faits. Il a du mal à se faire comprendre, ses réactions sont souvent imprévisibles, et il peut tout aussi bien réagir intempestivement et brutalement que se replier sur lui-même dans une sensibilité plus ou moins douloureuse. Le dialogue, le tact et la diplomatie ne sont pas son fort, alors que son intuition est très développée... C'est en général un actif mais son fonds d'extrémisme le rend inégal. Soit il se donne totalement à ses activités, observe un réel acharnement dans son travail, soit il se réfugie dans une inactivité totale.

Enfant, il voudrait bien s'imposer et dépensera beaucoup d'énergie pour se faire respecter. Parents, évitez de le vexer et favorisez chez lui la communication verbale. Élève brillant, Pierre peut réussir dans les études (dominance du 7). À moins que son indépendance, son besoin d'aller vite et sa versatilité ne le poussent à devenir un autodidacte (dominance du 1 ou du 8).

QU'AIME-T-IL ?

Il aime briller, être regardé, admiré, donner l'exemple et n'hésite pas à recourir à son sens théâtral, qui est inné. Il pourra afficher un personnage à part, original, excentrique ou marginal. Si son intellect domine, il sera féru d'astrologie, de psychologie, d'ethnologie, de spiritualité... ou professera des opinions réactionnaires ou au contraire révolutionnaires, sous des dehors cyniques, critiques et mordants.

En matière de cœur, il est ardent et passionné, bien que peu sentimental, généreux, à condition toutefois que son autorité ne soit pas remise en cause ! Il entend aussi qu'on lui accorde une attention constante et peut se montrer jaloux comme un tigre !

QUE FAIT-IL ?

Chez ce personnage à plusieurs facettes, les orientations sont multiples : si le 8, 17, 26 est son jour de naissance (ou chemin de vie 8), il préférera les professions en liaison avec le pouvoir et l'argent (gestion, finance, comptabilité, banque, assurances, police, sport, industrie, affaires...), si le 7, 16, 25 est son jour de naissance (ou chemin de vie 7), on le verra plutôt dans des professions techniques, spécialisées (ingénieur, mécanique, informatique), ou de recherche, sinon, le domaine du paranormal peut l'attirer, car son intuition est forte et peut facilement devenir de la clairvoyance (magnétiseur...).

RAYMOND   △9 ◯5 □22/4

QUI EST-IL ?

Raymond possède une grande puissance, qu'il utilisera la plupart du temps dans le travail. Même si son émotivité et sa sensibilité sont fortes, ce n'est pas ce qui apparaît en premier lieu chez lui. En effet, il a une telle emprise sur lui-même qu'il semble en général plus rude et brusque qu'il ne l'est réellement, tant sa timidité, son manque de spontanéité, sa réserve et sa pudeur naturelle sont accusés. Sa principale force est très certainement sa capacité à suivre son chemin, tel le Capricorne (souvent son signe astrologique) qui grimpe lentement mais sûrement vers les hauteurs. Il n'est pas vraiment impressionnant, d'autant qu'il ne recherche pas à produire un tel effet. Sa devise pourrait être : « Pour vivre heureux, vivons cachés. » Il est plutôt lent, déterminé et sait très vite ce qu'il veut, qu'importe s'il lui faut des années pour voir aboutir ses projets... Calme et réfléchi, il possède une certaine méfiance et de la prudence. En effet, comme il a tendance à maîtriser son agressivité et à réprimer ses sentiments, il demeure longtemps sous le coup d'une émotion ou d'un affront. C'est un personnage rancunier, qui rumine et n'oublie jamais. Très humain, s'il vit son maître nombre 22, il pourrait avoir des réalisations d'envergure. Soyez-en sûr, Raymond ne se fait peut-être pas remarquer mais sa volonté et sa détermination sont inébranlables, ce qui lui confère des potentialités exceptionnelles.

Enfant, il faudra accepter cette réserve, cette lenteur qui le caractérisent, de même que son besoin de se préserver. Faites-lui confiance, et ne le bousculez pas trop ! Lors de ses études, il travaillera à son rythme. Il préfère les matières scientifiques où son esprit rationnel se sent à l'aise. Sa lenteur, si elle risque de lui occasionner des notes « passables » dans un système éducatif qui tend à privilégier les performances, ne l'empêchera nullement d'arriver, bien au contraire.

QU'AIME-T-IL ?

Il aime par-dessus tout la liberté, faire partie intégrante d'un monde auquel il se sent pleinement participer. Il aime l'ascension, la conquête. La difficulté, voire l'échec le stimulent. Il apprécie l'exercice physique, mais est plus un coureur de fond qu'un sprinter. Il aime la terre, la nature et les animaux avec lesquels il sait faire preuve d'une grande patience.

En amour, il est sensuel, tendre et, bien que résistant difficilement aux tentations, il a plutôt tendance à être fidèle. Il sait aussi se montrer stable et protecteur, mais il peut être également timide et ne sait pas toujours exprimer ses sentiments...

QUE FAIT-IL ?

Éclectique, il est susceptible d'exercer de nombreux métiers dès lors qu'ils s'inscrivent dans ses objectifs. Il pourra donc se tourner aussi bien vers la politique, les métiers de la terre, l'immobilier, l'architecture, les affaires internationales, que vers les sciences exactes, comme ingénieur, comptable...

RAYMONDE △5 ◯1 □22/4

BIRGITTA, BRIGITTA, CIRINNA, FERGIE, FORTUNÉE, LAURANNE, LAURIANNE

QUI EST-ELLE ?

Raymonde a une personnalité contrastée. Le 4 et le 5 étant des chiffres antagonistes, on peut percevoir deux personnages en elle : la personne sociable, ouverte, gaie, communicative, épicurienne, sympathique, effrontée, éprise d'aventure et de changement. Ce comportement sera amplifié si sa naissance a eu lieu un 5, 14 ou 23, ou si elle possède un chemin de vie 5 ; la personne réservée, sérieuse, travailleuse, fidèle, tendant au conservatisme et éprise de stabilité. Cet aspect sera d'autant plus accusé pour celle née le 4, 13, 22 ou 31, ou possédant un chemin de vie 4.

L'hyperémotivité alliée à une certaine susceptibilité la font passer d'un pôle à un autre, cela se traduisant parfois par des accès de colère. En effet, d'une nature instinctive, Raymonde est une colérique.

Enfant, elle est plutôt pétillante, enjouée, sociable et appréciera beaucoup plus l'école pour les relations qu'elle y nouera que pour le travail scolaire. La vie pour elle est un jeu ! L'éducation parentale devra donc tenir compte de cette tendance. Ne soyez pas trop laxistes, car son autonomie et son sens de la liberté sont suffisamment accentués. Favorisez sa générosité foncière en la faisant participer à des mouvements associatifs, où elle pourra exprimer tour à tour sa créativité, son goût des voyages et son sens du commandement. Il serait bon de favoriser très tôt ses dons artistiques, au travers d'activités musicales ou créatives.

QU'AIME-T-ELLE ?

Elle aime le changement, mais dans la continuité, car lorsqu'elle a décidé quelque chose, elle a suffisamment de volonté pour aller jusqu'au bout. Elle aime briller, commander, gérer, organiser, prendre en charge les autres ou les événements. Elle hait la médiocrité et ne souffre pas les incapables. Elle aime les belles choses et préférera mettre du temps pour obtenir un bel objet, plutôt que d'en avoir plusieurs plus vite, moins chers et moins beaux.

QUE FAIT-ELLE ?

Surtout lorsqu'elle est née un 1, 10, 19 ou 28, elle peut être attirée par les professions liées à l'esthétique (coiffure, décoration, mode, bijoux, couture...) ou au physique et à l'apparence extérieure (hôtesse, mannequin)... Lorsque le 3, 12, 21, 30, ou le 5, 14, 23 est son jour de naissance, elle s'orientera plutôt vers les activités commerciales ou liées aux voyages. Lorsque son jour de naissance est un 4, 13, 22 ou 31, elle peut préférer des carrières plus stables et sécurisantes (fonctionnaire).

REINE et IRÈNE   ⬜ 5

AURIANE, BABS, DOROTHY, ELKE, FÉLICITÉ, GILBERTE, GISELLE, GRETEN, JUDY, MARY-JOE, MICHELINE, MINNA, PEYRONNELLE, REGGIE, RINA, TRICIA, ZOUBIDA

QUI SONT-ELLES ?

Émotives, elles possèdent une grande sensibilité et sont la plupart du temps fortement concernées par la famille et le foyer. Elles sont aussi très actives, dynamiques et indépendantes, soucieuses de prendre leur envol tôt et d'assumer des responsabilités. Éprises d'harmonie et désireuses d'avoir la paix, elles sont prêtes à fournir les efforts nécessaires pour maintenir l'équilibre autour d'elles. Elles sont d'ailleurs rassurantes : leur air paisible et leur apparence calme, voire flegmatique, réconforte et attire. Pourtant, elles sont excessivement nerveuses, mais compensent par une activité incessante mais bien orchestrée, car elles ont de bonnes capacités d'organisation. Habituellement diplomates et nuancées, elles peuvent, par impulsivité ou émotivité, commettre des erreurs. Elles sont emportées mais pas le moins du monde rancunières, et lorsqu'elles se sont laissé aller à quelques emballements ou à la colère, elles n'auront de cesse qu'elles ne veuillent rétablir la paix, si chère à leur cœur. Tout, chez elles, est lié à la motivation : quand elles veulent vraiment quelque chose, elles sauront mobiliser courage, volonté et une énergie au-dessus de la moyenne pour arriver au but convoité. En revanche, il peut leur arriver, une fois celui-ci atteint, de se lasser, de changer, ou mieux, de vouloir encore progresser. En effet, c'est souvent l'inconnu ou la difficulté qui les attirent car elles aiment se dépasser. Ce sont des femmes très scrupuleuses et perfectionnistes, qui se donnent des obligations et des contraintes. Mais elles peuvent avoir un comportement déconcertant vis-à-vis de l'ordre, qui peut se manifester par des conduites de maniaquerie et de pointillisme pour un domaine spécifique (en général le travail où elles font du zèle)... alors qu'elles seront inorganisées, totalement désordonnées même, dans un autre domaine qu'elles jugeront négligeable.

Fillettes, elles sont très affectueuses et voudront faire plaisir à leurs parents en se rendant indispensables et en étant responsables. L'harmonie familiale est fondamentale pour elles et une mésentente peut avoir des effets désastreux sur leur équilibre : elles seraient alors tentées de fuir pour ne pas être confrontées à des stress continuels. Elles peuvent être attirées par l'art, la danse ou la musique.

QU'AIMENT-ELLES ?

Elles sont fières, ambitieuses et veulent réussir pour commander et diriger, sans autorité au-dessus d'elles. Elles supporteront très mal la place de secondes car elles veulent briller et être un modèle pour les autres. Il peut arriver qu'elles versent dans l'autoritarisme et l'orgueil, indissociables d'une grande susceptibilité.

En amour, elles optent résolument pour la position dominante (elles ont d'ailleurs horreur de la dépendance) et se montrent très élitistes dans leur choix. Souvent très hésitantes et trop idéalistes, elles trouvent toujours quelque défaut à leur compagnon et n'hésitent pas à le lui dire. Aussi se compliquent-elles la vie en exigeant parfois l'impossible.

QUE FONT-ELLES ?

Elles sont souvent partagées entre un désir de réussite personnelle et la réalisation d'une famille. Leur souci de perfection leur rend difficile ou culpabilisante la réalisation des deux. Elles peuvent être influencées par la famille, ne choisissant pas alors ce qu'elles voudraient réellement, mais se conformant aux désirs parentaux. Sinon, elles seront attirées par une profession de prise en charge des autres (médicale ou paramédicale, en rapport avec la justice ou la psychologie...), une profession libérale, de direction ou de cadre, une profession exigeant de la précision ou le sens de l'esthétique.

RÉMI

  4

ALOŸS, CHEB, ED, ÉMIR, JEFF, PHILIBERT, UBERTO, VIVIEN, YOHAN

QUI EST-IL ?

Étrange garçon que Rémi, réceptif et malléable, personnalité à multiples facettes. Cette perméabilité à l'ambiance dans laquelle il se trouve le fait passer par des états émotionnels successifs selon les êtres qu'il côtoie et qui l'influencent tour à tour... La sphère affective le dynamise et lui sert de tremplin pour mener à bien ses entreprises. Mais lorsque, au contraire, il perçoit une atmosphère peu hospitalière, il se referme totalement et perd par là même une bonne partie de ses moyens. Rémi est hypersensible, toujours les nerfs à fleur de peau. Même s'il semble bien souvent calme ou flegmatique, ce n'est qu'une apparence. Lorsque la vie le déçoit, il tend à se renfermer sur lui-même. À d'autres moments, il préférera s'échapper, par l'intermédiaire de sa riche imagination ou du rêve qui peuvent pallier les dures réalités de son quotidien. À moins que de véritables voyages lointains ne lui permettent cette évasion si nécessaire à son équilibre... Il possède un sens social certain et se montre charitable, tolérant, large d'esprit avec les êtres qu'il rencontre. Néanmoins, il est plus difficile avec ses proches auxquels il réserve certains des principes qui lui tiennent à cœur. Sa simplicité naturelle ainsi que sa générosité foncière le rendent sympathique : doué du sens de la solidarité, il est apprécié par ses amis envers qui il manifeste hospitalité et chaleur humaine. Parfois extraverti, enthousiaste, entreprenant et vif, parfois rêveur, réfléchi, lent et introverti, Rémi peut déconcerter par ce côté cyclothymique, mais il a besoin de vivre ces deux facettes de sa personnalité.

Enfant, Rémi est parfois étourdi, versatile ou dispersé (notamment s'il est né un 5, 14, 23, en mai, ou s'il possède un chemin de vie 5). Mais il est aussi très rêveur et peut demeurer tranquillement au calme, en quête de sécurité (surtout s'il est né en avril ou en septembre, ou s'il possède un chemin de vie 4 ou 9). Il serait souhaitable, chez cet enfant hypersensible, d'encourager un violon d'Ingres.

QU'AIME-T-IL ?

Appréciant peu les contraintes, Rémi aime avant tout sa liberté : supportant mal une quelconque discipline, il aime la fantaisie, l'évasion, les voyages et l'aventure. Ennemi de la monotonie, il ressent le besoin de renouveler sans cesse ses émotions et ses sensations, et il ne recherche pas particulièrement les responsabilités.

La vie sentimentale et amoureuse est importante chez cet homme affectif et sensuel, parfois très conquérant. Même dans le domaine affectif, il n'appréciera pas d'avoir une quelconque entrave, l'indépendance et la confiance étant nécessaires à son épanouissement : la jalousie, la possessivité ou les questions trop répétées seront très mal supportées...

QUE FAIT-IL ?

Rémi sera intéressé par la variété et la mobilité (surtout s'il possède un chemin de vie 5 ou 9) et s'orientera vers des professions en liaison avec les voyages, la vente, le public, le domaine artistique, l'audiovisuel, l'import-export... Mais, s'il possède un chemin de vie 4, ou s'il est né un 4, 13, 22, 31, il peut néanmoins chercher une profession plus stable ou plus sécurisante comme fonctionnaire, ou en rapport avec la terre, la nature ou les sciences exactes...

RENAUD

CHARLES-ANTOINE, CLIFF, ERNAUD, GAUTIER, JEAN-ANTOINE, PHIL, PIERRE-QUENTIN, RIRI

QUI EST-IL ?

Le moins que l'on puisse dire, avec cette omniprésence du 9, c'est que Renaud est un être d'exception ou d'excès, sa politique allant dans le sens des extrêmes et non des demi-mesures. Son itinéraire sera susceptible de le conduire vers certains sommets, vertigineux parfois, comme vers des abîmes aux profondeurs insondables... Tout le pousse vers les autres, vers le monde ou vers le public. Renaud possède un fort ascendant sur autrui et peut laisser un nom ou une empreinte. Cela sera d'autant plus important qu'il s'impliquera d'une manière désintéressée. C'est un personnage hors normes, qui ne suit pas les sentiers battus et ignore les frontières. Renaud est hanté par l'ailleurs, que cet ailleurs soit géographique, intellectuel ou spirituel. Il cherche à se dépasser, à aller au-delà de ses limites, de ses habitudes. Cela le rend souvent difficile à saisir et il court aussi le risque d'être pris pour un illuminé ou, au mieux, un marginal. Le plus souvent, Renaud peut devenir un homme public, ou ayant un rapport avec le public, à moins que la vie ne le mette en contact avec les autres leçons du nombre 9 : l'étranger (lors de ses voyages ou déplacements), l'altruisme, les orientations humanitaires ou philanthropiques. Il est assez fréquent qu'il passe par différentes phases avant d'atteindre le détachement parfait. Il lui faudra se rassurer pleinement sur un plan matériel avant de se consacrer aux autres, car il n'est pas à l'abri des remises en cause. Il a besoin d'avoir la foi en ce qu'il fait et il n'est pas impossible qu'il accède à une certaine notoriété ou autre forme de reconnaissance. Sa tendance aux rêves, sa riche sensorialité, sa quête d'inaccessible peuvent, si elles ne se matérialisent pas, le conduire vers les paradis artificiels.

Enfant, Renaud est hypersensible, émotif et fantasque. Il faudra savoir le comprendre et l'aimer, même si sa vision de la vérité vous est étrangère et si ses histoires inextricables vous laissent rêveurs. Et si sa riche imagination et son rêve de merveilleux étaient les ferments de sa future vocation ? Dites-vous que l'affectivité lui est fondamentale et que si Renaud se sentait incompris, la fugue pourrait être son échappatoire...

QU'AIME-T-IL ?

Les grandes causes, les grandes idées, les valeurs humaines ou spirituelles. Renaud voit souvent grand, son idéal est illimité. Ses goûts le poussent vers l'inaccessible, l'étrange, le mystère, la religion, l'occulte, la psychologie, la politique, l'archéologie...

Au quotidien, il est difficile à cerner et à suivre, son cœur étant à l'image de son idéal, immense : Renaud n'est pas forcément l'homme d'une seule femme.

QUE FAIT-IL ?

Renaud sera intéressé par les professions le mettant en rapport avec le public, l'audiovisuel, la publicité, en rapport avec la mer (marin...), la gastronomie ou la restauration, celles en rapport avec les voyages et l'étranger, comme le tourisme par exemple, les activités en rapport avec les grandes valeurs humaines, sociales ou philanthropiques, à moins qu'il ne développe ses talents d'artiste (journaliste, comédien, écrivain...), ou d'homme public (politique).

ROBERT   △ 6   ⬡ 11/2   ☐ 22/4

ADELPHE, ANTHELME, HECTOR, JOFFRE, MURRAY

QUI EST-IL ?

Robert est un homme agréable, tendre, doux, conciliant, duquel se dégage une impression de force tranquille. Mais ne nous trompons pas : trois maîtres nombres (11, 22, 33) sont inclus dans ce prénom, ce qui est exceptionnel, et son apparente bonhomie cache en fait une grande détermination et une force intérieure non négligeables. Robert possède un grand empire sur lui-même qui peut passer pour du flegme. Il est en fait très sensible, émotif et son caractère est secret, réservé et naturel. Ennemi des artifices, il est simple, sérieux, parfois maniaque ou méticuleux. Pourtant, derrière cette douceur apparente et ce calme, Robert est un homme bouillonnant. Ses idéaux sont élevés car c'est un passionné qui a profondément besoin que sa vie ait un sens. Si Robert le veut bien, s'il parvient à vivre et à supporter les influences de l'un ou de ses trois maîtres nombres, il pourra aller très loin, parvenir à des sommets que peu peuvent atteindre : Robert est l'un des prénoms d'exception qui renferment de telles vibrations. Mais cela signifie qu'il devra, sur tel ou tel plan de son existence, s'oublier lui-même, oublier son confort et ses propres aspirations pour se consacrer au bien-être de la communauté : une tâche extraordinaire, quasiment christique. Mais voudra-t-il vivre une telle existence ? Son libre arbitre lui permettra de trancher...

Enfant, il est discipliné, perfectionniste, relativement obéissant, très vite responsable (surtout s'il est né un 6, 15, 24, ou possède un chemin de vie 6), et frère aîné remarquable, ne refusant jamais de s'occuper de ses cadets qu'il saura paterner.

QU'AIME-T-IL ?

Il a le sens de la famille et du foyer, apprécie le confort d'un nid douillet. Il est souvent esthète, sensible à l'harmonie, à la beauté, à l'art et à la paix. Amoureux de la nature, de la terre et des animaux, il a des goûts simples mais vrais. Tout en étant calme et doux, il peut s'emporter lorsqu'il rencontre l'iniquité.

Sur le plan sentimental, c'est un partenaire charmant bien qu'exigeant, qui demande que l'on s'occupe de lui, qu'on le materne. Sensuel et épicurien, il est sensible à la tendresse et aux bons petits plats. En contrepartie, il est sécurisant, fidèle et se montrera un bon père de famille.

QUE FAIT-IL ?

Les orientations susceptibles d'être envisagées sont les professions où il faut prendre en charge les autres et conseiller (psychologie, enseignement), surtout s'il est né un 11, 29, ou possède un chemin de vie 11, les professions médicales ou paramédicales, surtout s'il est né un 6, 9, 15, 18, 24, 27, ou possède un chemin de vie 6 ou 9, les professions où la précision est nécessaire (horloger, orfèvre, ébéniste, prothésiste, maquettiste, diététicien, chimiste…), les professions artistiques, littéraires, esthétiques ou en liaison avec le luxe…, les professions scientifiques ou techniques où la recherche est nécessaire, ou liées aux spécialités nouvelles (surtout s'il est né un 4, 7, 13, 16, 22, 25, 31, ou possède un chemin de vie 4 ou 7), les professions en rapport avec la terre, les animaux ou l'hygiène. Si Robert vit ses maîtres nombres, tous les espoirs lui sont permis de connaître une réussite éclatante dans un quelconque domaine d'activité.

ROLAND et **RONALD**   △1   □3

CHARLES-FRÉDÉRICK, CONRAD, DIOMÈDE, GIOVANNI, GORAN, HÉRODE, HOMÈRE, JOAB, MACON, MARLON, ORESTE, OSKAR, RAOULO

QUI SONT-ILS ?

Charmeurs, ils plaisent tout autant de par l'assurance et l'originalité qu'ils dégagent que par la qualité de leurs aptitudes intellectuelles. D'apparence enjouée et communicatifs, volontiers moqueurs, ils n'aiment pas parler d'eux et préservent leur jardin secret. Dynamiques et volontaires, ils possèdent un précieux atout, leur force de persuasion, qui les rend aptes à commander et à prendre la première place. Ils possèdent des capacités d'organisation et n'apprécient guère de n'être que de simples exécutants. Ils ont une intelligence pratique doublée d'un esprit analytique et ils ont souvent tendance au scepticisme, voire à l'ironie. Mais le 7 peut aussi leur donner un intérêt pour les domaines de la technique, ou les conduire sur les routes de l'irrationnel, voie qui leur permettra d'utiliser leur intuition. Ce même nombre, mal vécu, pourrait être à l'origine d'anxiété ou d'angoisses.

Enfants, ils sont indépendants et peuvent avoir tendance à se replier sur eux-mêmes, ou à se passionner pour des ouvrages de science-fiction. Ils préfèrent la solitude à une compagnie insatisfaisante. Il serait judicieux de développer chez eux un certain sens de la mesure, la coopération et le partage n'étant pas leurs qualités premières.

QU'AIMENT-ILS ?

Tout en étant sociables et en apparence ouverts, ils recherchent avant tout le calme et la tranquillité, l'étude, la réflexion, l'analyse, parfois même la méditation. Ils sont susceptibles de s'intéresser aux sciences d'avant-garde (informatique), parfois à la religion ou à l'irrationnel.

Sentimentalement, ils sont réservés et cachent leur forte sensibilité derrière une façade de froideur qui peut les faire passer pour insensibles. À moins que, d'une pirouette, ils ne dissimulent cette inquiétude derrière un comportement superficiel. Fondamentalement, ils possèdent de solides valeurs morales, aiment donner l'exemple et s'attachent à la parole donnée. Ils sont sans doute autoritaires et directifs, c'est en quelque sorte la rançon à leur caractère droit et entier.

QUE FONT-ILS ?

Les activités susceptibles de leur convenir sont les professions libérales, des spécialités scientifiques ou techniques, celles en rapport avec la mode ou la création, celles où leur facilité de communication sera un atout, les activités en rapport avec l'expression orale ou écrite.

ROMAIN, ROMAN et ROMARIN

  9

ABÉLARD, AIMABLE, ANDRÉA, BALDO, BARNABÉ, BLASCO, BRANKO, CONSTANT, DAMASE, DANIO, DORIAN, EUGÈNE-AUGUSTIN, FERRÉOL, HYPPOLYTE, JEAN-RAOUL, JIMMY, MALACHIE, MALKO, NOAM, OLAF, RAFAËL, RAMON, RAPHAËL, ROBERT-GILLES, WOLFRAM, YOURI

QUI SONT-ILS ?

Ils sont terriblement énigmatiques et difficiles à saisir. Le moins que l'on puisse dire, c'est que ce sont des êtres à part, souvent mal compris de leur environnement, et perçus comme originaux. Extrêmement intériorisés, ils tendent à l'introversion ou à l'introspection. Ce sont des inquiets et des tourmentés qui recherchent des réponses à leur angoisse métaphysique ou à leur malaise de vivre. Très émotifs et hypersensibles, ils se protègent derrière de la froideur, de la distance, voire du cynisme et de l'ironie qui ne sont pas sans dérouter leurs proches. C'est souvent par l'humour ou la dérision qu'ils réagissent face aux sentiments, car ils ont peur du monde et tendent avant tout à se protéger. En fait, leur personnalité se réalise véritablement à la maturité avec l'acquisition d'une certaine sagesse : ils peuvent devenir des philosophes. Mais auparavant, timidité, solitude, inhibition, peur et repliement sur soi-même seront des traits de leur caractère. Bien que très nerveux, ils arrivent à avoir un certain empire sur eux-mêmes. Face à l'hostilité, ils ont tendance à fuir car ils ne sont pas toujours armés pour la lutte. S'ils ne se réalisent pas dans une dimension intellectuelle ou spirituelle, ils peuvent se sentir inadaptés et parfois même se tourner vers les paradis artificiels...

Enfants, ils sont souvent renfermés, réfléchis, sages et craintifs. Ils ont besoin de sécurité et de calme autour d'eux et sont attachés à leur famille. Très réceptifs et perméables à l'ambiance, ils sont souvent dynamisés par une bonne atmosphère affective et donnent alors le maximum d'eux-mêmes.

QU'AIMENT-ILS ?

Ils aiment l'étude, la connaissance, les techniques nouvelles, la science-fiction et peuvent être attirés par le paranormal. Ils ont d'ailleurs une intuition nettement au-dessus de la moyenne dont ils se méfient, préférant s'appuyer sur les démarches sensées de leur jugement, très analytique. Ils sont souvent sensibles à l'humour et peuvent même être cyniques, le cas échéant.

En amour, ils sont insaisissables, ils expriment peu leurs sentiments et espèrent être devinés. Ils cachent leur sensibilité et ils se plaignent d'être incompris... !

QUE FONT-ILS ?

Les professions choisies sortent parfois de l'ordinaire. Ainsi trouverons-nous les dernières spécialisations techniques ou professions spécialisées (informatique, électronique, physicien...), les professions en rapport avec le paranormal ou la religion (radiesthésie, astrologie, psychologie...), les professions à horaires particuliers (la nuit par exemple), les activités liées au public, à la publicité ou au marketing..., liées aux voyages ou à la mer.

ROMÉO, RODOLPHE et **ROBERTO**

FULBERT, GUILHEM, HONORÉ, JEAN-ROGER, JEFFREY, JUSTE, LÉON-BAPTISTE, LINDSAY, SYLVAIN

QUI SONT-ILS ?

Sociables et plaisants, ils sont pourtant réservés de prime abord. Sensibles et émotifs, ils arrivent somme toute à bien rester maîtres d'eux-mêmes. Leur charme n'en est que plus grand... Vifs d'esprit, ils ont une compréhension rapide, du savoir-faire et une capacité d'adaptation importante. Ils sont d'ailleurs rarement dépourvus d'humour et apprécient les joutes verbales dans lesquelles ils excellent. Ils savent être persuasifs le cas échéant mais oscillent entre deux tendances contraires: celles du 3 (sensuelles, épicuriennes et légères) qui les poussent à s'extérioriser, communiquer, dilapider, s'enthousiasmer, se disperser (surtout s'ils sont nés un 3, 12, 21, 30, en mars, ou possèdent un chemin de vie 3), et celles du 4 (stables, conservatrices et morales) qui les poussent à construire, douter, persévérer et voir les choses de façon plus pessimiste (tendance accentuée s'ils sont nés un 4, 13, 22, 31, ou s'ils possèdent un chemin de vie 4).

Ils ont de l'énergie, du courage, ainsi que le sens des affaires et du concret. D'esprit logique et rationnel, ils préfèrent s'appuyer sur les démarches sensées de leur jugement plutôt que de se fier à leur intuition. Assez susceptibles et vaniteux, ils sont capables d'avoir de violentes crises de colère lorsqu'ils se sentent humiliés. Ainsi leur comportement, du fait de ces vibrations contraires, est contradictoire. Passant de l'impatience la plus folle dans un certain domaine à la patience la plus inattendue dans un autre, de l'extraversion à l'introversion, de la générosité à l'avarice, de la joie à la tristesse... ils sont insaisissables, et leur nervosité y contribue beaucoup.

Enfants, ces alternances d'humeur sont encore plus développées et ils ont certainement besoin de limites. Leur créativité est à encourager, ainsi que leurs aptitudes aux langues étrangères. Le théâtre est une forme d'expression qui leur convient, ainsi que la danse ou le dessin, car ils sont en général souples et habiles.

QU'AIMENT-ILS ?

Ils aiment le pouvoir, apprécient de commander et sont de ce fait plutôt autoritaires. Ils sont friands d'exercices physiques. Ils sont aussi très soucieux de leur standing et sont matérialistes.

En amour, ils sont ardents et passionnés, entiers, jaloux et possessifs. La fidélité est chez eux parfois une notion toute relative, mais ils sont assez volubiles sur ce sujet, et ne font pas toujours tout ce dont ils se vantent...

QUE FONT-ILS ?

Si la vie leur donne le choix, ils auront tendance à privilégier une profession lucrative. Ainsi seront-ils attirés par une profession commerciale, une profession où l'expression orale ou écrite est demandée, une profession créative (chant, comédie, danse, artisanat...), une profession en rapport avec les affaires.

ROMUALD   △3   □2

ARTURO, AUGUSTUS, BARRI, DELBERT, ÉGIDE, GMAR, GRICHKA, JACQUES-PIERRE, JASMIN, JANICK, LILIAN, LUCIANO, MARTIN, MÉDÉRIC, PHAN, PIERRE-LOUIS, POLYCARPE, SILVESTRE, THAÏS, TOUSSAINT

QUI EST-IL ?

Romuald est un homme séduisant, agréable dans les contacts humains, où il se montre ouvert, communicatif et compréhensif. Toutefois, bien qu'apparaissant assez timide et discret, tendant à s'effacer, il est partagé entre son intérêt pour les autres, auxquels il prête attention, et son désir personnel d'être reconnu à sa juste valeur. Il cherche en effet à obtenir la première place. Gai et enthousiaste, il peut se révéler assez impatient. Il est très nerveux et capricieux et n'est pas à l'abri d'explosions de colère. Vif d'esprit, adaptable, adroit, il possède un certain sens pratique. Sa mémoire est bonne. Il n'a pas de problèmes intellectuels, excelle dans la pratique des langues étrangères et dans l'expression orale ou écrite. Il sait parfaitement user de son charme et de son sens de la persuasion pour arriver à ses fins. Son adresse ainsi que son adaptabilité lui sont profitables. Curieux, il aurait une fâcheuse tendance à la dispersion ou à l'éparpillement, goûtant particulièrement à la diversité et aux changements.

Enfant, il est très émotif et assez influencé par sa famille. Son imagination est grande, ce qui peut contribuer à le rendre craintif, d'où, souvent, une grande timidité et un besoin profond d'être rassuré et sécurisé affectivement. Mais il est aussi orgueilleux et serait susceptible de devenir un beau parleur, peut-être même un fanfaron... Il est apprécié, car amical, et adore être entouré d'amis avec lesquels il n'est pas le dernier à rire et à s'amuser.

QU'AIME-T-IL ?

Il possède quelques rêves de grandeur qu'il aimerait bien réaliser : être admiré, être le premier, diriger... et cela peut effectivement se traduire au travers d'une ambition professionnelle dans laquelle il dépensera son énergie et orientera sa volonté. D'un autre côté, il apprécie d'être le centre d'attraction, autour d'une table ou entre amis, et saura se montrer un hôte agréable et charmant, volontiers badin et malicieux. De plus, épicurien et amoureux des plaisirs, il sait être tendre et attache une place importante à la vie sentimentale. Il est exigeant et perfectionniste, cherche facilement à imposer ses désirs, ses choix, ses goûts... Serait-il autoritaire ?

QUE FAIT-IL ?

Ce sont surtout les professions de contact, où l'indépendance est de règle, qui correspondront à son profil : commerce, vente, restauration, activités en rapport avec la parole ou la voix (enseignant, avocat), ou l'écriture (secrétaire, écrivain...), en rapport avec l'habileté manuelle (artisan...).

ROSELYNE △5 ◯5 □9

ASSUNTA, CRISTEL, IRMINE, MAUREEN, MOUNE, SIBILLE, SOPHIE-CAROLINE, STERLING, TRINITÉ

QUI EST-ELLE ?

Roselyne est hypernerveuse, mobile, active, dynamique et possède une séduction certaine. Elle donne l'impression d'être toujours pressée. Ce n'est d'ailleurs pas la patience qui la caractérise ! Elle fourmille toujours d'idées ou de projets qu'elle brûle de réaliser. Sympathique, elle recherche la compagnie des autres qu'elle tend à entraîner dans son sillage. Roselyne a facilement tendance à penser que ce qu'elle peut faire, les autres le peuvent aussi. Elle manque de tolérance. C'est une conquérante, que la difficulté stimule. Curieuse, elle est intéressée par tout, sans parti pris. Aussi se montre-t-elle parfois versatile, changeante, et se lasse-t-elle assez rapidement. D'un autre côté, elle est sensible, affective, généreuse et très émotive.

Enfant, Roselyne est un petit tyran à qui il convient d'assigner des limites et d'inculquer les notions de partage et de respect des autres. Très tôt indépendante, elle se montre autonome et égoïste. Rapide et intrépide, le sport lui sera nécessaire afin de dépenser son trop-plein d'énergie. Toutefois, rêveuse, elle aura parfois des problèmes d'attention ou de concentration en classe et sera quelquefois dissipée... Veillez très tôt à son éducation sexuelle...

QU'AIME-T-ELLE ?

Elle aime la liberté et fait toujours ce que bon lui semble. Elle n'accepte pas aisément les contraintes. Elle adore le mouvement, les voyages, l'aventure !

Roselyne est séductrice, pas toujours fidèle, fantaisiste, parfois bohème, sensuelle avec une pointe de romantisme. Ce n'est pas une maîtresse de maison rêvée : ses notions de l'ordre ou du rangement sont des plus personnelles...

QUE FAIT-ELLE ?
Ce sont les professions nécessitant du mouvement qui lui conviennent, comme le commerce, la représentation, les métiers liés au sport, aux voyages, à la politique ou à la justice. Sinon (surtout si elle est née un 9, 18, 27, ou si elle possède un chemin de vie 9), elle sera tentée par les professions sociales (domaine médical, paramédical...), ou éventuellement liées à l'hôtellerie ou à la restauration...

RUTH △22/4 ◯3 ☐1

COLETTA, NATALIA

QUI EST-ELLE ?

Ruth est une femme qui tend à la secondarité : secrète, réservée, méfiante et prudente, elle ne se laisse pas aller facilement à ses émotions ou à ses sensations, préférant garder toujours la tête froide. Deux tendances complémentaires ou contradictoires sont présentes. La première, qui peut correspondre à une première partie de vie, est susceptible de l'amener à une certaine répression de ses sentiments (présence d'inhibitions, d'interdits moraux plus ou moins puissants). Elle se montrera alors froide, déterminée, travailleuse, préférera axer sa vie sur les démarches sensées de son jugement et voudra toujours laisser un pied sur la terre ferme. Ultérieurement, vers la maturité, Ruth pourra commencer à vivre l'influence d'un maître nombre. Les réalisations de grande envergure, ou touchant des domaines collectifs, internationaux ou reliés à des entreprises nationales ou de diffusion sont susceptibles de l'intéresser. Les opportunités de succès sont importantes, allant de pair avec une grande tension nerveuse. Selon son domaine d'activité, elle pourra laisser un nom ou une empreinte, alliant la rigueur, la force, la détermination à une capacité de travail et d'action au-dessus de la moyenne. Elle aura donc le choix de vivre une existence peu commune où rien ne sera gratuit, parfois au détriment de sa vie privée, ou de choisir une voie plus anonyme, moins ambitieuse, parfois routinière, qui lui apportera paix et tranquillité. Cette dualité sera particulièrement difficile à vivre, surtout si elle n'arrive pas à la hauteur des hautes aspirations de son maître nombre qui lui confère un impact sur les autres... Dans un cas comme dans l'autre, elle privilégiera la sphère professionnelle, devenant un véritable « bourreau de travail », ayant le souci du détail au point parfois de s'y noyer, le tout sur un fond de rigueur, de moralité pouvant aller parfois jusqu'à l'étroitesse d'esprit, la mesquinerie, la rigidité.

Enfant, il faudra encourager son sens du travail, de l'ordre et de l'organisation, tout en la poussant vers des activités artistiques ou de communication, afin d'atténuer une trop grande rigueur. Il conviendra de la sociabiliser en la faisant participer à des activités collectives pour développer son sens du partage et sa prise en compte des autres.

QU'AIME-T-ELLE ?

Elle aime le contact, partager et communiquer, mais mettra parfois certaines limites à son extériorisation. Volontiers bavarde, elle ne livrera pas vraiment l'intensité de ses sentiments. Pour bien vivre cette tendance d'extraversion, elle pourra choisir des activités créatives, artistiques ou liées à tous types de communication, son sens social étant alors strictement lié à ses activités professionnelles.

Affectivement, il faudra savoir cerner son personnage, l'amuser, l'émouvoir, lui donner confiance, sous peine de la voir s'enfermer dans un mutisme total, une pirouette lui permettant de se protéger. Une fois conquise, elle se montrera fidèle, femme de devoir, mais se fera peut-être reprocher une certaine froideur ou distance. Ce n'est pas de l'insensibilité véritable mais sa manière bien à elle de se protéger, par crainte de se laisser aller et par là même de trop souffrir.

QUE FAIT-ELLE ?

Étant donné son double personnage, nous la trouverons parfois femme au foyer, mais peu ravie de l'être. Elle pourra s'orienter vers les professions stables et sécurisantes, de réflexion ou de précision (comptabilité, banque, artisanat, économie, couture, chimie...), ou vers les professions de communication et l'enseignement. Mais, si elle vit son maître nombre, elle pourra se réaliser au travers des professions publiques, internationales ou touchant la collectivité : architecte, politicienne, cadre supérieur, femme d'affaires, enseignante en université, journaliste, toutes activités en liaison avec la presse, l'édition, les radios, les chaînes de télévision, les médias en général.

SACHA

ARGAN, CARMAN, CHARLES-FÉLIX, CORNÉLIS, DANIELE, ÉLOI, FLORENTIN, GABRIELE, GODFRIED, HARMAND, JACQUES-JOSEPH, LÉONID, RAGNAR, RANDAL, RENÉ-GUY, SIMONET, VALÉRIEN

QUI EST-IL ?

Sans aucun doute, Sacha possède du charisme. C'est un séducteur qui a confiance en lui. Il fait montre d'aisance et d'habileté, a horreur du définitif et a un goût prononcé pour les contacts et les négociations ; c'est souvent un beau parleur. Rapide, souvent pressé, ses réactions sont imprévisibles. Sa forte émotivité, sa grande nervosité et son caractère passionné le font passer tour à tour par des sentiments extrêmes : ferveur ou exaltation, coups de tête ou crises de colère... qu'il sait parfaitement maîtriser lorsqu'il le veut. Les trois lettres de valeur 1 dans ce prénom ne manquent pas de le rendre fort, autoritaire, déterminé, viril, indépendant, mais également égocentrique et imbu de sa personne. Ambitieux, actif, créatif et dynamique, il est souvent en effervescence et fourmille d'idées ou de projets.

Enfant, il a une intelligence vive, un sens de l'humour certain. Il peut se montrer un excellent bricoleur, un bavard intarissable, un sportif émérite, et sera enthousiaste. Malin, rusé, il a un sens inné de l'observation et connaîtra les failles de ses parents. Il chérit la liberté et le pouvoir, et pourrait être tenté d'en abuser...

QU'AIME-T-IL ?

Il aime la société, entretient de multiples relations amicales. La communication lui est nécessaire. Il aime l'aventure et recherche l'union ainsi que les associations. Ses sentiments sont passionnés. Il se montre entreprenant et, s'il n'est pas insensible aux conquêtes qu'il peut faire, il n'en demeure pas moins dans le droit chemin, restant ainsi en accord avec ses principes. C'est au fond un grand sensible et un tendre, malgré ses airs fanfarons. Il aurait instinctivement tendance à rechercher une symbiose parfaite avec sa partenaire, mais ne le lui montrera pas : c'est un doux, qu'il suffit d'amadouer et de bien prendre en main, mais surtout sans qu'il en ait conscience !

QUE FAIT-IL ?

Sacha se dirigera vers des professions de pouvoir, d'influence, de contacts : avocat, comédien, conférencier, orateur, parlementaire, animateur, chanteur, journaliste…, tout ce qui a trait au mouvement, aux voyages ou au sport, ce qui est en liaison avec un combat ou une foi, tout ce qui a trait au commerce ou aux échanges.

SALOMON et SATURNIN △8

ADOLFO, ALEJANDRO, AMBROGIO, ANGUS, APOLLO, AYMÉ, BARBEY, CAÏUS, ENRIQUE, GIUSEPPE, PAUL-EUGÈNE, RAIMONDO, RAIMUND, SAÜL

QUI SONT-ILS ?

Voilà deux des caractères les plus trempés qui soient ! Ces hommes ont une vision de la vie des plus manichéennes : avec eux, pas de demi-mesures, et les jugements de Salomon sont célèbres en la matière. Francs, directs, honnêtes, courageux, l'un et l'autre ne manquent pas de magnétisme. Ils savent prendre des initiatives avec audace et promptitude, et la difficulté les stimule. Animés par un esprit de conquête, ils n'en demeurent pas moins réalistes et pragmatiques. Toutefois, ils sont relativement méfiants et ont besoin de preuves tangibles avant de faire confiance. Ils ont une haute idée de la moralité, de la loyauté et possèdent certains principes parfois quelque peu rigides. Nullement superficiels, ils ne galvaudent pas leur amitié et se montreront fidèles et empressés lorsqu'ils se sont engagés. Actifs, ils ont besoin du travail pour s'affirmer et s'équilibrer. Lorsqu'ils sont motivés, ils ne connaissent plus leurs limites et se montrent acharnés au travail. En fait, deux tendances contradictoires coexistent au sein de leur personnalité : le 4 qui porte à la réflexion, la pondération, la concentration, l'isolement, le sens du devoir et du travail, et qui vise à acquérir une certaine sagesse, et le 8, plus concret et plus dynamique, qui porte à l'action, aux emballements, et met l'accent sur le côté physique...

Lorsque ces deux tendances s'harmonisent, nous sommes en présence d'êtres complets, mais ô combien exigeants ou intransigeants, qui se posent souvent en exemple pour les autres.

Enfants, ils ne sont pas vraiment dociles et peuvent faire preuve d'un certain caractère, et même d'un caractère certain. Ils ont volontiers l'esprit de contradiction et pardonnent difficilement à leurs parents de n'être pas à la hauteur. Une éducation stricte et juste leur est donc nécessaire. Le sport leur est fortement conseillé, notamment les arts martiaux qui allieraient merveilleusement le mental au physique.

QU'AIMENT-ILS ?

Ils aiment la simplicité, l'authenticité, et rejettent ce qui est artificiel ou non naturel. Ils apprécient le calme et la tranquillité et sont très proches de la nature. Hommes concrets avant tout, ils sont intéressés par le domaine financier et rechercheront la sécurité et le confort.

En amour, ils sont purs et durs, mais ils sont sûrs... Avec eux, pas de sentimentalité ni de romanesque, encore moins de psychologie, ils ne sont pas très à l'aise dans le domaine des sentiments et se montreront même plutôt brusques et maladroits. Pourtant, face aux problèmes de la vie, ils seront toujours présents, efficaces, et vous pourrez vous appuyer sur eux.

QUE FONT-ILS ?

Les responsabilités ne leur font pas peur, nous les rencontrerons dans des professions de pouvoir (police, armée, politique...), la finance ou les affaires, des professions où il faut un certain sang-froid, ou en rapport avec le fer ou le feu (métallurgie, pompier, tailleur, boucher, chirurgien, zingueur, plombier, cordonnier, dompteur, cascadeur...), ou le sport, des professions en rapport avec la terre ou les animaux...

SAMUEL 8   8

**AYMARD, GAUTHIER, GODFREY, LOUIS-JACQUES,
NICOU, RÉNATUS, SHUZO**

QUI EST-IL ?

C'est un passionné qui dégage une impression de puissance, de force, d'autorité. Homme de pouvoir, Samuel est fait pour diriger, commander, orchestrer. Plus concret et pratique que véritablement intellectuel, il se montre entreprenant, actif, dynamique, aime combattre pour les causes ou les principes qui lui tiennent à cœur. Souvent satisfait de lui-même, courageux, il possède beaucoup d'énergie et cela se traduit par de la brusquerie, de l'impatience ou de l'irritabilité. Aussi est-il tenté par les exercices physiques, excellent exutoire pour cet être bouillonnant. Son besoin d'autonomie est grand : Samuel se plie difficilement à l'autorité des autres. Il est allergique à toute forme de hiérarchie, d'autant qu'il a un esprit de contradiction certain. Pour lui, « la valeur n'attend pas le nombre des années », et le mérite ne se reconnaît pas au degré d'ancienneté ou au grade mais à l'efficacité individuelle, laquelle se mesure par les réalisations concrètes. Son côté direct et franc lui vaut quelques rivalités ou conflits qu'il recherche, consciemment ou inconsciemment. La sphère matérielle est importante à ses yeux, et il ne perd jamais de vue la notion de rendement. Il peut se révéler un excellent homme d'affaires ou un bon gestionnaire, sentant d'intinct ce qui peut être rentable.

Enfant, Samuel n'est ni docile, ni souple, ni patient. Parfois ombrageux et susceptible, il se montre coléreux, rebelle et, lorsqu'il ne se sent pas à la hauteur d'une situation, il sort ses griffes. Mais au fond, Samuel est tendre, sensible et très émotif. Aussi a-t-il tendance à se passionner. Le sport est à encourager chez cette nature exaltée.

QU'AIME-T-IL ?

Si Samuel est attiré par l'action et la conquête, il ressent également le besoin de s'évader. Cela peut se traduire par l'amour des voyages au sens propre, mais aussi ceux de l'esprit : la poésie, la peinture, la musique, la métaphysique, la spiritualité, l'irrationnel. Son âme est éprise de merveilleux et de magique et il se passionne pour l'étrange, le fantastique, la science-fiction. Si la vie heurte cet homme sensible, il tentera de fuir, d'une manière ou d'une autre...

En amour, Samuel est un mélange d'idéalisme, de romantisme et d'exigence, d'intolérance, de brusquerie. Possessif et jaloux, c'est un passionné.

QUE FAIT-IL ?

Plusieurs types d'orientations s'offrent à lui : les professions en rapport avec les affaires (banque, gestion, comptabilité...), en rapport avec la métallurgie, la mécanique... ou manuelles (cordonnier, tapissier, boucher, tailleur, chirurgien, sculpteur...), en rapport avec le pouvoir (police, armée, pompier, politique, justice, droit), en rapport avec les médecines, même parallèles (magnétiseur, radiesthésiste), ou l'irrationnel.

SANDRA, ANNA et SARA △3 ◯2 ☐1

ARMELLE, BIANCA, BLANDINA, CHARLÈNE, CIDALIA, CLAIRETTE, CLAUDY, DALILA, FARIDA, FRANCINA, GÉRALDINE, JEHANNE, MAËLLE, MARIELLE, NANA, ROSE, ROSIE, SERVANE, SIDONIE, SIMONE, VALENTINE, XAVIÈRE

QUI SONT-ELLES ?

Très sympathiques et dynamiques, elles sont particulièrement ouvertes à la communication. Elles peuvent apparaître singulières et cultivent leur propre style. Elles dégagent une impression de force et d'assurance, alors qu'elles sont en réalité fragiles et n'ont pas toujours confiance en elles. En fait, elles compensent leur vulnérabilité par leur facilité d'expression : elles expriment la joie de vivre et leur enthousiasme est communicatif. Vives, adaptables, elles ont l'art de la persuasion ou de la riposte et des dons de comédienne. Elles savent plaire, séduire, charmer et distraire leur entourage. Elles apprécient les jeux et les amusements et veulent voir la vie du bon côté... Curieuses, elles s'intéressent à mille choses sans forcément en approfondir aucune. Elles tendent à la dispersion et à une certaine futilité. Adroites, elles sont créatives et savent bricoler. Elles ont une volonté ainsi qu'une capacité d'action importantes mais irrégulières. Le domaine affectif a une grande résonance sur leur destin personnel ou même professionnel.

Fillettes, elles sont espiègles et malicieuses. Leur flot verbal est intarissable et elles tendent facilement à la médisance. Leur esprit vif leur permet d'apprendre vite mais elles se lassent facilement. Démotivées, elles gaspillent leurs capacités en s'amusant car elles ne sont pas persuadées du bien-fondé du travail...

Elles sont très affectives et se sentiront d'autant plus stimulées dans leur scolarité qu'elles seront entourées. Chez ces petites filles, la danse, le dessin et les langues étrangères seront à cultiver. Veillez à les rendre stables !

QU'AIMENT-ELLES ?

Sensibles et imaginatives, elles recherchent les contacts avec les autres et ont un sens aigu de l'amitié. Elles craignent la solitude, et font passer les sentiments avant tout. Elles sont conciliantes et ont une écoute attentive qui fait qu'on les apprécie. Elles sont partagées entre leur côté égocentrique et leur recherche de l'autre ou des autres, entre une réalisation professionnelle ou familiale (conflit entre le 1 et le 2).

QUE FONT-ELLES ?

Avec leur naturel mobile et instable, ce sont les professions commerciales, ou celles où l'expression est privilégiée qui les attireront. Ainsi nous observerons les inclinations suivantes : tout ce qui touche au commerce ou à la représentation, les activités en liaison avec l'expression verbale ou écrite : journalistes, chanteuses, relations publiques, professeurs, avocates, animatrices, comédiennes, vendeuses..., le domaine créatif et artistique, les professions de conseil ou en rapport avec les jeux, les enfants..., les activités indépendantes.

SERGE   △9 ☐8

ALIN, AMBROSIUS, CASIMIR, CLARK, CLÉMENT, EDDIE, EDME, ERNEST, FÉLICIEN, GIANNI, GUY-CLAUDE, MIKHAÏL, PAQUITO, PAUL-ALBERT, SABIN, SERGEÏ, SILVÈRE, STAN, THÉODULE

QUI EST-IL ?

D'apparence énergique et virile, Serge dégage une impression de force, de confiance en soi et un certain magnétisme. Mais ne nous laissons pas impressionner par cette façade : certes, Serge est dynamique, entreprenant, décidé et même parfois bourru ou cassant, mais c'est aussi, et surtout, un tendre. Les vibrations puissantes du 1 et du 8 traduisent son côté autoritaire, directif, quelque peu vaniteux. Cependant Serge est également concerné par les autres. Sa sensibilité est parfois envahissante et son émotivité intense au point qu'il est capable d'élans de générosité tout autant que d'emportements, voire de violence. Il est soucieux de son personnage mais ne perd pas de vue son pouvoir sur les autres. Les difficultés le stimulent et il combat, s'oppose ou s'affronte volontiers. Son esprit de contradiction est très aiguisé. Bien qu'essentiellement individualiste, il a souvent besoin des autres pour se réaliser. S'il adhère à des groupes ou à des associations (politiques, sportifs ou autres), il recherche la position du chef ! Il a un esprit novateur et pense pouvoir changer le monde. Si Serge est un homme actif, pragmatique, fait pour les réalisations concrètes, c'est aussi un rêveur, parfois naïf et utopiste et quelque peu inorganisé. Enfin, il est attaché aux biens matériels et est loin d'être désintéressé par la sphère financière.

Enfant, il est vif, éveillé, inventif. Orgueilleux et susceptible, il a du mal à accepter une place qui ne soit pas celle de premier. Dans le cas contraire, il risque de se montrer rebelle ou de s'opposer, avec un fort esprit de contradiction. Il peut être tout autant intéressé par la poésie ou les arts, qui conviennent à sa grande sensibilité, que par le sport ou la mécanique.

QU'AIME-T-IL ?

Il aime être regardé, admiré, commander, et ne verrait aucun inconvénient à avoir une cour autour de lui, noblesse oblige. Il est sensible à la beauté et aime le beau geste, l'élégance, la distinction.

En amour, il est passionné, entier, jaloux et, malgré un certain égocentrisme, il est attentionné et cherche à faire plaisir à sa compagne, notamment lorsqu'elle désire ce qu'il veut... Sensuel et plus sentimental qu'il n'y paraît, Serge ne résiste pas toujours comme il le voudrait aux tentations...

QUE FAIT-IL ?

Plusieurs types de professions s'offrent à lui : les activités exigeant de l'imagination, de la sensibilité (le théâtre, les carrières artistiques), les voyages, l'hôtellerie, la restauration, la cuisine, les activités en rapport avec les arts mécaniques, la technique, le sport, la métallurgie, et ce qui demande une énergie physique..., le pouvoir, la politique, les professions libérales, les professions en rapport avec la finance (gestion, banque, comptabilité...).

STÉPHANE △ 7   □ 5

AGGÉE, BAPTISTA, BÉRANGER, CLARENCE, CORNELL, ÉRASME, ERNO, GÉNOT, GEORG, ISIDORE, ISSACAR, JEAN-DIDIER, NELSON, NOÉ, TANCRÈDE, TANGUY, VICTORIEN

QUI EST-IL ?

Réservé et secret, Stéphane est un personnage qui ne suit pas toujours les voies traditionnelles. Original, ou parfois marginal, il donne l'impression d'être insensible et distant, alors qu'en réalité il est timide et inquiet. Lorsqu'il se sent à l'aise, il se révèle amical et ouvert. Éclectique, il a, tel l'iceberg, toute une partie cachée. Ainsi est-il parfois rieur, léger, badin, séducteur, passionné de foot ou de tennis, apparemment facile et sans complications. Puis, quelques instants plus tard, il devient un personnage grave, raisonneur, réfléchi, beaucoup plus profond et sérieux que nous n'aurions pu l'envisager. Chez lui, il y a les jours où, extraverti, ludique, il se montre pressé ou empressé, enthousiaste, tenté par les plaisirs et les amusements, et ceux où, introverti, asocial, il recherche la solitude, pour faire le point, méditer ou réfléchir. Stéphane est un être sensible mais tend à dissimuler sa vulnérabilité derrière un sourire plus ou moins ironique. Les remarques mi-amères, mi-caustiques lui sont plus faciles que les mots tendres. L'humour est souvent son exutoire. Voilà pourquoi il demeure insaisissable aux yeux de son entourage, d'autant que, souvent intéressé par ce qui sort de l'ordinaire, par les énigmes, il cultive lui-même le mystère. Il est curieux et préfère écouter les autres qu'il juge plus intéressants que lui. Stéphane est en fait un rationaliste, d'esprit scientifique.

Néanmoins, il a une grande intuition et, s'il se donne la peine de l'écouter, il aura d'heureuses surprises.

Enfant, Stéphane peut être double. D'un côté, il est curieux de tout, mobile, vif et peut même se révéler quelque peu instable ou versatile (surtout s'il est né un 5, 14, 23, en mai, ou possède un chemin de vie 5). L'autre facette, souvent plus importante, va dans le sens de la réflexion, de l'intériorisation, de l'isolement (surtout s'il est né un 7, 16, 25, en juillet, ou possède un chemin de vie 7). Il faut donc lui permettre de vivre ces deux polarités en favorisant les jeux de réflexion (échecs, informatique) et le sport. Il faut aussi l'écouter et l'encourager à communiquer, sans quoi, entre 9 et 16 ans, il pourrait se replier dans sa tour d'ivoire.

QU'AIME-T-IL ?

Même s'il n'en donne pas toujours l'impression, Stéphane est un tendre et un affectif qui recherche la société, la vie à deux. S'il vit son nombre d'intériorité en 11, il sera le leader du couple. Il aura tendance à prendre en charge les autres pour qui il se montrera amical et sur lesquels il exercera un certain ascendant. S'il le vit en 2, il recherchera aide, compréhension, soutien et sera plus dépendant des êtres qu'il aime.

Côté cœur, Stéphane se montrera conciliant, charmant et bon psychologue, même s'il n'est pas toujours démonstratif.

QUE FAIT-IL ?

Plusieurs orientations sont susceptibles de lui convenir et il n'est pas impossible qu'il en change, car il n'est pas à l'abri de remises en question. Il tendra vers les professions techniques, spécialisées ou d'avant-garde, celles en rapport avec le conseil, ou des professions mobiles et celles où la dextérité manuelle est demandée...

STÉPHANIE
et **ANNE-LISE**   5

ADRIENNE, ALBA, FLAVIENNE, KATJA, MARTHA, WANDA

QUI SONT-ELLES ?
Énigmatiques et mystérieuses, telles sont ces femmes quelque peu paradoxales. Discrètes, timides ou réservées, elles ne sont pas toujours cohérentes dans leur comportement : souvent inquiètes ou nerveuses, elles doutent facilement de leurs capacités et tendent à se replier sur elles-mêmes. Mais elles peuvent réagir à cela en s'opposant ou en empruntant un itinéraire pas toujours conformiste ou classique. Si le 5 domine (nées un 5, 14, 23, ou possédant un chemin de vie 5), ce sont l'insoumission, le besoin d'aventure, l'indépendance et la liberté qui l'emporteront. Cela n'ira pas sans susciter quelques incidents ou changements de parcours, dus à une mobilité excessive, une certaine insouciance doublée d'instabilité. Si, au contraire, le 7 l'emporte (nées un 7, 14, 25, ou possédant un chemin de vie 7), elles seront plus tentées par les spéculations de l'esprit, la recherche, l'introspection. Plus sages, plus introverties, elles s'intéresseront alors à la connaissance, se passionneront pour les mystères, l'au-delà, les religions, la philosophie ou encore pour tout ce qui est d'avant-garde. Curieuses, Stéphanie et Anne-Lise ont souvent des personnalités singulières, sans doute parce qu'elles n'aiment pas suivre les voies trop fréquentées. À moins que leur côté différent ne soit pas choisi délibérément, mais subi, au travers d'une certaine inadaptation. Cyclothymiques, leur humeur peut être sujette aux extrêmes : elles connaissent tour à tour des phases d'exaltation, d'enthousiasme,

d'hyperactivité, suivies de phases de doute, d'effondrement, de passivité... Parfois audacieuses, elles se montrent aussi étonnamment timorées ou craintives, même si elles n'extériorisent pas leur angoisse et passent pour plus simples qu'elles ne sont en réalité.

Enfants, elles sont extrêmement sensibles, suggestibles et réceptives à leur environnement. Si elles n'ont pas une sécurité et une protection affectives, elles sont susceptibles de s'échapper très vite de la maison afin de trouver des échanges affectifs primordiaux à l'extérieur. Ainsi leur scolarité est bonne lorsqu'elles se sentent soutenues, mais s'effondre vite si les parents se désintéressent d'elles. Soyez donc présents, encouragez-les et favorisez leur communication.

QU'AIMENT-ELLES ?

Particulièrement concernées par la vie sentimentale, elles ont le goût du jardin secret, de la conciliation ainsi que de la coopération. L'amitié prend une grande place dans leur vie et elles s'y montrent ouvertes, disponibles, agréables et serviables.

De même, en amour, elles se révèlent sentimentales et maternelles et sont à l'écoute de leur partenaire. Parfois elles peuvent se sentir partagées entre leur indépendance foncière et ce besoin de fusion avec l'autre. Deux attitudes seront possibles sentimentalement selon qu'elles se seront réalisées ou non : ou elles choisissent un compagnon plus mûr, plus âgé, image du père, ou elles aimeront au contraire protéger et materner l'autre.

QUE FONT-ELLES ?

Stéphanie et Anne-Lise auront tendance à privilégier leur vie sentimentale et familiale. Néanmoins, si elles choisissent une carrière, elles seront attirées par les professions en rapport avec la notion de service (secrétaires, vendeuses), les professions de conseil, en liaison avec les enfants (institutrices, puéricultrices, sages-femmes, infirmières…), les professions en rapport avec les dernières techniques nouvelles (mode, marketing, publicité, informatique…), ou très spécialisées…, les activités en rapport avec les voyages, la vente, et toutes professions privilégiant la mobilité et le changement.

SYLVIE △1½ ③ □8

AGATHA, ALIÉNOR, ARABELLE, EMMY, HARMONIE, JACOTTE, JOSÉFA, JOSÉPHA, KELLY, LOOMIS, LORIANE, LORRAINE, MAFALDA, MARIE-AGNÈS, ORLANE, PENNY, SALOMÉ

QUI EST-ELLE ?

Infiniment sympathique, charmante, conciliante, elle est aussi énergique, courageuse et combative. Sa sensibilité et son émotivité sont grandes : attention au stress ! Son humeur pourra être parfois fluctuante... Sylvie sera capable de vivre son nombre actif en 11 (maître nombre) : elle fera alors preuve d'une grande force morale et physique. Sa vision de la vie sera large et idéaliste et elle aura des aspirations élevées... (surtout si elle est née un 11 ou un 29, en novembre, ou sous le signe du Verseau). La plupart du temps elle vit ce nombre une octave au-dessous : elle se révèle fragile, impressionnable, rêveuse et suggestible. Elle peut osciller d'une tendance à l'autre, le maître nombre marquant plutôt la maturité.

Sylvie est assez directe, franche, droite, et n'aime ni les faux-semblants ni l'injustice qui l'excèdent. En effet, habituellement souriante et conciliante, elle est capable de colères violentes lorsqu'on l'agace. Elle peut aussi apparaître bavarde et spontanée, vive et rapide. Enfin, tout en étant particulièrement altruiste et intéressée par autrui, elle n'est pas indifférente au domaine matériel et se montre parfois sensible aux signes extérieurs de richesse. Elle aime soigner son apparence par de beaux bijoux ou des vêtements de prix.

Enfant, c'est une petite fille pétillante et malicieuse, la joie de vivre en personne ! Elle a beaucoup d'énergie et n'a pas la langue dans sa poche. Possessive, elle demande beaucoup de preuves d'affection, car elle est très réceptive à son environnement. Les histoires, les contes et les légendes la ravissent, certes, mais il lui faut aussi de l'action et des contacts !

QU'AIME-T-ELLE ?

Sylvie aime plaire, être dans les grâces d'autrui, communiquer et échanger dans un groupe amical qu'elle anime avec chaleur, générosité, sens de l'humour et esprit critique. Elle a un sens profond de l'amitié et adore rendre service. Elle est d'ailleurs adaptable, astucieuse, débrouillarde, voire opportuniste. Si elle vit son 11, elle sera immanquablement attirée par les orientations altruistes.

En amour, elle est souvent trop idéaliste et voit souvent l'être aimé paré des voiles de l'illusion : elle risque de connaître un jour des déceptions... Elle peut vivre, dans un premier temps de sa vie, de manière dépendante, apparemment souple, soumise et passive, mais ce ne sera pas sa vraie nature, car elle est en fait autoritaire ! À la moindre faiblesse du partenaire, elle tendra à reprendre les rênes de sa destinée.

QUE FAIT-ELLE ?

Plusieurs choix professionnels s'offrent à elle : en rapport avec l'enfant, ou la prise en charge des autres (pédagogue, psychologue, puéricultrice, nourrice, conseillère, assistante sociale, infirmière...), en rapport avec l'expression et la communication (commerce, secrétariat, interprétariat, relations publiques...), en rapport avec le domaine des affaires, de la finance ou de la gestion..., enfin, si elle accède au 11, les activités humanitaires lui sont grandes ouvertes, les projets grandioses pouvant se réaliser...

THÉRÈSE

BRENDA

QUI EST-ELLE ?

Émotive et affective, elle possède un certain magnétisme. Le sentiment prend une grande place dans son existence, au point qu'elle vit le plus souvent en fonction de ses coups de cœur. Elle n'est pleinement comblée ou heureuse que lorsqu'elle aime ou se passionne pour quelqu'un ou pour quelque chose, ou lorsqu'elle se sent utile. Timide, tendre et réservée, elle n'aime pas véritablement se mettre en avant. Elle est toute à l'écoute des autres, sociable, ouverte et conciliante. Souriante et gracieuse, c'est une amie remarquable qui a l'art de vous réconforter lorsque vous êtes en peine, en trouvant les mots ou les gestes qu'il faut. Thérèse est une intuitive qui a de la finesse, du tact, de la diplomatie, et qui, pacifique, recherche avant tout l'harmonie. Toutefois, ne vous fiez pas à son apparence douce et soumise, Thérèse peut se transformer en véritable tigresse si elle vous prend en flagrant délit de bassesse, d'agressivité ou de mensonge, ce qu'elle déteste plus que tout. Son émotivité lui fait sans doute amplifier les situations, ce qui peut révéler un côté colérique. Thérèse est une femme directe et franche qui apprécie les situations claires et les rapports nets. Elle est courageuse, active, entreprenante, et sait saisir les opportunités qui s'offrent à elle. Elle possède, en effet, le sens des réalités matérielles et du concret, se révèle parfaitement apte à assumer des responsabilités, familiales ou professionnelles. Elle est dévouée et éprouve beaucoup de plaisir à rendre service, ce qui comble tout à la fois son sens de l'humain et son besoin de commandement. Tout en étant souple et tolérante, elle n'en demeure pas moins obstinée : elle pense *a priori* avoir raison et tend à imposer ses vues fermement. Une main de fer dans un gant de velours, voilà Thérèse au sourire si doux...

Enfant, c'est une fillette agréable et affective. Elle est souvent câline et démonstrative lorsqu'elle se sent aimée. Très réceptive à l'environnement familial, elle cherche à faire plaisir et à rendre service. Toutefois, elle déteste l'iniquité et réagira très violemment en cas d'injustice flagrante. Très vite responsable, elle sera une grande sœur merveilleuse, très à l'écoute de ses cadets.

QU'AIME-T-ELLE ?

Elle aime l'harmonie, la paix, et est prête à donner beaucoup de sa personne pour maintenir l'équilibre et faire plaisir. Elle est fortement sensible à la vie affective. Son équilibre personnel passe idéalement par la réalisation d'un foyer. Elle est perfectionniste et scrupuleuse, tout à fait capable de s'oublier elle-même pour ceux qu'elle aime. C'est une épouse et une mère de famille exemplaires. Thérèse est exigeante et peut avoir une certaine amertume bien naturelle lorsqu'elle prend conscience qu'elle apporte beaucoup et qu'elle reçoit peu... Mais n'est-ce pas elle la première fautive ? Permet-elle véritablement l'échange ?

QUE FAIT-ELLE ?

La vie affective et la réalisation de son couple l'emporteront sur son ambition professionnelle. Si elle choisit une activité, elle peut le faire en fonction de son milieu familial. Sinon, elle sera plus particulièrement attirée par les professions de conseil, d'aide aux autres, médico-sociales, ou en rapport avec les enfants (sage-femme, puéricultrice, enseignante, psychologue...), les professions artistiques ou en rapport avec l'esthétique, ou des professions en rapport avec l'argent (finance, banque).

THIBAUT △9 ◯4 ☐5

ALESSANDRO, ARNULF, DARIUS, EUDES, FAUSTIN, FLAVIUS, FLORIANO, FRÉDÉRIC-AUGUSTE, GAËTANO, GIACOMO, GIANNANGELO, GIROLAMO, GUSTAV, HERCULE, MARIUS, NICCOLAO, PAUL-LOUIS, PYLADE, ROCKY, STUART, THÉODORE, VIANNEY

QUI EST-IL ?

Thibaut est un garçon tendre et sympathique. Chez lui, le sentiment l'emporte sur tout le reste, et il est tout particulièrement intéressé par les autres. Il sait se montrer agréable, rieur et serviable. En fait, il est inquiet et nerveux. Son malaise peut se manifester par une sorte d'instabilité ou de mobilité incessante. Il est impressionnable et possède une grande imagination. C'est ainsi qu'en cas de blessure il se replie facilement sur lui-même et se réfugie dans son imaginaire riche et fertile. Plutôt que d'affronter véritablement les dures réalités de la vie, il peut être tenté de les fuir en partant toujours ailleurs, en se jetant dans des aventures plus ou moins anarchiques. Pourtant, il est partagé entre son besoin d'ordre, de stabilité, de sécurité, et son besoin de fantaisie et de changement. Il sera ainsi capable de passer par des phases de routine où il cherchera à mettre de l'ordre dans sa vie et des phases de changement où il se remettra en question et ne supportera plus aucune contrainte. Thibaut aime plaire et séduire et résiste mal aux sollicitations... Il lui arrive, plus fréquemment qu'il ne le désirerait, de ne pas suivre ses bonnes résolutions. Thibaut est un homme déconcertant et on ne sait pas toujours comment se comporter avec lui.

Enfant, c'est un hypersensible et un hypernerveux qui a un grand besoin de sécurité. Il est important que ses parents l'entourent, le sécurisent et lui donnent des limites à ne pas dépasser. Une éducation affectueuse mais ferme est nécessaire, sans quoi il prendrait facilement un chemin chaotique et instable. Il serait bon de le faire participer à des activités extérieures, sportives par exemple, qui permettraient de développer son sens de la solidarité et de la collectivité.

QU'AIME-T-IL ?

Même si c'est un homme qui possède une certaine fantaisie, Thibaut apprécie l'ordre et la stabilité, sans doute parce que cela le sécurise. Il aime la nature, les animaux et les humains, ce qui le porte à faire partie de groupes ou d'associations qui partagent les mêmes idéaux que lui.

En matière de cœur, c'est un sentimental, voire un romanesque, mais il a du mal à exprimer ses sentiments en raison d'une certaine timidité et d'une grande pudeur. Il demeure secret et insaisissable et se plaint souvent d'être incompris. Il se protège beaucoup car il se sait vulnérable et a terriblement peur de souffrir.

QUE FAIT-IL ?

Homme de cœur avant tout, Thibaut aura besoin de trouver une profession où il se sente utile. Ainsi recherchera-t-il des professions en rapport avec le domaine social, juridique, médical ou paramédical, des professions en rapport avec le public, avec l'audiovisuel, des professions en rapport avec les voyages, la vente.

THIERRY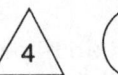

COURTNEY, GEORGES-HENRI, JEAN-MARIE, JERRY, LUDWIG, LUIGI, MARCELO, PERCY, SGANARELLE, SIDNEY, THÉOBALD

QUI EST-IL ?

Thierry est un homme sensible et émotif, même si son comportement extérieur laisse supposer le contraire. En effet, il peut apparaître froid et distant ou un peu strict, alors qu'il ne s'agit que d'une façade dissimulant tant bien que mal sa timidité naturelle. Il est également prudent et méfiant et garde sa réserve lorsqu'il ne sait pas à qui il a affaire. Néanmoins, c'est quelqu'un qui gagne à être connu car il est sérieux, raisonnable, responsable et on ne fait pas en vain appel à lui. Il est doué pour gérer les problèmes matériels ou pratiques et n'est pas le dernier à participer, le travail étant souvent une satisfaction pour lui, ou un moyen de se mettre en avant. Pourtant, Thierry est un personnage à facettes, étant donné les deux influences contraires qui coexistent en lui. À savoir, le 4 (signe d'introversion et de solitude), qui lui donne l'apparence de quelqu'un de sérieux, travailleur, austère, méthodique, patient, pointilleux, persévérant, voire obstiné parfois... et le 3 (signe d'extraversion et de sociabilité), qui le rend plus ludique et léger, impatient, éparpillé, désordonné même, ce qui de temps en temps surprend lorsqu'on connaît l'autre personnage. Sauf s'il est né un 3, 12, 21, 30, ou possède un chemin de vie 3, il a besoin de passer d'un côté à l'autre, ces deux facettes étant indispensables à son bien-être. C'est ainsi qu'on le verra stable, économe et assidu pendant une longue période, puis beaucoup plus dissipé et désireux de s'amuser. Thierry veut progresser sans cesse et si la monotonie a du bon puisqu'elle le sécurise un certain temps, la nouveauté est excitante ! De toute façon, lors des changements de son existence, il réfléchira longtemps avant de se lancer et ses risques seront calculés. Par ailleurs, bien qu'ayant un fond nerveux, il a un self-control très au point. Toutefois, avec le 1 karmique, il peut avoir quelques difficultés de prise en charge personnelle qui peuvent l'amener sur le chemin de l'autoritarisme, de l'intransigeance ou de l'arrogance... À moins que, plus rarement, il ne se repose un peu trop sur les autres.

Enfant, il tend à être réservé et peut être trop intériorisé et secret, mais parfois aussi trop bavard. Il est attiré par les études à caractère scientifique et se montre discipliné et raisonnable. Il a besoin d'être encouragé car il se sent assez facilement incompris. Il faudra cultiver chez lui les notions de partage et d'humour.

QU'AIME-T-IL ?

Il aime plaire, mais beaucoup plus intellectuellement que physiquement. Il aime échanger des idées et communiquer sur des sujets qui lui tiennent à cœur, qu'ils soient en liaison avec les sciences exactes, la biologie, les animaux ou la nature, parfois même la politique.

Sentimentalement, Thierry est un homme fidèle et stable qui possède une morale un peu trop rigide et qui manque parfois de fantaisie, même si c'est ce qu'il apprécie chez sa partenaire. Souvent assez replié sur lui-même et égocentrique, il a du mal à exprimer ses sentiments et sa tendresse. C'est probablement pour cela que, méfiant, il préfère s'engager et s'investir dans la sphère professionnelle.

QUE FAIT-IL ?

Thierry, souvent marqué par les signes de terre (Taureau, Vierge, Capricorne), sera attiré par une profession concrète. C'est ainsi qu'il sera susceptible de s'orienter vers des professions à caractère scientifique ou technique, l'enseignement (des mathématiques, de la biologie ou de la physique en premier lieu), des professions en rapport avec la terre, les animaux, l'ordre, la précision, l'artisanat...

THOLMAS ⟨22/4⟩ ⟨7⟩ ⟨6⟩

ALFONS, CARLO, GASTON, LAZSLO

QUI EST-IL ?

Thomas est un être secret, réservé, souvent mystérieux pour son entourage. Il est de ceux qui réfléchissent avant d'agir. Ses sentiments et ses émotions s'accumulent pendant un certain temps, ce qui le fait passer le plus souvent pour flegmatique ou insensible, alors qu'en fait il n'est qu'intériorisé. Il reste longtemps sous le coup d'une même émotion, que ce soit la joie ou la peine. Il a du mal à s'adapter aux nouvelles situations qui s'offrent à lui. Lorsque, parfois, il se laisse aller à un excès de colère, il déconcerte totalement son entourage qui ne comprend pas cette réaction intempestive. Celle-ci n'est pourtant que la résultante d'une longue série de blessures qu'il a, avec plus ou moins de bonheur, accumulées et refoulées. Particulièrement marqué par les signes de terre (notamment le Taureau), il en possède les caractéristiques : patience, possessivité, fidélité, stabilité, matérialisme. C'est un homme pragmatique, réaliste et rationnel, peu influençable ni impressionnable, qui ne croit que ce qu'il voit, comme le saint dont il porte le nom. Il est même entêté : attention aux œillères ou à la mauvaise foi qui le font s'enfermer dans une situation alors qu'il a tort ! Sa sociabilité n'est pas très développée. Il est sélectif et n'apprécie guère la foule ou le bruit. Néanmoins, c'est un affectif, très attaché à sa famille, dont il se sent toujours un peu responsable.

Enfant, il se montre tranquille, calme, sérieux, peu enclin à parler et à communiquer. Peu démonstratif, il est très pudique et n'est pas toujours à l'aise devant les manifestations affectives. Son activité n'est pas spectaculaire, mais Thomas, s'il avance lentement, avance sûrement et il termine toujours ce qu'il a commencé. Il s'intéresse aux dernières techniques ou à l'informatique et préfère les jeux de l'esprit aux sports. Très possessif, il faudra développer très tôt chez lui le sens du partage.

QU'AIME-T-IL ?

Thomas est écologiste dans l'âme, amoureux de la nature, de la terre et des animaux. Il aime la simplicité, la tranquillité. Il est modeste et déteste la sophistication et la légèreté. Il s'intéresse à ce qui sort de l'ordinaire. Même s'il se targue d'être un esprit scientifique, il peut néanmoins se poser certaines grandes questions existentielles et se tourner vers les sciences humaines ou vers la spiritualité…

Sentimentalement, c'est un être fidèle et aimant, et lorsqu'il est amoureux, c'est pour la vie. Mais il ne se laisse pas si facilement décocher une flèche par Cupidon : prudent et méfiant, il ne s'engage jamais à la légère.

QUE FAIT-IL ?

Cérébral ou intellectuel, Thomas sera intéressé par la connaissance et la recherche ainsi que par ce qui est d'avant-garde. Il se tournera vers les professions à caractère scientifique ou technique, à caractère médical (spécialité), les activités liées à la mode, ou à l'esthétique, à la décoration, la couture, la précision, la nature, la terre… S'il vit les influences de son maître nombre, tous les espoirs lui sont permis, dans tous les domaines : il possède alors le potentiel nécessaire à une réussite éclatante.

VANESSA, MARGO et **MARIE-PIERRE**

ANGÉLINA, CORNÉLIE, CYBILL, FIONA, GWENDOLINE, GWENOLÉ, JONNA, JOSÉE, JOSSELINE, LISELOTTE, MÉLODIE, MONIKA, NOËLLE, NOËLLIE, PÉTRONILLE, PIERROTTE, TOINETTE, VIOLETTE

QUI SONT-ELLES ?

Étranges et mystérieuses, leur sensibilité et leur émotivité sont tellement envahissantes qu'elles tendent à se protéger derrière un masque d'impassibilité, voire de distance, ou se replier sur elles-mêmes dans un silence glacé. Les trois nombres constituant leurs prénoms sont « karmiques » et leurs effets se font sentir sur plusieurs registres différents. Cela les fait évoluer au fil de leur existence, une tendance étant susceptible de se renverser. Le 18, qui est le nombre actif de Vanessa, et le 72, qui est celui de Marie-Pierre, vont justement dans le sens de nombreux changements, de voyages, avec une réussite tardive et non orientée forcément vers le bien-être matériel. En effet, ces femmes appartiennent à la race des idéalistes, qui malheureusement n'ont pas toujours les pieds sur terre. Avec leurs aspirations élevées (maître nombre 11) et des vues larges sur l'existence, bien souvent irréalisables, elles peuvent connaître des phases d'intense déception, des désillusions, voire des crises nerveuses ou de dépression... Il sera plus facile pour elles de les vivre au travers de phantasmes, ou en se réfugiant dans le monde de la spiritualité, de la parapsychologie. À moins qu'elles ne se tournent vers les paradis artificiels. Leur vie intérieure est importante et un intense sentiment de solitude se fait parfois sentir, car elles ont facilement tendance à se sentir à part, marginales. Peut-être auront-elles plus tard la possibilité de vivre cela en originalité et créativité, en empruntant par exemple les voies de l'avant-garde... (surtout si elles sont nées en février et en novembre, ou un 11, 29, ou possèdent un chemin de vie 11).

Enfants, elles sont fragiles et ont souvent un sentiment d'infériorité. Il est donc essentiel qu'elles soient entourées et aimées. Elles donnent toujours le maximum d'elles-mêmes lorsqu'elles se sentent soutenues et savent faire plaisir. Il est également indispensable de dissiper leurs rêveries en les poussant à développer un don artistique (peinture, musique, théâtre, couture, cuisine...).

QU'AIMENT-ELLES ?

Elles apprécient le naturel, le calme, la solitude, ainsi que ce qui sort de l'ordinaire. Elles sont souvent fascinées par le merveilleux, les phénomènes occultes ou étranges (sauf à de rares exceptions où elles se montrent, au contraire, viscéralement opposées et critiques à l'égard de l'irrationnel).

Sentimentalement, la vie n'est pas simple pour elles. Elles ont l'art de tout compliquer ! Sensibles et romanesques, elles rêvent d'osmose avec l'être aimé, et leurs attirances sont parfois incompréhensibles. De plus, elles ne communiquent pas facilement et espèrent être devinées... Pourtant, elles sont capables de dévouement et de sacrifice, se révélant parfois dans la maternité.

QUE FONT-ELLES ?

À l'heure du choix professionnel, elles n'ont pas forcément acquis toutes leurs potentialités qui sont trop lourdes à porter à un âge tendre. Aussi, leur première orientation ne sera-t-elle pas forcément définitive. Au travers d'une discipline psychologique, mystique ou parapsychologique, elles sont susceptibles d'évoluer, passant du 2, passif, dépendant, soumis et influençable (mère de famille, sténodactylo, vendeuse...), au 11, actif, autoritaire, capable de prendre en charge les autres. Elles seront alors intéressées par des professions artistiques, des professions en liaison avec l'humain (médical, social, droit), des professions d'avant-garde, ou liées à la mode, des activités en rapport avec le public, l'audiovisuel, les voyages, l'étranger.

VANINA, MAGALI, MARIE-CHRISTINE et **MARISA**

△7 ☐5

ANNE-LOUISE, ANNETTE, BILLIE-JEAN, CHLOÉ, JÉZABEL, LARISSA, SAMIRA, TABITHA, VICTORINE

QUI SONT-ELLES ?

Ce sont des femmes particulières et surprenantes qui possèdent un certain mystère... Soit parce qu'elles demeurent secrètes, soit parce que leur apparence extérieure tranche avec leur image intérieure. Soit encore parce qu'elles sont originales et peu conformistes. Elles ont une grande séduction naturelle et l'on pourrait facilement penser que ce sont des femmes légères ou superficielles, alors qu'en réalité elles sont profondes et tendent à l'introspection. Il est vrai qu'il existe un contraste frappant entre leur activité apparemment débordante et leur recherche d'authenticité, qui est accompagnée d'un besoin de réflexion personnelle... En fait, elles sont excessivement nerveuses et peuvent exprimer certaines tensions dans une activité trépidante. Cela peut les conduire à s'éparpiller et à se disperser, comme si elles voulaient tout embrasser à la fois en saisissant toutes les opportunités qui s'offrent à elles. Elles peuvent effectivement commettre des actes impulsifs lorsqu'elles sont dominées par leurs émotions, leurs sentiments ou leur curiosité. Mais elles sont aussi capables de pondération à d'autres moments. Précipitation et réflexion coexistent paradoxalement chez ces femmes au caractère cyclothymique. Lorsqu'elles sont en confiance ou dans une période faste, elles deviennent capables du meilleur, charmantes, efficaces et spirituelles. Or, si l'ambiance ne leur paraît pas idéale, elles se replieront sur elles-mêmes en fuyant le monde, se montrant presque asociales. Par ailleurs, elles sont facilement attirées par ce qui sort de l'ordinaire, l'original, l'inédit, l'hétérodoxe et peuvent avoir tendance à ne pas suivre des voies traditionnelles...

Enfants, elles peuvent être des fillettes vives et spontanées, s'intéressant à tout (surtout si elles sont nées un 5, 14, 23, en mai, ou possèdent un chemin de vie 5). Ou beaucoup plus introverties, secrètes, discrètes, douées pour les études et enclines à se poser de grandes questions sur l'existence (surtout si elles sont nées un 7, 16, 25, en juillet, ou possèdent un chemin de vie 7). Mais elles sont tributaires de leur environnement affectif et ne travailleront bien que si elles sont sûres que cela fait plaisir à leurs parents et à leur professeur, surtout si celui-ci leur plaît... Elles ont une imagination fertile et une intuition développée, sont sujettes à des accès de joie subite ou à des emballements, suivis d'abattements. Il faut donc veiller à maintenir un certain équilibre dans un environnement affectif stimulant.

QU'AIMENT-ELLES ?

Avec un maître nombre 11, elles peuvent être fortement attirées par les grandes causes, humanitaires par exemple, et s'intéresser à la psychologie, l'astrologie, la graphologie, la religion ou la politique, sur un fond d'utopie. Mais elles peuvent aussi se contenter de rêver en vivant les vibrations du 2, moins intenses. Elles seront alors attirées par la vie à deux et auront un sens aigu de l'amitié. La vie sentimentale est extrêmement importante pour elles. Elles se montrent conciliantes, souples, sensibles et disponibles. Mais elles se sentent souvent incomprises ou mal aimées et tendent à la solitude : est-ce parce qu'elles sont plus à l'écoute des autres que d'elles-mêmes ou parce que leur pudeur, leur réserve ou leur côté sauvage et particulier déconcertent ?

QUE FONT-ELLES ?

Peu conventionnelles, elles auront tendance à s'intéresser à des professions qui sortent de l'ordinaire : les professions spécialisées ou d'avant-garde, qu'elles soient techniques ou scientifiques (informatique par exemple), ou celles liées à la mode, des activités variées et mobiles, en rapport avec la vente, les voyages, la publicité, la représentation, le journalisme, la danse… Elles s'intéressent également aux sciences humaines et aux activités de conseil.

VÉRONIQUE

CHRISTÈLE, DEBBIE, DOUCHKA, EMMIE, HERMINE, HERMINIE, JENNIFER, KRISTÈLE, LAURANE, LAURIANE, LISETTE, LOUISE-MARGUERITE, LOUISETTE, MIRIAM, PRISCILLA, PRISCILLIA

QUI EST-ELLE ?

Véronique peut apparaître plus dure, plus stricte, qu'elle ne l'est en réalité… En fait, elle est hypersensible et somme toute assez vulnérable. Face à l'hostilité, elle a souvent tendance à se replier sur elle-même, en évitant les affrontements. Pourtant, c'est une femme courageuse, fière, déterminée, qui déteste l'injustice, la flatterie, le mensonge, et est tout à fait capable de commander et d'assumer des responsabilités. Elle possède un esprit novateur et a besoin de vivre ses propres expériences, capable en cela de se sacrifier pour une cause qui la touche. C'est une femme assez complexe. Elle est souvent partagée entre un côté égocentrique, autoritaire, exigeant, surtout si elle est née un 1, 10, 19, 28, ou si elle possède un chemin de vie 1. À l'opposé se trouve en elle un autre côté, altruiste, idéaliste, surtout si elle est née un 9, 18, 27, ou si elle possède un chemin de vie 9.

Enfant, Véronique est sage, disciplinée et réservée. Elle est autonome et se révélera une sœur aînée remarquable, capable de remplacer les parents le cas échéant. Attention toutefois de ne pas abuser de sa gentillesse, c'est une proie rêvée. Il serait souhaitable de la faire participer à des activités extérieures qui lui permettront de trouver le juste équilibre dans sa relation avec les autres et l'environnement.

QU'AIME-T-ELLE ?

Ambitieuse, elle cherche à diriger, avoir la première place dans la vie et attirer l'attention sur elle. Elle aime le spectacle et a besoin d'être reconnue et adulée... Tout à la fois idéaliste et matérialiste, elle est sensible au standing ainsi qu'au confort que procure l'argent.

Sentimentalement, elle est exigeante et entend dominer. Sensuelle, elle est jalouse et entière et, si elle est fidèle, loyale et franche, elle demande la réciproque à son partenaire. Sa rudesse et sa brusquerie cachent en fait une grande générosité et beaucoup de sentiments.

QUE FAIT-ELLE ?

Véronique sera attirée par le domaine social (médecine, justice, droit), particulièrement si elle est née un 9, 18, 27, ou possède un chemin de vie 9, les professions libérales, la banque, la gestion, la finance, le monde du spectacle ou les carrières dans l'audiovisuel.

VICTOIRE (11/2) 9

ANDRÉE, BIANKA, CHARLETTE, ÉVANE, FLORE, FRANCETTE, IVANA, MALIKA, MARINA, MAXIMILIENNE, NADIA, VÉRANE

QUI EST-ELLE ?

Deux maîtres nombres dans Victoire nous mettent en présence d'une forte personnalité, profondément humaine et altruiste, possédant une forte sensibilité doublée d'une intuition remarquable. Ces hautes vibrations la poussent à vouloir promouvoir un monde meilleur et à s'occuper des plus déshérités. Les contingences matérielles ne sont pas son domaine de prédilection. Elle peut montrer de l'inspiration et de la créativité... Mais ces puissantes vibrations ne sont pas toujours vécues au plus haut niveau. À un échelon plus simple, Victoire se contentera de douces et innocentes rêveries, mêlant l'hypersensibilité, la fragilité émotionnelle, la dépendance, la suggestibilité et l'esprit de sacrifice sur un fond de passivité. L'équilibre nerveux est parfois fragilisé chez cette idéaliste dont les aspirations utopiques s'adaptent mal au quotidien.

Dans l'enfance, Victoire est adorable et attachante, toute au désir de faire plaisir, particulièrement réceptive à l'ambiance familiale. Qu'un déséquilibre ou une mésentente surgisse et la voilà complètement perdue, n'agissant plus dans le présent et se repliant sur elle-même, dans son monde de rêves, toujours très peuplé. Aussi est-il souhaitable de favoriser son autonomie et son sens des responsabilités tout en respectant sa candeur et sa fraîcheur.

QU'AIME-T-ELLE ?

Elle cultive les idéaux, et possède de hautes valeurs altruistes et humanitaires. La grande force intérieure qui l'anime la pousse à s'intéresser aux mouvements sociaux ou associatifs, aux sciences humaines, spirituelles et occultes. Si elle s'engage dans une de ses voies de prédilection, il faudra veiller aux travers possibles : dogmatisme, fanatisme... Elle est prête à s'associer et à collaborer avec les autres, avec une ouverture d'esprit et une bonne foi totales.

En amour, c'est une sentimentale, une romantique qui tend à idéaliser l'être aimé, à le placer sur un piédestal, avec tous les risques de déception et de désillusion que cela comporte... Féminine, elle se réalisera pleinement dans la maternité, mais aura sans doute besoin d'autre chose qu'une simple vie de mère de famille. Les valeurs affectives sont prépondérantes à ses yeux, mais le domaine purement matériel et concret est loin d'être son fort...

QUE FAIT-ELLE ?

Avec le 47 comme nombre actif, elle peut espérer une belle réussite, et les voies royales seront surtout sociales ou artistiques. Ainsi est-elle susceptible de devenir enseignante, psychologue, sociologue, conseillère, assistante sociale, puéricultrice, sage-femme, secrétaire dévouée..., artiste, musicienne..., astrologue, graphologue, médium... à moins que la religion ne la tente ou toute orientation philanthropique ou bénévole, et, pourquoi pas, la politique. Elle pourra aussi choisir simplement d'être une mère de famille aimante et attentionnée.

VICTOR, MICHAËL et **MIKAËL**

DON, GILLION, GONZAGUE, HUMPHREY, MARCELLIN, MIKOL, ODIN, PIERRAT, PIOTR

QUI SONT-ILS ?

Une certaine force tranquille filtre au travers de leur personnage, au demeurant réservé et équilibré. Ce sont des êtres sécurisants, ennemis des complications de la vie. Ils cherchent à plaire et à vivre en harmonie avec les autres. Le sentiment prend une place importante dans leur existence. Tout chez eux se passe par coups de cœur, que ce soit pour choisir un vêtement, un livre ou pour un choix professionnel. Ce sont aussi des amis merveilleux, disponibles, généreux et hospitaliers, qui savent partager simplement. Ils sont particulièrement sensibles à l'esthétique, à la beauté ou à l'art et sont des artistes-nés, d'un raffinement exquis, sensuels et hédonistes. Parfois narcissiques ou simplement coquets, ils peuvent se montrer perfectionnistes, voire maniaques, au point de focaliser sur certains petits détails primordiaux à leurs yeux. Extravertis, ils sont sociables mais souvent influençables, notamment par les êtres qu'ils aiment ainsi que par leur famille. Ils hésitent souvent, tant dans leurs choix professionnels que dans leurs inclinations affectives. Leur volonté n'est pas toujours dominante face aux sollicitations sensorielles ou aux sentiments. Néanmoins, ils sont actifs et travailleurs, même si leur rythme est inégal, et possèdent en général une grande conscience professionnelle.

Enfants, ils sont charmants, tendres, gourmands, affectueux, et usent de leur charme sur leurs parents qu'ils savent parfaitement manipuler avec douceur et habileté. Ils sont très soucieux de plaire, désireux de faire plaisir et supporteront très mal un déséquilibre ou une dysharmonie familiale. Ils préféreront se désintéresser de leur famille et fuir plutôt que de supporter des tensions. L'injustice leur est insupportable et les fait immédiatement réagir. La collectivité les stimule et les activités de groupe leur conviennent pleinement. De plus, toute activité artistique est à encourager et pourra déboucher sur une future profession.

QU'AIMENT-ILS ?

Plaire, charmer, apporter chaleur et réconfort aux autres, tel est leur bon plaisir... La sphère sentimentale est primordiale chez eux, toujours en quête de l'âme sœur. Mais le problème du choix n'est pas si évident que cela pour ces Roméo dont souvent le cœur balance, et qui trouvent au harem une forte séduction !... La famille est également importante et ils sont des pères remarquables et attentifs, une fois leur donjuanisme dépassé !

QUE FONT-ILS ?

Indécis au moment du choix professionnel, ils peuvent être tentés de rechercher la facilité en reprenant une entreprise familiale par exemple. Sinon, deux grandes orientations les tenteront : la sphère artistique ou esthétique, les activités où ils se sentiront directement utiles aux autres (domaines médical, paramédical, justice), tout ce qui touche au confort, à l'immobilier, à la maison, à la gastronomie, à la famille et à son bien-être...

VINCENT

CÉDRIC, CLIVE, DENIS, ERWIN, FRED, GEOFFREY, HENDRIK, JEAN-HONORÉ, JEAN-RODOLPHE, MIKÉLIS, NICET, SVEN, YOANN, ZÉPHIRIN

QUI EST-IL ?

Il a une forte personnalité qui tend à en imposer tant par son magnétisme que par son apparence réservée, ainsi que son souci de paraître ou d'impressionner. Tour à tour introverti et extraverti, sociable, c'est un homme attachant, charmant, qui a besoin de plaire et d'être aimé, bien que somme toute centré sur lui-même. Souvent courtois, il a du tact, mais il lui arrive de commettre des erreurs... Il est élégant et raffiné et peut être esthète, à moins qu'il ne se contente d'apprécier les plaisirs de ce monde. La gourmandise est un de ses péchés mignons. Le sentiment prend une place importante dans sa vie et il est souvent marqué, en bien ou en mal, par sa famille. Vincent ne fuit pas les responsabilités. Sa volonté est forte, même s'il connaît parfois l'hésitation. Lorsqu'il est animé par une motivation, il est capable d'aller jusqu'au bout du parcours qu'il s'était tracé. Exigeant, autoritaire et directif, Vincent est aussi susceptible d'avoir, sous des dehors calmes, des accès de colère lorsque l'on s'oppose à ses désirs ou que l'on fait montre d'iniquité. Orgueilleux, il donne l'impression d'être sûr de lui-même, déteste la médiocrité et les bassesses. Aussi, sensible à son image de marque, n'accepte-t-il guère l'échec et fait-il en sorte de se dépasser ou de se surpasser : n'est-il pas le meilleur ?

Enfant, il est actif, indépendant et son sens de la liberté est exacerbé. Il a horreur des contraintes, se montrera facilement indiscipliné et s'opposera. Il conviendra donc d'avoir une conduite ferme mais non rigide, afin de dompter ce petit fauve, en le sociabilisant. Évitez qu'il soit un enfant unique et favorisez les exercices physiques et de plein air, notamment collectifs...

QU'AIME-T-IL ?
Adepte du changement, il aime avant tout bouger, voyager, être libre des contraintes. Il a besoin de se passionner. Tout à la fois émotif, viril, entreprenant, Vincent peut se muer facilement en conquérant (surtout s'il est né un 5, 14, 23, ou s'il possède un chemin de vie 5). Ses instincts et ses désirs sont fortement ressentis et le rendent empressé auprès du sexe féminin. Mais il n'est pas forcément sentimental ni toujours très fidèle... Il est quelque peu élitiste et peut connaître l'hésitation à l'heure de l'engagement affectif. L'élue de son cœur doit effectivement être parfaite, sans quoi il aura vite fait de se lasser d'elle.

QUE FAIT-IL ?
Plusieurs types de professions peuvent le sensibiliser : non routinières et liées aux voyages, au plein air, aux sports (surtout s'il est né un 5, 14, 23), ou à la terre (s'il est né un 4, 13, 22, 31)..., celles où il faut exercer un pouvoir, comme la politique par exemple, car Vincent est de ceux qui aiment tirer les ficelles, et parfois même manipuler, surtout s'il est né un 6, 15, 24, ou s'il possède un chemin de vie 6..., celles en rapport avec le beau, le luxe, le confort, l'art, la gastronomie.... celles touchant le domaine médical ou paramédical.

VIOLAINE 6 3 3

AMBROISINE, ANNE-THÉRÈSE, BLANCHEFLOR, ESPÉRANZA, HÉDY, HÉLOÏSA, JESSY, LU, MARGARETHE, MYRTILLE, PEGGY, ROLANDE, SHIRLEY, SOLEDAD, VALÉRIANE

QUI EST-ELLE ?

Du charme, de la sensibilité, de la vivacité et de la sensualité, telle apparaît Violaine qui attire le regard et la sympathie. C'est une femme sociable et extravertie qui sait plaire et faire régner l'harmonie autour d'elle. Curieuse, bavarde et adaptable, elle respire la joie de vivre et la bonne humeur. Elle possède un caractère optimiste, facile et gai. Le découragement ne l'atteint pas et elle sait dédramatiser les situations. Elle est équilibrée, bien que souvent hypernerveuse et elle tend à apaiser les situations car elle déteste les conflits de toutes sortes. Même si elle est impatiente et s'emporte fréquemment, elle n'aura de cesse qu'elle ne rétablisse la paix. Elle est coquette, séductrice et a l'art de la persuasion. Elle peut être douée pour les langues, le chant, ou même l'imitation. Ses critères sont fondés sur le sentiment, l'esthétique ou la beauté : elle recherchera la perfection. Maniaque et, paradoxalement, désordonnée, on la verra passer deux heures dans sa salle de bains alors qu'elle négligera de faire son lit... Volontaire, elle est capable d'assumer des responsabilités, mais n'est pas ennemie de la facilité. C'est une sentimentale qui n'agit, n'entreprend et n'assume que quand elle se sent heureuse. Dans le cas contraire, elle peut se laisser aller à une douce indolence.

Fillette, c'est un petit diable espiègle, malicieuse et démonstrative. Très soucieuse de faire plaisir à ses parents, elle est fortement concernée par la vie familiale. Une mésentente a des effets désastreux sur son équilibre. Elle doit être néanmoins élevée avec quelques contraintes, car elle a facilement tendance à s'éparpiller, à s'amuser, à jouer en oubliant son travail scolaire. Par ailleurs, c'est une créative qui serait ravie d'apprendre la musique ou la danse.

QU'AIME-T-ELLE ?

Sensuelle et gourmande, Violaine aime mordre la vie à belles dents et jouir de tous ses plaisirs. Elle a de l'humour et aime faire rire, étant amateur de jeux de toutes sortes.

Très concernée par la vie sentimentale, elle cherchera de bonne heure l'âme sœur qu'elle trouvera aisément. Mais, au moment du choix, se décidera-t-elle pour Paul, qui est tendre et sentimental, pour Marc, qui est beau et viril, ou encore pour Jean-Robert, qui est protecteur et sécurisant ?... Quel cruel dilemme ! Si sa morale ne la guidait, elle les garderait bien tous les trois...

QUE FAIT-ELLE ?

Le domaine familial peut parfois intervenir dans son choix professionnel. Sinon, elle sera tentée par des professions en rapport avec l'esthétique, la créativité, l'art, le confort, la cuisine, la gastronomie.... en liaison avec la prise en charge des autres (médecin, conseiller conjugal, juge, infirmière, kinésithérapeute...), en rapport avec l'hygiène ou la précision, en rapport avec l'expression orale ou écrite.

VIRGINIE

EUPHRASIE, LORETTE, LISBETH, MALORY, MAURICIA, SOPHIE-CHARLOTTE

QUI EST-ELLE ?

Un excès de chiffres 9 dans ce prénom rend Virginie fragile, hyperémotive, fantasque, rêveuse, intuitive et imaginative. C'est une femme très sensible, même si elle donne l'impression d'être détachée, son moyen de défense étant de se protéger derrière une cuirasse de réserve ou de froideur. Son personnage déconcerte, car on peut la trouver tour à tour réservée, muette, repliée dans sa tour d'ivoire, puis excitée, passionnée, bavarde. Le tout dépend du moment présent qui est ressenti comme très intense, ou de l'ambiance affective dans laquelle elle se trouve. Elle est cyclothymique et oscille entre des phases d'introversion (surtout si elle est née un 4, 7, 13, 16, 22, 25, 31, ou si elle possède un chemin de vie 4 ou 7) et d'extraversion (accentuées si elle est née un 3, 5, 12, 14, 21, 23, 30, ou si elle possède un chemin de vie 3 ou 5). Heureusement qu'elle a de la chance, car elle n'est pas toujours très armée face aux difficultés de la vie. Elle tend facilement à se couper des réalités ou à vivre vite, dans une mobilité incessante. Virginie est une inquiète, d'une grande nervosité, et il est vrai qu'elle a tendance à se poser trop de questions préjudiciables à sa sérénité. Pourtant, si la vie est facile pour elle, elle saura se montrer souple et adaptable, enthousiaste et gaie. Elle est coquette et pourvue de charme. Avec le 3 karmique, la communication et l'expression prennent une place importante dans son existence, soit parce que les quatre premières années de sa vie sont plutôt intériorisées, soit parce qu'elle ressent confusément un grand besoin de parler. Sa compréhension est rapide et elle possède une grande agilité intellectuelle, une bonne dextérité manuelle ainsi qu'un bon sens pratique. C'est une femme qui aura peut-être un début de vie lent mais qui rattrapera le temps perdu à partir de 23 ans...

Enfant, elle demande beaucoup d'affection et d'attention. Elle est peu autonome et se réfugie facilement dans de douces rêveries. Il est nécessaire de la stimuler et de l'encourager. La discipline et l'ordre ne sont pas son fort. Ses parents devront surveiller attentivement sa scolarité. Un violon d'Ingres artistique serait souhaitable. Le théâtre lui permettrait d'extérioriser sa grande sensibilité et développerait ses facultés d'expression. La danse conviendrait aussi à son besoin de mobilité et à sa souplesse...

QU'AIME-T-ELLE ?

Elle n'apprécie aucune forme de contraintes qui limiteraient son grand besoin d'indépendance et de fantaisie. Elle aime l'aventure, l'inconnu, le changement, la nouveauté, et elle se remet souvent en question. Elle a le goût des contacts et des négociations, se montre impulsive, impatiente, même. Elle adore voyager, découvrir le monde, mais le fera plus volontiers accompagnée.

En amour, elle a besoin de passion et n'est pas vraiment faite pour une vie bien orchestrée ou trop traditionnelle. Elle aime l'inhabituel et les surprises, et est ennemie d'une certaine routine. Pour la séduire, il convient de l'étonner. Attention toutefois : Virginie se lasse vite. Pensez à respecter son besoin d'indépendance !

QUE FAIT-ELLE ?

Elle n'est pas toujours décidée ou vraiment déterminée. Les événements viennent plutôt à elle que l'inverse. Ainsi, sa profession dépend souvent des circonstances, des liens affectifs ou de l'influence des parents, des amis, voire même de l'impulsion du moment. Les changements d'itinéraire seront fréquents. Seront à envisager les métiers suivants : en rapport avec le commerce, les voyages, le tourisme, en rapport avec l'expression orale ou écrite (journaliste, enseignante, secrétaire...), en rapport avec la créativité et la sphère artistique, et en particulier l'habileté manuelle, certaines professions d'avant-garde ou très spécialisées (techniques de pointe)...

WILLY, NICOLA et **NICOLAÏ**

  11/2

ADALBERT, CLAUDIUS, CLAUDUS, CRISTOBAL, DÉMÉTRIOS, DONAT, EMMANUEL-ARMAND, ETORE, GÉRÔME, GOLIATH, HAROL, JACINTO, JEAN-PATRICK, JOHANNS, KONRAD, LAZARE, LÉONCE, MARTINO, MAX-POL, MODESTE, ŒDIPE, PAULUS, PIERRE-AIMÉ, PIERRE-MARIE, RENÉ-JEAN, SAMSON, THYS

QUI SONT-ILS ?

Ces hommes apparaissent doux, calmes et réservés bien qu'étant de grands nerveux. Il y a en eux une partie secrète, distante, réfléchie qui les pousse à s'intérioriser, à rechercher la solitude et la tranquillité, et une partie ouverte aux autres, plutôt altruiste et qui cherche à s'unir, à collaborer ou à participer à de vastes mouvements sociaux. En effet, ils ont souvent besoin de la collectivité pour se sentir stimulés et ils pensent souvent que l'union fait la force. À la fois hommes d'analyse, de raison, ils cherchent à être concrets, objectifs et rationnels. Leur esprit critique est développé, mais ils sont aussi intuitifs, imaginatifs, sensitifs et sensibles, parfois même inspirés, voire visionnaires. On dit souvent de ces hommes qu'ils sortent de l'ordinaire, notamment lorsqu'ils vivent les vibrations de leur maître nombre 11. En effet, poussés par ces puissantes influences, ces hommes peuvent se transformer et évoluer d'une façon saisissante. Tout d'abord, ils tendront à vivre sous l'influence du nombre 2 (octave au-dessous du 11), donc plus fragiles, dépendant de leur environnement affectif, malléables, hyperémotifs et craintifs… Puis, si la vie leur permet de vivre à la hauteur du 11, ils auront un certain ascendant sur autrui, se démarqueront et auront un destin peu banal, qu'ils deviennent des artistes d'envergure, des hommes politiques ou des humanistes éclairés... Mais cela n'est pas toujours facile, aussi l'équilibre nerveux est-il souvent ébranlé : s'ils se sentent dans l'impossibilité de réaliser leurs idéaux, ils peuvent être tentés de fuir dans des chimères ou dans des rêves... Voilà pourquoi, enfants, il faut les entourer affectivement, les faire participer activement à des groupes et favoriser, le cas échéant, un don artistique, sans quoi ils seraient tentés de se replier dans leur tour d'ivoire.

QU'AIMENT-ILS ?

Ils possèdent une vie intérieure riche et peuvent être tentés par la vie contemplative, aimant passer du temps, seuls avec eux-mêmes, à étudier, à méditer, afin d'acquérir une certaine sagesse, à la recherche de vérités profondes. Ils peuvent aussi être intéressés par le merveilleux, la spiritualité, la musique, la peinture ou la parapsychologie.

Sentimentalement, ils sont tendres, mais peuvent parfois dissimuler leur hypersensibilité derrière une certaine ironie. Capables de grands élans, ils cherchent la compagne idéale avec laquelle ils pourraient vivre en symbiose et tout partager, spirituellement et sensuellement. Le fait qu'ils soient caractérisés par le 2/11 karmique ne rend pas toujours facile l'association, car ils sont très exigeants, même s'ils ont l'impression de faire beaucoup d'efforts !...

QUE FONT-ILS ?

À l'heure du choix professionnel, ils s'orienteront vers les carrières suivantes, cela en fonction de leur âge (en effet, les réalisations d'envergure rendues possibles par la présence du maître nombre ne pourront être vécues qu'à partir de la maturité) : professions artistiques, les domaines directement liés à l'humain (médical, paramédical, social, psychologie, droit...), une profession d'avant-garde ou liée à la mode, une activité en rapport avec le public, l'audiovisuel, l'étranger, les voyages, une activité politique, ou une profession technique (électronique, informatique...), ou en rapport avec la recherche. Leur forte intuition doublée de leur esprit d'analyse leur donne un profil d'inventeur.

YANNICK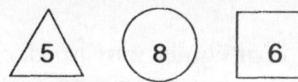

DUKE, GASPARO, JACKY, MARTY, MICHELANGELO, PROSPERO, SANTIAGO, SEPTIMIUS, TÉODOR

QUI EST-IL ?

Yannick est un homme ouvert, sympathique, sociable, particulièrement actif, mobile et dynamique sous des dehors détendus. Chez lui, le sentiment est important : il a besoin de plaire. Ce qui peut se traduire par un souci de son apparence physique, une attitude conciliante et sécurisante, mais aussi un certain attachement à son environnement familial (ainsi qu'à son confort d'ailleurs). Très curieux, Yannick diversifie souvent ses activités car il adore le mouvement et les changements. Ses remises en question sont fréquentes. Vif, rapide, habile, il évolue avec une certaine aisance, sait prendre des risques, apprécie particulièrement les surprises et les découvertes ainsi que les aventures. Son sens de la liberté est aiguisé, il n'apprécie nullement les contraintes et tend vers une certaine superficialité. Ennemi du définitif, il est plus motivé par la difficulté que le contraire et appartient à la race des conquérants. Son principal défaut est sans doute de perdre rapidement sa motivation, de n'être pas assez opiniâtre et de faire parler le « principe de plaisir » avant le « principe de réalité ».

Enfant, il est impulsif, instable et ne tient pas en place, aussi faut-il favoriser le sport, la danse, le bricolage. Il est souvent coléreux, irritable, impatient et sa susceptibilité est grande. Il ressent de bonne heure un besoin de liberté et sera rebelle à l'autorité. Il faut donc lui inculquer les notions de discipline, d'ordre et de patience car il est plus que fantaisiste.

Il faut également lui donner des responsabilités de bonne heure, afin de lui faire vivre positivement son 6 karmique, car trop adulé, trop entouré, il pourrait bien adopter une attitude laxiste et paresseuse, ce qui irait à l'encontre de la route à suivre.

QU'AIME-T-IL ?

Il aime le succès, la puissance, le pouvoir, le commandement, la liberté ainsi que la dépense physique. C'est un homme ambitieux qui vise à l'enrichissement matériel et au bien-être. Aussi, l'argent est-il important dans sa vie, tant pour les joies qu'il procure que pour en faire profiter ses amis ou ses proches, car il est souvent généreux. Il a d'ailleurs le sens des affaires.

En amour, c'est un être charmant, attaché à sa famille. Il est désireux de fonder un foyer, son besoin de sécurité et d'amour est important. Bien que fort jaloux, passionné et entier, il n'est pas toujours très fidèle. Probablement parce que l'aventure ou les aventures le tentent et ne l'engagent jamais complètement, comblant son besoin de plaire et de séduire.

QUE FAIT-IL ?

Il n'a évidemment rien du fonctionnaire traditionnel ! Il lui faut de la variété et de la mobilité, aussi sera-t-il plus particulièrement attiré par la vente, les professions itinérantes, saisonnières ou en rapport de près ou de loin avec les voyages, le sport, l'armée ou la police…, les affaires. Mais il peut aussi reprendre une affaire familiale.

YVES

ABRAHAM, ALESSIO, ALESSO, ARNOLPHE, AUGUSTE-LOUIS, BALTHAZAR, BÉRYL, BOLESLAW, CHARLES-ÉDOUARD, CLODOMIR, CURT, FRANCK-OLIVIER, FRANÇOIS-RÉGIS, FREDDY, HUGH, ISIDORO, KYLE, LOUIS-AUGUSTE, MAGLOIRE, NAAMAN, NICCOLO, OCTAVIEN, PACÔME, PIERRE-OLIVIER, PIERRE-ROGER, ROGATIEN, ROGER-PIERRE, SAUVEUR, STEFANO, TITUS, ULRICH, ZÉPHYR

QUI EST-IL ?

C'est un homme entier, courageux, énergique et viril, qui se veut sévère. Sous une certaine rudesse et des airs conquérants, il a une grande sensibilité qu'il tend à maîtriser, ainsi qu'une certaine séduction qu'il n'entretient que discrètement. Timide, inquiet au fond de lui-même, il doute de ses capacités, mais il compense parfaitement par une activité nettement au-dessus de la moyenne et une volonté à toute épreuve. Il évolue avec une aisance naturelle, s'adapte rapidement, peut montrer du savoir-faire, voire un certain opportunisme. Pourtant il est plutôt strict, déteste la flatterie, le mensonge, les faux-semblants, et surtout l'injustice... Capable de colères violentes lorsqu'il fait face à une iniquité, il est alors redoutable ! Matérialiste, il a le sens des affaires et est un homme de terrain. Les théories ne l'intéressent que lorsqu'elles sont appliquées. Impatient, il est très efficace, rapide d'exécution et a besoin d'exercices physiques, sans quoi il serait assez vite agressif ou querelleur.

Enfant, Yves est assez fragile et susceptible. Son émotivité envahissante s'extériorisera beaucoup plus facilement dans la colère que dans des démonstrations affectives. Aussi a-t-on trop tendance, avec lui, à se fier aux apparences, en ne considérant que sa dureté. De plus, il est mobile et dispersé, et en classe il préférera les domaines concrets : la physique-chimie, les sciences, et surtout le sport où il excellera en général. Le bricolage et la compétition seront d'ailleurs ses violons d'Ingres favoris.

QU'AIME-T-IL ?

Il aime le contact avec les autres, a un sens certain de l'amitié, et il est persuasif lorsqu'il le désire. Il aime avant tout sa liberté, le jeu, ainsi que les plaisirs de ce monde. C'est un homme de conquêtes qui ne ménage ni sa peine ni ses efforts... Mais quelle impatience !

Ses sentiments sont passionnés et ardents. Il a besoin de communiquer profondément avec sa partenaire, avec laquelle il se montre prévenant. La confiance, le respect, l'authenticité et la liberté sont des valeurs qui sont indispensables dans sa vie de couple. Il pardonnera difficilement une parole non tenue et préférera toujours une vérité désagréable à un mensonge inopportun.

QUE FAIT-IL ?

Taillé pour réussir dans la vie, notamment matériellement, Yves sera attiré par une profession où l'action ou les voyages sont présents (sport, représentation, conduite de véhicules...), une carrière de technicien, les affaires : gestion, finance, banque, assurances, Bourse..., une profession où l'expression est importante (journaliste, conférencier...), le commerce ou l'enseignement, mais dans ces domaines son impatience se révèle souvent un handicap...

YVETTE

△7 ☐8

ANNE-SOPHIE, COLOMBINE, CONCEPCION, DOLORÈS, ÉLÉANOR, KATHRYN, MADY, MAILYS, MARIE-AIMÉE, MAYLIS, MIRYAM, MYRIAM, OCÉANE, SYLVA, SYLVIA, VALÉRIE-ANNE

QUI EST-ELLE ?

Yvette est une femme double et déconcertante. Elle possède une nature inquiète et nerveuse, parfois proche de l'angoisse. Mais elle est également très active, dynamique, et veut donner une impression de force à ceux qui la côtoient. Certainement pour cacher ses inquiétudes sous une carapace, afin de se protéger. Néanmoins, avec elle rien ne dure et elle est capable de passer facilement de l'enthousiasme à la déprime, dramatisant tout et amplifiant terriblement le moment présent. Ce trait de caractère la rend difficile à comprendre et le moins que l'on puisse dire est que sa cyclothymie déconcerte assez son entourage. En fait, l'union du 7 et du 8 chez elle est l'association de valeurs de feu, de passion, d'exagération, d'activité débordante, d'autorité, d'impulsivité… et de valeurs d'eau, de réserve, de réflexion, de passivité, de sensibilité et d'intériorité… ce qui n'est évidemment pas aisé à vivre ! Elle peut donner l'impression d'être une femme capricieuse ou excessive, alors qu'elle a, en réalité, beaucoup de mal à harmoniser ces deux tendances incompatibles. C'est une femme dont les contrastes peuvent être saisissants : elle peut passer du sport de compétition à une recherche mystique ou métaphysique.

Aussi, lorsqu'elle est enfant, faut-il tenter de la dompter avant qu'elle n'ait raison de votre gentillesse ou de votre patience. Parents, favorisez les activités physiques (danse, sports) ainsi que le développement de sa sensibilité. En fait, elle a souvent un côté sauvage et veut paraître plus dure qu'elle n'est en réalité, ce qui lui permet de se protéger. Ne vous fiez pas à cet air ironique ou cynique qu'elle affiche parfois. C'est au contraire une hypersensible, très tournée vers son foyer dont elle attend affection et chaleur. Elle est souvent beaucoup plus inquiète et craintive qu'elle ne veut bien le reconnaître.

QU'AIME-T-ELLE ?

Elle a le goût du pouvoir et du commandement, qu'elle est d'ailleurs tout à fait capable d'assumer... Elle aime le travail bien fait et n'hésite pas à prendre des responsabilités qui devraient incomber à d'autres. La réussite l'attire. C'est pour elle une façon d'obtenir un certain bien-être matériel qui lui permet de se rassurer.

Côté cœur, c'est une femme énigmatique, un sphinx, qui ne fait rien pour mieux être comprise. Tantôt formidable, chaleureuse, démonstrative, généreuse... tantôt renfermée, blessée, déçue et amère... N'oubliez pas cependant que ces attitudes parfois contradictoires cachent une grande romantique qui a besoin d'aimer et d'être aimée. Ses sentiments sont sûrs et profonds et sa moralité est stricte. Hôtesse remarquable lorsqu'elle le veut bien, elle séduira par sa nature enjouée, parfois excentrique ou exaltée. Elle sait recevoir comme personne !

QUE FAIT-ELLE ?

Avec une telle personnalité, son choix professionnel n'est pas aisé et il est rarement unique. En effet, son nombre actif 25 caractérise l'hésitation et les changements abrupts. Il la fait osciller lorsqu'il s'agit pour elle de trouver sa voie. Ainsi trouverons-nous plus particulièrement les inclinations suivantes : le commerce et la finance, une profession où son esprit critique sera utile, une profession en rapport avec une certaine recherche, qu'elle soit scientifique, artistique ou parapsychologique..., une profession originale, car elle n'aime pas le conformisme.

CONCLUSION

Cet ouvrage aura mis en lumière les correspondances existant entre le prénom, les diverses lettres qui le composent et le caractère, ainsi que la personnalité de celui ou de celle qui le porte.

Pour les uns, ce sera une découverte qui ébranlera peut-être un cartésianisme bien ancré.

Pour les autres, ce sera l'occasion de vérifier qu'au-delà de la raison et des apparences il existe des lois plus secrètes qui nous déterminent. L'approche numérologique du prénom nous en donne des preuves immédiates. La numérologie est l'une des branches de la philosophie occulte qui nous permet de mieux nous connaître et de nous accepter, de mieux connaître et comprendre notre environnement, définir nos aptitudes et nos potentialités, ce « bagage » qui nous permet de parcourir notre chemin de vie. Mais parler de « chemin de vie » ne signifie ni que le chemin soit immuable ni que la vie serait soumise à un déterminisme radical. Notre recherche vise à l'adéquation entre notre personnalité, notre vie et les influences universelles qui nous gouvernent.

Il ne s'agit pas en priorité de savoir « ce qui va nous arriver », ce n'est pas le but ultime, bien heureusement ! Il s'agit bien davantage de prendre à pleines mains les rênes de notre propre destin, et d'agir au mieux, en toute connaissance de cause. Nous sommes sur une voie et nous avons des tâches à réaliser, et d'innombrables possibilités pour y parvenir. Entre le point de départ de notre vie terrestre et sa fin, de nombreux chemins se présentent. Certains seront cahoteux et semés d'embûches, alors que d'autres seront harmonieux et faciles à parcourir. Nous avons aussi des actes à accomplir et des choix à effectuer, des attitudes à adopter, qui ne sont pas immuables mais qui varient d'un sujet à un autre, et chez une même personne, d'une époque à une autre : il y a des choses à faire à certains moments et d'autres à éviter.

Le libre arbitre existe toujours, et l'on peut agir et démarrer une activité, une relation sentimentale, alors que les influences extérieures nous enjoignent la prudence. On agit quand même... Et l'on se rend compte inévitablement de la difficulté qui en résulte. Que de doutes, de remises en cause, d'épreuves matérielles et affectives, de dépressions ou autres problèmes de santé auraient pu être ainsi évités... Nous sommes maîtres de notre propre destin, mais dans une certaine mesure seulement. Nous devons essayer de faire au mieux sans chercher systématiquement à être le meilleur ou le premier, sous prétexte que notre société porte aux nues ceux ou celles qui « réussissent ». Ainsi, nous progresserons par rapport à nous-mêmes et ne serons plus esclaves de l'appréciation bien narcissique que nous avons de nous. Relativisons et cherchons simplement à progresser, vite ou lentement selon notre personnalité fondamentale et selon les époques différentes de notre vie, sur la voie de la liberté et de la sagesse, dans la recherche de l'Unité.

INDEX
DES TROIS MILLE PRÉNOMS RÉPERTORIÉS

AARON 187
ABAILARD 132
ABBE 273
ABDALLAH 345
ABDEL 141
ABEL 480
ABÉLARD 540
ABELARDO 368
ABGAR 180
ABIAM 476
ABIGAÏL 204
ABRAHAM 601
ABSALON 436
ABU 518
ACHAB 167
ACHILLE 257
ACQUILA 146
ADA 227
ADALBERT 596
ADAM 115
ADAMS 180
ADÉLAÏDE 458
ADÈLE 456
ADELIN 511
ADELINDE 259
ADELINE 204
ADELPHE 536
ADÉMAR 165
ADHÉMAR 340
ADNETTE 227
ADOLFO 553
ADOLPHE 117
ADOLPHINE 496
ADONIAS 374
ADRIAN 478
ADRIANA 496
ADRIANO 408
ADRIEN 119
ADRIEN-MARC 340
ADRIENNE 563
AGATHA 566
AGATHE 282
AGGÉE 561
AGLAÉ 121
AGNÈS 192
AGOSTINA 432
AGOSTINO 398
AGRIPPA 422
AGRIPPINE 194
AGUSTIN 398
AHMED 351
AHTUR 169
AÏDA 227
AIMABLE 540
AIMÉ 273
AIMÉE 227
ALADIN 422
ALAIN 123
ALAIN-CLAUDE 180
ALAN 115
ALARIC 476
ALBA 563
ALBAN 125
ALBANE 121
ALBANO 374
ALBÉRIC 257
ALBERT 351
ALBERT-JOHN 347
ALBERTA 385
ALBERTE 456
ALBERTINA 307
ALBERTINE 204
ALBERTO 139
ALBIN 127
ALBRECHT 119
ALCIBIADE 500
ALCIDE 359
ALCIDES 182
ALDO 340
ALDRIC 208
ALEC 343
ALEJANDRO 553
ALEK 480
ALESSANDRA 143
ALESSANDRO 570
ALESSIO 601
ALESSO 601
ALETTE 456
ALEX 119
ALEXANDER 132
ALEXANDRA 129
ALEXANDRE 132
ALEXANDRINE 157
ALEXANDROS 169
ALEXIA 498
ALEXIS 359
ALFONS 575
ALFONSO 398
ALFRED 482
ALICE 215
ALICIA 217
ALIDA 456
ALIÉNOR 566
ALIN 559
ALINA 462
ALINE 194
ALISON 498
ALIX 134
ALIZÉE 357
ALLAIN 389
ALLAN 213
ALOÏS 371
ALOŸS 532
ALPHONSE 430

ALPHONSIN 293
ALPHONSINE 458
AMAËL 340
AMALIA 396
AMAN 180
AMANCE 307
AMAND 167
AMANDA 137
AMANDINE 498
AMARANTHE 151
AMAURY 284
AMBRE 215
AMBROGIO 553
AMBROISE 139
AMBROISINE 591
AMBROSIUS 559
AMÉDÉE 165
AMÉDÉO 349
AMÉLIE 259
AMÉLITA 498
AMLÉTO 132
AMOS 381
AMOUR 299
AMY 405
ANAËLLE 458
ANAÏS 237
ANANIE 121
ANASTASE 408
ANASTASIE 129
ANATOLE 169
ANDÉOL 347
ANDRÉ 141
ANDRÉ-FRANÇOIS 398
ANDRÉ-JACQUES 273
ANDRÉA, F. 498
ANDRÉA, H. 540
ANDRÉAS 387
ANDRÉE 585
ANDRÉE-CLAIRE 432
ANDREI 141
ANDREJ 359
ANDRÈS 359
ANDREW 480

ANDREZEJ 478
ANDROMAQUE 307
ANDY 408
ANÉMONE 143
ANEURIN 418
ANGE 511
ANGEL 343
ANGELA 394
ANGÈLE 237
ANGÉLICA 498
ANGELIKA 282
ANGÉLINA 577
ANGÉLINE 357
ANGÉLIQUE 146
ANGELO 430
ANGUS 553
ANIAÏS 217
ANICET 359
ANISSA 456
ANITA 456
ANN 244
ANNA 557
ANNABELLA 129
ANNABELLE 496
ANNE 148
ANNE-CATHERINE 151
ANNE-CÉCILE 121
ANNE-CHARLOTTE 153
ANNE-CLAIRE 396
ANNE-GAËLLE 143
ANNE-LAURE 155
ANNE-LISE 563
ANNE-LOUISE 580
ANNE-MARIE 157
ANNE-SOPHIE 603
ANNE-THÉRÈSE 591
ANNECHON 309
ANNETTE 580
ANNIBAL 476
ANNICK 159
ANNIE 148
ANNONCIADE 402
ANNY 151

ANOUCK 502
ANOUK 171
ANSELME 167
ANTHELME 536
ANTHONY 161
ANTIGONE 454
ANTOINE 347
ANTOINE-LAURENT 284
ANTOINE-LOUIS 139
ANTOINETTE 440
ANTON 500
ANTONELLA 163
ANTONIN 165
ANTONIO 354
ANTONIUS 299
ANTONY 265
APOLLINAIRE 398
APOLLINE 496
APOLLO 553
APOLLON 368
APPOLINE 177
APRIL 208
ARABELLE 566
ARANTXA 177
ARCADIUS 246
ARCHAMBAUD 511
ARCHÉLAÜS 288
ARCHIBALD 213
ARCHIE 414
ARGAN 551
ARIANE 446
ARICIE 196
ARIEL 196
ARIELLE 217
ARISTE 511
ARISTIDE 351
ARISTIDES 257
ARLETTE 456
ARLETTE-LÉONIE 221
ARLYNE 410
ARMANCE 307
ARMAND 167
ARMANDE 392

ARMANDINE 498	AUDRIC 297	BARBET 206
ARMANDY 336	AUFFRAY 347	BARBEY 553
ARMEL 351	AUFRÈDE 211	BARBRA 227
ARMELA 385	AUGUST 387	BARNABÉ 540
ARMELLE 557	AUGUSTA 151	BARNARD 213
ARMÉNIO 132	AUGUSTE 175	BARRI 544
ARNALDO 320	AUGUSTE-LOUIS 601	BARRY 436
ARNAUD 486	AUGUSTIN 293	BART 299
ARNE 480	AUGUSTINE 295	BARTHÉLEMY 418
ARNO 381	AUGUSTUS 544	BARTHOLOMÉ 418
ARNOLD 500	AURE 301	BARTHOLOMO 208
ARNOLPHE 601	AURÈLE 265	BARTHOULOUMÉ 450
ARNOULD 318	AURÉLIA 490	BASILE 206
ARNULF 570	AURÉLIE 248	BASILIO 293
ARRIGO 340	AURÉLIEN 246	BASTIEN 450
ARSÈNE 476	AURELLUS 139	BASTIENNE 235
ARTÉMUS 189	AURIANE 529	BATHIAS 167
ARTHÉMIS 343	AURORE 223	BATHILDE 148
ARTHUR 169	AVA 227	BAUDE 221
ARTHUROL 299	AXEL 119	BAUDOUIN 518
ARTHUS 518	AXELLE 468	BAUDRY 476
ARTUR 518	AYMAR 336	BAUTISTE 189
ARTURO 544	AYMARD 555	BÉATRICE 259
ARTUS 354	AYMÉ 553	BÉATRIX 148
ASER 359	AYMERIC 297	BÉATRIZ 196
ASHLEY 354		BELFRAN 351
ASMAËL 165		BÉLINDA 286
ASSUNTA 546	BABETTE 462	BÉLINE 244
ASTRÉE 468	BABS 529	BÉLISE 159
ASTRID 171	BACCHUS 255	BELLA 194
ATHANASE 303	BALDASSARE 436	BEN 263
AUBAN 263	BALDO 540	BENDJEDDID 288
AUBANE 171	BALDOVINO 368	BÉNÉDICT 523
AUBERT 336	BALDWIN 208	BÉNÉDICTE 314
AUBERTON 141	BALTHAZAR 601	BENITO 180
AUBIN 297	BAPST 490	BENJAMIN 257
AUBLET 189	BAPTISTA 561	BENJAMINE 311
AUBRY 389	BAPTISTE 480	BENNY 347
AUDE 173	BAPTISTIN 208	BENOÎT 180
AUDE-CLAIRE 148	BAPTISTINE 148	BENOÎTE 466
AUDE-LISE 492	BARBARA 177	BÉRALDE 478
AUDIE 336	BARBE 192	BÉRANGER 561
AUDREY 250	BARBERINE 329	BÉRANGÈRE 446

BÉRENGER 480	BLANDINA 557	CAÏPHE 141
BÉRENGÈRE 480	BLANDINE 148	CAITLIN 269
BÉRÉNICE 225	BLANQUE 301	CAÏUS 553
BERNADETTE 426	BLAS 288	CALEB 257
BERNARD 182	BLASCO 540	CALIXTE 286
BERNARDIN 351	BLUETTE 163	CALLISTE 196
BERNARDINE 259	BOBBIE 235	CALLIXTE 194
BERNARDO 345	BOBBY 398	CALVIN 288
BERNHARD 450	BOLESLAW 601	CAMILLA 227
BERNI 263	BONAVENTURE 509	CAMILLE, F. 192
BERNIE 523	BONIFACE 134	CAMILLE, H. 273
BERTHA 196	BONIFACIO 297	CAMILLO 371
BERTHE 490	BONNIE 232	CANDICE 215
BERTHOLD 125	BORIS 511	CANDIDE 351
BERTILLE 244	BOUDDHA 332	CANDY 494
BERTIN 486	BOWDEN 504	CAPUCINE 301
BERTRADE 462	BRAD 288	CARINA 462
BERTRAM 257	BRADLEY 368	CARINE 194
BERTRAND 273	BRANKO 540	CARL 288
BERTRANDE 227	BRECHT 277	CARL-UWE 376
BÉRYL 601	BRENDA 568	CARLO 575
BESSIE 269	BRENDT 316	CARLOS 340
BETH 248	BRIAC 513	CARMAN 551
BETHSABÉE 426	BRIAN 523	CARMEN 196
BETTE 159	BRICE 520	CAROL 394
BETTI 324	BRIDGET 324	CAROLE 295
BETTINA 338	BRIDIE 324	CAROLE-ANNE 327
BETTY 295	BRIEUC 400	CAROLINE 198
BIANCA 557	BRIGITTA 527	CAROLYNE 267
BIANKA 585	BRIGITTE 184	CARRIE 196
BENVENU 297	BRITANNICUS 368	CARRY 494
BIENVENUE 189	BRITE 428	CARY 494
BILLIE 492	BRUCE 187	CASIMIR 559
BILLIE-JEAN 580	BRUNE 440	CASSANDRA 157
BING 442	BRUNEHILDE 402	CASSANDRE 446
BIRGITTA 527	BRUNO 189	CASSIUS 398
BJORN 257	BRUTUS 480	CATALINA 137
BLADE 141	BRYAN 303	CATARINA 454
BLAISE 206	BURT 284	CATERINA 121
BLANCHE 196	BUSTER 187	CATHELIN 511
BLANCHE-NEIGE 426	BUTCH 430	CATHERINE 200
BLANCHEFLOR 591	BUZZER 408	CATHERINETTE 250
BLANCHETTE 456		CATHIE 192

CATHY 405
CATY 143
CÉCIL 486
CÉCILE 134
CÉCILIA 223
CÉCILY 496
CÉDRIC 589
CÉLESTE 223
CÉLESTIN 513
CÉLESTINE 286
CÉLIA 215
CÉLIMÈNE 215
CÉLINE 202
CERISE 269
CÉSAIRE 167
CÉSAR 273
CESARE 167
CHADE 206
CHANG 513
CHANNING 159
CHANTAL 204
CHARLÉLIE 115
CHARLÈNE 557
CHARLES 206
CHARLES-ALBERT 284
CHARLES-ANDRÉ 430
CHARLES-ANTOINE 534
CHARLES-AUGUSTE 189
CHARLES-ÉDOUARD 601
CHARLES-EMMANUEL 167
CHARLES-FÉLIX 551
CHARLES-FRÉDÉRIC 387
CHARLES-FRÉDÉRICK 538
CHARLES-GUSTAVE 182
CHARLES-HENRI 125
CHARLES-HENRY 418
CHARLES-JEAN 347
CHARLES-JULIEN 277
CHARLES-LÉON 379
CHARLES-MAURICE 273
CHARLES-ROBERT 374
CHARLES-THÉOPHILE 297
CHARLES-VICTOR 430

CHARLETTE 585
CHARLEY 474
CHARLIE, F. 286
CHARLIE, H. 480
CHARLINE 148
CHARLOTTE 496
CHARLY 379
CHASE 511
CHEB 532
CHENASE 462
CHÉRI 161
CHÉRIE 267
CHÉRUBIN 408
CHICK 189
CHILDÉRIC 265
CHIMÈNE 267
CHITA 269
CHLOÉ 580
CHRÉTIEN 332
CHRÉTIENNE 286
CHRIS, F. 416
CHRIS, H. 361
CHRISSIE 184
CHRISTEL 492
CHRISTÈLE 583
CHRISTELLE 202
CHRISTIAN 208
CHRISTIAN-YVES 398
CHRISTIANE 148
CHRISTIANNE 215
CHRISTINE 211
CHRISTO 480
CHRISTOBAL 387
CHRISTOBALD 381
CHRISTOFOR 345
CHRISTOPHE 213
CHRISTOPHER 213
CHRITOPHORUS 182
CHRYSALDE 434
CHRYSALE 460
CIDALIA 557
CINDY 307
CIPRIANO 293

CIRINNA 527
CLAIRE 215
CLAIRETTE 557
CLARA 217
CLARENCE 561
CLARISSE 194
CLARK 559
CLAUDE, F. 219
CLAUDE, H. 418
CLAUDE-ALAIN 180
CLAUDE-AMBROISE 309
CLAUDEL 336
CLAUDETTE 146
CLAUDIA 211
CLAUDIE 219
CLAUDINE 221
CLAUDIO 208
CLAUDIUS 596
CLAUDUS 596
CLAUDY 557
CLÉANTE 167
CLÉLIA 223
CLÉMENCE 223
CLÉMENT 559
CLÉMENTIN 299
CLÉMENTINE 155
CLÉMOT 422
CLÉO 237
CLÉOPÂTRE 432
CLÉOPHAS 117
CLIFF 534
CLIFFORD 273
CLIFTON 359
CLIO 215
CLITANDRE 257
CLIVE 589
CLODOMIR 601
CLOTAIRE 309
CLOTHILDE 225
CLOTILDE 217
CLOVIS 182
CLU 295
CLYDE 175

COLAS 340
COLE 476
COLETTA 548
COLETTE 121
COLIN 182
COLINE 357
COLLEEN 446
COLOMBA 271
COLOMBE 494
COLOMBINE 603
COME 504
CONCEPCION 603
CONCEPTION 440
CONCETTA 295
CONCHITA 307
CONNIE 227
CONRAD 538
CONRADO 354
CONSTANCE 454
CONSTANT 540
CONSTANTIN 381
CONSTANTINA 143
CONSTANTINE 157
CONSTANTIUS 208
CORA 307
CORALIE 295
CORALINE 198
CORENTIN 363
CORENTINE 426
CORINA 282
CORINNE 227
CORNELIA 198
CORNÉLIE 577
CORNÉLIS 551
CORNÉLIUS 265
CORNELL 561
CORRADO 297
CORYNNE 173
COSIMA 282
COSIMO 309
COSTACHE 309
COSTANTE 137
COURTNEY 572

CRAIG 208
CRASSUS 398
CRÉPIN 277
CRÉSUS 187
CRISTANA 305
CRISTEL 546
CRISTÈLE 134
CRISTELLE 490
CRISTEN 334
CRISTOBAL 596
CRUZ 345
CUNÉGONDE 159
CUPIDON 418
CURT 601
CYBILL 577
CYNDI 307
CYNTHIA 129
CYPRIEN 430
CYRIELLE 129
CYRIL 293
CYRILLE 230
CYRUS 299

DABNEY 518
DAHLIA 237
DAILY 440
DAISY 143
DALE 314
DALHIA 237
DALIDA 365
DALILA 557
DAMASE 540
DAMIA 462
DAMIEN 273
DAN 332
DANA 200
DANIEL 511
DANIÈLE, F. 232
DANIÈLE, H. 551
DANIELLE 235
DANIÉLOU 511
DANIO 540

DANNY 143
DANTE 182
DANY 129
DAPHNÉ 215
DAPHNÉE 237
DARIOS 381
DARIUS 570
DASHA 227
DAUPHINE 221
DAVE 257
DAVID 240
DAVY 349
DEBBIE 583
DEBORAH 242
DED 246
DELBERT 544
DELPHIN 486
DELPHINE 488
DÉMÉTRIOS 596
DEMIS 486
DÉMOSTHÈNE 430
DEN 486
DENHOLM 476
DENIS 589
DENIS-AUGUSTE 436
DENISE 244
DENNIS 277
DÉOLINDA 396
DÉONATUS 511
DEREK 288
DERRICK 486
DES 146
DESEADO 408
DÉSIRÉ 513
DÉSIRÉE 470
DESMOND 478
DEVON 167
DIAMOND 282
DIANE 223
DIDIER 246
DIEGO 213
DIETER 288
DIETRICH 246

DIEUDONNÉ 332	DUNCAN 255	ÉLIETTE 314
DIMITRI 418	DUSTIN 347	ÉLINA 194
DIMITRIOS 414		ELIOT 509
DINA 134		ELIOTT 504
DIOCLÉTIEN 165	EARL 196	ÉLISA 192
DIOGÈNE 340	ED 532	ÉLISABETH 259
DIOGO 345	ÉDARD 257	ÉLISABETH-THÉRÈSE 280
DIOMÈDE 538	EDDA 194	ÉLISE 269
DOLLY 434	EDDIE 559	ÉLISÉE 273
DOLORÈS 603	EDDY 309	ÉLISSA 474
DOMENICO 303	ÉDELINE 196	ELIZABETH 225
DOMINGO 345	ÉDEN 332	ELKE 529
DOMINIK 343	ÉDERN 332	ELLA 215
DOMINIKA 426	EDGAR 414	ELLIOT 115
DOMINIQUE, F. 248	ÉDITH 146	ELLIOTT 125
DOMINIQUE, H. 265	EDMA 194	ELMUTT 436
DOMITIEN 476	EDME 559	ÉLODIE 261
DOMITILLE 456	EDMÉE 194	ÉLOI 551
DON 587	EDMOND 123	ÉLOÏSE 250
DONALD 340	EDMOND-PAUL 141	ELSA 192
DONAT 596	EDMONDE 282	ELSIE 269
DONATIEN 139	EDMUND 349	ELSY 137
DONATIENNE 494	ÉDOUARD 257	ELVIRE 171
DONNA 446	EDVARD 511	ELVIS 246
DONNAT 340	EDWARD 482	ÉLYETTE 438
DORA 250	EDWIGE 171	ÉLYMAS 255
DORIA 250	EDWIN 520	ÉLYSSA 474
DORIAN 540	EGER 290	ÉMELINE 196
DORIANNE 242	ÉGIDE 544	ÉMERIC 290
DORINE 200	ÉGIER 290	EMIL 263
DORIS 470	ÉGLANTINE 227	ÉMILE 290
DOROTA 460	EILEEN 194	ÉMILE-AUGUSTE 255
DOROTHÉE 252	ÉLÉANOR 603	ÉMILIA 314
DOROTHY 529	ÉLÉAZAR 345	ÉMILIE 171
DOUCHKA 583	ÉLÉNA 462	ÉMILIEN 318
DOUG 376	ÉLÉONORA 492	ÉMILIENNE 194
DOUGIE 412	ÉLÉONORE 420	EMILIO 504
DOUGLAS 288	ÉLEUTHÈRE 316	ÉMILIUS 349
DOUMIC 376	ELFRIED 299	EMILY 444
DRAGUTIN 368	ÉLIA 196	ÉMIR 532
DUDLEY 182	ÉLIANE 311	EMMA 194
DUKE 599	ÉLIAS 273	EMMANUEL 263
DULCIE 151	ÉLIE 240	EMMANUEL-ARMAND 596

EMMANUEL-BRUNO 520
EMMANUELLE 244
EMMELINE 314
EMMET 127
EMMIE 583
EMMY 566
ÉNÉE 480
ENGUERRAN 246
ENNÉE 359
ENNIO 125
ÉNOCH 504
ÉNORA 157
ENRICHETTA 357
ENRICO 115
ENRIQUE 533
ENZO 167
ÉPHRAÏM 359
ÉPHREM 208
ÉPICURE 169
ÉRALDO 139
ÉRASME 561
ERCOLE 293
ÉRIC 265
ERICH 161
ÉRICK 520
ÉRIK 412
ERIKA 338
ERLE 424
ERMELINDE 314
ERNA 286
ERNAUD 534
ERNEST 559
ERNEST-ANTOINE 518
ERNESTINE 155
ERNO 561
ERNST 246
ERWAN 359
ERWIN 589
ESAÏE 125
ÉSOPE 165
ESPERANZA 591
ESTEBAN 125
ESTELLE 223

ESTHER 267
ÉTELLE 194
ÉTIENNE 511
ÉTIENNE-MARIE 139
ÉTIENNETTE 456
ETORE 596
ETTORE 371
EUCLIDE 169
EUCLIDES 518
EUDES 570
EUDOXIE 244
EUGEN 354
EUGÈNE 361
EUGÈNE-AUGUSTIN 540
EUGÉNIA 248
EUGÉNIE 416
EULALIE 324
EUPHRASIE 593
EUPHROSINE 490
EUSÈBE 351
EUSÉBIA 248
EUSÉBIE 416
EUSÉBIO 318
EUSTACHE 520
ÈVA 192
ÉVANE 585
ÉVARISTE 504
EVARISTO 139
ÈVE 269
ÉVELAINE 307
ÉVELINA 204
ÉVELINE 196
ÉVELYNE 271
ÉVERETT 257
ÉVITA 215
ÉVONNE 446
ÉVRARD 257
ÉZÉCHIEL 482

FABIAN 167
FABIEN 273
FABIENNE 200

FABIO 165
FABIOLA 383
FABIUS 368
FABRICE 414
FANCHON 466
FANNIE 314
FANNY 440
FANTIN 332
FANTINE 223
FARIDA 557
FARLEY 163
FARUK 255
FATIMA 468
FAUST 368
FAUSTIN 570
FAUSTINE 275
FAUSTO 332
FAYE 460
FEARGUS 442
FEDERICO 507
FÉLICE 318
FELICIDAD 472
FÉLICIE 490
FÉLICIEN 559
FÉLICIENNE 155
FÉLICITÉ 529
FÉLIX 277
FÉODOR 374
FERDINAND 343
FERGIE 527
FERMIN 277
FERNAN 351
FERNAND 182
FERNAND-PAUL 318
FERNANDE 357
FERRÉOL 540
FÊTNAT 343
FIACRE 119
FIDÈLE 299
FIONA 577
FIONNUA 171
FIORENTINA 496
FIRENZE 244

FIRMIN 322	FRANCO 381	GABRIELLE 235
FLAVIA 227	FRANÇOIS 293	GABY 129
FLAVIANO 408	FRANÇOIS-BRUNO 507	GADE 182
FLAVIE 452	FRANÇOIS-CLAUDE 340	GAËL 359
FLAVIEN 119	FRANÇOIS-ÉRIC 230	GAËLA 121
FLAVIENNE 563	FRANÇOIS-FERDINAND 354	GAËLLE 227
FLAVIUS 570	FRANÇOIS-GUILLAUME 513	GAËTAN 381
FLEUR 280	FRANÇOIS-JACQUES 387	GAËTANE 242
FLEURINE 252	FRANÇOIS-JOSEPH 442	GAËTANO 570
FLODOR 117	FRANÇOIS-LOUIS 387	GALILÉE 167
FLOIRE 200	FRANÇOIS-MARIE 516	GALMIER 480
FLORA 466	FRANÇOIS-RÉGIS 601	GARANCE 426
FLORE 585	FRANÇOIS-ROBERT 418	GARETH 257
FLORENCE 282	FRANÇOIS-XAVIER 297	GARSON 371
FLORENT 504	FRANÇOISE 295	GARY 303
FLORENTIN 551	FRANÇOISE-ALIX 460	GASPARD 125
FLORENTINE 307	FRANÇOISE-MADELEINE 269	GASPARE 293
FLORIAN 381	FRANCONIE 454	GASPARO 599
FLORIANE 242	FRANK 299	GASPER 343
FLORIANNE 454	FRANKIE 482	GASTOLD 165
FLORIANO 570	FRANTZ 318	GASTON 575
FLORIE 200	FRANZ 208	GATIEN 480
FLORIMOND 284	FRED 589	GAUBERT 376
FLORIN 480	FREDDY 601	GAUTHIER 555
FLORINDA 466	FRÉDÉRIC 299	GAUTIER 534
FLORINE 225	FRÉDÉRIC-AUGUSTE 570	GAUVAIN 263
FLORIS 359	FRÉDÉRIC-GUILLAUME 354	GAVIN 523
FORTUNAT 288	FRÉDÉRIQUE 301	GAYELORD 513
FORTUNÉE 527	FREDRIK 265	GÉDÉON 340
FOULQUES 408	FRIDA 244	GÉGÉ 513
FRANCE 286	FRIDRIK 361	GÉLASE 389
FRANCELIN 273	FRIEDRICH 265	GENE 240
FRANCELINE 227	FRITZ 189	GENEVIÈVE 305
FRANCES 215	FROSINE 232	GENIN 246
FRANCESCA 466	FULBERT 542	GÉNOT 561
FRANCESCO 230	FULGENCE 398	GEOFFREY 589
FRANCETTE 585		GEOFFROY 450
FRANCHOT 293		GEORG 561
FRANCINA 557		GEORGE 381
FRANCINE 148	GABIN 513	GEORGES 293
FRANCIS 288	GABRIEL 511	GEORGES-ALAIN 448
FRANCK 290	GABRIELA 307	GEORGES-ANDRÉ 398
FRANCK-OLIVIER 601	GABRIELE 551	GEORGES-HENRI 572

GEORGES-MARTIN 349
GEORGETTA 280
GEORGETTE 496
GEORGIN 125
GEORGINA 454
GEORGINE 121
GÉRALD 480
GÉRALDINE 557
GÉRARD 182
GÉRARDIN 351
GÉRARDINE 259
GÉRAUD 376
GERD 161
GERHARD 450
GERHART 257
GERMAIN 351
GERMAINE 259
GERMAN 351
GERMANO 139
GÉRÔME 596
GÉRONTE 381
GERRY 139
GERSANDE 462
GERSENDE 194
GERTRUD 405
GERTRUDE 402
GERVAIS 511
GERVAISE 232
GERVASIO 347
GHISLAIN 288
GHISLAINE 215
GIACOMO 570
GIAMBATTISTA 345
GIAN 240
GIANCARLO 408
GIANGIACOMO 246
GIANLUCA 486
GIANNANGELO 570
GIANNI 559
GIGI 275
GIL 219
GILBERT 520
GILBERTE 529

GILDAS 288
GILES 412
GILLES 520
GILLION 587
GILLO 273
GINA 424
GINETTE 171
GINGER 211
GINO 511
GIOVANNA 494
GIOVANNI 538
GIROLAMO 570
GIROLOAMA 146
GISE 492
GISÈLE 202
GISELINE 171
GISELLE 529
GISLAIN 523
GISLAINE 314
GIULIA 434
GIULIO 418
GIUSEPPE 553
GLADYS 432
GLENDON 476
GLENN 161
GLORIA 121
GLYNIS 261
GMAR 544
GODEFROID 320
GODEFROY 257
GODFREY 555
GODFRIED 551
GODOFREDO 265
GODOLIAS 398
GOFFREDO 400
GOLDIE 225
GOLIATH 596
GONTRAN 387
GONZAGUE 587
GORAN 538
GORDIE 213
GORDON 139
GRACE 148

GRACIEUSE 334
GRACIEUX 189
GRATIEN 480
GRAZIANO 436
GRAZIELLA 307
GREG 520
GREGG 265
GRÉGOIRE 381
GREGORIO 400
GREGORY 442
GRETCHEN 171
GRETEL 490
GRETEN 529
GRICHKA 544
GRIGORI 480
GUARINA 248
GUENNOLÉ 267
GUÉRIN 320
GUGLIEMO 265
GUIDO 376
GUILHEM 542
GUILIO 418
GUILLAUME 309
GUILLAUMETTE 494
GUILLEM 349
GUILLEMETTE 416
GUILLERMO 246
GUILLIOU 284
GUNNAR 255
GUSTAF 297
GUSTAV 570
GUSTAVE 448
GUSTAVE-ADOLPHE 230
GUY 523
GUY-CLAUDE 559
GUYLAIN 363
GUYLAINE 426
GWENAËL 389
GWENAËLLE 446
GWENDAL 215
GWENDOLINE 577
GWENN 184
GWENOLA 198

GWENOLÉ 577
GWLADYS 383

HABIB 240
HADRIEN 257
HAMILTON 371
HAMISH 318
HAMLET 257
HANA 227
HANK 288
HANNA 329
HANNAH 311
HANNES 450
HANS 513
HANSEL 257
HANSI 513
HARDY 320
HARLEY 518
HARMAND 551
HARMONIE 566
HAROL 596
HAROLD 293
HARPAGON 408
HARRISSON 293
HARRY 349
HARVEY 354
HAYLEY 213
HECTOR 536
HECTORINE 466
HEDWIGE 159
HEDWINA 155
HÉDY 591
HEIDI 248
HEINZ 265
HÉLAIN 314
HÉLEN 171
HÉLÉNA 456
HÉLÈNE 314
HELGE 134
HÉLIETTE 215
HÉLINAND 351
HELMUTH 303

HELMUTT 374
HÉLOÏSA 591
HÉLOÏSE 307
HELWINA 196
HEMANT 450
HENDRIK 589
HENK 277
HENRI 316
HENRI-ALBAN 381
HENRI-VICTOR 167
HENRIETTA 311
HENRIETTE 194
HENRY 117
HERBERT 318
HERBIE 244
HERCULE 570
HERMANCE 357
HERMANN 273
HERMÈS 299
HERMINE 583
HERMINIE 583
HERMIONE 282
HERMIONNE 250
HÉRODE 538
HERVÉ 318
HERVÉ-MARIE 340
HERVEY, F. 494
HERVEY, H. 320
HIÉRONYMUS 230
HILAIRE 414
HILARIA 357
HILDA 159
HILDE 324
HILDEBERT 208
HILDEGARDE 311
HOCINE 504
HOKE 125
HOMÈRE 538
HONORAT 398
HONORATO 288
HONORÉ 542
HONORÉE 402
HONORIN 132

HONORINE 280
HONORIUS 480
HORACE 345
HORACIO 518
HORST 414
HORTENSE 385
HOWARD 165
HUBELIN 408
HUBERT 320
HUBERT-FÉLIX 368
HUBERTE 271
HUGH 601
HUGO 322
HUGOLIN 442
HUGUENIN 504
HUGUES 504
HUGUETTE 121
HUMBERT 303
HUMPHREY 587
HUMPHRY 332
HUON 336
HYACINTHE 255
HYPPOLYTE 540

IAN 513
IBAN 523
IBRAHIM 513
ICARE 511
IDA 269
IGNACE 206
IGNE 248
IGOR 351
ILLIE 324
ILSE 428
INDIANA 509
INDIRA 134
INÈS 324
INGE 248
INGO 511
INGRID 327
INNOCENT 213
IORGU 189

IPHIGÉNIE 134
IRA 134
IRÉNA 286
IRÈNE 529
IRÈNE-ANDRÉE 157
IRÈNE-MARIE 498
IRÉNÉE 480
IRIS 219
IRMA 269
IRMGARD 159
IRMINE 546
ISAAC 167
ISABEAU 424
ISABELLA 498
ISABELLE 329
ISADOR 446
ISADORA 143
ISAÏE 359
ISAURA 211
ISAURE 219
ISEULT 432
ISIDORE 561
ISIDORO 601
ISMAËL 257
ISOLDE 311
ISRAËL 273
ISSACAR 561
ISTVAN 240
IVA 269
IVAN 332
IVANA 585
IVANNE 286
IVO 273
IVORY 402

JACINTA 365
JACINTHE 148
JACINTO 596
JACK 288
JACKI 288
JACKIE 215
JACKY 599

JACOB 293
JACOPO 518
JACOTTE 566
JACQUELINE 334
JACQUENOT 359
JACQUES 336
JACQUES-ANDRÉ 273
JACQUES-HENRI 246
JACQUES-JOSEPH 551
JACQUES-OLIVIER 213
JACQUES-PIERRE 544
JACQUES-YVES 132
JACQUIE 416
JACQUINOT 208
JACQUOTTE 314
JACQUOU 354
JADE 470
JAIMIE 470
JAITE 511
JAKOB 381
JAMES 343
JAMME 141
JAN 288
JANA 217
JANE 215
JANET 194
JANICE 223
JANICK 544
JANINE 338
JANUS 297
JANY 432
JAPHET 141
JASMIN 544
JASMINE 338
JASON 340
JAUFRE 189
JAVEH 273
JAVIER 480
JAVIERA 446
JAY 151
JAYCE 402
JAYNE 460
JEAN 343

JEAN-ANTOINE 534
JEAN-BAPTISTE 345
JEAN-BERNARD 309
JEAN-BRUNO 482
JEAN-CHARLES 347
JEAN-CHRÉTIEN 293
JEAN-CHRISTIAN 340
JEAN-CHRISTOPHE 349
JEAN-CLAUDE 351
JEAN-DANIEL 132
JEAN-DENIS 504
JEAN-DIDIER 561
JEAN-DOMINIQUE 478
JEAN-EDERN 293
JEAN-ÉTIENNE 132
JEAN-FRANÇOIS 354
JEAN-FRÉDÉRIC 387
JEAN-GEORGES 354
JEAN-GUY 371
JEAN-HONORÉ 589
JEAN-HUBERT 486
JEAN-HUGO 511
JEAN-JACQUES 359
JEAN-JOSEPH 379
JEAN-JULIEN 277
JEAN-LOUIS 359
JEAN-LOUP 351
JEAN-LUC 361
JEAN-MARC 371
JEAN-MARIE 572
JEAN-MICHEL 363
JEAN-NICOLAS 368
JEAN-NOËL 379
JEAN-PATRICK 596
JEAN-PAUL 448
JEAN-PHILIPPE 213
JEAN-PIERRE 371
JEAN-RAOUL 540
JEAN-RAYMOND 125
JEAN-RÉMY 418
JEAN-RICHARD 500
JEAN-ROBERT 374
JEAN-RODOLPHE 589

JEAN-ROGER 542	JIM 448	JOSEPH 123
JEAN-ROMAIN 398	JIMMY 540	JOSEPH-FERDINAND 400
JEAN-SÉBASTIEN 349	JO 359	JOSEPH-GÉRARD 374
JEAN-STÉPHANE 436	JOAB 538	JOSÉPHA 566
JEAN-THOMAS 354	JOACHIM 340	JOSÈPHE 282
JEAN-YVES 376	JOAKIM 340	JOSÉPHINA 137
JEANINE 357	JOAN 426	JOSÉPHINE 392
JEANNA-JULIA 217	JOANNA 383	JOSÉPHUS 486
JEANNE 365	JOANNE 458	JOSETTE 394
JEANNE-ARMANDE 221	JOAQUIM 299	JOSHUA 127
JEANNE-MARIE 432	JOB 511	JOSIANE 396
JEANNETON 129	JOCELYN 361	JOSS 511
JEANNETTE 426	JOCELYNE 248	JOSSE 422
JEANNIE 357	JOCONDE 405	JOSSELIN 213
JEANNINE 259	JOË 125	JOSSELINE 577
JEANNOT 284	JOËL 167	JOSUÉ 161
JEF 263	JOËLLE 385	JOSYANE 171
JEFF 532	JOËVIN 125	JOUAN 288
JEFFREY 542	JOFFRE 536	JOUANNIC 513
JEHAN 480	JOFFREY 336	JOY 434
JEHANNE 557	JOHAN 381	JOZEF 476
JÉHOVAH 347	JOHANN 387	JOZSÈF 504
JENNIFER 583	JOHANNA 151	JUAN 398
JENNY 458	JOHANNE 454	JUAN-PEDRO 257
JENS 263	JOHANNS 596	JUANITA 492
JÉRÉMIAS 363	JOHN 480	JUDAS 398
JÉRÉMIE 480	JOHNNY 169	JUDD 132
JÉRÉMY 379	JOÏLITA 426	JUDE 400
JÉROBOAM 189	JON 343	JUDI 157
JÉRÔME 381	JONAS 340	JUDICAËL 376
JÉROMINE 121	JONATHAN 320	JUDITH 295
JÉRONIMO 374	JONNA 577	JUDY 529
JERRY 572	JONNIE 213	JULES 400
JERY 175	JORDAN 387	JULES-AMÉDÉE 273
JERZY 132	JORDANE 454	JULIA 402
JESSE 490	JORDI 480	JULIAN 368
JESSICA 215	JORG 257	JULIE 405
JESSIE 424	JORGE 123	JULIEN 408
JESSY 591	JOSÉ 389	JULIENNE 252
JESSYE 494	JOSÉ-MARIA 398	JULIET 432
JÉSUS 320	JOSÉE 577	JULIETTE 410
JÉZABEL 580	JOSÉFA 566	JULIUS 480
JILL 327	JOSEP 478	JUNIEN 436

JUST 284
JUSTE 542
JUSTIN 132
JUSTINE 129
JUSTINIEN 400
JUVE 400
JUVÉNAL 336

KADMIRI 208
KAREF 257
KAREL 286
KARELL 257
KAREN 314
KARÈNE 456
KARIM 288
KARIN 171
KARINA 456
KARINE 314
KARL 513
KASPER 450
KASSANDRA 177
KATE 192
KATELINE 204
KATERINA 466
KATHLEEN 305
KATHRYN 603
KATHY 494
KATIA 227
KATJA 563
KATRIN 134
KATY 405
KAY 383
KAZIMIR 513
KEIKO 227
KEITH 265
KELLY 566
KEN 263
KENDALL 257
KENJI 246
KENNETH 299
KETH 265
KETTY 295

KEVIN 412
KEYE 383
KIERAN 351
KIM, F. 221
KIM, H. 322
KIMBLE 412
KIRK 336
KLAUS 398
KLÉBERT 332
KNUD 345
KONRAD 596
KORNILIA 121
KRAIG 332
KRISTEL 492
KRISTÈLE 583
KRISTELLE 267
KRISTEN 211
KRISTINE 211
KURT 284
KYKE 284
KYLE 601

LABAN 125
LADISLAS 422
LAETITIA 261
LAKEN 359
LAMBERT 414
LANA 311
LANCE 182
LANCELOT 139
LANDRY 320
LARA 204
LARISSA 580
LARRY 320
LARS 299
LASLO 340
LATOYA 286
LAURA 248
LAURANE 583
LAURANNE 527
LAURE 416
LAURE-ANNE 155

LAURELINE 334
LAURENCE 334
LAURÈNE 492
LAURENNE 184
LAURENT 418
LAURETTE 385
LAURIANE 583
LAURIANNE 527
LAURIE 416
LAURIE-ANNE 155
LAURIER 361
LAURINE 420
LAVINIA 204
LAWRENCE 504
LAZARE 596
LAZSLO 575
LÉA 196
LEAH 338
LÉANDRE 422
LEE 318
LÉGER 208
LEIF 486
LEÏLA 215
LÉNA 194
LÉNAÏC 182
LÉNITA 148
LENNEL 290
LENNY 284
LÉO 422
LÉOCADIE 151
LÉON 123
LÉON-BAPTISTE 542
LÉONARD 347
LÉONCE 596
LÉONE 282
LÉONETTO 354
LÉONID 551
LÉONIDE 500
LÉONIE 282
LÉONTINA 295
LÉONTINE 426
LÉOPLOD 349
LÉOPOLD 349

LÉOPOLDINE 402
LÉOPOLDO 246
LÉPINE 288
LESLIE 171
LESLIY 444
LESLY 444
LESTER 288
LÉVI 263
LIA 490
LILI 221
LILIAN 544
LILIANE 338
LILIEN 412
LILLIAN 513
LILLY 498
LILY 394
LIN 420
LINCOLN 359
LINDA 424
LINDSAY 542
LINDSEY 284
LINE 492
LINO 257
LIO 196
LIONEL 213
LIONEL-MARTIN 284
LISA 269
LISBETH 593
LISE 428
LISELOTTE 577
LISETTE 583
LIUS 284
LIV 327
LIZ 484
LIZA 202
LIZZIE 211
LLOYD 516
LOÏC 206
LOÏS 273
LOLA 426
LOLITA 282
LONSO 230
LOOMIS 566

LORE 468
LORÈNE 282
LORENZE 340
LORENZO 303
LORETTE 385
LORIANE 566
LORRAINE 566
LOTH 273
LOTHAIRE 117
LOTHAR 507
LOTTIE 259
LOUIS 336
LOUIS-AIMÉ 257
LOUIS-ANDRÉ 482
LOUIS-ANTOINE 139
LOUIS-AUGUSTE 601
LOUIS-ERNEST 318
LOUIS-EUGÈNE 189
LOUIS-FERDINAND 450
LOUIS-GÉRARD 206
LOUIS-HENRI 246
LOUIS-HUGUES 389
LOUIS-JACQUES 555
LOUIS-JULES 408
LOUIS-PHILIPPE 486
LOUIS-ROLAND 340
LOUIS-ROMAIN 507
LOUIS-STÉPHAN 119
LOUIS-STÉPHANE 478
LOUISE 428
LOUISE-BLANCHE 456
LOUISE-GABRIELLE 121
LOUISE-MARGUERITE 583
LOUISE-MARIE 462
LOUISE-REINE 223
LOUISETTE 583
LOUISON 141
LOULOU, F. 221
LOULOU, H. 322
LOUP 418
LU 591
LUC 430
LUCA 398

LUCAS 297
LUCE 432
LUCETTE 434
LUCHINO 418
LUCIA 460
LUCIAN 518
LUCIANO 544
LUCIE 432
LUCIEN 436
LUCIEN-FRANÇOIS 257
LUCIEN-JOSEPH 208
LUCIEN-MARCEL 265
LUCIENNE 438
LUCIFER 320
LUCILE 129
LUCILLE 494
LUCINDE 432
LUCRÈCE 163
LUDIVINE 440
LUDMILLA 410
LUDOVIC 442
LUDOVICO 480
LUDWIG 572
LUIGI 572
LUIS 284
LUISETTE 410
LUIZ 345
LUKAS 398
LUPE 374
LYDIA 440
LYDIANE 271
LYDIE 444
LYNETTE 494
LYNN 250

MACAIRE 340
MACHA 235
MACON 538
MADDY 494
MADELEINE 385
MADELEINE-SOPHIE 275
MADELINE 259

MADELON 396
MADO 282
MADY 603
MAËL 314
MAËLLE 557
MAËVA 282
MAFALDA 566
MAGALI 580
MAGALIE 446
MAGDA 235
MAGDALA 496
MAGDALÈNE 242
MAGGIE 223
MAGGY 280
MAGLOIRE 601
MAHAUT 146
MAHOMET 132
MAI 269
MAIDER 194
MAILYS 603
MAÏTÉ 215
MALACHIE 540
MALAURIE 171
MALIKA 585
MALKA 200
MALKO 540
MALLORIE 454
MALLORY 211
MALORIE 396
MALORY 593
MALVINA 456
MANDIE 452
MANDY 405
MANELLE 237
MANFRED 450
MANON 446
MANSOURN 288
MANU 368
MANUEL 361
MANUELA 424
MANUELLE 324
MARA 227
MARC 448

MARC-ANTOINE 516
MARC-AURÈLE 450
MARCEAU 448
MARCEL 450
MARCELIN 206
MARCELINE 235
MARCELLE 227
MARCELLIN 587
MARCELLINE 200
MARCELLO 117
MARCELLUS 442
MARCELO 572
MARCO 340
MARCUS 255
MAREK 206
MARGALIDE 466
MARGARET 250
MARGARETA 405
MARGARETE 137
MARGARÈTHE 591
MARGAUX 492
MARGERIE 357
MARGHERITA 307
MARGO 577
MARGOT 392
MARGUERITE 428
MARIA 227
MARIA-HÉLÉNA 464
MARIAM 462
MARIANNE 446
MARIANO 408
MARIE 452
MARIE-ADÉLAÏDE 221
MARIE-AGNÈS 566
MARIE-AIMÉE 603
MARIE AMÉLIE 383
MARIE-ANGE 396
MARIE-ANGÈLE 151
MARIE-ANNE 242
MARIE-ANTOINETTE 334
MARIE-CAROLINE 221
MARIE-CATHERINE 405
MARIE-CHANTAL 440

MARIE-CHARLOTTE 173
MARIE-CHRISTINE 580
MARIE-CLAIRE 454
MARIE-CLAUDE 470
MARIE-DOMINIQUE 456
MARIE-ÉLISABETH 383
MARIE-FRANCE 496
MARIE-FRANÇOISE 153
MARIE-GABRIELLE 151
MARIE-HÉLÈNE 458
MARIE-HORTENSE 464
MARIE-ISABELLE 405
MARIE-JEANNE 432
MARIE-JO 242
MARIE-JOSÉ 432
MARIE-JOSÉE 460
MARIE-JOSEPH 494
MARIE-JOSÈPHE 271
MARIE-JOSIANE 484
MARIE-JOSIANNE 327
MARIE-LAURE 314
MARIE-LIESSE 466
MARIE-LINE 468
MARIE-LISE 462
MARIE-LOU 314
MARIE-LOUISE 462
MARIE-MADELEINE 464
MARIE-MYRIAM 248
MARIE-NOËLLE 460
MARIE-ODILE 383
MARIE-PAULE 470
MARIE-PIERRE 577
MARIE-REINE 466
MARIE-ROSE 143
MARIE-SOLANGE 484
MARIE-THÉRÈSE 295
MARIELLE 557
MARIEN 223
MARIETTE 311
MARIJO 446
MARIKA 237
MARILOU 171
MARILYNE 271

MARIN 332
MARINA 585
MARINE 223
MARINETTE 227
MARION 466
MARISA 580
MARITA 237
MARITHÉ 470
MARIUS 570
MARJOLAINE 402
MARJORIE 242
MARJORY 146
MARK 288
MARKUS 297
MARLÈNE 468
MARLON 538
MARRY 405
MARSHALL 125
MARTHA 563
MARTHE 470
MARTIAL 478
MARTIN 544
MARTINA 305
MARTINE 472
MARTINELLI 257
MARTINIEN 351
MARTINO 596
MARTINOT 507
MARTY 599
MARX 127
MARY-JOE 529
MARYLÈNE 416
MARYLINE 271
MARYLISE 410
MARYSE 474
MARYVONNE 488
MASON 387
MATHEW 450
MATHIAS 476
MATHIEU 442
MATHILDA 468
MATHILDE 196
MATHURIN 516

MATHURINE 153
MATHUSALEM 299
MATILDE 452
MATS 448
MATTEO 309
MATTHIAS 123
MATTHIEU 189
MATYAS 189
MAUD 410
MAUDE 420
MAUREEN 546
MAURICE 189
MAURICETTE 334
MAURICIA 593
MAURICIO 448
MAURILLE 418
MAX 208
MAX-POL 596
MAXENCE 478
MAXIM 513
MAXIME 480
MAXIMILIAN 167
MAXIMILIEN 482
MAXIMILIENNE 585
MAXIMIN 208
MAXWELL 511
MAYEUL 340
MAYLIS 603
MÉDARD 511
MÉDÉRIC 544
MEG 334
MÉGAN 314
MÉGANNE 468
MEHDI 263
MEÏ 428
MÉLAINE 232
MÉLANIE 232
MELCHIOR 180
MÉLINA 196
MÉLINDA 314
MÉLISANDE 311
MÉLISSA 223
MÉLODIE 577

MÉLODY 484
MELVIN 263
MERCÉDÈS 196
MÉRÉDITH 488
MERRI 316
MERRY 117
MERRYL 396
MIASMIN 513
MIC 189
MICHAËL 587
MICHEL 486
MICHEL-DAVID 511
MICHEL-GEORGES 430
MICHELANGELO 599
MICHÈLE 488
MICHELINE 529
MICHELLE 490
MICHIEL 486
MICHOU 322
MICKAËL 511
MICKEY 230
MIGUEL 379
MIKAËL 587
MIKE 277
MIKÉLIS 589
MIKHAÏL 559
MIKIS 189
MIKLOS 450
MIKOL 587
MILAN 240
MILDRED 324
MILÈNE 490
MILIN 361
MILON 511
MILOS 257
MILOSLAV 293
MILOU 189
MILTON 480
MIMILE 412
MIMILLE 520
MINNA 529
MINOS 450
MIRCÉA 351

MIREILLE 244
MIRIAM 583
MIRYAM 603
MISÉRICORDE 307
MITCHELL 520
MODESTE 596
MOHAMED 345
MOÏSE 509
MOKTAR 165
MONA 466
MONETTE 250
MONICA 307
MONIKA 577
MONIQUE 492
MONLOUIS 273
MORGAN 340
MORGANE 396
MORITZ 480
MORVAN 507
MOSCHÉ 504
MOUNE 546
MUGUET 167
MUGUETTE 426
MUHAMMAD 277
MUHAMMED 322
MURIEL 440
MURIELLE 434
MURPHY 208
MURRAY 536
MUSE 143
MYLÈNE 494
MYRA 405
MYRIAM 603
MYRIANN 143
MYRINA 280
MYRTILLE 591

NAAMAN 601
NABOTH 165
NABUCHODONOSOR 208
NADÈGE 456
NADIA 585
NADINE 286
NANA 557
NANCY 405
NANNI 159
NAPOLÉON 376
NARCISSE 359
NARDI 332
NARKISSOS 387
NASTASIA 496
NATACHA 496
NATALE 387
NATALIA 548
NATASHA 444
NATHALIE 498
NATHAN 389
NATHANAËL 379
NAUVAL 265
NÉALE 123
NED 486
NEIL 246
NELLY 458
NELSON 561
NÉNESSE 511
NEPHTALI 351
NESTOR 123
NICANOR 371
NICCOLAO 570
NICCOLO 601
NICET 589
NICHOLA 387
NICK 418
NICODÈME 340
NICOLA 596
NICOLAË 345
NICOLAÏ 596
NICOLAS 500
NICOLAUS 318
NICOLE 357
NICOLETTA 295
NICOLETTE 426
NICOU 555
NIELS 486
NIKITA 332

NIKKA 332
NIKLAUS 518
NIKOLAAS 436
NIKOLAÏ 387
NINA 502
NINO 359
NINON 215
NOAM 540
NOAMI 498
NOÉ 561
NOËL 123
NOËLLA 458
NOËLLE 577
NOËLLET 507
NOËLLIE 577
NOÉMIE 498
NOLDE 468
NOLWEN 478
NONA 121
NORA 446
NORBERT 478
NORMAN 381

OCÉANE 603
OCTAVE 230
OCTAVIE 496
OCTAVIEN 601
OCTAVIO 368
ODE 227
ODETTE 282
ODILE 259
ODILIA 261
ODILON 347
ODIN 587
ODON 230
ŒDIPE 596
OGIER 504
OLAF 540
OLAV 340
OLGA 121
OLIVE 259
OLIVER 504

OLIVET 180
OLIVIA 261
OLIVIER 504
OLIVIERO 303
OLIVON 347
OLOF 230
OLYMPE 275
OMAR 507
OMBÉLINE 446
OMER 167
ONÉSIME 387
ONIMUS 418
OPHÉLIE 466
ORESTE 538
ORIANE 157
ORIANNE 454
ORLANDO 354
ORLANE 566
ORONTE 303
ORPHÉE 293
OSANNE 458
OSCAR 507
OSÉE 121
OSKAR 538
OSWALD 507
OTHELLO 303
OTIS 511
OTTO 284
OVE 167
OVIDE 115

PABLO 500
PACO 387
PACÔME 601
PALOMA 143
PALOMBELA 434
PALTON 165
PAM 202
PAMÉLA 446
PAMPHILE 182
PANCHO 381
PAOLA 151
PAOLO 516
PÂQUERETTE 244
PAQUITA 492
PAQUITO 559
PARFAIT 476
PARMÉNAS 165
PARSIPHAË 381
PASCAL 509
PASCALE 446
PASCALINE 121
PASQUALE 208
PAT 134
PATRIC 318
PATRICE 511
PATRICIA 232
PATRICK 513
PATRIS 208
PATRIZIO 165
PATSY 151
PATTY 383
PAUL 516
PAUL-ALBERT 559
PAUL-EDMOND 141
PAUL-ÉMILE 246
PAUL-EUGÈNE 553
PAUL-HENRI 442
PAUL-JOSEPH 141
PAUL-LOUIS 570
PAUL-LOUP 518
PAUL-QUENTIN 347
PAULA 211
PAULE 219
PAULÈNE 324
PAULETTE 146
PAULIN 398
PAULINE 221
PAULOU 516
PAULUS 596
PAVEL 480
PEARL 148
PEDRO 389
PEGGY 591
PÉLAGIE 311
PÉNÉLOPE 177
PENNY 566
PERCY 572
PERLE 244
PERNELLE 223
PERPÉTUE 327
PERRENOTTE 396
PERRETTE 338
PERRIN 265
PERRINE 490
PERRY 444
PERVENCHE 223
PETE 332
PETER 332
PÉTRONILLE 577
PÉTRU 408
PÉTRUS 374
PÉTULA 416
PEYRONNE 492
PEYRONNELLE 529
PHAM 127
PHAN 544
PHÉBUS 408
PHIL 534
PHILAMINTE 338
PHILÉMON 180
PHILIBERT 532
PHILIP 189
PHILIPP 442
PHILIPPE 520
PHILIPPINE 211
PHILOMÈNE 466
PIE 263
PIER 263
PIERO 504
PIERRAT 587
PIERRE 523
PIERRE-AIMÉ 596
PIERRE-ALAIN 430
PIERRE-ALEXANDRE 297
PIERRE-ANDRÉ 340
PIERRE-ANTOINE 516
PIERRE-ÉDOUARD 293

PIERRE-EMMANUEL 480
PIERRE-HENRI 182
PIERRE-JEAN 371
PIERRE-LOUIS 544
PIERRE-MARIE 596
PIERRE-OLIVIER 601
PIERRE-QUENTIN 534
PIERRE-ROGER 601
PIERRE-YVES 354
PIERRETTE 338
PIERRICK 265
PIERROTTE 577
PIETER 332
PIETR 486
PIETRO 180
PIOTR 587
PLACIDE 257
PLATON 165
POL 359
POLYCARPE 544
POPY 474
PRESCILLA 194
PRIMAËL 480
PRINET 520
PRISCA 267
PRISCILLA 583
PRISCILLE 492
PRISCILLIA 583
PRIVAT 299
PROCHORE 408
PROSPER 476
PROSPERO 599
PRUDENCE 434
PRUNE 494
PUBLIUS 273
PYLADE 570
PYRRHUS 523

QUASIMODO 165
QUEENNIE 301
QUENTIN 436
QUINTIN 345

QUINTINO 376
QUITERIE 434

RACHEL 286
RACHID 288
RACHILDE 223
RADEGONDE 383
RAF 288
RAFA 235
RAFAËL 540
RAFAËLLA 494
RAFAËLLO 354
RAGNAR 551
RAGOTIN 381
RAIMONDO 553
RAIMUND 553
RAINER 480
RAINIER 480
RAÏSSA 365
RALF 332
RALPH 332
RAMON 540
RAMSÈS 206
RAMUNTCHO 299
RANDAL 551
RAOUL 240
RAOULO 538
RAPHAËL 540
RAPHAËLE 496
RAQUEL 484
RAUL 354
RAULO 240
RAY 408
RAYMOND 525
RAYMONDE 527
RAYNALD 361
REBECCA 462
RED 428
REGGIE 529
RÉGINA 196
RÉGINALD 359
RÉGINE 490

RÉGIS 246
REINALDO 347
REINE 529
REINHOLD 213
RÉJANE 237
RÉMI 532
RÉMY 284
RENALD 511
RENAN 359
RENATA 261
RENATE 456
RENATO 139
RENATUS 555
RENAUD 534
RENÉ 513
RENÉ-ANTOINE 255
RENÉ-GUY 551
RENÉ-JEAN 596
RENÉ-JUST 368
RENÉ-LOUIS 332
RENÉ-VICTOR 381
RENÉE 470
RENNIE 208
REYNALDO 318
REYNOLD 361
RHONDA 282
RIC 361
RICARDO 340
RICCARDO 387
RICHARD 288
RICHARDS 448
RICHEY 345
RICKIE 520
RIDLEY 139
RIK 376
RIKA 202
RINA 529
RINALDO 500
RIQUET 374
RIRI 534
RITA 202
RITE 412
ROB 182

ROBERT 536	ROSA 121	SALVATORE 169
ROBERT-GILLES 540	ROSALIE 137	SAM 513
ROBERTA 177	ROSALIND 392	SAMAËL 165
ROBERTE 392	ROSALINDE 177	SAMANTHA 198
ROBERTO 542	ROSARIA 151	SAMIR 513
ROBIN 351	ROSE 557	SAMIRA 580
ROBOAM 398	ROSÉANNE 383	SAMMY 408
ROBRECHT 476	ROSELINE 466	SAMSON 596
ROCH 414	ROSELYNE 546	SAMUEL 555
ROCK 480	ROSE-MARIE 143	SAMY 379
ROCKY 570	ROSEMONDE 252	SANDIE 148
ROD 273	ROSETTE 446	SANDRA 557
RODDY 255	ROSIE 557	SANDRINE 215
RODERIC 504	ROSINE 217	SANDRO 387
RODOLFO 336	ROSITA 307	SANDY 151
RODOLPHE 542	ROSS 182	SANTANA 137
RODRIGO 345	ROSSANA 440	SANTIAGO 599
RODRIGUE 412	ROSY 434	SAPHIR 171
ROGATIEN 601	ROXANE 198	SAPHIRE 314
ROGER 504	ROY 368	SARA 557
ROGER-CLAUDE 115	ROZENN 468	SARAH 329
ROGER-PAUL 257	RUBEN 303	SATURNIN 553
ROGER-PIERRE 601	RUDOLF 336	SAÜL 553
ROGERIO 303	RUDY 299	SAUVEUR 601
ROGIER 504	RUDYARD 123	SAVINE 148
ROLAND 538	RUFUS 351	SAVINIEN 343
ROLANDE 591	RUGGERO 520	SCOTT 257
ROLANDO 354	RUPERT 408	SEAN 343
ROLF 119	RUSS 345	SEBASTIANO 518
ROLLIN 414	RUTH 548	SÉBASTIEN 213
ROMAIN 540	RYOTH 434	SÉBASTIENNE 385
ROMAN 540		SÉGOLÈNE 396
ROMANE 496		SELMA 194
ROMARIC 340	SABIN 559	SEM 520
ROMARIN 540	SABINE 194	SEPTIMIUS 599
ROMÉO 542	SABRA 204	SÉRAPHIN 511
ROMUALD 544	SABRINA 462	SÉRAPHINE 204
ROMULO 351	SACHA 551	SERGE 559
RON 480	SAFET 119	SERGEÏ 559
RONALD 538	SALLY 440	SERGI 246
RONDALL 293	SALOMÉ 566	SERGUEÏ 255
RONN 359	SALOMON 553	SERVAN 359
RORY 368	SALVADOR 320	SERVANE 557

SÉVERIN 208
SÉVERINE 148
SEWALL 511
SEXTUS 374
SGANARELLE 572
SHABANA 396
SHAM 299
SHANNON 426
SHARON 446
SHAWN 127
SHEBA 338
SHEILA 196
SHELTON 125
SHÉRÉE 223
SHÉRIF 277
SHIRLEY 591
SHUNRAÏ 474
SHUZO 555
SIAN 288
SIBILLE 546
SIBYLLE 496
SIDNEY 572
SIDOINE 125
SIDONIE 557
SIEGFRIED 332
SIGISMOND 482
SIGMUND 347
SIGOLÈNE 385
SIGOURNEY 177
SILVAIN 299
SILVANA 227
SILVÈRE 559
SILVESTRE 544
SILVIO 257
SIMÉON 125
SIMÉON-GUILLAUME 486
SIMON 359
SIMONE 557
SIMONET 551
SIMONNE 217
SISSY 307
SIXTE 486
SIXTINE 146

SOCRATE 430
SOFIA 385
SOIZIC 196
SOLANGE 396
SOLEDAD 591
SOLÈNE 498
SOLENNE 446
SOLIMAN 371
SOLINE 329
SOLVÈGUE 288
SOLVEIG 363
SOMERSET 165
SONIA 394
SOPHIA 385
SOPHIE 259
SOPHIE-CAROLINE 546
SOPHIE-CHARLOTTE 593
SOPHIE-MADELEINE 275
SOSTHÈNE 165
SPRING 484
STAF 332
STAFFORD 387
STAN 559
STANISLAO 320
STANISLAS 167
STANY 349
STEEVE 351
STEFAN 480
STEFANIA 446
STEFANO 601
STEFFI 324
STELLA 223
STELLAN 480
STELLIO 180
STÉPHAN 480
STÉPHANE 561
STÉPHANIE 563
STEPHEN 513
STERLING 546
STEVE 290
STEVEN 240
STEVENS 299
STONE 462

STUART 570
SUE 151
SULLIVAN 297
SULPICE 400
SUPRIYA 311
SUSAN 438
SUSANNA 248
SUZANNA 211
SUZANNE 153
SUZEL 494
SUZETTE 402
SUZON 275
SUZY 134
SVEN 589
SVETLANA 394
SYLVA 603
SYLVAIN 542
SYLVAINE 402
SYLVESTER 436
SYLVESTRE 436
SYLVETTE 494
SYLVIA 603
SYLVIANE 402
SYLVIE 566
SYLVIUS 332
SYMPHORIEN 189

TABITHA 580
TADÉUS 189
TAMARA 295
TANCRÈDE 561
TANGUY 561
TANIA 456
TANTALE 500
TARA 357
TARIK 299
TATE 452
TATIANA 496
TAYA 484
TCHANG 448
TCHÉOU 428
TED 277

TEDDY 175
TÉODOR 599
TÉOPHRASTUS 511
TÉRENCE 359
TÉRESA 468
TERRY 345
TERTUIS 379
TESSA 452
THADDÉE 478
THAÏS 544
THÈCLE 448
THELMA 194
THÉO 125
THÉOBALD 572
THÉODOR 379
THÉODORA 275
THÉODORE 570
THÉODORIC 349
THÉODULE 559
THÉOPHANE 320
THÉOPHILE 387
THÉOPHRASTE 374
THÉOTIME 340
THÉRÉSA 305
THÉRÈSE 568
THÉRÈSE-MARIE 295
THÉSÉE 182
THIBAUD 297
THIBAUT 570
THIÉBAUD 189
THIERRY 572
THIS 376
THO 450
THOMAS 575
THYS 596
TICHO 273
TIFFANIE 148
TIFFANY 151
TILDA 134
TIM 322
TIMON 182
TIMOTHÉE 340
TIMOTY 255

TINO 351
TIPHAINE 482
TIPHANIE 155
TISTE 520
TITUS 601
TOBIAS 381
TOD 206
TODD 450
TOINE 504
TOINET 180
TOINETTE 577
TOINOU 351
TOIVO 430
TOM 206
TOMAS 340
TOMASSO 255
TOMISLAV 381
TOMMASO 518
TOMMASSO 354
TONET 478
TONIE 259
TONIO 139
TONY 297
TOTO 284
TOUSSAINT 544
TRACY 187
TRES 248
TRICIA 529
TRINI 189
TRINIDAD 159
TRINITÉ 546
TRISSOTIN 414
TRISTAN 208
TRIZIANO 293
TROY 518
TUGDUAL 340
TYPHAINE 402
TYPHANIE 402
TYRONE 189

UBERTO 532
UGO 189

ULISSE 187
ULLA 460
ULRICH 601
ULRIKA 474
ULYSSE 480
URBAIN 297
URIE 280
URIELLE 460
URSULA 250
URSULE 167
UTE 383

VADIUS 368
VALENTIN 450
VALENTINE 557
VALÈRE 504
VALÉRIANE 591
VALÉRIE 456
VALÉRIE-ANNE 603
VALÉRIEN 551
VALÉRIO 139
VALÉRY 297
VALEXIA 250
VAN 332
VANESSA 577
VANINA 580
VARELLA 121
VASILE 257
VASSILI 332
VENCESLAS 123
VÉRA 452
VÉRANE 585
VÉRONIQUE 583
VIANNEY 570
VIC 327
VICENTE 513
VICTOIRE 585
VICTOR 587
VICTOR-EMMANEL 504
VICTOR-EMMANUEL 303
VICTOR-HENRI 167
VICTORIA 466

VICTORIEN 561	WARDEN 480	YOAN 520
VICTORIN 480	WAYNE 169	YOANN 589
VICTORINA 446	WEBB 486	YOANNA 148
VICTORINE 580	WENCESLAS 478	YOHAN 532
VIJAY 187	WENDY 157	YOHANN 486
VIKTOR 257	WERNER 208	YOLANDA 196
VILFREDO 115	WESLEY 408	YOLANDE 490
VINCE 265	WHITNEY 198	YOURI 540
VINCENT 589	WHOOPI 198	YSABELLE 301
VINCENZO 504	WILDE 265	YSEULT 215
VINCIANE 194	WILFRIED 486	YURI 332
VIOLA 261	WILHELMINA 148	YVAIN 408
VIOLAINE 591	WILHELMINE 244	YVAN 408
VIOLETTE 577	WILHEM 161	YVELINE 494
VIRGIL 442	WILL 376	YVELYNE 196
VIRGILE 520	WILLARD 288	YVES 601
VIRGILIO 480	WILLEM 277	YVETTE 603
VIRCINIA 171	WILLI 376	YVON 368
VIRGINIE 593	WILLIAM 288	YVONNE 275
VITALI 332	WILLIE 412	
VITTORE 115	WILLY 596	
VITTORIA 282	WILSON 480	ZABULON 332
VITTORIO 309	WLADIMIR 290	ZACARIAS 347
VIVIANE 452	WOLFGANG 293	ZACCARIE 381
VIVIEN 532	WOLFRAM 540	ZACHARIE 387
VLADIMIR 288	WOOPY 318	ZACHÉE 125
VOLKER 478	WULFRAN 169	ZADIG 208
		ZARAH 259
		ZÉBÉDÉE 509
WADDECK 119	XAVIER 359	ZÉLIE 202
WADECK 480	XAVIERA 121	ZÉLINE 171
WALDEMAN 500	XAVIÈRE 557	ZELJIKO 509
WALDEMAR 340		ZÉPHIRIN 589
WALLY 436		ZÉPHYR 601
WALT 208		ZINA 569
WALTER 359	YAN 379	ZITA 502
WANDA 563	YANN 374	ZOÉ 462
WANDRILLE 182	YANNICK 599	ZOUBIDA 529
	YANOU 143	

Bien-être

7129

Achevé d'imprimer en Europe (France)
par Maury-Eurolivres – 45300 Manchecourt
le 22 avril 2002.
Dépôt légal avril 2002. ISBN 2-290-07129-3
1er dépôt légal dans la collection : septembre 1997

Éditions J'ai lu
84, rue de Grenelle, 75007 Paris
Diffusion France et étranger : Flammarion